U0581741

本书建立在国家社科基金项目研究《中西部地区对外开放战略研究》
（项目编号 10BJY001）成果基础上

全面解读开放型经济新体制
抢 抓 发 展 新 机 遇

开放型经济

KAIFANGXING JINGJI

张玉杰◎著

新 华 出 版 社

图书在版编目（CIP）数据

开放型经济 / 张玉杰著.
--北京：新华出版社, 2016.9
ISBN 978-7-5166-2796-9

Ⅰ. ①开…　Ⅱ. ①张…　Ⅲ. ①开放经济
Ⅳ. ①F114

中国版本图书馆CIP数据核字(2016)第211971号

开放型经济

作　　者： 张玉杰

责任编辑： 赵怀志　郑建玲　沈文娟　张永杰　祝玉婷
责任印制： 廖成华　　　　　　　**责任校对：** 刘保利
封面设计： 臻美书装

出版发行： 新华出版社
地　　址： 北京石景山区京原路8号　　　**邮　　编：** 100040
网　　址： http://www.xinhuapub.com
经　　销： 新华书店
购书热线： 010 - 63077122　　　**中国新闻书店购书热线：** 010 - 63072012

照　　排： 臻美书装
印　　刷： 北京文林印务有限公司
成品尺寸： 170mm×240mm
印　　张： 25.25　　　　　　　**字　　数：** 450千字
版　　次： 2016年11月第一版　　　**印　　次：** 2016年11月第一次印刷
书　　号： ISBN　978-7-5166-2796-9
定　　价： 48.00元

版权专有，侵权必究。如有质量问题，请与出版社联系调换：010-63077101

开放型经济

KAIFANGXING JINGJI

2

序 言

　　中国经济发展已经步入全面开放时期，开放型经济的特点是中国国际化，突出标志是自由贸易区建设、"一带一路"建设、开放性金融建设、跨国公司建设，以及国际合作平台建设。

　　如何应对国际化时代的到来，怎样认识开放型经济，如何驾驭全面开放。本书作者在承担国家社科基金项目研究《中西部地区对外开放战略研究》（项目编号10BJY001）基础上，详细考察了中国改革开放的历程，深入分析了改革开放的经验，认真研究了前人的理论成果，认真学习了国家有关改革开放的一系列文件精神，独立思考后才提出本书研究的内容结构。通过大量史料分析、案例分析、理论分析、政策分析，创造了本书研究的体系，创造了本书的思想观点和理论体系，集中论证什么是当代开放型经济、怎样驾驭开放型经济。

　　本书的思想主轴是：论述中国国际化进程中的开放型经济。无论是企业、政府、公民，无论是中国还是外国，都必须面对国际化时代的来临，主动参与其中，站好自己的位置，认识开放型经济——储备知识，融入开放型经济——调整姿态，驾驭开放型经济——增强能力。

　　本书研究的视角：本书研究基于三大基石，空间经济、产业经济和政策经济，汇聚后抽象出来开放经济主轴。研究过程涉及外交科学、军事科学、地理学、生态学、管理学、区域经济学、产业经济学、国际贸易、国际金融、货币银行学、场论、自然科学等学科理论，是多种学科知识的汇集体，围绕开放型经济主轴突出研究性，力求面广、点多、精深。

本书研究的方法：运用历史唯物主义和辩证唯物主义方法，科学考察历史经验，剖析问题因由，分析中国国际化进程中面临的机遇与挑战，探索现代时空和未来时空连续性函数涉及的变量关系，设计应对措施和方法，力求创新理论体系、创新战略体系、创新政策体系和创新方法体系，客观展示事物形态是什么，剖析为什么，规划怎么办。

本书的创新亮点：逻辑框架分为纵横两条发展路线。纵向路线：沿着中国开放发展的历史时间路线图，比较研究古代、近代、现代开放经验和开放经济特点，比较研究当代开放和未来时期开放的走势。横向路线：以每个历史时期为节点，比较研究开放经验和开放经济特点，研究当代开放和未来时期开放的内容体系。两条路线最终汇聚到中国国际化的结论上来，中国国际化的标志汇聚到自由贸易区建设、"一带一路"建设、开放性金融建设、跨国公司建设、国际合作平台建设五大领域中来，至此本书提出了新时期开放型经济主轴是中国国际化，提出了新时期开放型经济内容体系是"五位一体"，并对如何做好这五大领域提出行动设计，这是本书研究成果中的一大亮点。

本书所用的数据资料截至2015年底，均使用国家权威机构原始信息，系统性数据以2015年以前（部分含2015年）国家统计局公布的资料为准，政策性资料采用国家公布的文件内容，书中均标度出处，保证学术研究的科学性。

本书内容结构共分10个单元43章164节，共约45万字。第一篇，开放与开放型经济，共3章12节，论述什么是开放，什么是开放型经济，中国的改革开放事业带来了哪些好处，为什么要建设开放型经济。第二篇，开放型经济基本理论，共6章18节，从理论上系统论述开放型经济，提出了开放型经济理论发展模型。第三篇，中国开放型经济进程，共4章19节，论述中国古代、近代、现代，以及党的十一届三中全会后改革开放的进程，历史经验，以及发展特点。第四篇，新时期对外开放布局，共4章10节，确立国际化发展战略目标，开辟走出去和引进来双重开放路径，力推创业与创新两大动力，建设经济区引领开放新模式。第五篇，自由贸易区建设，共4章18节，论述自由贸易区建设的意义，自由贸易区的特点，自由贸易区的选址，中国（上海）自由贸易试验区基本经验，其他自贸区建设的方式。第六篇，"一带一路"建设，共6章30节，论述"一带一路"提出的背景，"一带一路"建设内容，"一带一路"国内节点地区分析和国际节点地区分析。第七篇，开放性金融建设，共3章10节，论述国际货币体系和国际金融体系建设，创立国际银行，创立国际基金，人民币国际化，国际金融风险管控。第八篇，跨国公司建设，共5章21节，论述当代国际企业竞争的态势，中国跨国公司成长的方向、路径，实现方式，以及实现条件建设。第九篇，国际合作平台建设，共5章18节，论述中国周边国家发展态势，国际合作平台形态，中国与东盟合作平台，中国与欧盟合作平台，中国与上海合作组织合作平台。第十篇，开放型经济管理，共3章8节，论述开放型经济管理的方式和手段，管理的环节和重点，规制开放型经济的内容管理、过程管理和安全管理。（见图1本书研究内容逻辑框架结构图）。

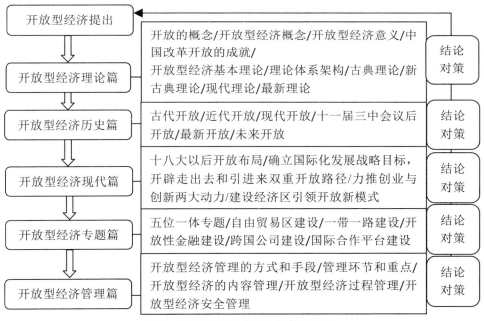

图1 本书研究内容逻辑框架结构图

本书的贡献是：本书是一部学术专著，具有创新性理论和学术观点，以供学术界争鸣；本书是一部史料文献，内容中研究了大量客观资料，研究性整理了大量有价值的史料、案例、数据和政策文献，去粗取精、去伪存真；本书是一部政策建议书，大量的分析结论有助于有关部门制定相关政策时参考；本书是一部战略设计方案书，大量的方案设计有助于企业和有关部门实际应用。为了增强可读性，采用学术语言和公众语言混合的表达方式，图文并茂的版面风格，直观明了，通俗易懂，便于读者阅读。

开放型经济领域研究我们已经持续了十多年，党的十八大精神为该领域研究指明了未来方向，十八届三中会议、四中会议、五中会议进一步颁布具体部署，使本书研究的主线和内容更加精准和丰富。但是，作为一部学术著作很难展示开放型经济的全部，只要有一部分对读者有价值，我们就心满意足了。

目 录
CONTENTS

① 开放与开放型经济

自然界本来就是互联互通的，无论是山川河流，还是陆地大海，无论是动物，还是植物，无一不是相互依赖、相互依存的。

人类社会本来就是互联互通的，群居、劳作、分工、协同，文明与进步随着集体效率的提高而不断进化，封闭与隔绝都不是常态。

由于自然界资源分布非均衡，人口分布非均衡，人类为了生活与安全，创造出了以国

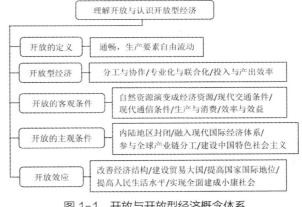

图 1-1 开放与开放型经济概念体系

家为形式的利益集团，利益保护机制由此逐步形成，利益集团之间的壁垒也逐步形成。打破人为壁垒，促进相互交流，成为现代文明社会运行的客观要求，开放成自然，开放型经济应运而生（见图 1-1 开放与开放型经济概念体系）。

1.1 开放型经济含义

"开放"是"通"的代名词，"不通"就是"不开放"，"通"就是"开放"。"通"，最原始的概念就是指人的活动范围有多大，活动范围越大，"通"的程度也就越高；人的活动范围越小，"通"的程度也就越低。只有"通"，社会经济各个领域才能有效运行。只要"开放"，社会经济活动就活跃；"不开放"，社会经

济活动就呆滞。只有坚持开放，才符合人类社会经济发展的客观规律；只有坚持开放，才能促进人类社会经济发展；只有坚持开放，才能使中国融入世界社会经济中来；只有坚持开放，才能实现中国广大内陆地区快速发展。

1.1.1 开放的概念

远古时期，无论是动物还是人，都要依赖自然界生存，依水而居，依山而食。为了获得足够的食物，为了找到合适的居住场所，都尽可能扩大自己的活动范围，扩大自己的领地，因为这样做可以占有充足的食物，只有走得更远才能获得更多的资源。人怎样才能走得更远？怎样才能扩大自己的活动领域呢？长时间的生存磨砺，人们慢慢懂得了只有借助交通工具才能走得更远。

陆路走的人多了，走的时间长了，道路就出现了，骑马这样的交通方式就跟着出现了。石头滚动可以滚得很远，轮子和车就发明出来了，借助车辆人们可以走得很远。河流是流动的，借助漂浮物在水面航行可以将人带到很远的地方，船舶就发明出来了，借助船舶人们可以走得很远。交通工具的发明和使用成为扩大人们活动范围的重要原因或条件。

信息沟通，传递情报，古人依赖的只有声音和文字两种手段，口传耳听，文字记录，人能走到哪里，信息才能传递到哪里。后来发明了文字，才可以记录历史，才可以将信息传递到远方。通信工具的发明和使用成为扩大人们活动范围的重要原因或条件。

现代交通工具已经远远不是古人所使用的原始工具，而是飞机、高速铁路列车、汽车、高速公路、万吨巨轮，构成了庞大的航空网、铁路网、公路网、远洋运输网，四维立体交通网络，足以将人带到全球的任何一个角落。

现代通信工具已经远远不是古人所使用的声音和文字，而是无线电广播、电话、电视、电脑与互联网、卫星与雷达，构成庞大的现代通信网络，四维立体网络，足以让人们及时分享全世界传播的信息，及时了解全世界发生的情况。

人员流动、物资流动、资金流动、信息流动，四种媒介的流动足以将地球变成一个"大村落"，过去古人农耕社会的自然村落，以及原始狭小的活动封闭领地，再也无法存在了，畅通已经成为必然，开放已经成为必然。

开放的含义是"展开、解除封锁、解除禁令、解除限制"[1]。开放是相对于封

---

[1]《现代汉语词典》，商务印书馆，1998年7月版，第698页。

闭而言的事物形态，封闭是指生产要素不可以自由流动，开放就是指生产要素可以自由流动，事实说明只有生产要素自由流动，生产链条才能正常运转，生产要素配置才能得以实现，商品才能流动，社会活动才富有活力。

开放的空间领域可以分为区内开放、区间开放和区外开放。区内开放是指特定区域内的开放；区间开放是指国家内各地区之间的开放；区外开放泛指国家之间的开放。

经济体可以是国家，也可以是一个地区，还可以是一个区域联盟。如果经济体是一个封闭形态，则边界壁垒坚硬，难以形成浸润，内部力量和外部力量都难以进出。经济体与经济体之间界面呈切线状（见图 1-1-1 封闭型经济体界面状态示意图）。如果经济体是一个开放形态，则边界柔软，内部力量和外部力量都容易进出，界面彼此浸润（见图 1-1-2 开放型经济体界面状态示意图）。开放实际上就是彼此浸润的过程。

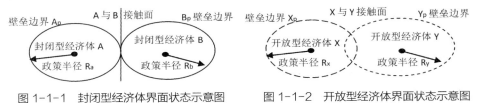

图 1-1-1　封闭型经济体界面状态示意图　　　　图 1-1-2　开放型经济体界面状态示意图

1.1.2 开放型经济含义

1. 开放型经济含义

经济的含义有两个方面，一方面是指投入产出关系，以少的代价获得多的收益，直接受到技术手段影响，通常可以认为是技术经济关系；另一方面是指人们之间形成的利益活动关系，包括生产关系、分配关系、交换关系、消费关系，通常认为是社会经济关系。

开放型经济是相对于封闭型经济而存在的经济活动方式，属于社会经济范畴。在特定利益群体内的经济活动，称为封闭型经济。不同利益群体之间的经济活动称为开放型经济活动。

开放型经济的表现特点是经济活动跨越某些约束边界，形成更大范围的循环和周转，经济活动的空间更大，经济总量更大；出现社会大生产，经济组织规模更大，形成更大范围的专业化分工，经济效率更高，更有利于配置资源，发挥生产要素的功能与效率。

开放型经济空间范围，包括国际开放、区际开放、市场开放。

国际开放包括周边国家之间的开放（双边开放），多国之间的开放（多边开放），国际区域组织开放，全球开放。

区际开放包括行政区之间开放（主要指省区之间开放），功能区之间开放（主要指生态区之间开放），经济区之间开放（主要指特区与其他区之间的开放）。

市场开放包括商品市场开放，要素市场开放，功能性市场开放。

产业开放包括产业准入范围扩大，产业扶持，特定产业约束。

开放融合程度越广、越深，则经济体之间包容性就越强、越紧密；反之，开放融合程度越窄、越浅，则经济体之间包容性就越弱、越松散。开放程度与经济体之间的浸润面呈正相关。如果经济体之间在 T 时间内，浸润界面扩大（K-N > 0）t，则称为扩大开放演进态势；如果经济体之间在 T 时间内浸润界面缩小（K-N < 0）t，则称为缩小开放演进态势；如果经济体之间在 T 时间内浸润界面不变（K-N=0）t，则称为开放演进态势未变。（见图 1-1-3 浅层开放型经济体界面状态示意图，见图 1-1-4 深层开放型经济体界面状态示意图）。

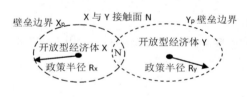

图 1-1-3 浅层开放型经济体界面状态示意图

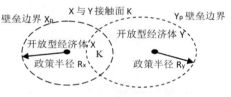

图 1-1-4 深层开放型经济体界面状态示意图

2. 开放型经济要素

构成开放型经济要素有经济活动主体、经济活动客体和经济活动行为，形成了人、财、物之间的相互关系，形成了国家（中央政府）、地方（地方政府）、企业（厂商）、民众（消费者）之间的相互关系。

开放经济主体：人为主体，具体表现为国家，企业（厂商），民众（消费者）。

开放经济客体：物为客体，具体表现为商品，货币，文化。

开放经济行为：生产行为，交换行为，分配行为，消费行为。

3. 开放型经济结构

开放型经济是一个大系统，包括宏观系统、中观系统和微观系统，各种要素在大系统中活动，有各自的功能和位置，发挥各自的作用，形成自组织行为。开放性经济结构总体上有 12 个功能区块。分别是：国家外交、国家安全、国家政策、国际贸易、国际金融、国际交往、大数据信息、大活动范围、大领域消费、主导产业、空间布局、发展题材。这12个功能区块分别由四类主体担纲。国家层面由中央政府担纲；国际层面由企业担纲；社会活动层面由民众担纲；区域活动层面由地方政府担纲。中央政府负责国家外交、国家安全、国家政策。企业负责国际贸易、国际金融、国际交往。民众负责大数据信息、大活动范围、大领域消费。地方政府负责主导产业、空间布局、发展题材。（见图1-1-5 开放型经济结构分布图）。

图 1-1-5　开放型经济结构分布图

4. 开放具有重大战略意义

一个国家兴旺发达的重要标志是开放程度，凡是开放程度高的国家或地区都是经济发达的地区，凡是开放程度低的国家或地区都是经济不发达或欠发达的地区，开放促进经济发展，开放促进社会进步，开放兴邦，开放强国。

一是开放是中国特色社会主义伟大实践。中国在世界历史上就是一个文明古国，上千年的发展积淀，积累了厚重的历史、文明、经济和文化，形成了勤奋的民族精神，善良的民族性格，包容的民族气质，开放的民族胸怀。在中国历史上凡是国家兴盛时期都是开放程度高的时期，凡是国家低迷时期是开放程度低的时期，开放发挥重要作用。

二是开放是经济社会发展必由之路，开放对经济社会产生重大影响，开放使中国成长为世界贸易大国，开放增强国家经济实力，开放是中国特色社会主义伟大实践，开放提高了人民生活水平，开放是中西部实现跨越式发展的必然选择。

三是开放是国家空间开发格局体现。国家版图规划基于生态环境特点，基于经济发展要求。空间开发与空间开放同等重要。开发促进开放，开放呼应开发；开发增强生产能力，开放增强经营能力。只有开放才能消化和吸收开发的成果，只有开发才能提供开放的物资基础。改革与开放并举，创建国家开放型经济，构建产业分工网络，开放与开发并重。

四是开放促进产业分工网络建设。一方面，只有开放才能适应大数据产业分工和系统集成。当今世界产业发展都是以产业链的形式出现的，专业化分工与联合化

开放与开放型经济

运作并行，产业组织更加细腻化、更加专业化、更加技术化，商业模式更加依赖现代技术平台，各个组织功能高效运行，大数据化、大系统化、大集成化，已经进入了行业与行业之间、产业集群与产业集群之间竞争的年代，竞争资本体量、竞争创新能力。由于各个地区之间自然环境不同，生态资源各异，自然资源禀赋不同，若要发挥区域资源比较优势和集聚优势，形成具有鲜明特色的地区主导产业，最大力量发挥地区优势，就必须通过交通和通信再链接形成产业网络。这个网络的运行，只有通过开放来解决，只有通过开放才能实现。明确实施内陆经济外向化，借助于现代通信系统、现代交通系统、现代政策系统三大物理平台，实施对外开放战略，通过开放推进改革，通过开放实施全球产业链分工，变自然资源为经济资源。另一方面，只有开放才能促进生产要素有效配置。生产要素流动先解决区内流动问题，再解决国内流动问题，最终解决国际流动问题。因此，实施开放也要由易到难，由近到远，由局部到全局，由国内到国外，分层推进，逐渐深入。开放主要从三个层次展开，第一个层次是对内地发达地区开放，第二个层次是对全国开放，第三个层次是对世界开放。

1.1.3 改革开放是中国特色社会主义特征

中国共产党"十八大"文件指出："中国特色社会主义道路，就是在中国共产党领导下，立足基本国情，以经济建设为中心，坚持四项基本原则，坚持改革开放，解放和发展社会生产力，建设社会主义市场经济、社会主义民主政治、社会主义先进文化、社会主义和谐社会、社会主义生态文明，促进入的全面发展，逐步实现全体人民共同富裕，建设富强、民主、文明、和谐的社会主义现代化国家。"[1]

1. 理论、制度、道路是中国特色社会主义内容结构

中国特色社会主义包括：中国特色社会主义理论体系、中国特色社会主义制度、中国特色社会主义道路三个方面。

中国特色社会主义理论体系，包括邓小平理论、"三个代表"重要思想、科学发展观、"四个全面建设"在内的科学理论体系，这是对马克思列宁主义、毛泽东思想的坚持和发展。

中国特色社会主义制度，就是人民代表大会制度的根本政治制度，中国共产党

---

[1] 胡锦涛：中国共产党第十八次全国代表大会上的报告，《坚定不移沿着中国特色社会主义道路前进为全面建成小康社会而奋斗》，2012 年 11 月 12 日。

领导的多党合作和政治协商制度、民族区域自治制度以及基层群众自治制度等基本政治制度，中国特色社会主义法律体系，以公有制为主体、多种所有制经济共同发展的基本经济制度，以及建立在这些制度基础上的经济体制、政治体制、文化体制、社会体制等各项具体制度。

中国特色社会主义道路，就是中国特色社会主义理论体系是行动指南，中国特色社会主义制度是根本保障，三者统一于中国特色社会主义伟大实践，这是党领导人民在建设社会主义长期实践中形成的最鲜明的特色。

建设中国特色社会主义，必须坚持推进改革开放。"改革开放是坚持和发展中国特色社会主义的必由之路。要始终把改革创新精神贯彻到治国理政各个环节，坚持社会主义市场经济的改革方向，坚持对外开放的基本国策，不断推进理论创新、制度创新、科技创新、文化创新以及其他各方面创新，不断推进我国社会主义制度自我完善和发展。"[1]

2. 改革开放的目标是建立社会主义市场经济体制

推进各方面体制改革，成功实现了从高度集中的计划经济体制到充满活力的社会主义市场经济体制的伟大历史转变。建立和完善社会主义市场经济体制，建立以家庭承包经营为基础、统分结合的农村双层经营体制，形成以公有制为主体、多种所有制经济共同发展的基本经济制度，形成以按劳分配为主体、多种分配方式并存的分配制度，形成在国家宏观调控下市场对资源配置发挥基础性作用的经济管理制度。在不断深化经济体制改革的同时，不断深化政治体制、文化体制、社会体制以及其他各方面体制改革，不断形成和发展符合当代中国国情、充满生机活力的新的体制机制，为经济繁荣发展、社会和谐稳定提供有力制度保障。

3. 通过开放促进经济发展

开放程度与经济发展水平成正相关关系，开放才能使人、财、物等生产要素流动，只有流动才能发挥作用，才能有效配置资源，发挥最佳效率。

近代中国落后了，蒸汽机时代、电动机时代、核动力时代，一浪一浪的科技发明，一浪一浪的技术创造，一波一波的产业革命，一波一波的发展创新，推着人类文明的车轮奋勇前进，前进，再前进。然而，各个学科教科书上的定理定义几乎都是西方人的名字，镌刻着中国人名字的定理定义实在太少了。是我们不聪明吗？是我们

---

[1] 胡锦涛：中国共产党第十八次全国代表大会上的报告，《坚定不移沿着中国特色社会主义道路前进为全面建成小康社会而奋斗》，2012 年 11 月 12 日。

不大气吗？是我们不勤奋吗？都不是。是开放程度不够，是没有完全融入新的世界政治、经济、社会和技术的体系中来，是没有让我们的发明创造从一开始就成为全世界人民都能懂得的符号。

1949 年 10 月 1 日，中华人民共和国成立，新中国昂首屹立在世界东方，奠定了国家发展新基础，走上了社会主义经济建设发展道路，开始积极建设新国家，参与世界政治经济秩序建设。这期间经历了国家恢复建设阶段，经历了学习苏联经验阶段，经历了探索自我发展道路阶段，也经历了十年"文化大革命"的波折阶段。

1978 年，中国共产党十一届三中全会召开[1]，确定了国家建设新目标，以经济建设为中心，实施"改革、开放"，即"一个中心""两个基本点"，这是一个里程碑意义的事件，标志着中国从此走上了新的发展道路，走上了"改革""开放"的发展道路。

实施市场经济体制，使国家经济活动融入世界经济体系中来，充分发挥市场配置资源的作用。国家实施宏观调控，弥补市场经济自身的不足，市场力量和政策力量两只手共同作用，引导经济平稳健康发展，国家建设迅速崛起。

吸引和利用外资，补充社会资金，发挥国际资本的功效，激励其他社会资本向需要的领域流入，促进生产，增加社会产品供给，繁荣市场供销活动。

引进技术，利用国际先进技术或装备，提高生产效率，利用先进技术或装备进行"反求工程"，推进革新和创新，激励自主研发，提高创新能力。

开展国际贸易，出口和进口商品，一方面将自己生产的产品卖到国外去，另一方面，将自己需要的产品从国外买回来，增加外汇积累，调剂国际供求关系。

企业走出去，到国外投资兴业，利用国际市场、国际资源、国际人才、国际资本，建设具有中华民族基因的跨国公司，建设具有中华民族特点的国际品牌。

国家只有实施开放，才能实现资源的全球化，才能实现资本的全球化，才能实现市场的全球化，才能实现人才的全球化。

开放对中国中西部地区具有特殊战略意义。中西部地区地处内陆，自身基础落后，地广人稀，市场容量狭小，只有实施开放，才能融入全国经济发展的大势中来，才能参与全球产业链分工，才能发挥本地区的资源优势，才能将资源优势通过市场

[1]《中国共产党第十一届中央委员会第三次全体会议公报》（1978 年 12 月 22 日通过），会议于 1978 年 12 月 18 日至 22 日在北京举行，出席会议的中央委员 169 人，候补中央委员 112 人，会议决定全党工作的着重点应该从 1979 年开始转移到社会主义现代化建设上来。

机制转化为经济优势，才能实现财富积累。

4.通过开放促进社会进步

文化与文明相伴而长，人类文明程度与文化进步是同时运动的，彼此促进的。民族的是世界的，世界的也是民族的。文化的交融促进文明的进步，文明的进步也烘托文化的繁荣。

中国是古老文明的国度，具有厚重的历史文化、地域文化、民族文化、商业文化，世界上各个民族都有自己的文明与文化，相互交流、彼此互动，才能促进文化繁荣，才能借鉴优势，激励创新。文化的交流和文明的互动必须建立在沟通和联系之上，因此，开放是必然发生的。

只有实施开放，才能沟通信息，共享世界文明；只有实施开放，才能了解外界，相互包容，彼此促进文明进步；只有实施开放，才能让信息通过各种媒体传播开来，才能让更多的人感受到文明的多样性和活力。

国家需要开放，地区也需要开放，中西部地区历史上就有"丝绸之路"，就是开放的地域，但是在现代文明发展中需要更加开放，通过信息通、交通通弘扬具有地方特色的民族文化，吸取具有特色的外地民族文化，共同促进社会发展和文明进步。

从民族和谐来看，中国中西部地区是少数民族集中分布区，也是革命老区和连片贫困地区集中的地区，发展内陆开放型经济是落实民族政策，实现共同发展、共同繁荣的需要，是建设和谐社会的需要。

5.改革与开放并举

"开放"包含两个方面的含义，一方面是"开"，另一方面是"放"。"开"，就是允许外部事物进来；"放"，就是允许内部事物出去，开放合在一起就是同时允许走进来和走出去。开放的对立面是封闭，同样也包含两个方面的含义，一方面是"封"，另一方面是"闭"。"封"，就是不允许外部事物进来；"闭"，就是不允许内部事物出去，封闭合在一起就是同时不允许走进来和走出去。

实际上，无论是经济活动还是社会活动，都是运动的，都是动态的，特别是在现代社会，通信现代化和交通现代化，已经承载了开放的物理平台，耳边的电话一键之播即可到达万里之外，手边的电脑一键之敲即可处理文件到达世界各地；飞机一小时即可到达800千米之外，高速铁路一小时即可到达300千米之外，高速公路一小时即可到达120千米之外。国家之间大量的贸易往来，资金的往来，信息的往来，足以促成开放。开放已经成为社会经济生活中的常态。为什么还要提及开放？为什么还要深入研究开放？

就是因为过去中国没有实行开放，各种生产要素出不去、进不来，无法实现生产要素全球配置，甚至无法实现生产要素在国内各个地区之间有效配置，利益的部门化、利益的属地化、利益的特权化，才造成了经济发展缓慢，社会文明进步缓慢。贫穷与愚昧相伴而生，贫穷显示出财富较少，愚昧显示出思想禁锢。只有改变禁锢，才能解放思想，只有实施开放，才能激发活力。开放还是不开放，这完全是一种姿态，取决于决策者的决策行动，取决于国家政策安排，这种姿态、行动、政策恰恰是扬弃过去的做法，更换新做法的过程，这个过程就是创新，这个过程就是个改革。开放与改革是相伴而生的，开放与改革是相互促进的。改革过程是自我调整的过程，开放过程也是自我调整的过程。通过改革过去不适合的方面，才能表现出开放的行为，通过开放允许内外流动，才能发现并修正不适合的方面。改革与开放并举。如果说东部地区的开放是主动开放，则内陆地区的开放就是被动开放，是东部地区的开放影响和带动的开放。

6. 开放与开发并重

实施内陆开放是西部地区新一轮开发战略的重要内容。发展开放型经济有利于加强与东中部地区合作交流，有利于推动西部开发在更广范围、更宽领域参与国际、国内市场分工、合作与竞争，更大规模、更高质量地吸引资金、技术、人才、管理等先进要素，有利于构建内外两个循环系统，推动产业结构升级，转变经济发展方式，增强发展后劲。

实施内陆开放是中部崛起发展战略的重要内容。中部地区具有承上启下的作用，可以承接东部地区的市场优势，同时也承接西部地区的资源优势，为西部地区入海、东部地区西进提供通道，中部地区本身也需要发展，只有通过开放才能实现经济崛起的目标。

实施内陆开放是东北振兴发展战略的重要内容。振兴东北老工业基地需要开放的市场条件，需要开放的政策条件。东北地区自身资源丰富，大工业生产基础较好，但是过去的计划经济体制下企业都是工厂，没有经营功能，国家实施改革开放政策以后，大批国有企业转轨，面向市场，开展生产经营活动，不仅仅面向本地市场，还要面向国内市场、面向世界市场，这就必然要求开放的条件，市场是开放的、政策是开放的、管理也是开放的。

开放与开发并重，开放与改革并重。

1.2 开放促进中国内陆地区跨越发展

在海洋运输发达的现代，内陆地区没有直接的出海口，相对于沿海地区开放条件不足，必须借助于陆路、航空、内河与沿海形成运输网络。通过开放共享现代通信系统，通过开放共享现代交通系统，通过开放共享改革开放政策，通过开放共建全面小康社会。

1.2.1 现代通信系统承载开放

信息通是最大的开放内容，共享信息资源是最大的开放成果，建立现代通信系统就是最大的开放工程。过去中西部地区，特别是山高路远的边远地区，最大的困难是信息不通，没有通讯工具，无法与外界交流，社会封闭、思想封闭、观念陈旧难以避免，生产力低下难以避免，商品经济不活跃难以避免，生活方式古朴，社会文明程度低与信息资源少同时存在。

随着现代科学技术的进步，现代通讯工具的使用，特别是信息技术电子化、传输手段网络化的出现，现代通讯网络的建立，包括广播网、电视网、电话网、互联网的建设和使用，使中西部地区极大地受益，语音、图像、数据等大量信息资源共享，使得中西部地区特别是边远地区实现了跨越式发展。例如：西藏地区，当地的藏族民众通过电视机看到了世界是什么模样，通过电话听到了世界各地的声音是什么调子，从封闭的、原始的社会文明中一下子融入了世界文明，跨越了500年的时空，心灵的震撼是极大的。这就是跨越式发展的具体体现。

信息通了就是开放，信息不通就是不开放，通讯现代化既是开放的过程又是开放的结果。信息数量越多，说明开放的程度就越高，内陆地区开放是实现跨越式发展的必然选择。

1.2.2 现代交通系统承载开放

"蜀道难，难于上青天。"这是古人的诗句，表现了古时交通困难，人们被自然天险隔离开来，分隔在各自的出生地，有的人一辈子都没有走出过大山。交通成为人们交流的重要条件，交通不便社会就封闭，交通方便社会就开放，没有交通就没有开放，有了交通就有了开放。

如今，现代交通工具出现，并不断进化，汽车、飞机、轮船等现代交通工具的发明，大大提高了出行的方便程度，大大提高了安全性和舒适性，大大提高了运动速度。

高速公路网、高速铁路网、民航网、远洋运输网的出现，对于中西部地区发展是极大的推动力量。

在现代交通网络支持下，人、财、物等生产要素可以流动。商品能流动了，才可以实现商品经济，才可以发展市场经济，才可以有生产、分配、交换、消费。人能流动了，才可以走到更远的地方，才可以进行面对面的交流，才可以增加了解和信任，才可以互助和合作。资金能流动了，才可以到更远的地方投资兴业，才可以发挥货币的功能，才可以活跃资本市场。开放就是建立在交通网络之上的活动。

东部地区大多都是平原地区，交通网络密集，支撑了经济发展和社会进步。中西部地区大多都是山区或丘陵地区，交通网络稀疏，制约了经济发展和社会进步。随着高速公路向内陆延伸，铁路向内陆延伸，民航机场建设，大大改善了交通条件，实施开放具有了交通条件。

"要想富先修路"，这是老百姓的心声，这是经验的概括，交通便利了，开放成为自然，交通现代化也是开放的具体内容，交通现代化也是开放的过程，交通现代化是开放的成果。

"通"就是开放，"不通"就是封闭。实施内陆开放是中西部地区实现跨越式发展的必然选择。

1.2.3 国家改革开放政策承载开放

自 1978 年中国实施改革开放政策以来，不断出台了一系列的政策措施，惠及了特区、14 个沿海开放城市、沿海地区以及内陆地区，也惠及了广大的中西部地区。中西部地区在享受国家普适性政策的同时，中央政府还赋予中西部地区一些特殊支持政策，在人、财、物、发展机会等方面给予更大的支持力度。地方政府根据中央政府的政策规定，积极落实，结合本地区实际情况，制定了一些符合自己省情、市情、区情的地方政策，让政策变成机会，让政策变成方法，让政策变成方案，让政策变成实际行动。

中西部地区享受的优惠政策包括：

西部开发政策、中部崛起政策、主体功能区政策、老少边穷地区支持政策、建设经济新区政策、建设改革开放试验区政策、土地使用政策、财政政策、税收政策、转移支付政策、人力资源管理政策、对口支援政策、扶贫开发政策、产业支持政策、资源型城市转型政策、重大项目布局政策、专项资金扶持政策、口岸经济政策、企业政策、民族政策、区域布局政策，等等。

改革的过程就是政策调整的过程，改革的过程就是对传统体制变革的过程，改革的过程就是对原有机制创新的过程。改革开放政策的制定和实施，由简单到复杂、由试点到全面、由局部到全局、由零散到系统，日益深入。改革开放政策的制定和实施，由特区到沿海开放城市，由沿海开放城市到内陆地区，逐步深入。改革开放政策的制定和实施，由单一行业政策到国家产业政策，由对过去产业的调整到未来产业的规划，逐步系列化。

一系列改革开放政策的制定和实施，一方面，维护了中西部地区企业的生产经济管理利益，维护了当地老百姓的利益，受到企业和老百姓的极大欢迎。另一方面，也维护了地方政府行使行政领导权力，合理配置社会资源的权威，促使工作更加有效，使行政更加富有活力，也受到地方政府的极大欢迎。一系列政策的制定和实施，使社会各种经济力量感受到社会主义制度的优越性，积极投身到中国共产党领导的中国人民不屈不挠、艰苦奋斗、建设中国特色社会主义的伟大实践。

一系列改革开放政策的制定和实施，已经形成巨大的社会经济发展动力，驱动中国发展的时代列车滚滚向前。

1.3 开放型经济促进中国全面发展

改革开放使中国在经济、社会、外交等各个方面取得巨大成就，实现了从封闭半封闭经济到全方位开放的伟大历史转折，形成了从沿海到沿江沿边开放，从东部到中西部区域梯次开放的格局，实现了从贸易到投资、从货物贸易到服务贸易领域不断拓展的开放格局，呈现出从数量小到数量大，从质量低到质量高的开放新趋势。

1.3.1 改善经济结构

1. 调整产业结构

培育发展战略性新兴产业。以重大技术突破和重大发展需求为基础，促进新兴科技与新兴产业深度融合，把战略性新兴产业培育发展成先导性、支柱性产业。推动重点领域跨越式发展，大力发展节能环保、新一代信息技术、生物、高端装备制造、新能源材料、新能源汽车等战略性新兴产业。节能环保产业重点发展高效节能、先进环保、资源循环，充分利用关键技术装备、产品和服务。新一代信息技术产业重点发展新一代移动通信、新一代互联网、三网融合、物联网、云计算、集成电路、新型显示、高端软件、高端服务器和信息服务。生物产业重点发展生物医药、生物医学工程产品、生物农业、生物制造。高端装备制造产业重点发展航空装备、卫星及应用、轨道交通装备、智能制造装备。新能源产业重点发展新一代核能、太阳能热利用和光伏光热发电、风电技术装备、智能电网、生物质能。新材料产业重点发展新型功能材料、先进结构材料、高性能纤维及其复合材料、共性基础材料。新能源汽车产业重点发展插电式混合动力汽车、纯电动汽车和燃料电池汽车技术。战略性新兴产业增加值占国内生产总值比重达到8%左右。

产业结构优化。第一产业、第二产业、第三产业结构优化，产业升级明显；同一产业层次内部技术结构升级明显，产品结构升级明显，三次产业结构比重指标，第一产业、第二产业、第三产业之间比重1978年为28.2：47.9：23.9；1990年为27.1：41.3：31.5；2000年为15.1：45.9：39.0；2010年为10.1：46.7：43.2。2012年国家统计局发布国民经济和社会发展统计公报显示，全年国内生产总值519322亿元，比上年增长7.8%。其中，第一产业增加值52377亿元，增长4.5%；第二产业增加值235319亿元，增长8.1%；第三产业增加值231626亿元，增长8.1%。第一产业增加值占国内生产总值的比重为10.1%，第二产业增加值比重为45.3%，第三产业增加值比重为44.6%。（见图1-3-1中国三次产业结构变化趋势图）。国民生产总值（GDP）三次

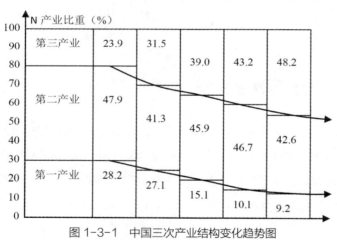

图 1-3-1　中国三次产业结构变化趋势图

（资料来源：根据国家统计资料数据绘制）产业结构变化趋势：第三产业比重增加；第一产业比重减小。

产业贡献率指标（贡献率是指各产业增加值增量与GDP增量之比），1990年，第一产业为41.6%，第二产业为41.0%，第三产业为17.3%；1995年，第一产业为9.1%，第二产业为64.3%，第三产业为26.6%；2000年，第一产业为4.4%，第二产业为60.8%，第三产业为34.8%；2005年，第一产业为5.6%，第二产业为51.1%，第三产业为43.3%；2010年，第一产业为3.8%，第二产业为56.8%，第三产业为29.3%。

2. 增强了企业竞争力

实施产业创新发展工程。以掌握产业核心关键技术、加速产业规模化发展为目标，

发挥国家重大科技专项引领支撑作用，依托优势企业、产业集聚区和重大项目，统筹技术开发、工程化、标准制定、应用示范等环节，支持商业模式创新和市场拓展，组织实施若干重大产业创新发展工程，培育一批战略性新兴产业骨干企业和示范基地。

加强企业技术改造。制定支持企业技术改造的政策，加快应用新技术、新材料、新工艺、新装备改造提升传统产业，提高市场竞争能力。支持企业提高装备水平、优化生产流程，加快淘汰落后工艺技术和设备，提高能源资源综合利用水平。鼓励企业增强新产品开发能力，提高产品技术含量和附加值，加快产品升级换代。推动研发设计、生产流通、企业管理等环节信息化改造升级，推行先进质量管理，促进企业管理创新。推动一批产业技术创新服务平台建设。

引导企业兼并重组。坚持市场化运作，发挥企业主体作用，完善配套政策，消除制度障碍，以汽车、钢铁、水泥、机械制造、电解铝、稀土、电子信息、医药等行业为重点，推动优势企业实施强强联合、跨地区兼并重组，提高产业集中度。推动自主品牌建设，提升品牌价值和效应，加快发展拥有国际知名品牌和核心竞争力的大型企业。

促进中小企业发展。大力发展中小企业，完善中小企业政策法规体系。促进中小企业加快转变发展方式，强化质量诚信建设，提高产品质量和竞争能力。推动中小企业调整结构，提升专业化分工协作水平。引导中小企业集群发展，提高创新能力和管理水平。创造良好环境，激发中小企业活力。建立健全中小企业金融服务和信用担保体系，提高中小企业贷款规模和比重，拓宽直接融资渠道。落实和完善税收等优惠政策，减轻中小企业社会负担。

3. 调整了空间布局结构

生产力布局由重点布局演变为梯度布局，再演变为点轴布局，再演变为网络布局。梯度布局是以东部地区、中部地区、西部地区三个地带划分，按照地势高度落差来分布工业生产力；点轴布局是以中心城市为点，交通干线为路形成点线结合的布局结构；网络布局是沿着铁路、公路干线为经纬线，以城市为链接点，构成网络布局，生产力布局坚持市场导向、中心导向、资源导向和政策导向的原则来布局。即终端产品生产的企业按照市场导向原则来布局；智力型产品生产企业按照中心导向的原则来布局；资源初加工型企业按照资源导向原则来布局；政策性强的企业或项目按照政策指导来布局。在调整了"上山""下乡""进洞"的布局思路后，使企业更符合生产的成本最低化要求、经营效益最大化要求，从封闭的生产体系，逐步转移到外向型经济生产体系上来。

1.3.2 成长为世界贸易大国

1. 贸易总量持续增长

2012年中国进出口贸易额为38667亿美元，首次超过美国，成为世界贸易规模最大的国家。

1978年我国进出口总额仅仅为206.4亿美元，到2013年发展到4.16万亿美元[1]，连续30多年持续增长，增长了200多倍。1980年为381亿美元，1985年为696亿美元，1990年为1154亿美元，1995年为2808亿美元，2000年为4742亿美元，2005年为14219亿美元，2010年为29740亿美元，2013年达到4.16万亿美元，2014年达到4.30万亿美元（货物贸易）。（见图1-3-2中国贸易总额以及发展趋势图）。

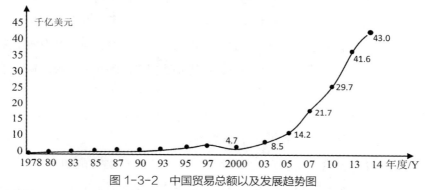

图 1-3-2　中国贸易总额以及发展趋势图

（资料来源：根据国家统计局公布数据资料绘制）

中国全球出口市场第一产品排名居首。2012年"全球出口市场占有率第一产品数量"前十名依次为中国（1485个）[2]、德国（703个）、美国（603个）、日本（231个）、意大利（228个）、印度（144个）、荷兰（138个）、法国（104个）、比利时（94个）和英国（81个）。在亚洲国家和地区中，香港（65个）排在第13位，韩国是（64个）第14位，印度尼西亚（60个）第15位。

世界500强企业中中国企业连续增多。截至2015年度，中国大陆（含香港在内，不包括台湾）的上榜公司连续增加，2012年度共有73家公司上榜。中国大陆上榜公司数量已经超过日本（68家），仅次于美国的132家，到2015年度中国企业入围106家。

[1] 国家统计局：《2013年国民经济和社会发展统计公报》，2014年2月24日。
[2] 参考消息报：《中国"全球第一产品"世界居首》，2014年1月24日。

2. 贸易结构不断改善

出口货物分类比重优化。初级产品与工业制成品之间比重变化，1980 年为 50.3∶49.7；1985 年为 50.6∶49.4；1990 年为 25.6∶74.4；1995 年为 14.4∶85.6；2000 年为 10.2∶89.8；2005 年为 6.4∶93.6；2010 年为 5.2∶94.8。（见图 1-3-3 中国出口产品分类比重图）。

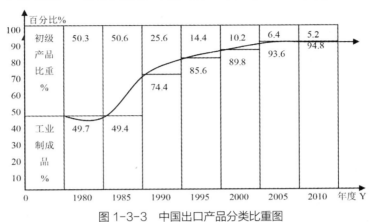

图 1-3-3　中国出口产品分类比重图

（资料来源：根据国家统计资料数据绘制）

发展趋势：工业制成品比重增加，初级产品比重减小。

利用外资增多。自 1979 年至 2011 年累计利用外资达到 13681.41 亿美元[1]。1979 年至 1982 年累计利用外资仅仅为 130.60 亿美元，1990 年达到 102.89 亿美元，1995 年达到 481.33 亿美元，2000 年达到 593.56 亿美元，2005 年达到 638.05 亿美元，2010 年达到 1088.21 亿美元，2011 年达到 1176.98 亿美元，2012 年达到 1117.2 亿美元，2013 年达到 1175.86 亿美元，2014 年达到 1196 亿美元。（见图 1-3-4 利用外资数量及其发展趋势图）。

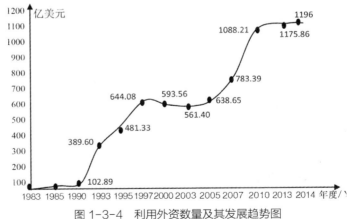

图 1-3-4　利用外资数量及其发展趋势图

（资料来源：根据国家统计局报告数据绘制）

对外承包工程增多。2013 年，中国对外承包工程业务完成营业额为 1371.4 亿美元，新签合同额在 5000 万美元以上的项目 685 个，其中上亿美元的项目 392 个。截至 2013 年年底，

❶

开放与开放型经济

17

---

[1] 资料来源：国家统计局资料，2012 年 1 月。

中国对外承包工程业务累计签订合同额 11698 亿美元，完成营业额 7927 亿美元。2014 年完成营业额 1424 亿美元。

对外劳务合作频繁。2013 年，中国对外劳务合作派出各类劳务人员 52.7 万人，其中承包工程项下派出 27.1 万人，劳务合作项下派出 25.6 万人。年末在外各类劳务人员达 85.3 万人。截至 2013 年年底，我国对外劳务合作业务累计派出各类劳务人员 692 万人。

对外直接投资增长。在"引进来"和"走出去"政策导向下，中国政府支持中国跨国企业国际化，企业正在加速国际扩张。中国对外直接投资流量从 1992 年的 40 亿美元发展到 2008 年 520 亿美元，中国成为 2008 年对外投资流量的第三大输出地区（排在中国香港和俄罗斯之后）。2013 年，中国境内投资者对全球 156 个国家和地区的 5090 家境外企业进行了直接投资，累计实现非金融类直接投资 901.7 亿美元[1]，同比增长 16.8%。其中，对中国香港、东盟、欧盟、澳大利亚、美国、俄罗斯、日本七个主要经济体的投资达到 654.5 亿美元，占同期对外直接投资总额的 72.6%。

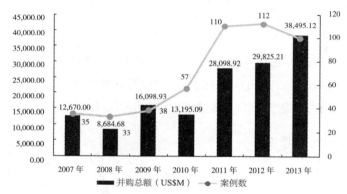

图 1-3-5　2007—2013 年海外并购案例数量与金额

（资料来源：中商情报网，http://www.askci.com，2014 年 1 月 8 日）

中国企业海外并购增多。中国的跨国企业在 2010~2014 年 5 年期间积极进行跨国界收购和兼并。2007 年和 2008 年发生十宗大型跨国购并案。2007 年，对外直接投资 80% 是国际收购。中国公司最近几年在国际化道路上最为引人注目，发展势头强劲。（见图 1-3-5 2007—2013 年海外并购案例数量与金额）。

1.3.3 增强国家经济实力

1. 主要农产品和工业品产量世界第一

国家综合国力迈上新台阶，依靠自己的力量解决了 13 亿人口吃饭问题。主要

开放型经济
KAIFANGXING JINGJI

---

[1] 资料来源：商务部资料，《2013 年我国对外投资和经济合作情况简述》，2014 年 1 月 20 日。

农产品和工业品产量已居世界第一，具有世界先进水平的重大科技成果不断涌现，高新技术产业蓬勃发展，水利、能源、交通、通信等基础设施建设取得突破性进展，生态文明建设不断推进，城乡面貌焕然一新。改革开放提高了农民积极性，焕发了农业生产活力，实现了粮食、棉花、油料、肉类、水产品等农产品连年增长。（见表1-3-1 2013年全国主要农产品产量指标表）。

表 1-3-1　2013 年全国主要农产品产量指标表

项目	总量	增长 %	项目	总量	增长 %
粮食总量	60194 万吨	2.1	棉花	631 万吨	7.7
夏粮	13189 万吨	1.5	糖料	13759 万吨	2.0
秋粮	43597 万吨	2.3	牛奶	3531 万吨	5.7
早稻	3407 万吨	2.4	禽蛋	2876 万吨	0.5
猪牛羊肉类	8373 万吨	1.8	油料	3531 万吨	2.8
猪肉	5493 万吨	2.8	生猪存栏	47411 万头	0.4

（资料来源：根据国家统计局 2014 年颁布资料绘制）

实现了全国粮食年产量长期平稳增长，1978 年为 30477 万吨，到 1990 年达到 44624 万吨，1995 年达到 46662 万吨，2000 年达到 46218 万吨，2005 年达到 48402 万吨，到 2010 年达到 54648 万吨，到 2013 年达到 60194 万吨，相对于 1978 年指标增长了 29717 万吨，增长了近一倍，2014 年达到 60710 万吨，增产 0.9%。（见图 1-3-6 粮食产量增长曲线图）。

棉花年产量，1978 年仅为 217 万吨，1990 年达到 451 万吨，2000 年达到 442 万吨，2010 年达到 596 万吨，2013 年达到 631 万吨，相对于 1978 年指标增长了 414 万吨，增长

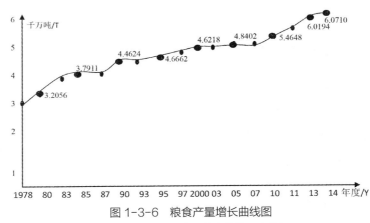

图 1-3-6　粮食产量增长曲线图

（注释：根据国家统计局截至 2014 年颁布资料整理绘制）

了近 2 倍。油料年产量，1978 年为 522 万吨，1990 年达到 1613 万吨，2000 年达到 2955 万吨，2010 年达到 3230 万吨，2013 年达到 3531 万吨，相对于 1978 年指标增

长了 3009 万吨，增长了近 5.8 倍。肉类年产量，1979 年为 1062 万吨，1990 年达到 2857 万吨，2000 年达到 6014 万吨，2010 年达到 7926 万吨，2013 年达到 8373 万吨，相对于 1979 年增长了 7311 万吨，增长了近 6.9 倍，2014 年达到 8707 万吨。水产品年产量，1978 年仅为 465 万吨，1990 年达到 1237 万吨，2000 年达到 3706 万吨，2010 年达到 5373 万吨，2011 年又上升到 5603 万吨，相对于 1978 年增长了 5138 万吨，增长了近 11 倍，2014 年达到 6450 万吨。

2. 承办世界重大活动

成功举办了北京奥运会、上海世界博览会、昆明世界园艺博览会、广州亚运会、上海合作组织第一次峰会、亚太组织非正式领导人会议、中非合作论坛北京峰会，等等。特别是北京奥运会的成功举办，为世界呈现了一场"精美绝伦"的奥运会，向世界彰显新中国的名片，实现了中华民族百年奥运梦想。圆满举行国庆 60 周年庆典和阅兵，展示了中国形象。载人航天、探月工程、超级计算机等尖端科技领域实现重大跨越。农业连年获得好收成，积极推进产业结构优化升级，并取得积极进展，加强节能减排和生态环境保护，新型区域发展格局初步形成。2010 年国内生产总值达到 401513 亿元，跃居世界第二位，人民生活明显改善，城乡居民收入增长，教育事业快速发展，社会保障体系逐步健全。

3. 有效应对重大自然灾害

2005 年以来，国家有效应对国际金融危机巨大冲击，保持经济平稳较快发展的良好态势，战胜四川汶川特大地震、青海玉树强烈地震、甘肃舟曲特大山洪泥石流等重大自然灾害。

1.3.4 提高国家国际地位

1. 发挥联合国常任理事国作用

坚持奉行独立自主的和平外交政策，全方位外交取得重大成就。恪守维护世界和平、促进共同发展的外交政策宗旨，同发达国家的关系全面发展，同周边国家睦邻友好不断深化，同发展中国家传统友谊更加巩固。积极参与多边事务，承担相应国际义务。国际地位和国际影响显著上升，在国际事务中发挥了重要的建设性作用。

2. 承担国际事务

积极帮助发展中国家，给予道义支持、经济支持，积极参与基础设施建设，派出工程队；积极参与疾病防治，派出医疗队；积极参与灾害救助，派出救助队；参与国际反海盗护航，打击恐怖势力，参与联合国维护和平行动，维护地区和平，维护世界和平。

2004 年 11 月 6 日全球第一所孔子学院在韩国首尔正式揭牌。孔子学院在亚洲、非洲、欧洲等地区开办。孔子文化已经在全世界得到认可，孔子学院不是开设孔子思想课程，而是借孔子之名在全世界推广汉语。国外的孔子学院将由国内委派教师教授汉语课程。截至 2009 年 11 月，全球已有 554 所与孔子相关的学院和孔子课堂，分布在 88 个国家（地区）。据统计，2010 年在国外使用和学习汉语的人数已有一亿人，有 100 多个国家在各级各类的教学机构内教授中文课程。

1.3.5 提高人民生活水平

1. 改善民生

着力保障和改善民生，人民生活总体上达到小康水平。改革开放 30 年是城乡居民收入增长最快、得到实惠最多的时期。从 1978 年到 2007 年，全国城镇居民人均可支配收入从 343 元增加到 13786 元，实际增长 6.5 倍；农民人均纯收入从 134元增加到 4140 元，实际增长 6.3 倍；农村贫困人口从 2.5 亿减少到 1400 多万。城市人均住宅建筑面积和农村人均住房面积成倍增加。到 2010 年，全国城镇居民人均可支配收入达到 19109 元，城乡居民人民币储蓄存款余额达到 303302 亿元，群众家庭财产普遍增多，吃穿住行用水平明显提高。

到 2011 年，全国城镇居民人均可支配收入达到 21810 元；农村居民人均纯收入 6977 元，城镇单位就业人员平均工资 41799 元；城乡居民人民币储蓄存款余额达到 343636 亿元；城市居民人均消费支出达到 15161 元，农村居民人均消费支出达到 5221 元；城镇居民每百户拥有家用汽车 18.58 辆，农村居民每百户拥有生活用汽车 5.51 辆；电话普及率 54.81%，移动电话普及率 73.55%；电视节目综合人口覆盖率 97.8%；每 10 万人口高等学校在校学生数 2253 人。改革开放前长期困扰我们的短缺经济状况已经从根本上得到改变。

2. 发展社会事业

大力发展社会事业，社会和谐稳定得到巩固和发展。城乡免费九年义务教育全面实现，高等教育总规模、大中小学在校生数量位居世界第一，办学质量不断提高。就业规模持续扩大，全社会创业活力明显增强。社会保障制度建设加快推进，覆盖城乡居民的社会保障体系初步形成。公共卫生服务体系和基本医疗服务体系不断健全，新型农村合作医疗制度覆盖全国。社会管理不断改进，社会大局保持稳定。

1.3.6 创建开放型经济体系

1. 推进新一轮全方位开放

从开放的范围来看，开放可以是局部开放，也可以是大区开放，还可以是国家全体开放。中国在改革开放初期，建立经济特区的做法实际上就是局部开放，"特区"就是一个点，赋予局部地区特殊政策，开展对外经济活动。开放14个沿海城市的做法，实际上就是大区开放，借助沿海交通便利的优势，发展对外贸易，促进国际贸易发展。如果内陆地区也都实行开放，就演变成了整个国家开放。

开放内陆地区和开放沿边境地区，则是中国新的开放姿态。过去30多年的开放基本集中在东部沿海地区，限于交通、通讯、基础设施、产业支撑等方面制约，内陆地区即使开放（实际上也在推进开放），也少有内容体现，现在要补上这个短板，扫除"盲区"。因此，建立内陆开放型经济是完善中国空间开放格局的要求。全面构建内陆开放型经济体系，推进中西部地区对外开放，是新形势下国家对外开放战略重要组成部分，是改革开放进程中的新阶段，是缓解东部和西部地区发展不均衡的行动，是顺应国际产业分工要求的行动。

2. 以内陆开放支持沿海开放

改革开放带来的红利要向内地扩散、向内地渗透、向内地发展，内陆经济外向化，这是支撑东部地区扩大开放的有利条件，只有内陆开放，沿海地区才会更加开放，沿海地区才会有条件继续发展。发展内陆开放型经济，有利于对外开放向广度和深度拓展。

3. 开放型经济体系融入国际社会

局部开放是为全部开放铺路子，全局开放是最终目标，当情况没有把握时可以试点，试点提供经验，再扩大到全局。开放型经济新体系包含了空间开放、产业开放、金融开放、文化开放等多个方面，对接国际社会，促进生产要素流动，将配置资源的范围由国内配置，扩展到国际配置，提高效率，刺激创新，激发各种要素活力，扩展市场规模，促进社会经济等各个领域对接国际社会，促进全面进步。过去的开放实践已经初步建立了国家开放型经济体系，这个体系的核心特点就是中国特色社会主义，未来时期将在国际化进程中完善这个体系，优化这个体系，提升这个体系。

❷ 开放型经济基本理论

经济组织的个体性和相对封闭性决定了相互往来的关系基础。社会分工产生了协作，社会分工产生了专业化和联合化，社会分工产生了技术经济体系，社会分工要求经济组织之间要相互包容，互换劳动成果，由此产生了开放行为，形成规律，诞生了开放经济理论。

世界上早期的开放经济理论是以交易成本理论为基础的，开展国际贸易的双方，都要考虑交易成本，以成本最低价值取向为基础，获得竞争优势。后来发展到供给侧，形成厂商理论，将生产要素有效配置来获得生产过程中的

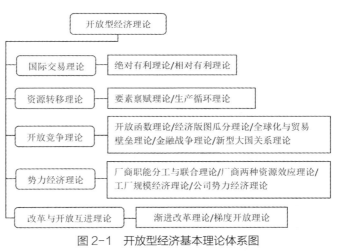

图 2-1　开放型经济基本理论体系图

成本优势，以此获得市场价格优势；再后来发展到市场垄断性竞争理论、金融领域的货币竞争理论，再发展到国家关系理论。到 21 世纪出现了公司经济理论，势力经济理论以及改革与开放协同理论，逐步形成了开放型经济理论体系，虽然这个体系还在丰富与发展之中，但是本书经过分析整理，理清了开放型经济理论的发展路径，设计出基本框架，以便理解这些理论的基本思想和表达的客观规律内涵。（见图 2-1 开放型经济基本理论体系图）。

2.1 开放理论发展脉络

有关国家（或地区）之间相互开放的理论，最早出现的是国际交易理论（或国际贸易理论），在西方经济学教科书中均有记载，随后逐步扩展到其他学说，逐步丰富了开放理论体系的内容。从发展过程来看，大体上经历了三个阶段——古典理论阶段、新古典理论阶段、现代理论阶段；从内容特点来看，大体上呈现两条路径——国家政治和社会经济。

2.1.1 理论发展过程的三个阶段

开放型经济理论的产生和发展大体上经历了三个历史阶段，由此形成了三个历史时期的理论体系，即古典开放经济理论阶段、新古典开放经济理论阶段和现代开放经济理论阶段。理论发展脉络既包括了理论内容的丰富过程，也包括了理论学科的创新过程。例如：国际分工理论、资源有限理论、交易成本理论、社会再生产理论、国际贸易理论、国际金融理论、二元经济理论、空间布局理论，等等。

1. 古典开放型经济理论

在古典经济学思想中（Classical Economics），认为经济规律（例如：个人利益、竞争关系）决定着商品价格，决定生产要素报酬，相信价格体系是最好的资源配置办法。存在"重商主义"和"重农主义"两大思想体系。其中"重商主义思想"后来逐步演变成交易理论（或贸易理论），以及国际贸易理论，成为早期经典经济学中有关开放经济思想体系的理论基础。从十七世纪中叶到十九世纪初，以英国经济学家亚当·斯密、大卫·李嘉图、穆勒、马歇尔等经济学家的思想为主要代表。

重商主义认为：只有金银货币才是真正的社会财富。经济政策和经济活动都是为了获得金银货币；财富的直接来源除了金银矿以外，就是顺差的对外贸易，社会财富的增加只有直接依靠对外贸易；为了保障通过顺差的对外贸易增加货币财富，国家就应当干预经济生活，利用各种手段一方面要奖励出口，另一方面要限制进口，即顺差贸易可以创造财富，国家要大力开展对外贸易活动，实施开放经济政策，这是重商主义基本思想，也是开放型经济最早的理论解释。

重农主义认为：是否符合人性是区别"人为顺序"和"自然顺序"的根本标志，人类社会的管理应当符合"自然顺序"，吃饭是最基本的需求，也是最本能的需要，这就需要大力发展农业，只有农业才是生产"纯产品"的，才是真正的财富；发展自由贸易，只有通过贸易才能增加实际收入。

2. 新古典开放型经济理论

新古典经济学（New Classical Economics），时间从 20 世纪 20 年代末开始，代表人物有赫克歇尔、俄林、里昂惕夫、萨缪尔森等著名经济学家，集中研究资源分布规律。关注市场和消费相互关系，以及相互作用，突出市场机制的作用和力量，突出消费的作用和力量，突出大市场的作用和力量，突出大消费的作用和力量。理论包括不同市场结构的力量，垄断的、寡头的、垄断竞争的、完全竞争的；包括消费倾向的变化、边际倾向的变化、效用的变化，等等；包括价格决定的机制，供给与需求的均衡关系，等等。

新古典经济学思想认为，资源禀赋不同，市场空间不同，需要运输，需要市场中供给与消费两种力量在空间上对接，这就需要开放相互领地。

3. 现代开放型经济理论

在现代经济学思想中（Modern Economics），突出多学科知识的交叉集合，既要顺其自然法则，尊重资源、经济、市场、企业的基本规律，也要顺其社会法则，尊重社会、文化、政治、安全的基本规律，国际大交流要符合两条路线的基本规律，即符合自然发展的规律和符合发展社会的规律。现代开放型经济理论内容丰富、观点新颖、学科交叉，还在继续发展之中，本章主要阐述和论证有代表性的几个理论思想，集中分析势力经济理论、大国关系理论、开放函数理论、货币战争理论。

2.1.2 理论发展内容的两条路径

开放型经济理论，经过近 200 多年的发展，日益丰富。有关区域开放的理论，从流域开放理论发展到区域开放理论，再发展到周边国家开放理论，再发展到国际开放理论；有关市场开放的理论，从货物贸易开放理论，再发展到资本开放理论；有关开放的边界理论，从经济开放理论发

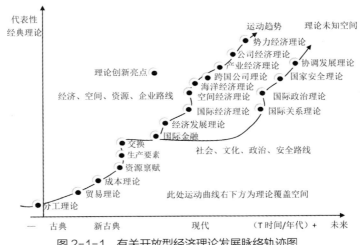

图 2-1-1　有关开放型经济理论发展脉络轨迹图

❷ 开放型经济基本理论

展到文化开放理论、人文开放理论、国际关系理论、国际政治理论、国家安全理论。

到了近代，理论研究脉络已经分裂形成两条并行的研究路线：一条是经济开放理论路线；另一条是国家开放理论路线，即一个经济，一个政治。因此，区域开放理论研究更加丰富了、更加复杂了、更加多样化了（见图 2-1-1 有关开放型经济理论发展脉络轨迹图）。

2.2 国际交易理论

2.2.1 绝对有利理论

绝对有利理论，又称为绝对优势理论，是最古典的对外开放理论，是经济学中最具代表性的理论，代表人物亚当·斯密（Adam Smith，1723—1790 年），代表著作《国民财富的性质和原因研究》（1776 年出版），又称为《国富论》。

斯密提出了国际分工论，在国际分工的基础上主张自由贸易，提出绝对有利的概念（绝对优势），分析发生国际贸易的原理，由国际贸易引发国家经济开放。

斯密认为："不同时代不同国民的不同富裕程度，曾产生两种不同的关于国富裕民的政治经济学体系。其一，可称为重商主义；其二，可称为重农主义"[1]。"重商主义"认为社会财富的源泉有两个，一个是金矿的开采，一个是发展对外贸易。国家为了致富和防止贫困，必须发展对外贸易，遵循多卖少买、多收入少支出，对外贸易中实现顺差。各国都生产具有绝对成本优势的产品，然后进行交换，这样对各国都是有利的。例如：英国和葡萄牙两国都生产呢绒和葡萄酒，在英国生产呢绒的成本是 30 英镑，生产葡萄酒的成本是 40 英镑；而在葡萄牙生产呢绒的成本是 40 英镑，生产葡萄酒的成本是 30 英镑。英国只生产呢绒，葡萄牙只生产葡萄酒，双方进行国际贸易，进行交换，结果对双方都是有利的。

人类经济活动实际上有两种情况，一种情况是自给自足生产，在一个相对简单闭环的体系内生产和消费；另一种情况是商品生产，生产出来的产品用以他人消费，一个地区的生产为了其他地区的消费。生产过程的技术性证明，分工可以大幅度提高生产效率，降低成本。分工可以提高生产效率有三个方面的原因：一是分工使劳动专业化，可以有效提高工人的熟练程度；二是分工可以节约工种之间转换的时间；三是分工可以使用专业化的生产设备，大幅度提高作业效率。分工使得国际交换中

[1] 亚当·斯密：《国民财富的性质和原因的研究》（下卷），北京，商务印书馆，1988 年版，第 1 页。

各自发挥优势，提高交易双方的整体效率和效益。

2.2.2 相对有利理论

相对有利理论是相对于绝对有利理论而提出来的，也是经济学理论学说中的经典理论，代表人物大卫·李嘉图，代表著作《政治经济学及税赋原理》（1817 年出版）。

相对有利理论又称为比较优势理论，该理论的中心思想是：各国都生产自己具有相对成本优势的理论，然后进行交换，这样对各国都是有利的。例如：英国和葡萄牙两国都生产呢绒和葡萄酒，在英国生产呢绒的成本是 100 英镑，生产葡萄酒的成本是 120 英镑；而在葡萄牙生产呢绒的成本是 90 英镑，生产葡萄酒的成本是 80 英镑。则葡萄牙生产这两种产品都有利，但是生产葡萄酒的优势更大，同时在英国生产这两种产品都不利，但是生产呢绒的成本相对有利，这样英国生产呢绒，葡萄牙生产葡萄酒，相互交换，结果对双方都有利。同时分工生产使总的产量增加了。

2.3 资源转移理论

人类生产活动需要投入资源，包括人、财、物、信息等等，世界上的资源分布是不均等的，人口分布也是不均等的，实际上资源分布在空间上形成了"两个不均等"，即消费力量的不均等和生产力量不均等。在市场空间位置不发生移动的情况下，为了实现市场满足，只能转移资源，要么转移初始状态的资源，要么转移加工状态的资源，因此，就形成了开放性经济的资源转移理论。其中，经典理论有要素禀赋理论、生产循环理论，等等。

2.3.1 要素禀赋理论

资源禀赋理论是根据自然资源的分布而形成的开放型经济理论，代表人物是俄林—赫克歇尔。俄林（Bertil Gothard Ohlin，1899—1979 年），代表著作《国际贸易理论》（1924 年出版）、《区间贸易和国际贸易》（1933 年出版）。赫克歇尔（Eli F Heckscher，1879—1959 年），代表著作《重商主义》、《经济史研究》。

该理论中心思想是：资源是稀缺的，资源分布是不均等的，针对某一资源而言，有些地方相对较多、有些地方相对较少，这样国家生产系统中会主动选择资源丰富的领域开展生产活动。由于各国资源禀赋不同，各国都生产具有自己资源优势的产品，然后与其他国家进行交换，这样对各国都是有利的。具体来说，劳动力丰富但劳动力价格低的国家生产劳动密集型产品，资本资源丰富而资本价格低的国家生产资本密集型产品，然后进行交换，其结果对双方都有利。

2.3.2 生产循环理论

再生产理论是社会化大生产过程中，自然形成的生产与消费关系理论。代表人物是马克思，代表著作是《资本论》，该理论包括生产力生产关系理论、分工理论、交换理论、再生产理论等理论体系。

该理论中心思想是：社会化大生产中存在生产力生产关系理论、分工理论、交换理论、再生产理论。

生产力是由劳动力、劳动工具和劳动对象构成的，生产关系是人们在生产过程中形成的人与人之间的关系。社会生产的循环过程由四个环节构成，生产、分配、交换、消费，并不断循环和周转。生产生产资料的第一部类，生产消费资料的第二部类，两个部类相互交换实现国民经济生产。

社会化大生产的第三个环节就是交换，没有交换就没有再生产的继续，没有交换整个社会化大生产的链条就断了，社会化大生产与专业化分工，必然形成产品的跨地区交易、跨国交易，甚至跨洲际交易，开展贸易本身就是开放的行为方式。

2.4 开放竞争理论

现代开放型经济理论涉及范围更广，变量更多，函数关系更为复杂，理论思想更加多样化、综合化、定量化。涉及了空间变量、产业变量、资源变量、政策变量；地区开放、区域开放、国家开放、洲际开放；国际贸易、国际经济、空间布局、产业结构、企业发展、生态文明、环境保护、社会进步、城乡协调、民族文化、法律法规、外交关系、政府政策、国家安全等诸多领域。其中有代表性的理论有开放函数理论。

2.4.1 开放函数理论

1. 定义区域经济活动要素

一个独立的区域经济运行系统是由人、资源、生产关系三大要素构成的。在特定的区域内有了人、资源以及所形成的生产关系，就可以构成一个独立的经济运行系统。人、资源和生产关系构成区域开放的最基本要素。

一个地区与另外一个地区发生人的交往（信息）、资源流动、生产关系的交互作用就形成了开放经济状态。人类用可以相互理解的方式（语言、文字、图像）来描述开放经济状态规律的说法就是理论，而相关理论的集合就构成了理论体系。

2. 定义影响区域开放变量

影响区域开放的变量很多，有主观变量和客观变量，有区内变量和区外变量，有经济变量和社会变量，等等。

区内主要变量（要素）有：基础设施条件，人口与人力资源，地理区位，自然资源，生态环境，地方主导产业，经济总量与质量，文化，社会秩序，体制机制，法律法规，科技水平，外交关系，国家政策。

区外主要变量（要素）有：外交关系，贸易条件，人口与文化，区位，资源，生态环境，东道国主导产业，东道国经济总量与质量，社会秩序，体制机制，法律法规，科技水平，国家政策。

3. 建立函数关系与数学模型

设：影响区域开放的因素（变量）为 Xi。

则有：区域开放函数，区域开放是区域开放影响要素（变量）的函数。

区域开放函数表达式：

F（Open）=f（Xi）　　Xi——影响发展要素　（i=1,2,3,3,4…n）

如果令：Xi 为影响区域开放内部要素（变量）（i=1,2,3…n）；Yj 为影响区域开放的外部要素（变量）（j=1,2,3…m）

则有影响区域开放的函数表达式：

F（Open）=f（Xi，Yj）

如果环境系统中只有两个互为同时存在的个体，A 和 B，而且要素条件相同或相似情况下，Xi 和 Yj 具有对称性。则上述函数关系表达式可以优化改造，自变量为 Xi 的倍数，即 2Xi。

令：Xi 为 A 主体的要素条件，Yj 为 B 主体的要素条件。

则新的函数表达式为：

Fx（Open）=f（2Xi）　　　或者：　　　Fy（Open）=f（2Yj）

如果环境系统中有三个互为同时存在的个体，A、B、C，而且要素条件相同或相似情况下，Xi、Yj、Zk 具有对称性。则上述函数关系表达式可以优化改造，自变量为 Xi 的 3 倍数，即 3Xi。

令：Xi 为 A 主体的要素条件，Yj 为 B 主体的要素条件，Zk 为 C 主体的要素条件。

则新的函数表达式为：

Fx（Open）=f（3Xi）

或者：Fy（Open）=f（3Yj）　　　Fz（Open）=f（3Zk）

这里没有考虑另外两个主体彼此之间关系的情况，上述函数表达式成立。如果考虑到实际上的真实情况，每一个主体都是独立的，且具有天然不同特征的，那么上述函数关系式需要修正，需要添加修正系数值a。在这里只是描述相互之间作用或者影响的函数关系。

2.4.2 经济版图瓜分理论

国家是阶级组织的最高形态，国家与国家之间的交往也就成为国家开放的国际性表现，国家之间意识形态有别，政治自治权、行政管理、法律、民族、文化、语言、信仰、经济体制、社会制度均有所不同。维护国家利益出于国家施政的本能，在此基础上开展国家之间的交往，就形成了国家之间的物理边界和国家之间交往的利益博弈。纵观世界历史，已经发生了两次版图瓜分，正在进行第三次版图瓜分[1]。

1. 第一次世界版图瓜分是使用战争手段瓜分自然地理版图

第一次世界版图瓜分是自然地理版图瓜分，手段是战争。人类几千年来没有停止过战争，至今还在持续。经历了冷兵器时代、热兵器时代，以及核武器时代，经历了第一次世界大战，第二次世界大战，都是在"打江山"，"分地盘"，"阔疆域"，国家之间的疆域划分多次，版图疆界变化多次，直到第二次世界大战结束后，才逐步稳定下来，形成现在的世界上各个国家的地理版图。但是"打江山"的理念至今仍然没有过时。局部战争的频繁发生，仍然浸透着"枪杆子"出政权的道理。战争是残酷的，但是战争之后的格局划分是结果，力量的选择是结果，人类的历史几乎就是演绎一部战争史，演绎一部版图瓜分史。第一次版图瓜分已经完毕。

2. 第二次世界版图瓜分是使用意识形态手段瓜分政治版图

第二次世界版图瓜分是政治版图瓜分，手段是意识形态。第二次世界大战以后，高科技兵器不断出现，原子弹、氢弹、航空母舰、核潜艇、人造卫星等应用于战争，大国之间的大规模武装冲突减少，爆发第三次世界大战的条件被抑制，国家之间展开了意识形态之争，形成"冷战思维"。出现了军事集团与经济体制和意识形态的联动体，军事集团以"北约"和"华约"为代表的两大阵营，社会经济制度出现东方的社会主义阵营和西方的资本主义阵营，计划经济和市场经济，东方的佛教文化

---

[1] 资料来源：张玉杰，金融危机加速了世界第三次版图瓜分，中国经济时报，2010 年 12 月 23 日。

体系和西方的基督教文化体系。后来"华约"解散，传统社会主义国家开始实施改革，国家之间相互借鉴和相互学习各自的优势，意识形态之争才逐步趋于减弱。但是意识形态之争的内力仍然存在，有时在某些方面仍然表现尖锐。

"华约"组织。全称"华沙条约组织"（英语：Warsaw Treaty Organization；俄语：Организация Варшавского Договора；简称WTO、华约组织或华约）。"华约"是东欧社会主义阵营为对抗北大西洋公约组织而成立的政治军事同盟。成员国包括阿尔巴尼亚人民共和国、保加利亚人民共和国、匈牙利人民共和国、德意志民主共和国、波兰人民共和国、罗马尼亚人民共和国、苏维埃社会主义共和国联盟、捷克斯洛伐克共和国。1991年7月1日，华沙条约组织正式解散。

"北约"组织。全称"北大西洋公约组织"（英语：NATO North Atlantic Treaty Organization；法语：OTAN l'Organisation du Traité de l'Atlantique Nord）。"北约"现有26个成员国，比利时、冰岛、丹麦、德国、法国、荷兰、加拿大、卢森堡、美国、挪威、葡萄牙、土耳其、西班牙、希腊、意大利、英国、波兰、匈牙利、捷克、爱沙尼亚、拉脱维亚、立陶宛、保加利亚、罗马尼亚、斯洛伐克、斯洛文尼亚。"北约"是美国与西欧、北美主要发达国家为实现防卫协作而建立的一个国际军事集团组织。1949年4月4日美国与加拿大、英国、法国、比利时、荷兰、卢森堡、丹麦、挪威、冰岛、葡萄牙、意大利共12国在华盛顿签订了《北大西洋公约》，标志着北约正式成立。公约于1949年8月24日生效。北约的成立，目的是与苏联为首的东欧集团国成员相抗衡，某成员国一旦受到攻击，其他成员国可以及时做出反应、联合进行反击。但这一条款在"9·11"事件之前，一直未曾付诸实施。及至苏联解体，华沙公约组织宣告解散，北约遂成为一个地区性防卫协作组织。北约的最高决策机构是北约理事会。理事会由成员国国家元首及政府首脑、外长、国防部部长组成。总部设在布鲁塞尔。组织机构主要有北大西洋理事会、防务计划委员会、常设代表理事会、军事委员会、国际秘书处等。欧洲盟军最高司令历来由美国将领担任。北约就重大国际问题进行磋商合作，协调立场，加强集体防务，每年举行各种联合军事演习。北约拥有大量核武器和常规部队，是西方的重要军事力量。

3. 第三次世界版图瓜分是使用商业资本手段瓜分经济版图

第三次世界版图瓜分是经济版图瓜分，手段是商业资本。"华约"解散以后，整个世界政治经济格局发生重大变化，和平与发展成为世界主旋律，商业资本力量增强，国家主体以产品输出、资本输出、技术输出的经济活动日益活跃，获得世界经济利益的战争开始了，瓜分世界经济版图的战争开始了。在这场没有硝烟和炮火

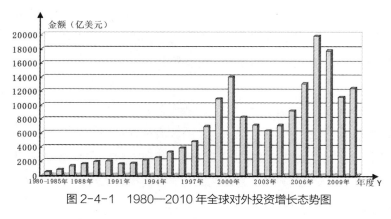

图 2-4-1 1980—2010 年全球对外投资增长态势图

的战争中，过去战争年代中的"军事部队"，今天变成了"跨国公司"；过去战争年代中的坦克大炮，今天变成了各种各样的商品。企业成为最重要的商战组织，工厂管理与公司管理日益现代化，单一组织功能专业化和多项组织联合化并存，促进企业组织不断集中与分化，出现了大公司、跨国公司，甚至全球公司，以全球市场、全球资源、全球人才和全球资本为特征的全球化，使世界进入新一轮版图瓜分，即瓜分经济版图。（图 2-4-1 1980—2010 年全球对外投资增长态势图）。

全球经济版图瓜分是人类现有的文明程度可以接受的瓜分方式，是和平的、有共同利益的。但是，这的确是一场新的战争形式。国家利益跨越国家之间的自然地理边界，模糊实际存在的版图疆界，获得经济利益。具体表现方式是：

"全球市场"。跨越国家之间的自然地理边界，商品存在的空间位置全球化，产品变成了商品，商品变成了"武器"，商品变成了"炮弹"，一国产品走出国门成为他国的商品，站在他国商场的货架上，挤压他国产业发展的空间，获得利益。

"全球资源"。利用他国资源发展自己的事业，尤其是不可再生性资源，由于自然资源分布不同，国家之间禀赋不同，使用数量和深度不同，二者之间产生巨大差异，为了获得地球资源的使用价值而非是占有性，全球资源的瓜分开始了。例如：石油、稀土、贵重金属等。

"全球人才"。人才也是稀缺资源，特别是高科技人才更是不可多得，采用投资移民、技术移民、留学移民的方式获得全球人才，并通过市场化的方式集聚人才。美国的 NBA 篮球赛就是一个典型的案例，集聚了世界上最优秀的球员在美国打球，获得了很好的市场利益和经济利益。美国的移民策略的确使国家变成了移民国家，会集了优秀人才，增强了国家创新实力。

"全球资本"。资本是财富的符号，也是战争的武器，资本战争、货币战争、金融战争，当资本变成武器的时候，驾驭这个武器的机构就是国家机器，金融企业迅速成长，银行、评级机构、股票交易市场、基金、债券机构等金融组织出现，通过股市、汇市、金融衍生品进攻他国经济躯体，通过股价杠杆、汇率杠杆、期货杠杆、利率杠杆撬动世界财富分配，财富的流动正沿着驾驭资本的经济体的战略意图前进。

4. 发展力量两次转移

在近代世界历史发展的过程中，国际社会发展力量的对比出现两次转移。一次是由东向西，一次是由西向东。国际发展力量的转移实际上就是国际经济重心、政治重心的换位。

第一次转移力量为由东向西转移。过去的500年历史，世界重心在欧洲、北美洲。自1600年以来，世界上出现了两次大的人口迁移。第一次发生在1600年至1915年，人口由西向东迁移，即由欧洲向北美洲迁移；第二次发生在1945年至1995年，人口由东向西迁移，即由亚洲向北美洲迁移。

"人向高处走，水向低处流"，这两次大的人口迁移，说明世界经济和政治发展的重心在欧美地区，国际发展力量重心先到欧洲，再转移到北美洲。亚洲并不是世界重心。

世界500多年的历史，国家版图不断变化，分分合合，是依赖科技创新力量，促进经济力量；是依赖战争力量，促进国家力量。

第二次力量转移为由西向东转移。自20世纪80年代以来，以中国、日本、韩国、新加坡、中国香港、中国台湾等国家或地区为代表的东亚地区开始崛起，经济快速增长，国际地位不断提高。特别是中国在1980年开始实施改革开放以来，经济迅速增长，国家实力不断提高，连续30多年每年国内生产总值（GDP）增速超过7%，科技创新日益活跃，创新成果逐年增多。

2001年中国加入世界贸易组织（WTO），中国具有劳动力成本优势的产业和产品进入国际市场，具有资源成本优势的产业和产品进入国际市场，中国的国际经济影响力大幅度增长。2012年，中国人均国内生产总值（GDP）达到6100美元，在可统计的300多个工业产品生产中，中国有270多个占世界产量中的第一位，中国经济总量已经超过日本，成为仅次于美国的世界第二大经济体。中国力量对国际社会的影响力大幅增长。全球发展力量的重心开始向东偏移。

中国成为美国最大债权国 [1]。美国财政部公布数据称中国成为美国证券最大持有国。截至2010年6月中国成为美国证券最大单一持有国，持有美国证券达到1.611

❷ 开放型经济基本理论

33

---

[1] 资料来源：法制晚报，2011年4月10日。

万亿美元，中国持有的美国证券规模居全球首位。日本是美国证券第二大单一持有国，持有 1.393 万亿美元。排名第三为英国，持有 0.798 万亿美元。美国财政部每年都对国外持有的美国证券数量做补充调查，公布的数据结果是美国财政部、纽约联邦储备银行和美国联邦储备系统委员会共同执行调查得出的。

2.4.3 全球化与贸易壁垒理论

世界上最早有关开放的概念和表现形式是国际贸易，国际贸易的主要形式是通商，是货物贸易。但是，随着经济全球化发展，贸易形式已经远远不只是货物贸易，更多的形式是直接投资、间接投资、国际金融、跨国公司、国际购并，技术转移与技术贸易、工程项目贸易，还有人员交流、教育合作、文化交往、防务合作、国际反恐、国家安全，等等。开放领域更宽，开放形式更加多样。

1. 全球化经济

经济全球化是二战后世界格局最为深刻的变化。全球经济是指货物、服务、人员、技术和观念超越地理界限自由流通。由于在一定程度上从关税等人为因素的限制中释放出来，全球经济迅速扩张，商业竞争环境由此变得越来越复杂[1]。

全球化出现了全球市场、全球资源、全球人才和全球资本，一国可以输出具有竞争力的产品，同时也可获得他国市场，获得他国的资源、人才和资本。

产品出国是国际化的最基本形式，也是一国与他国开放的基本形式。如果世界上的很多国家都能够出口自己具有竞争优势的产品，都能够获得他国的市场，或者资源、人才和资本，那么整个世界就是一个大市场，经济全球化就形成了。

2. 贸易壁垒与文化冲突

经济开放的结果要求贸易自由化，可是贸易自由化是双刃剑，对于一些具有较强竞争力商品或者服务的国家来说是优势，而对于一些具有较弱竞争力商品或者服务的国家来说就成为弱势，为了保护自己就人为设定障碍，采取限制措施，这样就形成了贸易壁垒。贸易壁垒就是对国外商品或劳务交换所设置的人为限制措施，包括关税壁垒和非关税壁垒。设置壁垒就导致反壁垒，结果产生了贸易冲突。

现代贸易壁垒名目繁多，甚至出现了所谓"绿色贸易壁垒"，就是指环境（非关税）壁垒，是国际社会为保护人类、动植物及生态环境的健康和安全，而采取的直接或

---

[1] 资料来源：K.Buyss & A. Verbke,2003,Proactive strategies: Strateholder mamagement perspective, Strategic Management Journal,24：453~470.

间接限制甚至禁止某些商品进出口的法律、法规和政策措施。其实质是发达国家依赖其科技人员和环保水平，通过立法手段，制定严格的强制性技术标准，从而把来自发展中国家的产品拒之门外。

技术性贸易壁垒是指商品进口国制定的技术法规、标准以及合格评定程序对外国进口商品构成了贸易障碍。通过颁布法律、法规、技术标准、认证制度、检验制度等方式，在技术指标、卫生检疫、商品包装和标签等方面制定苛刻的规定，最终达到限制进口或阻碍进口的目的或效果。

进入20世纪90年代以来，国外针对中国的反倾销力度加大，主要国家不仅有欧美、澳大利亚、加拿大、日本等发达国家，也有像土耳其、埃及、印度等一些发展中国家。被反倾销涉及的产品既有日用品行业，也有机电行业，既有制造品，也有矿产和养殖品。有资料显示，20世纪90年代以来，涉及中国的反倾销案件具有增多趋势，案件量占世界总量的1/7-1/6，已经成为外国反倾销的主要目标国家。同时，技术性壁垒也成为中国产品出口的主要障碍，包括技术法规、技术标准与合格评定程序，产品检疫、检验制度与措施，包装和标签规定，信息技术壁垒以及绿色壁垒，等等。有资料显示，中国有70%的出口企业和40%的出口产品遭遇技术性贸易壁垒的限制。另外，中国出口产品还受到诸如以美国"337"条款为代表的知识产权保护的限制，以及来自欧美等国的对华特别产品过渡性保障机制立法的限制。

出现这种情况的主要原因是中国改革开放以来，经济持续增长，生产能力持续增强，一大批物美价廉的商品深受世界各国欢迎，产品大量出口打破了传统贸易格局，一些国家的竞争力下降，纷纷被中国制造的产品冲击，主要发达国家经济增长乏力，贸易保护主义重新抬头，随着传统贸易壁垒作用的弱化纷纷寻求新贸易壁垒，以保护其国内产业，贸易战争难以避免。

2.4.4 金融战争理论

经济金融化、财富货币化、货币信用化、战争虚拟化，这是当今世界经济发展的新特点和新规律，历史上发展的经济危机都与金融有关，金融危机都与货币有关，战争都与财富有关，财富都与争夺有关。贪婪和掠夺所造成的战争，正在向不见硝烟的形态转变。

1. 经济金融化
考察第二次世界大战后的世界经济发展格局，"本国货币国际化"、"世界经济金融化"，这是二战后世界经济发展，经济全球化的重要标志。商战深入到了金融领域。

如何驾驭货币化了的战争对各个国家都是挑战，对中国同样是巨大的挑战。在新的国际货币体系和国际金融体系中，如何适应人民币国际化，如何增强人民币的国际地位，如何驾驭人民币国际化以后的国家经济，无论对于中国，还是对于世界都是巨大的挑战。"世界经济已经金融化"[1]。

2. 战争虚拟化

中国学者宋泓兵出版著作《货币战争》（2011年10月），纵论财富货币化以后，历史上发生多次因货币而引发的危机，对未来新一轮经济危机给出提示。

在全球经济发展中，货币发挥了举足轻重的作用，因货币引发的金融危机一轮又一轮，但是，人类似乎并没有吸取教训，继续周而复始地重复。自1694年英格兰银行成立以来的300多年时光里，几乎每一场重大变故，都能看到国际金融势力的身影。左右国家经济命脉，煽动政治事件，控制财富流向，制定国际货币制度，掌控货币发行权利，构筑特殊利益集团。世界经济历史演绎出一部世界金融历史，谋求主宰人类财富的阴谋历史。经济实际上是少数人主导的，形成特殊利益集团。统治世界的所谓精英俱乐部在政治和经济领域不断掀起金融战争，谋取经济利益，造成金融危机此起彼伏，世界经济动荡不安。这都是货币惹的祸。

3. 经济危机重复怪圈

考察20世纪60年代以后世界发生金融危机的情况大致如下：

第一次，1970年经济滞涨，由石油危机引发的失业以及不景气同时存在。第二次，1987年黑色星期一，中东局势的不断紧张，标准普尔指数下跌了20%，引发金融危机。第三次，1994年墨西哥金融危机，拉美股市暴跌，欧洲股市指数、远东指数及世界股市指数出现不同程度的下跌。第四次，1997年东南亚金融危机，泰国宣布实行浮动汇率制，当天，泰铢兑换美元的汇率下降了17%，引发了一场遍及东南亚的金融风暴。第五次，2007年爆发美国次贷危机，后演变成当代最为严重的世界金融危机。

4. 美元货币时代

1944年7月1日，44个国家或政府的经济特使在美国新罕布什尔州的布雷顿森林召开了联合国货币金融会议（简称布雷顿森林会议），商讨战后的世界贸易格局。

---

[1] 迈克尔·赫德森著：《金融帝国》，中央编译出版社，2008年8月，第404页。

经过 3 周的讨论，会议通过了以"怀特计划"[1] 为基础制订的《国际货币基金协定》和《国际复兴开发银行协定》，确立了以美元为中心的国际货币体系，即布雷顿森林体系。

1945 年 12 月 27 日，参加布雷顿森林会议的 22 国代表在《布雷顿森林协定》上签字，正式成立国际货币基金组织（IMF）和世界银行（WB）。两机构自 1947 年 11 月 15 日起成为联合国的常设专门机构。中国是这两个机构的创始国之一，1980 年，中华人民共和国在这两个机构中的合法席位先后恢复。

布雷顿森林体系的形成助力了生产的国际化和资本的国际化，汇率的相对稳定，避免了国际资本流动中引发的汇率风险，有利于国际资本输入与输出；为国际间融资创造了良好环境，有助于金融业和国际金融市场发展，也为跨国公司生产国际化创造了条件。同时，以美元为代表的主要货币结算体系，为日后美国金融危机的扩散埋下了隐患。

5. 人民币国际化

新近的世界金融危机发生后，世界各国经济大受其害，以美元为代表的旧结算体系坑害了世界，在这场浩劫中，美国不仅仅输出了货币，也同时输出了金融危机，通过汇率调整和变化，撬动世界其他国家的财富。痛定思痛，在世界经济还在低谷中徘徊，中国力量不断成长，欧洲力量不可小视的情况下，主要经济体开始考虑结算货币多元化问题，其中人民币国际化浮出水面。

人民币国际化是中国在新形势下实施对外开放的重大战略举措。

人民币国际化是指人民币能够跨越国界，在世界经济活动中成为普遍认可的计价、结算及储备货币的过程，使其成为世界货币。

中国实施改革开放以来，经济实力和综合国力的不断增强使人民币的国际地位不断提高，奠定了以人民币结算的基础，人民币币值稳定为推进入民币国际化创造了前提条件，中国一直实行稳定的货币政策，保持了汇价稳定，具有可靠的信用基础。在人民币汇率稳定的前提下，一些与中国贸易、投资往来频繁、数额较大的国家和地区，愿意接受人民币作为计价结算货币，人民币已经成为结算货币之一。到 2013 年，国际上支付货币以人民币支付总额为 4.62 万亿人民币，排名上升到第十位，到 2014 年 4 月又上升至第七位，可以预计到 2020 年，人民币将同美元、欧元一样

---

[1] 怀特计划：由哈里·怀特提出（美国前财政部助理部长），凭借战后美国拥有全球三分之二黄金储备和强大军事实力的大国地位，他力主强化美元地位，确立了以美元为中心的国际货币体系，提议力挫英国代表团团长、经济学大师凯恩斯。"怀特计划"成为布雷顿森林会议最后通过决议的蓝本。

成为全球支付货币。人民币国际化的趋势已经明朗。

2.4.5 新型大国关系理论

1. 帝国兴衰规律

美国学者科林·里德（Colin Read）[1]，出版著作《帝国的兴衰》（2012 年 7 月），研究了经济帝国的兴衰历史，总结出令人深思的结论。科林·里德认为："导致一个经济帝国最终衰亡的原因是由于它被另一个登上了自身发展巅峰的国家所代替。"（《帝国的兴衰》，第 2 页）。美国经济的支配性地位已经受到了根本性挑战，其原因是美国作为现代第一个肇始于经济理想的国家，其经济模式已经被各国复制，导致了有竞争力的体制消解。美国的经济势力导致其成为全球金融危机的根源。世界上一些雄心勃勃的国家正在以一股几乎是爱国的热情沿着经济层面进行自我再造，以图取代美国的经济实力巅峰地位。

2. 中国倡导建立新型大国关系

中国提出并倡导新型大国关系。如何在世界重心转移过程中"和平换位"？这是摆在世界大国和世界强国面前的重大历史课题。中国率先提出并倡导建立新型大国关系。

"新型大国关系"这个政治词汇正在转向学术语言，国际社会，特别是相关大国正在认真思考、积极探索，国际社会和理论界都在努力探讨避免国际力量对比发生根本改变所导致的战争和其他严重冲突的途径，并已意识到在全球化时代，如果处置恰当就有可能实现新兴大国和守成大国之间的共处乃至和平换位。

中国"新型大国关系"理念的内涵较宽泛，兼具道义规范和解决问题的双重意义。中国认为，新型大国关系始于中美关系，但是不限于两国，包括美、欧、日等传统大国以及以金砖国家为代表的新兴大国。中国突出新型大国关系的目标和原则诉求，强调国际关系的公正性、公平性和合理性。中国提出了新型大国关系的典范是中俄关系、重点是中美关系、增长点是中国和金砖国家的关系、着力点是中欧关系、难点是中日关系等一系列命题。

3. 中国与美国的关系

2012 年 2 月 15 日，时任国家副主席习近平在访美时首次代表中国提出了中美

---

[1] 科林·里德，经济学和金融学教授，曾任纽约州立大学普拉茨堡分校经济系主任，执教 25 年，美国哈佛大学住房研究联合中心研究员，印度尼西亚财政部长顾问，著作有《经济为何恐慌》《经济危机经济学》《帝国的兴衰》等。

共建新型大国关系的愿景。此后，时任国家主席胡锦涛在第四轮中美战略与经济对话开幕式上的致辞以及二十国集团峰会期间与奥巴马总统会晤中又对新型大国关系作了进一步的阐述。奥巴马政府对新型大国关系的倡议做出了较为积极的呼应。2012 年 3 月 7 日和 4 月 10 日，希拉里·克林顿国务卿在美国和平研究所、美国海军学院的两次讲话中对新型大国关系表示认可。随后奥巴马总统在二十国集团峰会期间与胡锦涛主席会晤时再次表示了认同。在中美两国实现政府更替后，美国总统安全事务助理多尼隆于 2013 年 3 月 11 日的政策性宣示讲话、奥巴马总统和习近平主席 3 月 14 日的通话交流和克里国务卿在 4 月 13 日访华中，都明确表达了美中共建新型大国关系的意愿。

施加正能量应当成为构筑新型大国关系的主旋律，中美两国在"新兴大国"和"守成大国"关系上增加正能量应当为主轴，双方增加战略互信是基础。

战略对话是一个机制。中美在不同层次上的对话机制已有数十种，其中由胡锦涛主席和奥巴马总统共同倡导的"战略与经济对话"最为重要和有效。双方应当加强战略对话的长远性、全面性和计划性。中美应当在全球经济治理体系、亚太地区安全合作框架、双边分歧和危机管控机制等方面进行更有效的合作。

战略思维互动是个有效措施。在 1969—1989 年的 20 年里，中美两国共同战略思维是基于应对苏联扩张的地缘战略考虑。1990 年以来的共同战略思维，如经济利益和合作反恐等，还不足以成为唯一和压倒一切的战略思维。中美要加强政府间、学界和民间在战略思维方面的互动，探讨未来 10 年的共同战略目标、途径、措施和价值观等，深化和拓展双方的战略性合作[1]。

4. 中国与俄罗斯的关系

俄罗斯是中国的近邻，地处中国北部。俄罗斯是世界上领土版图最大的国家，地广人稀、资源丰富。中国是世界上人口最多的国家，劳动力具有成本优势，但是人均占有资源相对较低，中俄之间经济互补性强，交往历史悠久，中俄之间的战略协作可以成为"世界稳定器"。中俄之间可以大有作为的平台：一个是"上海合作组织"平台，一个是"金砖国家"平台。

历史上大国兴起都是通过战争方式获得的，征伐对手，扩张版图，获得资源，增加财富。人类文明进入 20 世纪以后，新兴经济体快速成长，特别是中国的成长，引起世界关注。人类文明进入新时期，世界关注着中国以什么样的模式取得世界强

---

[1] 杨洁勉：新型大国关系，理论、战略和政策建构，www. Aisixiang.com .2014 年 1 月 23 日。

国地位，能否摆脱历史上"强国必战"的古典方式，探索出新路径，创造中国新模式。

2.5 势力经济理论

开放型经济活动的主体是厂商和消费者，厂商（企业）活动主要表现为生产活动和经营活动两个方面。生产活动由工厂来完成，经营活动由公司来完成，工厂活动是企业内部的封闭性系统活动，公司活动是企业外部的开放性系统活动。对厂商而言，经营活动主要集中在市场上，并不是在企业内部，突出体现在资源供给和商品销售，直接表现为供给与消费之间的关系，是完全意义的开放型经济活动。因此，在生产要素可以流动的条件下，工厂追求于规模经济，公司追求势力经济。

2.5.1 厂商职能分工与联合理论

1. 现代专业化分工使工厂与公司分离

现代分工建立在现代通讯系统和现代交通系统两大物理平台上。一方面，现代化的通讯足以满足全天候通讯，足以满足全时通讯，足以满足全球通讯，信息沟通的大数据和全时空，满足了企业现代化管理的需要；另一方面，现代化的交通系统足以满足大流量、长距离的运输要求，高速公路网络、高速铁路网络、民用航空网络、远洋运输网络，四网联通，使得单位时间内运动距离大大延长，企业商圈半径扩展，空间距离被压缩。在此基础上，企业内部专业化程度大大提高，企业外部联合化程度大大提高，企业组织内部的功能在空间上分离，出现了专业化生产性组织——工厂，出现了专业化经营性组织——公司。（见图 2-5-1 工厂规模经济与公司势力经济关系图）。

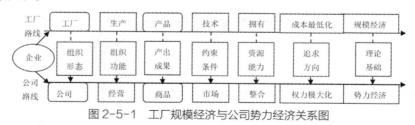

图 2-5-1　工厂规模经济与公司势力经济关系图

2. 现代化工厂组织基本特点

工厂组织的基本功能是生产，劳动成果是产品，使用技术手段，装备水平决定企业规模大小，企业能力表现为拥有资源数量的多少，追求的方向是生产成本最低化，理论基础是规模经济。

3. 现代化公司组织基本特点

公司组织的基本功能是经营，劳动成果是商品，使用市场手段，市场规模大小决定公司规模大小，企业能力表现为整合资源数量的多少，追求的方向是市场权力极大化，理论基础是势力经济。

4. 公司经济表现为市场控制力经济

公司组织单独在市场上出现，此时企业组织的黏结力，由资本黏结演变为控制力黏结。产业链分工的结构只有通过控制力才能驾驭运行和管理。全球公司需要有全球战略，全球战略需要控制力来推进和落实。经济组织的"控制力"，通过整合资源能力体现出来，通常表现在三个方面：实物整合、资本整合和信息整合。

"实物整合"是控制实物，包括自然资源、生态资源、原材料，等等。通过控制这些资源获得生产领域的控制力，运用控制力获得生产领域的经济利益。（见图2-5-2实物整合关系图）。

图2-5-2　实物整合关系图

"资本整合"是控制资本，包括现金、股票、债券、期货、汇率、利率，等等。运用金融杠杆撬动财富闸门。（见图2-5-3资本整合关系图）。

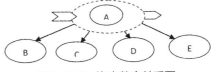

图2-5-3　资本整合关系图

"信息整合"是控制商机，包括信息发布、信息过滤、信息扭曲、信息屏蔽、信息嫁接，等等。引导商机流动，获得经济利益。（见图2-5-4信息整合关系图）。

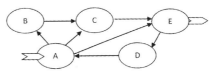

图2-5-4　信息整合关系图

整合资源手段：构筑壁垒，政策支持或政策约束，掌控核心技术，主要市场占有，品牌影响，垄断，政府背景，武力威胁，强占，胁迫，互利互惠，关键物资供给，资金充足，政治影响，民族情感，历史文化，意识形态影响，联盟，组建命运共同体，控制关键部门，权利制衡，控制关键信息来源，控制主要原材料来源，产业链高端站位，供求关系制衡，规则制定，标准制定，占据关键管理部门，行使权利，等等。

2.5.2 厂商的两种资源效应理论

资源是企业从事生产经营活动的必备要素，企业具有市场资源与生产资源两种资源。市场资源主要表现是商机，包括市场分布、市场容量和需求强度等内容。市场资源大小成为企业生存和发展的前提条件和成长潜力。市场资源大，企业发展的空间就大；反之，市场资源小，企业发展的空间也小。生产资源主要表现是企业的生产能力，包括企业具有的设备、技术、人员、原材料等内容。生产资源品质与数量成为企业发展的技术条件和运作基础。生产资源多，企业发展的空间就大；反之，生产资源少，企业发展的空间也小。对应于企业拥有的内部和外部两种资源，企业同时具有"外部经济效应"与"内部经济效应"两种效应。

1. 外部经济效应

企业具有外部经济过程，表现出外部经济现象。企业充分利用外部资源，发挥外部资源的效率，可以获得外部经济效果，满足市场需求，获得市场放大效应，达到企业扩大市场势力范围的目的。这个过程标志着企业与需求之间是合理的、经济的、有效的，消费潜力决定经济成长，这个现象称为"外部经济"。在某一时间和空间条件下，市场资源是有限的，如果市场资源没有得到充分利用或充分满足，企业与市场的关系就是不合理的、不经济的、低效的，市场资源没有充分利用，造成资源浪费，表现出非合理性。市场吸纳力量没有被充分利用，这种现象称为"外部不经济"。"外部经济"与"外部不经济"是对市场资源利用情况的描述，是从企业外部循环系统认识企业对市场资源利用的情况。

"企业外部经济系统"是开放系统，动态系统，企业外部的资源存在是企业无法控制的资源变量，外部经济系统制约企业经营行为，企业外部经济规定企业内部经济，外部市场需求规定企业的产品产量、品种、质量、价格，企业经营行为应当服从追求外部经济的要求。

2. 内部经济效应

企业具有内部经济过程，表现内部经济现象。企业充分利用内部资源，发挥内部资源的效率，可以获得内部经济效果，充分满足生产条件的技术要求，获得成本最小化效应，达到企业降低成本的目的。这个过程表现为企业生产量与技术条件之间是合理的、经济的、有效的，内部资源决定企业扩张规模，这种现象称为"内部经济"。在某一时间和空间条件下，企业内部资源也是有限的，如果企业内部技术资源没有得到充分利用或没有充分满足，企业行为与技术条件的关系也是不合理的、不经济的、低效的，形成资源浪费，表现出非合理性，这个现象称为"内部不经济"。"内部经济"与"内部不经济"是对企业内部资源利用情况的描述，是从企业内部循环系统认识企业资源利用情况。

"企业内部经济系统"是闭合系统，在一定时间内相对稳定，是企业可以控制的资源变量，内部经济条件决定企业的生产能力和规模经济，企业内部经济制约产品产量、品种、质量、成本，内部经济的基本要素是企业人、财、物等内容所构成的技术条件和生产能力，企业行为应当服从追求内部经济的要求。

3. 内部效应与外部效应关系

"企业内部经济"与"企业外部经济"有共生性和互动性，二者相伴而生、互相促进、关系密切。逻辑上要求"企业内部经济"应当服从"企业外部经济"，企业内部经济是企业实现外部经济的充分条件，企业内部经济的实现更有利于企业外部经济的实现。"企业外部经济"是企业追求的目标，外部经济是实现内部经济的必要条件，忽视企业外部经济而追求企业内部经济，在没有外部循环的情况下，企业内部经济无法实现，单纯追求企业内部经济没有意义。由此可见，企业运动的逻辑要求企业内部的"规模经济"不应当成为企业追求的目标，企业外部的"势力经济"应当成为企业追求的目标。企业"规模经济"仅仅是企业追求"势力经济"的条件。在存在外部经济的条件下，"规模经济"让位于"势力经济"。

2.5.3 工厂规模经济模型

规模经济是从企业内部看产量与成本之间的关系，即 C=f（q）。规模经济是企业内部反应，表现产品产量与成本之间的经济协调关系；要求条件是某一生产技术、使用某种装备、在某一组织内部、生产某一种产品。规模经济是封闭系统。规

模经济的"临界点"（成本极限指标与产量极限指标）的理论指标和实践数量都难以准确确定；企业生产规模

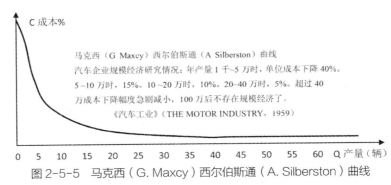

图 2-5-5　马克西（G. Maxcy）西尔伯斯通（A. Silberston）曲线

扩大向规模经济"临界点"逼近过程呈减速运动。最为经典的案例模型是汽车工业中产量与成本降低的函数关系〔见图 2-5-5 马克西（G. Maxcy）西尔伯斯通（A. Silberston）曲线〕。

规模经济模型的理论背景没有顾及企业市场行为与企业经营行为的对接，没有考虑市场对接，没有涉及销量问题，规模经济实现的前提条件必须建立在所生产的

产品全部能卖得出去，隐含了市场销售无障碍的假设前提，而实践中企业经营过程的事实并非如此。当企业卖不出去所生产的产品时，理性的企业生产行为必然中断。规模经济函数关系只能是表达一种趋势，无法定量，规模经济曲线仅仅可能是经验曲线，并非严格的理论曲线，所以企业的生产规模因产业不同、地区不同、产品不同、技术不同，其规模经济的形态亦不同。规模经济曲线的可能性导数（微分）是负值，

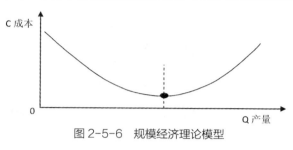

图 2-5-6　规模经济理论模型

表现为曲线向下弯曲，极点在曲线最低点，称为"浴盆曲线"。企业实践过程中，在竞争环境下，一个企业在一个地点生产同一个产品的生产系统规模扩大，追求规模经济极限值，往往是规模越大扩张的速度越慢，运动的加速度是负值，呈现减速运动。"规模经济"极值（临界点）难以实现（见图 2-5-6 规模经济理论模型）。

2.5.4 公司势力经济模型

1. 势力经济思想与定义

"势力经济"是企业生产要素的增加产生的对市场权利放大的现象，势力经济也是企业生产要素增加对市场权利放大的过程。企业生产经营过程包括两个环节，一是企业内部生产；二是企业外部经营。企业内部的生产过程与企业外部的经营过程相互连接，构成企业运行生态循环系统。企业生产过程在一定的技术条件下完成，生产过程需要定义产品质量、产品数量和生产成本等因素，以单位产品成本最低为标志，取得"规模经济"效应，获得技术条件下的成本竞争优势。企业经营过程在市场条件下完成，经营过程需要定义消费者类别、市场空间区位、市场占有率、行业影响度、产品影响度、技术影响度、消费者偏好影响度等因素，以企业市场权利最大为标志，取得"势力经济"效应，获得市场条件下的控制权利所形成的竞争优势。企业生产环节与经营环节的关系应当是：生产过程服务于经营过程；经营过程保证生产过程，这是企业规模问题的逻辑前提。

势力经济主要参数表现在企业对市场控制能力指标，表现在企业对某一区域市场或某一产品市场的控制能力，称为"市场权利"。"市场权利"可以用多项指标表达出来。例如：消费者类别与市场区位、商品或品牌的市场占有率、企业对行业的影响度、企业产品对同类产品的影响度、企业技术对同类产品技术的影响度、企

业行为对消费者偏好的影响度、企业品牌的知名度和美誉度，等等。

2. 势力经济函数

势力经济函数关系式为：P=f（K）。K 为企业生产要素参数族（K1，K2，K3…），包括人、财、物等。P 为企业市场势力表现族（P1，P2，P3…），包括市场占有率、技术影响度、消费者偏好影响度等。企业生产要素与企业市场权力之间的函数关系密切相关。

设：X，Y，Z，分别为生产要素人、财、物，P 为企业市场控制力。

即：X——劳动力，Y——资本，Z——物资，P——控制力

则有：

$\triangle P = A \triangle X + B \triangle Y + C \triangle Z$ （A、B、C 分别为常量）

随着企业生产要素增多，企业在市场上的"势力"增大，市场控制力增强，行业控制力增强，资源控制力增强，市场权力放大。函数关系形成的曲线由低到高，逐步攀升，出现正相关性，最终趋近于最高点（极值点）。在最高点，企业的市场权力达到极值（绝对垄断）。势力经济函数的几何图形表示为：横坐标为企业生产要素参数族，可以是单一变量，也可以是复合变量。纵坐标为"企业势力"，表现为企业的"市场权力"族，可以是单一变量，也可以是复合变量。两个坐标系各自包含了多维参数，既可以用单一的两个变量表示相互的函数关系，也可以用多个变量表示相互的函数关系；既可以表现总量关系，也可以表现某一单位变量关系。（见图 2-5-7 势力经济函数关系模型图）。

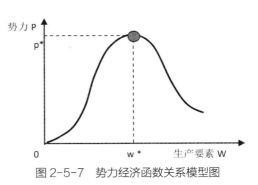

图 2-5-7　势力经济函数关系模型图

在同某一同质市场中，市场容量既定条件下，如果生产同类产品的企业数量越多，那么平均分配到每一个企业的市场份额就会越小。反过来，如果生产同类产品的企业数量越少，那么平均分配到每一个企业的市场份额就会越大。显然，市场份额与企业数量成反比。函数关系为：q=1/Q。（q 为分配到每个企业的市场份额，Q 为同类企业数量）。实践中，每个企业获得市场份额多少是由竞争机制调节的，每个企业市场份额分配是非均等的。不同企业之间竞争力量相互矛盾运动，每个企业迫于竞争压力，都自觉与不自觉地追求市场控制力，因为市场份额的大小决定企业

生存空间的大小，只有生存空间大，才可能把企业经营规模做大，如果企业市场生存空间小，把企业生产规模做大没有意义。因此，追求市场权力，获得外部资源的控制地位，就成为企业追求的目标。

在一个企业内部，生产要素不会无限增多，内部资源不会无限积聚，必然有一个合理限度。企业在市场上的权力也不会无限扩大，必然存在一定范围，存在一定的空间领域，必然有极值点。在企业某种技术条件下形成的生产要素集合量，相对于在市场条件下形成的市场权力，两个变量之间必然存在最佳匹配点，这一点称为"势力经济临界点"，或称为"势力经济极值点"。在"临界点"，企业市场权力达到极值，如果用相对指标表示，即企业在单位资源条件下达到最大的企业势力。"势力经济临界点"表达的思想是：企业在某一个区位市场中，市场表现为绝对垄断地位，有绝对市场控制权力。或者，企业在单位资源条件下达到最大的企业势力。企业没有实现势力经济之前，必然会增加生产要素，扩大生产能力，力求提高产量，降低成本，提高竞争力，扩大市场份额，以利于追求势力经济，这个过程是在企业内部进行的。在没有实现势力经济之前，企业少生产一个产品都是对市场资源的浪费，即生产机会的浪费，也是赚钱机会的浪费，没有满足市场需求，市场表现是不经济的。达到势力经济临界点之后，超过市场权力极值，无论怎样扩大产量都没有意义，此时的市场是一个完全覆盖、充分饱和的市场，企业绝不会再扩大产量，绝不会多生产一个产品，多生产一个产品都会造成企业内部资源浪费，此时生产出来的产品卖不出去，或者是以超过最低企业代价生产的产品，企业表现是不经济的。

势力经济是从企业外部看生产要素与企业势力的关系。势力经济是企业外部反应，表现在某一市场条件下，企业的生产要素与企业市场势力之间的协调关系。势力经济是开放系统。势力经济的"临界点"（生产要素极限指标与市场势力极限指标）数量指标可以确定，具体表现可以是企业在某一地域的绝对垄断地位、品牌商品的绝对控制地位，或企业单位资源所具有的市场权利。企业市场势力扩大，向势力经济"临界点"逼近过程呈现加速运动，越靠近临界点，企业发展的速度越快。势力经济模型从市场可以吸纳的商品容量作为企业可以放大的产品产量，充分对接市场，市场前提是生产前提，以销量定产量。势力经济曲线从单一的生产要素的数量与企业市场势力的能量（如市场占有率）之间建立函数关系，可以形成理论曲线。势力经济曲线的可能性导数（微分）是正值，表现为曲线向上弯曲，极点在曲线最高点，称之为"山坡曲线"。企业实践过程中，在竞争环境下，一个企业在一个地点生产同一个产品的生产系统规模扩大，追求势力经济极限值，往往是品牌的规模越大，扩张的速度越快，呈现加速运动，加速度是正值。"势力经济"极值（临界点）可以实现。

2.5.5 势力经济与规模经济比较

规模经济与势力经济密切相关。可以从函数图像曲线上分析规模经济与势力经济的关系，如图所示（见图2-5-8 规模经济与势力经济函数关系曲线图）：横坐标定义为产销量，纵坐标定义为成本和势力，图像的上半部分为"规模经济曲线"，下半部分为"势力经济曲线"。在某一技术条件下，假设产销量相同的量值上（产量与销量相同时的产品数量，即企业生产的产品全部可以售出），企业的成本指标与企业的势力指标存在不同量值。A1、A2、A3分别是势力经济的可能性曲线族，q1、q2、q3是产量可能

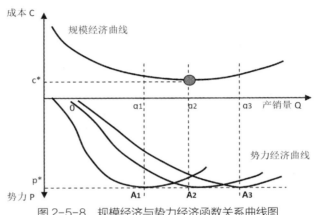

图2-5-8 规模经济与势力经济函数关系曲线图

性量值选择。势力经济与规模经济在"临界点"或"极值点"的量值指标，可以有三种状态。第一种状态，产销量相同，势力经济与规模经济同时出现（图中q2点）。第二种状态，产销量不同，势力经济滞后于规模经济出现，规模经济的极值点产销量小于势力经济极值点产销量（图中q3点）。第三种状态，产销量不同，势力经济提前于规模经济出现，规模经济的极值点产销量大于势力经济极值点产销量（图中q1点）。

实践中，当同类企业的数量在某个空间市场范围内不唯一时，竞争充分，很有可能势力经济的量值提前出现。这就是说，当企业获得市场控制权利的时候，技术条件下的规模扩大就停止了，理性的企业绝不会不顾及市场容量限制继续扩大产量。所以，当企业势力经济出现，技术条件下的规模经济便不再追求了，这就是企业无法实现"规模经济"的深层原因。这也是企业不能完全追求"规模经济"的原因。

在势力经济理论中，企业规模应当重新定义，规模大小不是生产规模，而是经营规模。在势力经济前提下的规模定义是多变量系统，需要考虑的要素是：市场性质和需求数量；投资限制与资源利用；产品工艺特点和设备能力；专业化协作化与

联合化关系；提高综合经济效果，以及企业战略取向等。在规模经济和势力经济双重力量作用下，企业规模大小的运动轨迹将呈现发展循环。以"规模"和"势力"二维变量为系统，定义企业状态，可以将企业划分为四种类型。第一种状态，企业生产规模小，市场势力弱，处于第一象限。第二种状态，企业生产规模大，市场势力弱，处于第二象限。第三种状态，企业生产规模小，市场势力强，处于第三象限。第四种状态，企业生产规模大，市场势力大，处于第四象限。企业状态的四种类型划分，囊括了所有企业存在的状态类型，每一个企业都可以找到自己的位置。（见图 2-5-9 企业规模与势力演变趋势图）。

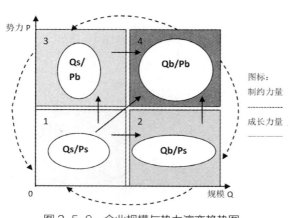

图 2-5-9　企业规模与势力演变趋势图

全世界企业发展的事实显示，处于规模大、势力强的企业是少数，比重不到 2%，而 98% 以上的企业属于中小型企业。因此每一个企业都实现在生产数量方面的"做大做强"是不可能的，社会生产系统需要有各种类型的企业并存，在社会再生产中相互协作，形成"企业生态系统"，才能够维持社会再生产和经济循环，如果每一个行业、每一种产品，都是由大企业来生产，这种情况既不可能，也不现实，更无法做到。

　　四种形态中每一种形态的企业都有三种发展方向或发展可能性（见图 2-5-9 企业规模与势力演变趋势图）。例如，"大而弱"的企业（处于第二象限的企业），存在的发展方向是"大而强"、"小而弱"、"小而强"三种可能。企业自身出于对竞争压力的反应，必然向"大而强"的经济地位运动，企业成长的规律是：从最初始形态的"小而弱"状态（第一象限），向三个方向努力运动。一是向"大而弱"方向发展，企业从第一象限向第二象限运动。二是向"小而强"方向发展，企业从第一象限向第三象限运动。三是向"大而强"方向发展，企业从第一象限向第四象限运动（图中箭头方向）。"小而强"状态的企业，向"大而强"方向发展，企业从第三象限向第四象限运动。"大而弱"状态的企业，向"大而强"方向发展，企业从第二象限向第四象限运动。"大而强"状态的企业，处于行业的垄断地位，获得了极大的势力经济效应。这种企业具有"势力优势"，或者同时具有"规模优势"

和"势力优势"，控制了市场资源，控制了行业发展的节奏，构成垄断。垄断形成，具有经济发展的负效应。一方面，企业发展内部动力减弱，另一方面，制约了其他企业发展，造成竞争环境恶化，机会公平不再。在这种情况下，根据"反垄断法"要求，政府必将采取措施，维护公平竞争秩序，"打击"并"拆分"垄断企业，从而使垄断企业进入下一轮发展循环。所以，垄断企业的发展方向也有三条路径，"小而弱"、"大而弱"和"小而强"。由此可见，在企业成长过程中，必然形成两种成长力量的循环。一方面，企业在竞争力量推动下，形成由"小而弱"向"大而强"方向的运动趋势；另一方面，企业在反垄断力量压力下，形成由单一企业向多个企业方向的运动趋势。形成闭合发展循环系统，周而复始，永不终止。

企业是承载地区开放最重要的主体，地方企业的行业性质、企业数量、生产能力、生产水平、国际化程度，都是十分重要的指标。发展好企业不仅仅是为地方提供经济（GDP）贡献，也是代表地方与外界交往的主要使者。因此，发展好企业对地方提高开放程度十分重要。怎样发展好企业呢？工厂要以"规模经济"为导向，公司要以"势力经济"为导向，特别是跨国公司更要"追求势力经济"。

发达国家企业和跨国公司发生"谋求势力经济"的战略转换，从行业、市场、资源三个方面长远定位。表现为：全球扩张，全面市场覆盖，实施品牌强攻战略；垄断技术标准，强力推进原创性开发；占据高端生产，引领行业发展方向；分散经营，分解企业组织功能，全球配制资源；输出模式，商业模式输出、理念输出、组织输出、资本输出；控制资源，在世界范围强力控制自己没有的资源；扬弃规模经济，生产与经营分离，追求企业外部势力。发达国家企业和跨国公司发生的"势力经济"战略转换，充分证明经济格局和竞争形式的深刻变化，追求势力经济已经成为企业发展的目标，是企业不可回避的正确道路，具有"后发优势"的企业更应当坚定这一方向。国家经济发展也是如此，区域经济发展的重要指标是区域范围内所集成的具有势力经济特征的企业数量，这类企业的数量越多，越能够表现区域经济活力。国家经济发展同样可以用这个指标度量，在一个国家内，具有势力经济的企业数量越多，越能够表现国家区域经济活力。当今世界经济发达国家正是由于集成了相当数量的具有势力经济的企业，才形成了国家的经济势力，国家势力经济也必然随之形成。在未来经济发展过程中，中国的企业追求势力经济，努力实现势力经济更具有重要意义，有能力参与国际分工，参与制定世界经济规则，这将标志着中国企业真正走向世界。

2.6 改革与开放互进理论

中国特色开放型经济理论，是在1978年中国共产党十一届三中会议后，在实践中创立起来的，在实践中丰富起来的，直至中国共产党十八届三中会议后，还在继续丰富和发展中。概括过去的经验，主要体现在改革与开放互进，以改革促进开放，以开放深化改革，改革与开放共生共进，改革以开放而存在，开放以改革而存在，形成了中国特色开放型经济理论体系，渐进改革，梯度开放，内容十分丰富。

2.6.1 渐进改革理论

渐进式改革，先试点，再扩面，以点带面。不搞"休克疗法"，不下"猛药"，不搞"大乱大治"，改革的深度和强度适应社会的承受能力，适应老百姓的心理承受能力，适应国家的经济支撑能力。

1. 改革从农村改革起步

"民以食为天"，吃饭是大事，手中有粮，心中不慌，农业稳则国家稳。"改革"从农村改革起步，改变过去人民公社的集体耕种管理方式，实行农村家庭联产承包责任制，包产到户，很快解决了农业生产问题，使粮食产量迅速增长，逐步解决了十几亿人口的吃饭问题，逐步从短缺经济中走出来。

2. 开放从建立特区开始

建立特区是开放的开始，在临近经济发达的港澳地区建立特区，设立深圳、珠海、厦门、汕头为特区，特事特办，打破传统计划经济和封闭循环的经济运行方式，开展国际贸易，过境贸易、三来一补贸易，引进外资，由此打开国门。随后，特区经验扩展到14个沿海开放城市，形成了整个东部地区对外开放的势头，并逐步向内地扩散。

3. 国有企业改革转型

国有企业改革，简政放权，实行承包经营，分类实行关、停、并、转，运用竞争机制逐步淘汰弱势企业。职工身份转变，由"终身制"转变为"合同制"，由"铁饭碗"转变为"泥饭碗"。企业性质由"工厂制"转为"公司制"，由"计划化"转为"市场化"，由没有经营职能转变为具有经营职能。发展非国有经济，引入外资经济，引入民营经济。改革逐步深入。

4. 国家治理能力现代化

党的十八届中央委员会第三次全体会议对新时期全面深化改革做出战略部署，

颁布《中共中央关于全面深化改革若干重大问题决定》，决定指出：全面深化改革的总目标是完善和发展中国特色社会主义制度，推进国家治理体系和治理能力现代化。将改革开放事业向纵深发展。到2020年实现全面建成小康社会的战略目标。

5. "一国两制"理论

创立并成功实施"一国两制"基本方针，祖国和平统一大业迈出重大步伐。香港、澳门回归祖国，"一国两制"、"港人治港"、"澳人治澳"、高度自治的方针得到全面贯彻执行，香港特别行政区、澳门特别行政区保持繁荣稳定。祖国大陆同台湾的经济文化交流和人员往来不断加强，两岸政党交流成功开启，两岸全面直接双向"三通"迈出历史性步伐，反对"台独"分裂活动斗争取得重要成果，两岸关系和平发展呈现新前景。

6. 民主政治理论

大力发展社会主义民主政治，人民当家作主的权利得到更好保障。政治体制改革不断深化，人民代表大会制度、中国共产党领导的多党合作和政治协商制度、民族区域自治制度以及基层群众自治制度日益完善，中国特色社会主义法律体系基本形成，依法治国基本方略有效实施，社会主义法治国家建设取得重要进展，公民有序政治参与不断扩大，人权事业全面发展。爱国统一战线发展壮大，政党关系、民族关系、宗教关系、阶层关系、海内外同胞关系更加和谐。大力发展社会主义先进文化，人民日益增长的精神文化需求得到更好满足。社会主义核心价值体系建设取得重大进展，马克思主义思想理论建设卓有成效，群众性精神文明创建活动、公民道德建设、青少年思想道德建设全面推进，文化事业生机盎然，文化产业空前繁荣，国家文化软实力不断增强，人们精神世界日益丰富，全民族文明素质明显提高，中华民族的凝聚力和向心力显著增强。

2.6.2 梯度开放理论

1. 梯度开放路径理论

中国开放的路径是：点开放→带开放→面开放；产业开放→区域开放→金融开放；特区开放→沿海城市开放→沿海地区开放→内陆重点城市开放→中部地区开放→西部地区开放→全国开放。是以"梯度开放"和"逐步深入"为理论指导和实践检验的。

改革开放具有层次性和梯度推进性，先设点，再扩面；先沿海地区，再向内地扩散。国土分为东部沿海、中部内陆、西部沿边三大地带，实行由沿海向内地扩展的开放格局。先特区，再沿海开发区，再沿海开放城市，再内陆重点城市，再内陆地区的改革开放发展格局。

将国土面积分为东、中、西三大地带，即东部沿海地区、中部内陆地区和西部高原地区。这既是地势高度的落差，也是经济发展水平的落差，也是改革开放深度的落差，呈现出"山越高经济越落后"、"山越高开放程度越低"、"开放程度越低经济越落后"的特点。

地区开放程度与经济发展水平和人口素质直接正相关，如果继续采用"梯度发展"的思路和做法，中西部地区将永远在全国区域经济发展中处于后进状态，中西部地区优势永远难以有效发挥，全国区域经济均衡发展的目标将永远难以实现，改变这种做法不仅仅是中西部地区人民的强烈愿望，而且也是一场理论变革和战略变革。

2. 网络开放经济理论

从全国总体考虑对外开放，地区经济差异既有自然生态方面的原因，也有经济、社会、历史、文化方面的原因。中西部地区包括18个省、自治区，其面积占全国的86%，人口占全国的58%，地处内陆、幅员辽阔、资源丰富、潜力巨大。党的十六大以后，中央政府积极推进"西部开发战略"、"振兴东北老工业基地战略"、"中部崛起战略"，为中西部地区发展注入活力。"三大战略"已经指明了中西部地区发展方向。以开放促进改革、以开放促进社会进步和经济发展，这将是中西部地区战略深入的具体行动内容。区域经济协调发展理论应运而来，网络布局理论应运而生。

网络开放经济理论的基本思想是：

以现代交通网络和现代通讯网络为载体，以区域大中型城市为发展极，形成极化效应，沿着经济通道形成信息流、资金流、物资流、人才流，四个流的极化与扩散。行政区被弱化，经济区、流域区、功能区、生态区成长性加强。

以中心城市为点，交通干线为路而联通起来的网络结构。

商机沿海分布，沿长江分布，沿边境线分布，沿铁路和高速公路分布。

以主体功能区建设为代表的新型区域经济格局正在形成。

3. 中国改革开放初期阶段理论

改革开放的历程在区域领域基本是从沿海向内地、从南方向北方、由东部向西部、从特区向内陆。理论上、政策上和方法上逐步形成了七大基本理论，即，

一是一个中心两个基本点理论。以经济建设为中心，坚持改革开放两个基本点。

二是经济特区理论。以创建深圳、珠海、汕头、厦门四个经济特区为典型。

三是招商引资理论。吸引外资、创办合资企业或独资企业。

四是沿海开放城市理论。开放 14 个沿海地区城市。

五是梯度转移理论。率先发展东部沿海地区，再向中部地区扩散，再向西部地区扩散。

六是出口扶持理论。鼓励企业出口产品、劳务，实施走出去发展战略。

七是产业分工理论。东部地区利用中西部地区劳动力（农民工）和原材料资源，为国际企业做 OEM。（见图 2-6-1 七大开放理论内容结构图）。

理论：一个中心两个基本点理论 实践：以经济建设为中心，坚持改革开放两个基本点	理论：经济特区理论 实践：深圳、珠海、厦门、汕头
理论：招商引资理论 实践：吸引外资、创办合资企业或独资企业	理论：沿海开放城市理论 实践：14 个沿海开放城市
理论：梯度转移理论 实践：率先发展东部沿海地区，再向内地扩散	理论：出口扶持理论 实践：鼓励企业出口产品、劳务
理论：产业分工理论 实践：东部地区利用中西部地区劳动力（农民工）和原材料资源，为国际企业做 OEM	

图 2-6-1　七大开放理论内容结构图

❸ 中国开放型经济进程

　　翻开历史画卷，中国自古至今发展历程起伏跌宕、波澜壮阔，时而兴起，时而低沉，有屈辱，有辉煌，有经验，有教训，既是一部伟大的文明史，也是一部深刻的经验史，国家行进的道路总是在张弛之间回荡，总是在封闭和开放之间选择，总是以自身的问题招致倒退，也总是以自身的力量再次崛起，经验和教训十分丰富。

　　从古代，到近代，到现代，再到今天，国家兴盛时都是开放程度较高的时期，也是民族自信的时期；国家低迷时期都是开放程度较低的时期，也是民族屈辱的时期。开放伴随国运，开放伴随民情。

　　古代时期的国家建设是以水道为载体，货物运输、人员交流都以舟船为媒介，兴旺发达沿水道延伸，村落城池沿水道分布。水滋养作物，水载舟运输，有水则有财。水是财富的象征，水也是财富的符号。

　　近代时期的国家建设以陆路为载体，货物运输、人员交流都以车辆为媒介，兴旺发达沿陆路延伸，村落城池沿陆路分布。有路则通，无路则闭。通畅是财富的象征，通畅也是财富的符号。

　　中华人民共和国诞生是中国历史上的里程碑，中国共产党引领中国走上现代化建设道路，对内改革、对外开放，满怀豪情面向世界，走上世界，理论自信、制度自信、道路自信，引进来、走出去，在中国历史上续写深化改革开放的伟大史诗。

　　深刻分析中国区域开放历史经验，从时间轴和内容轴逐一深入，定义分析变量，建立起函数关系，提炼规律，创造理论，指导未来的国家建设行动，设计内陆地区对外开放行动内容和战略部署。

　　开放是一个历史、文化、政治、经济、社会发展的进化过程，是逐步演进的，是随着生产力水平提高、随着生产方式进化、随着社会文明进步而不断发展的。从古代，到近代，到现代，一直到今天的发展都体现了这样一个特点。有高潮，有低谷，也有曲折，这就是历史。

以中国史上重大变革事件发生的时间为时间节点，倒推历史，可以划分为若干个时代或者时期，总体上大致经历了五个发展时代，即，中国古代对外开放时代，中国近代对外开放时代，新中国对外开放时代，"十一届三中全会"以来对外开放时代，以及"十八大"后中国未来对外开放新时代。中国古代对外开放时间段为：远古—1840 年；中国近代对外开放时间段为：1840 年~1949 年；新中国对外开放时间段为：1949~1983 年；十一届三中全会以来对外开放时间段为：1983~2012 年；中国未来对外开放时间段为：2012 年~ 未来。（见图 3-1 中国开放历程时间表图）。

图 3-1　中国开放历程时间表图

3.1 中国古代时期的对外开放

中国对外开放历史悠久，古代的对外开放是以贸易为基本方式，以水道为基本载体逐步形成的，孕育了黄河文明、长江文明和运河文明，创立了"海上丝绸之路"和"陆路丝绸之路"，标志着中国制造的瓷器、丝绸等货物闻名世界，"China"美名世界。

沿水道通商孕育出五大开放地带，从历史资料研究发现：中国是世界上最早的文明古国之一，中国也是世界上最大的文明古国，中国曾经是世界上经济、科技、文化、政治最发达的古国。"河洛文明"缔造了中华文化，形成了"黄河流域文明"、"长江流域文明"、"运河流域文明"三大经济分布地区，以及"陆路丝绸之路"、"海上丝绸之路"两大通商交流通道，国内地区之间交流和开放，以及国家之间的交流与开放正是沿着这五条大

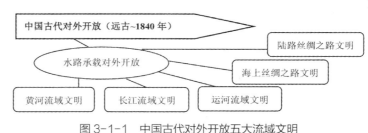

图 3-1-1　中国古代对外开放五大流域文明

动脉展开的。（见图 3-1-1 中国古代对外开放五大流域文明）。

回顾历史，古代对外开放的基本特点是：以水为道，以船为舟，以通商为手段，以货物贸易为方式，孕育生成五大文明经济带。

3.1.1 沿黄河流域开放形成华夏都市群

黄河是母亲河，黄河流域是中华文明的发祥地，黄河流域孕育了中华民族的繁衍，黄河流域孕育了中华民族的经济、社会、政治、文化的发展和繁茂。黄河流域是文明的摇篮。

黄河，中国古代称河，发源于中国青海省巴颜喀拉山脉，流经青海、四川、甘肃、宁夏、内蒙古、陕西、山西、河南、山东 9 个省区，最后于山东省东营市垦利县注入渤海，全长 5464 千米，流域面积 752443 平方千米，是中国第二长河，仅次于长江，也是世界第五长河流。黄河从源头到内蒙古自治区托克托县河口镇为上游，河长 3472 千米；河口镇至河南郑州桃花峪间为中游，河长 1206 千米；桃花峪以下为下游，河长 786 千米。黄河，从青藏高原而下，越过青海和甘肃两省的崇山峻岭；横跨宁夏和内蒙古的河套平原；奔腾于山西和陕西之间的高山深谷之中；破"龙门"而出，在西岳华山脚下调头东去，横穿华北平原，急奔渤海之滨。黄河流经 9 个省（区），汇集了 40 多条主要支流和 1000 多条溪川，在流域内，连同下游河南和山东沿河地区滋润着 2 亿多亩耕地，哺育着 1 亿多人口。

自古至今，首都城市集中最多的地方就是黄河流域，顺河而下孕育了诸多城市，青海西宁、甘肃兰州、宁夏银川、内蒙古包头、呼和浩特、陕西西安、河南洛阳、郑州、开封、山东济南、北京、天津，至今仍然是国家的政治、文化、交通、经济的重要地带。

中国境内已经发现的氏族公社遗址多达 7000 多处，其中有相当一部分分布在黄河流域。例如：周口店、马家窑、半坡、仰韶、大汶口、龙山，等等。沿河居住着蓝田人、北京人、丁村人，黄河流域成为中华文明的最早发祥地。夏朝时期，人口集聚分布在黄河流域，也成为最早的经济中心地带。到了商朝，经济分布形势没有改变，一直延续到战国时期、汉朝时期、唐朝时期，至今仍然是重要经济繁荣地带。

在农耕社会，国家经济发展也正是依托黄河水道。一方面，黄河水浇灌了沿流域的土地，滋润着农作物生长，哺育黄河两岸人民；另一方面，借助黄河水道运输通商，贸易往来，水路是成本最低，最为便捷的交通方式，也是当时人们能够将货物运的多、运的远、运的快的唯一交通手段。

"通商"就成为最早进行地域开放的手段，"货物贸易"成为最早进行地域开放的方式。

早在 80 万年以前的旧石器时代，中华民族的祖先就在黄河流域过着狩猎、采集的生活。在黄河流域内已经发现了 2000 多处原始村落的遗址，它表明在新石器时代，祖先们就在这辽阔的土地上定居，从事原始的农业生产。

新石器时代中期，散布在黄河中游黄土高原上的黄帝族和当时的蚩尤族、炎帝族同为中国远古时代 3 个部族。他们过着迁徙不定的游牧生活。后来炎帝联合黄帝攻杀了蚩尤。不久，炎帝族和黄帝族人民逐渐融合，并定居在陕、甘、晋地区，共同开发黄河中下游地区。

3500 多年前进入奴隶社会的夏、商、周王朝都是黄帝的后裔。他们自称"华"或"夏"。华族就是汉族前身，所以汉族人民都把黄帝奉为始祖，自称为黄帝（也称炎黄）子孙。当时华族居住在中原地区，人们认为"中原居四方之中"，故又称这一带为"中华"。后来，华族文化向全国各地传播，"中华"二字便成了整个中国的名称。

商王朝的盘庚迁都殷墟（今河南省安阳县），势力范围已达太行山与泰山之间的华北大平原，称为殷帝国。殷朝文化相当发达，与当时的埃及、巴比伦并称为三大古代帝国，是世界古代三大文化中心。在殷墟至今还保存着刻画挺秀、文句严密的甲骨书和美丽细致的青铜器皿。当时在三大古代帝国以外的世界上，大多数人类还过着原始生活。可见我们祖国是世界文化古国之一，古国文化就在黄河的怀抱里发祥。

殷朝以后，直至北宋，近 2500 年，黄河流域一直是中国政治、经济和文化中心。西安（古称长安），从西汉至隋唐，先后有 11 个朝代建都于此，历时 1100 多年，不仅为中国古代经济、文化的发展做出了重要贡献，而且为国际间经济、文化交流留下了不朽的篇章。洛阳，先后有 9 个朝代在此建都，历时近千年，故称"九朝古都"。史学家、科学家、文学家云集于洛阳，为中国和世界文化宝库留下了不朽的作品。

几千年来，黄河流域是封建统治的中心，而广大劳动人民反对压迫的斗争也接连不断。秦末的陈胜、吴广，两汉的赤眉、铜马、黄巾，隋末的瓦岗军，唐朝的黄巢、王仙芝，明末的李自成、张献忠等，都在黄河流域这块土地上演出了一幕幕雄壮史剧。抗日战争和解放战争时期，陕甘宁地区是可靠的革命根据地，直至中华人民共和国成立。

黄河流域很早就是中国农业经济开发地区。上游的宁蒙河套平原，中游汾渭盆地，下游引黄灌区都是主要农业生产基地。目前黄河上中游地区仍比较贫困，加快这一地区开发建设，尽快脱贫致富，对改善生态环境，实现经济重心由东部向中西部转移具有重大意义。

历史上黄河流域工业基础薄弱，新中国成立以来有了很大发展，建立了一批能源工业、基础工业基地和新兴城市，为进一步发展流域经济奠定了基础。能源工业包括煤炭、电力、石油和天然气等。目前原煤产量占全国产量的一半以上，石油产量约占全国的1/4，已成为区内最大工业部门。铅、锌、铝、铜、铂、钨、金等有色金属冶炼工业，以及稀土工业有较大优势。

黄河流域是中华民族文明的发祥地，半坡氏族是中国黄河流域氏族公社的典型代表，4000年前，黄帝和炎帝部落结成联盟，在黄河流域生活、繁衍，构成华夏族的主干部分。到宋元以前，黄河流域一直是中国经济发展的重心，创造了高度发达的农业文明。自宋元以后，直至近现代历史时期，黄河流域由于人口的压力、自然条件等因素，经济重心南移，但是黄河流域仍是中国重要的经济中心。

3.1.2 沿长江流域开放形成鱼米城郡群

长江，亚洲第一大河，其流域面积、长度、水量都占亚洲第一位。长江流域从西到东约3219千米，由北至南约966千米。长江流经青藏高原——青海（青）——四川（川）——西藏（藏）——云南（滇）——重庆（渝）——湖北（鄂）——湖南（湘）——江西（赣）——安徽（皖）——江苏（苏）——上海（沪）注入东海。长江全长6397千米，是世界第三长河，仅次于非洲尼罗河与南美洲亚马逊河，水量也是世界第三。流经总面积1808500平方千米（不包括淮河流域），约占全国土地总面积1/5，和黄河一起并称为"母亲河"。

长江干流自西而东横贯中国中部，干流流经青海、西藏、四川、云南、重庆、湖北、湖南、江西、安徽、江苏、上海11个省、自治区、直辖市，数百条支流延伸至贵州、甘肃、陕西、河南、广西、广东、浙江、福建8个省、自治区的部分地区，总计19个省级行政区。占中国国土面积18.8%，流域内有丰富的资源。

长江（扬子江）是江南文明发祥地，河姆渡、三星堆等遗址的发现，都记录了沿长江流域远古人的生存足迹，元谋人、长阳人、和县人，等等。长江流域为人类居住时间最长的地区之一。在安徽省江北发现直立人化石，数处包含人类遗迹的遗址，尤其是在太湖周围，也已被发现。

长江上游除成都平原外，东至三峡地区，西北至甘孜、阿坝境内，西南至安宁河、雅砻江流域，均有遗址发现，初步统计有数十处，其中最著名的属巫山大溪文化遗址，已发掘墓葬214座，出土器物有石斧、石镜、石凿、网坠、鱼钩、箭链、纺轮等生产工具；釜、罐、曲腹杯、碗等生活用具，还有耳坠、玦等装饰品，代表了新石器时期从中期到晚期3个不同的发展阶段。

位于长江中游的江西万年仙人洞、吊桶环遗址有着从旧石器时代晚期过渡到新石器时代早期完整而清晰的地层堆积。特别是20世纪90年代中美合作农业考古，在遗址新石器早期地层中，发现了距今1万年前的"稻植硅石"，把世界水稻栽培种植历史提前了1万年，成为世界最早的水稻栽培起源地之一。该地层中还发现了距今17000年前发展有序的大量原始陶片，是世界最早原始制陶发源地。湖北黄陂盘龙城遗址是已发现的长江流域第一座商代古城，距今3500多年。城邑和宫殿遗址壮观齐全，遗址、遗物、遗骸中明显反映了奴隶社会的阶级分群。1989年江西新干出土大量商代的青铜器、玉器、陶器，距今3200多年。长江中游的新石器时代遗址几乎遍布江汉地区，尤其是以江汉平原分布为密，仅湖北已发现的新石器时代遗址就有450多处，经发掘和试掘的有60多处，多集中分布在汉江中下游和长江中游交汇的江汉平原上。早中晚期文化特征都具备的屈家岭文化，以薄如蛋壳的小型彩陶器、彩陶纺轮等为主要文化特征，还出土有大量稻谷及动物遗骸，畜牧业也相应发展。饲养动物种类增多，并已有了渔业。该文化的影响范围甚广。

长江下游的新石器时代文化序列可以河姆渡文化、马家浜文化和良渚文化为代表。位于长江下游浙江余姚的河姆渡文化遗址发现于1973年，出土约7000件珍贵文物中，有成堆稻谷、稻壳遗存，出土大量"骨耜"，证明已脱离"火耕"，开始用"骨耜"翻地；还出土了大片木构建筑，已出现榫卯，是迄今已知最早的"干栏式"木构建筑。三国时期主要城市分布在建业、赤壁、荆州（江陵）、益州（成都）。

长江流域是资源宝库，具有丰富的自然资源和生态资源。

一是具有丰富的水运资源。长江流域总通航里程可达7万千米，占全国70%以上。长江干支流航道与京杭运河共同组成中国最大的内河水运网。其中干流通航里程2713千米，上起四川宜宾，下至长江口（云南维西至宜宾825千米河段尚可分段通航）。支流航道700余条，以下游之太湖水系最为发达。干支流水运中心为重庆、武汉、长沙、南昌、芜湖和上海6大港口。与世界各国相比，长江水系通航里程居世界之首。

二是具有丰富的农业资源。长江流域大部分地处亚热带季风区，气候温暖湿润，四季分明，年积温高，农作物生长期长，许多地区雨热同季，农业生产的光、热、水、土条件优越。流域有耕地2460多万公顷，占全国耕地总面积的1/4，而农业生产值占全国农业总产值的 40%，粮食产量也占全国的 40%，其中水稻产量占全国的 70%，棉花产量占全国的 1/3 以上，油菜籽、芝麻、蚕丝、麻类、茶叶、烟草、水果等经济作物，在全国也占有非常重要的地位。长江流域也是畜牧业生产的重要基地。

三是具有丰富的森林与野生动植物资源。林木蓄积量占全国的 1/4。主要林区在川西、滇北、鄂西、湘西和江西等地。用材林仅次于东北林区；经济林则居全国首位，以油桐、油菜、漆树、柑桔、竹林等最为著称。

四是具有丰富的淡水鱼资源。长江流域湖泊众多，河川如网，鱼类的品种、产量均居全国首位，可占全国产量的 60% 以上。

五是具有丰富的矿产资源。在全国已探明的 130 种矿产中，长江流域有 110 余种，占全国的 80%。

六是具有丰富的旅游观光资源。雨林奇峰、湖泊山脉、人文民俗、湖光山色、古刹陈迹、石文墨刻，承载着自然，也承载着历史。

长江之水滋润两岸土地，浇灌农田，孕育生物，繁衍生灵，也哺育两岸人民，集聚人气，承载运输，支撑发展。形成了全国最大的城市群流域，包括上海、南京、杭州、徐州、宁波、苏州、芜湖、铜陵、九江、南昌、长沙、武汉、宜昌、重庆、成都等人口百万以上的大城市都在长江流域。长江之水发挥着生态资源、经济资源的作用，也承载着交通功能，东西横向贯通中华大地，构成生命水道、资源水道、运输水道、繁荣水道，承载着对外开放的通道。

3.1.3 沿运河流域开放形成商贸客栈群

当人类经济活动发展到没有水道的地方怎么办？当人们的生产经营活动需要更多运输手段的时候该怎么办？人工开挖水道！运河就这样出现了。

中国古代时就已经开挖运河，成为世界上使用运河最早的国家。闻名世界的京杭大运河全长 1794 千米，是世界上最长的一条人工运河，是苏伊士运河的 16 倍，是巴拿马运河的 33 倍，纵贯南北，成为中国重要的一条南北水上干线。运河开凿到现在已有 2500 多年的历史，承载着南北大量物资运输的功能，承载着繁荣经济、方便交流、弘扬文化的重任。京杭运河北起北京，南至杭州，经过北京、天津、河北、山东、江苏和浙江 6 个省（市），沟通了海河、黄河、淮河、长江、钱塘江五大水系。由于北方冬天寒冷导致河面冰封，全年通航地域主要分布在黄河以南地区，集中在山东、江苏和浙江三省。

由于有了运河水道，沿运河两岸经济繁荣起来，人口逐渐集聚，村落逐步变大，城市逐渐增多，形成了沿运河开放经济带，构成了沿河南北大通道，活跃了商贸、活跃了经济、活跃了往来，形成地区之间相互往来、彼此开放的通道。

京杭大运河沿线是中国最富庶的农业区之一，古人开通运河的意义在于，加强南北交通和交流，巩固中央政府对全国的统治；加强对江南地区的经济建设；文化交融，中原文化南方文化相融合；以方便南粮北运。

京杭大运河是中国古代劳动人民创造的一项伟大工程，是祖先留下的珍贵物质财富和精神财富。大运河肇始于春秋时期，形成于隋朝，发展于唐宋，京杭大运河建于两千多年前的春秋时期，秦始皇（嬴政）在嘉兴境内开凿的一条河道，奠定了江南运河走向。据《越绝书》记载，秦始皇从嘉兴"治陵水道，到钱塘越地，通浙江"。大约 2500 年前，吴王夫差挖邗沟，开通了连接长江和淮河的运河，并修筑了邗城，运河及运河文化由此衍生。

"京杭大运河"开掘于春秋时期，完成于隋朝，繁荣于唐宋，取直于元朝，疏通于明清（从公元前 486 年始凿，至公元 1293 年全线通航），前后共持续了 1779 年。在漫长的岁月里，主要经历三次较大的兴修过程。

第一期运河，运河的萌芽时期。春秋吴王夫差十年（公元前 486）开凿邗沟〔从江都（今扬州市）邗口至山阳（今淮安市）淮安末口〕，以通江淮。至战国时代又先后开凿了大沟（从今河南省原阳县北引黄河南下，注入今郑州市以东的圃田泽）和鸿沟，从而把江、淮、河、济四水沟通起来。

第二期运河，主要指隋朝的运河系统。以东都洛阳为中心，于大业元年（605 年）开凿通济渠，直接沟通黄河与淮河的交通，并改造邗沟和江南运河。三年又开凿永济渠，北通涿郡。连同公元 584 年开凿的广通渠，形成多枝形运河系统。

第三期运河，主要指的是元、明、清阶段。元代时期开凿河道两段，一段是山东境内泗水至卫河段，另一段是大都至通州段。至元（元世祖忽必烈年号）十八年（公元 1281 年）开济州河，从任城（济宁市）至须城（东平县）安山，长 75 千米；至元二十六年（1289 年）开会通河，从安山西南开渠。由寿张西北至临清，长 125 千米；至元二十九年（1292 年）开通惠河，引京西昌平诸水入大都城，东出至通州入白河，长 25 千米。至元三十年（1293 年）元朝大运河全线通航，漕船可由杭州直达大都，成为今京杭运河的前身。

京杭大运河作为南北的交通大动脉，历史上曾起过巨大作用。运河的通航，促进了沿岸城市的迅速发展。至 2014 年，京杭运河的通航里程为 1442 千米，其中全年通航里程为 877 千米，主要分布在山东济宁市以南、江苏和浙江三省，仍然发挥着其自身的功能和作用。

3.1.4 沿陆路通商开放形成古丝绸之路

"丝绸之路"是中国内陆地区横贯东西走向的经济带，也是将太平洋西岸与大西洋东岸连通起来的通道，称为"欧亚大陆桥"。古"丝绸之路"主要路线是从长安经河西走廊（今甘肃地区境内），通往中亚（安息古波斯）、西亚，直到欧洲（大秦古罗马）。今"丝绸之路"主要路线已大大延长，东起中国江苏连云港，西至荷兰阿姆斯特丹。这条"路"承载着沿路两侧经济发展和社会进步，成为"运输之路"、"联通之路"、"开放之路"、"幸福之路"。

古"丝绸之路"是指西汉（公元前 202 年—公元 8 年）时，由张骞出使西域开辟的以长安（今西安）为起点，经甘肃、新疆，到中亚、西亚，并联结地中海各国的陆上通道，这条道路也被称为"西北丝绸之路"。由于这条路西运的货物中以丝绸制品影响最大而得名，而且有很多丝绸都是中国运出的，基本走向定于两汉时期，包括南道、中道、北道三条路线。

以西安为起点，往西行进一直延伸到罗马。丝绸之路不仅是古代亚欧互通有无的商贸大道，还是促进亚欧各国和中国的友好往来、沟通东西方文化的友谊之路。历史上一些著名人物。例如，出使西域的张骞，投笔从戎的班超，西天取经的玄奘，他们的一些故事都与这条路有关。自从张骞通西域以后，中国和中亚及欧洲的商业往来迅速增加。通过这条通路，中国的丝、绸、绫、缎、绢等，不断运向中亚和欧洲。希腊、罗马人称中国为"赛里斯国"，称中国人为"赛里斯人"。所谓"赛里斯"即"丝绸"（Silk）之意。1877 年德国地理学家李希霍芬（F. von Richthofen）将张骞开辟行走的这条东西大道誉为"丝绸之路"（Silk Road）。

丝绸是古代中国输出最具有代表性的商品，交换回来的商品有珠宝、玉器、毛皮等，因此"丝绸之路"又有"皮毛之路"、"玉石之路"、"珠宝之路"、"香料之路"之称，可见，当时的贸易往来也代表了当时的经济开放程度，有关历史文献记载隋唐年代（589—896 年）"丝绸之路"空前繁荣，胡商云集京师长安，定居者数以万计。

北方陆上"丝绸之路"是指由黄河中下游通达西域的商路，包括"草原森林丝路"、"沙漠绿洲丝路"。前者存在于先秦时期，后者繁荣于汉唐。"沙漠绿洲丝路"延续千余年，是主干道。其起点随朝代更替政治中心转移而变化。长安（今西安）和洛阳、平城（今大同）、汴梁（今开封）、大都北京曾先后为起点。"草原森林丝路"从黄河中游北上，穿蒙古高原，越西伯利亚平原南部至中亚分两支，一支西南行达波斯转西行，另一支西行翻拉尔山越伏尔加河抵黑海滨。两路在西亚辐合抵地中海沿岸国家。

"沙漠绿洲丝路"是北方丝路的主干道，全长7000多千米，分东、中、西3段。东段，自长安至敦煌，较之中西段相对稳定，但长安以西又分3线：

北线由长安（东汉时由洛阳至关中）沿渭河至虢县（今宝鸡），过汧县（今陇县），越六盘山，沿祖厉河，在靖远渡黄河至姑臧（今武威），是早期的路线。

南线由长安沿渭河过陇关、上邽（今天水）、狄道（今临洮）、枹罕（今河州），由永靖渡黄河，穿西宁，越大斗拔谷（今偏都口）至张掖。

中线与南线在上邽分道，过陇山，至金城郡（今兰州），渡黄河，溯庄浪河，翻乌鞘岭至姑臧。中线后来成为主要干线。

南北中三线会合后，由张掖经酒泉、瓜州至敦煌。中段为敦煌至葱岭（今帕米尔）或怛罗斯（今江布尔）。

广义的"丝绸之路"指从上古开始陆续形成的，遍及欧亚大陆甚至包括北非和东非在内的长途商业贸易和文化交流线路的总称，很多学者认为，中国的张骞（qiān）两次行通西域，开辟了中外交流的新纪元，这条路线被称为"国道"，各国使者、商人沿着这条道路来往络绎不绝。"丝绸之路"将中原、西域与阿拉伯、波斯湾紧密联系在一起，后来"丝绸之路"向西伸展到了地中海。广义上"丝路"的东段已经延伸到了韩国、日本，西段延伸到了法国、荷兰，再通过海路可达意大利、埃及，成为亚洲和欧洲、非洲各国经济文化交流的友谊之路。

"丝绸之路"有力地促进了中西方经济文化交流，贸易往来、经济交流、文化互动促成了汉朝兴盛。这条"丝绸之路"至今仍是中西交往的一条重要通道，在对外经济交流中仍然发挥着重大作用。

古时中国北方有"丝绸之路"，南方有"茶马古道"。南方陆上"丝绸之路"被称为"蜀——身毒道"，因穿行于横断山区，又称"高山峡谷丝路"。

大约公元前4世纪，中原群雄割据，蜀地（今川西平原）与身毒间开辟了一条丝路，延续两个多世纪尚未被中原人所知，有人称为"秘密丝路"。直至张骞出使西域，在大夏发现蜀布、邛竹杖系由身毒转贩而来，元狩元年（公元前122年）汉武帝派张骞打通"蜀——身毒道"，才发现南方通商之路有3条，分别是：灵关道、五尺道和永昌道。从成都出发分东、西两支，东支称为五尺道，沿岷江至僰道（今宜宾），过石门关，经朱提（今昭通）、汉阳（今赫章）、味（今曲靖）、滇（今昆明）至叶榆（今大理）。西支称为灵关道，由成都经临邛（今邛崃）、严关（今雅安）、莋（今汉源）、邛都（今西昌）、盐源、青岭（今大姚）、大勃弄（今祥云）至叶榆。两线在叶榆会合，西南行过博南（今永平）、嶲唐（今保山）、滇越（今腾冲），经掸国（今缅甸）至身毒。在掸国境内又分陆、海两路至身毒。

3.1.5 沿海通商开放形成海上丝绸之路

"海上丝绸之路"形成于汉武帝之时。从中国出发，向西航行的南海航线，是"海上丝绸之路"的主线。与此同时，还有一条由中国向东到达朝鲜半岛和日本列岛的东海航线，它在"海上丝绸之路"中占次要地位。

"汉代丝绸之路"的南海航线，《汉书·地理志》记载汉武帝派遣使者和应募的商人出海贸易的航程说：自日南（今越南中部）或徐闻（今属广东）、合浦（今属广西）乘船出海，顺中南半岛东岸南行，经五个月抵达湄公河三角洲的都元（今印度尼西亚苏门答腊岛东北部）。沿中南半岛西岸北行，经四个月航行抵达湄南河口的邑卢没（今缅甸勃固）。南下沿马来半岛东岸，经二十余日驶抵谌离（今缅甸卑谬），在此弃船登岸，横越地峡，步行十余日，抵达夫甘都卢（今缅甸卑谬）。再登船向西航行于印度洋，经两个多月到达黄支国(今印度东南海岸之康契普腊姆)。回国时，由黄支南下至锡兰国（今斯里兰卡），然后向东直航，经八个月驶抵马六甲海峡，泊于皮宗（今新加坡西面之皮散岛），最后再航行两个多月，由皮宗驶达日南郡象林县境（今越南维川县南的茶荞）。

"海上丝路"起于秦汉，兴于隋唐，盛于宋元，明朝初达到顶峰，明朝中叶因海禁而衰落。"海上丝路"的重要起点有番禺（后改称广州）、登州（今烟台）、扬州、明州、泉州、刘家港等。同一朝代的"海上丝路"起点可能有两处乃至更多。规模最大的港口是广州和泉州。广州从秦汉直到唐宋一直是中国最大的商港。明清时期实行海禁，广州成为中国唯一对外开放的港口。泉州发端于唐朝，宋朝和元朝年代成为东方第一大港。广州、泉州在唐、宋、元朝代侨居的外商多达万人，乃至十万人以上。宋代以后，随着中国南方进一步开发开放和经济重心南移，从广州、泉州、杭州等地出发的海上航路日益发达，越走越远，从南洋到阿拉伯海，甚至远达非洲东海岸，人们把这些海上贸易往来的各条航线，通称为"海上丝绸之路"。

历代海上丝路，亦可分为三大航线：东洋航线、南洋航线、西洋航线。东洋航线由中国沿海港至朝鲜、日本；南洋航线由中国沿海港至东南亚诸国；西洋航线由中国沿海港至南亚、阿拉伯和东非沿海诸国。

明朝永乐年间，永乐元年（1403 年）起，明成祖朱棣积极开展外交活动，派特使访问周边国家，并促成了郑和七下西洋的外交活动，开辟了"海上丝绸之路"。

西洋是指加里曼丹（婆罗洲）以西海域，《明史·婆罗传》记载："婆罗名文莱，东洋尽处，西洋所自起也。"其范围包括南中国海西部至印度洋的广大海域。

《明史·郑和传》记载，"宣教化于海外诸番国"，扩大海外政治影响，显示天朝大国的富庶与强盛。郑和下西洋前后七次，持续 28 年之久。明朝永乐三年（1405 年）6 月 15 日，第一次下西洋，27800 多人，分别乘坐 208 艘船，由今江苏太仓刘家港（刘河镇）出发。宣德五年（1431 年）闰 12 月 6 日，第七次下西洋，27550 人，分别乘坐 61 艘船，由南京起杭，经刘家港、福建长乐出发，于宣德八年（1433 年）返回刘家港。郑和航海中由于过度操劳，从东非返航到印度古里时，与世长辞，终年 62 岁。

据文献记载，郑和大船长 44 丈 4 尺（138 米），宽 18 丈（56 米），估算排水量大约 14000 吨，载重量 7000 吨，如此庞然大物反映了当时没有动力的帆船时代的制造技术很是先进。

史书记载，郑和下西洋期间，每到一处都受到普遍欢迎。在占城，国王乘大象，其他酋长骑马，来到城郊迎接郑和，前后拥戴着 500 多人的队伍，持锋刀短枪，打鼓吹椰子壳筒，举行欢迎仪式。在榜葛剌，国王派大臣率领几千人马到港口迎接，并陪到王宫，双方互相赠送礼物，国王设宴招待郑和一行。

郑和船队在 28 年中，到达过 30 多个国家和地区，其中有：占城（越南南方）、真腊（柬埔寨）、暹罗（泰国）、渤泥（文莱）、爪哇、旧港、苏门答腊、阿鲁、南渤里（今属印度尼西亚）、苏禄（菲律宾苏禄群岛）、锡兰山（斯里兰卡）、溜山（马尔代夫）、榜葛剌（孟加拉）、琐里、加异勒、柯枝、古里（以上四地为今属印度）、忽鲁谟斯（伊朗霍尔木斯）、剌撒（阿曼湾口）、阿丹（也门压锭）、祖法儿（阿曼苏哈尔）、田芳（沙特阿拉伯麦加）、卜剌哇（索马里布拉瓦）、竹步（索马里准博）、木骨都束（索马里摩加迪沙）、麻林（肯尼亚马林迪）。船队所到地方之多、航行历程之远开创了中国历史上的先河，也是世界航海史上的创举。

郑和第一次远航比哥伦布首航美洲早 87 年，比达·伽马开辟东方新航路早 93 年，比麦哲伦航行菲律宾早 116 年。哥伦布的船队也仅仅有三艘帆船 88 人，最大的船"圣玛利号"载重量才只有 250 吨，达·伽马的船队也仅有四艘三桅帆船，最大的"圣伽尔利尔号"载重量不过 120 吨。郑和下西洋事件足以显示当时中国国威盛大的风貌，正如英国历史学家汤因比（Arnold Joseph Toynbee）在《人类与大地母亲》一书中写道：在 15 世纪后期，这些中国船是世界上无与伦比的，所到之处的统治者都肃然起敬。如果坚持下去的话，中国人的力量能够使中国成为名副其实的闻名世界的"中央之国"。他们本应在葡萄牙人之前就占领霍尔木兹海峡并绕过好望角；他们本应在西班牙人之前就发现并征服美洲的。

1492 年，哥伦布远航的一个目标就是最终能到达中国，并开创另一条"丝路"更好的贸易要道，但是他却在失望中带领欧洲发现了美洲新大陆。于是哥伦布之后的探险家在美洲开启了新世界的殖民地时代，17 世纪之后，荷兰与英国也陆续在非洲、美洲、南太平洋扩展势力。19 世纪初期，尽管欧洲强权已在海上遍布，中国依然被西方认为是向往之地，是最兴旺与古老的文明，也造成西方在近代期间认为与中国交易能获得巨大利润的印象。

3.2 中国近代对外开放进程

中国近代开放是伴随社会革命和新科技引入而展开的，这次开放带来了洋务运动，催生了铁路、公路和航空新技术，也带来了马克思主义进入中国，带来了新中国的诞生。

3.2.1 沿陆路通商催生产业革命

从 1840 年鸦片战争到 1949 年中华人民共和国成立前夕，是中国近代历史时期，在这期间中国处于殖民地和半殖民地封建社会，国力开始衰败，出现闭关锁国政策，出现洋务运动、五四运动等重大历史事件，出现公路、铁路、航空等新型交通工具，形成新的交往形势。

开放型经济

KAIFANGXING JINGJI

66

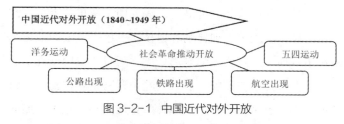

图 3-2-1 中国近代对外开放

回顾历史，近代对外开放的基本特点是：以陆路为道，以车船为运输工具，以通商为手段，以货物贸易为方式，孕育生成工业产业革命，带动形成沿路经济带。

3.2.2 清朝前期闭关锁国贻误国运

清朝前期中国自给自足的封建经济仍然占主导地位。当时的统治者认为天朝物产丰富，无须同外国互通有无，害怕外国商人与沿海人民往来会"滋扰生事"。因此，清政府严厉限制对外贸易，采取了闭关政策。使中国失掉了对外贸易主导权，阻碍了手工业进步和发展。由于与世界隔绝，清政府看不到世界形势变化，不能同外国进行科学知识和生产技术交流，中国逐渐在世界上落伍了[1]。

清朝统一台湾以后（1662年），曾经开放广东澳门、福建漳州、浙江宁波、江苏云台山（今连云港）四个港口，作为对外通商口岸。后来，由于西方殖民者在中国沿海进行种种非法活动，清政府只留下广州一处海港通商，关闭了其他海港，并规定由政府特许的"广东十三行"统一经理对外贸易。"广东十三行"负责承销外商进口货物，并代为收购出口商品，代表清政府管束外国商人，传达政令，便利一切外商交涉事宜。

当时的年代，正是手工业发展以及资本主义萌芽时期，也是世界科学技术创新变革活跃时期，英国工业发展水平最高，为了开辟国外市场，推销工业品，掠夺廉价工业原料，英国把侵略矛头指向中国。中国经济社会小农业与家庭手工业相结合，吃穿都能自己生产，英国向中国出口呢绒、布匹等产品滞销，而中国向英国出口茶叶、生丝、瓷器等产品热销，国际贸易关系出超，许多白银流入中国。后来外商发现鸦片贸易可以牟取暴利，英国东印度公司用走私方法，向中国大量销售鸦片。其他国家跟着效仿，结果到了道光初年，中国对外贸易反而变成了入超，白银大量外流。据史料记载，在鸦片战争前40年当中，英国走私运入中国的鸦片有40多万箱，掠走银元3亿—4亿。开始萌发禁烟运动，酿就了鸦片战争基础。此后，中国社会风起云涌，内忧外患，动荡渐变，波澜壮阔，开始了100多年的屈辱历程，100多年的抗争历程，100多年的寻觅历程，100多年的浴血奋斗历程。

经历了第一次鸦片战争，太平天国运动，第二次鸦片战争，洋务运动，中法战争，甲午中日战争，维新变法运动，戊戌变法，义和团运动，辛亥革命，中华民国成立，五四运动，中国共产党建立，国民统一战线建立，中华人民共和国成立。只有到新中国成立才开启了国家新时代。

3.2.3 洋务运动开启对外交往新门

"洋务运动"是近代中国实施开放的具体行动。第二次鸦片战争后，清朝内外交困。统治集团内部一些较为开明的官员主张利用西方先进生产技术，强兵富国，

---

[1]《中国历史》，第三册，人民教育出版社，1994年10月，第19页。

摆脱困境，维护清朝统治，兴起了"洋务运动"。为了挽救清政府封建统治危机，统治阶级中部分成员如曾国藩、李鸿章、左宗棠、张之洞等，主张引进、仿造西方武器装备，学习西方科学技术，创建近代企业。如曾国藩的"安庆内军械所"，李鸿章的"江南制造总局"、"轮船招商局"（上海），左宗棠的"福州船政局"，张之洞的"汉阳铁厂"、"湖北织布局"等，这些官员被称为"洋务派"。

"洋务运动"内容很庞杂，涉及军事、政治、经济、教育，外交等，而以"自强"为名，兴办军事工业并围绕军事工业开办其他企业，建立新式武器装备的陆海军是其主要内容。办江南制造局、福州船政局、安庆内军械所等近代军事工业。其中，江南制造局是中国第一个较大官办军事工厂，1865年由李鸿章在上海创办，全厂2000余人，主要制造枪炮、弹药、水雷、军舰等军用品。福州船政局是清政府创办规模最大的船舶修造厂，1866年由左宗棠在福州创办，全厂1700余人，以制造大小战舰为主。安庆内军械所是清政府最早开办的近代兵工厂，1861年12月由曾国藩在安庆创建，主要制造子弹、火药、炮弹等武器，还派遣留学生学习技术。洋务派还开始筹划海防，在1884年初步建立起南洋、北洋和福建海军。洋务派控制了海军衙门以后，又进一步扩建北洋舰队，修建旅顺船坞和威海卫军港。但是，洋务派兴办军事工业过程中，遇到了难以解决的问题，最主要的就是资金、原料、燃料和交通运输等方面的困难。

洋务派提倡"中学为体，西学为用"，希望利用先进技术维护封建统治，改革不触动封建制度。后来甲午中日战争证明，洋务运动没有使中国走上富强道路。但是，它引进了西方资本主义国家的一些近代科学生产技术，培养了一批科技人员和技术工人，在客观上刺激了中国资本主义发展，抵制了外国经济势力扩张。中国近代民族资本主义工业就是在"洋务运动"中艰难成长起来的。引进了资本主义国家当时的生产技术，一批产业工人在中国出现。在洋务派创办的新式学堂里，也造就了一批掌握自然科学的知识分子和工程技术人员，吸引了一些官僚、地主、商人投资于工业，客观上对中国资本主义发展起了刺激作用。虽然洋务运动没有使中国富强起来，但是开放国门引进了西方先进的科学思想和生产技术，使中国出现了第一批近代化的工业企业，推动了中国近代化历程。"洋务运动"开启了中国近代对外交往新门。

3.2.4 五四运动引入革命新思想

"五四运动"标志着中国进入近代发展时期。

"五四运动"是1919年5月4日在北京爆发的中国人民反对帝国主义、封建主义的爱国运动。"五四运动"是中国旧民主主义革命的结束和新民主主义革命的开端。"五四运动"促进了马克思主义在中国的传播及其与工人运动相结合，从而在思想上和人才上为中国共产党创立准备了条件。引入马克思主义思想是中国近代开放的过程，也是中国近代最伟大的开放实践。

西方思想在晚清时期尤其是在甲午战争之后大量传入中国并影响年轻一族，在民国初年这种影响随着《新青年》等刊物发展，以及白话文运动推动，自由、反抗传统权威等思想影响了学生以及一般市民。

1919年5月4日，北京三所高校3000多名学生代表冲破军警阻挠，云集天安门，他们打出"誓死力争，还我青岛""收回山东权利""拒绝在巴黎和约上签字""废除二十一条""抵制日货""宁肯玉碎，勿为瓦全""外争国权，内惩国贼"等口号，并且要求惩办交通总长曹汝霖、币制局总裁陆宗舆、驻日公使章宗祥，学生游行队伍移至曹宅，痛打了章宗祥，引发"火烧赵家楼"事件。随后，军警给予镇压。

"五四运动"虽然是学生爱国运动，但是从整个社会发展来说，波及了中国思想文化、政治发展方向、社会经济潮流乃至教育，亦对中国共产党发展产生了重要作用，也对中国共产党领导的革命事业亦有着不可低估的影响。

"五四运动"根本精神是什么，人们有不同看法。一种看法认为是"科学，民主"。1949年后阐述为"爱国，自救，科学，民主"。也有观点认为是"不屈不挠、忧国忧民、敢于奉献、敢于斗争的伟大爱国主义精神"。

在今天看来"五四运动"的本质是一种国家开放行为，是在旧中国体制中引入西方革命思想的行动，马克思主义的传播，最终促成了中国革命党人的出现，促成中国共产党的诞生。开放功不可没。

3.2.5 铁路和航空成为运输新载体

近代世界历史上出现了重大发明创造，出现了铁路和航空，从而改变了世界经济发展格局。中国也是最早引入铁路和航空的国家之一，由于铁路和航空的出现，开放局面发生重大变化，以内河水路为经济带的发展格局被打破，取而代之的是陆路、铁路、航空经济带。现代交通工具的出现，改变了流通方式，改变了经济发展格局，也改变了开放格局。

1. 鸦片战争前后中国出现铁路

根据资料研究考证：最早有关铁路知识传入中国时间大约是在1840年鸦片战

争前后。当时中国爱国有识之士如林则徐、魏源、徐继畬（she）等人先后著书立说，介绍铁路知识。中国有铁路始于清朝末期，而清政府腐败、保守、专制，唯"祖宗之规"是从，不肯接受新生事物，把修建铁路、应用蒸汽机车视为"奇技淫巧"，认为修铁路会"失我险阻，害我田庐，妨碍我风水"，顽固拒绝修建铁路。

1876年7月3日，上海吴淞铁路建成通车，这是中国土地上出现的第一条铁路——吴淞铁路。由英国在华代理人——怡和洋行，背着清政府诡称修建从吴淞到上海的一条"寻常马路"，擅自在中国土地上修建的营业性铁路。随后，清政府出银28.5万两，分3次交款赎回这条铁路并予以拆除。在清政府洋务派主持下，1881年开始修建唐山至胥各庄铁路，揭开了中国自主修建铁路的序幕。1879年，洋务派首领李鸿章为了将唐山开平煤矿的煤炭运往天津，奏请修建唐山至北塘铁路。清政府以铁路机车"烟伤禾稼，震动寝陵"为由，决定将铁路缩短，仅修唐山至胥各庄一段，胥各庄至芦台间开凿运河，连接蓟运河，以达北塘海口，为避免机车震动寝陵，决定由骡马牵引车辆。

用骡马牵引车辆根本不能发挥出铁路效用，1881年唐胥铁路通车时，中国工人凭借时任工程师的英国人金达的几份设计图纸，采用矿场起重锅炉和竖井架的槽铁等旧材料，试制成功了一台0-3-0型的蒸汽机车，这就是中国历史上制造的第一台机车。另有一种说法是，中国第一辆火车是当时任唐胥铁路总工程师的英国人薄内的夫人仿照乔治·斯蒂文森制造的蒸汽机车而制成的，并把它命名为"中国火箭号"。

1894年，清政府在中日甲午战争中战败后，"八国联军"攫取中国铁路权益，一万多千米路权被吞噬和瓜分，形成帝国主义掠夺中国路权的第一次高潮。随后按照各自需要分别设计和修建了一批铁路，标准不一、装备杂乱，造成中国铁路混乱和落后局面。辛亥革命后，袁世凯在1912年宣布"统一路政"，解散铁路公司，把铁路全部收归国有，用以抵借外债，形成掠夺路权的第二次高潮。从1912年到1916年各国夺得的路权共达13000多千米。1928年，南京国民党政府执政以后，主要是以官僚买办资本与帝国主义垄断资本"合资"方式修建铁路，出现了列强掠夺中国路权的第三次高潮。南京国民党政府时期（1928—1948年），在中国大陆上共修建铁路约13000千米。中华民国时期，南京临时政府设有交通部，又先后成立中华全国铁路协会和中国铁路总公司。从1928年开始执政的南京国民党政府，虽然制订了大规模发展铁路计划，但是建成的不多。到1949年，中国可统计的机车有4069台，分别出自9个国家的30多家工厂，机车型号多达198种，人称中国是"万国机车博物馆"。

2. 辛亥革命前后中国出现了航空

根据资料研究考证：早在 1909 年 9 月 21 日，中国人冯如驾驶自己制造的飞机"冯如一号"（中国人第一架自己制造并驾驶的飞机），在美国奥克兰市郊区试飞成功，飞行了 800 多米，开创了中国航空历史第一页。

1910 年 8 月，清政府拨款委任留日归来的刘佐成、李宝浚在北京南苑修建厂棚、制造飞机，并利用南苑驻军操场修建了中国第一个机场，中国进入了具有航空的时代。

1911 年爆发辛亥革命之后，南方革命政府、北京政府和其他地方势力都积极主张发展航空，在北京、广东、东北组建空军，把航空主要用于军事目的。1913 年 9 月，中国第一所航空学校——北京南苑航空学校成立。1918 年，北洋政府设立航空事务处（中国第一个主管民航事务的正式管理机构）。1920 年开通第一条航线（北京至天津航线）。1920 年 4 月 24 日，中国第一条民用航线——京沪航线京津段试飞成功。1929 年 4 月 15 日，国民政府特设中国航空公司机构，管理民航事务，并委派铁道部部长孙科兼任该公司理事长。1929 年 5 月，政府成立沪蓉航空线管理处，同年 7 月 8 日起，使用美国史汀生型单翼客机，开通沪蓉航线。1930 年 8 月 1 日，中美合资的"中航"在上海成立。1931 年 2 月 1 日，中国和德国汉莎航空公司合办的欧亚航空公司在上海正式成立。1936 年开通了首条国际航线——广州到河内航线。1939 年，成立中苏航空公司，开辟重庆至莫斯科航线。"驼峰航线"是中国航空历史上的奇迹，抗战期间民航为中国和当时支持中国的国家之间建立空中通道，整个抗日战争时期，苏联支援中国的飞机有 1000 多架，空军志愿队有 2000 多人。由于受到战争影响，航线只能从印度的萨地江、汀江再到中国的昆明、叙府（宜宾）、泸州、重庆等地。整条航线大部分是在喜马拉雅山南麓以及横断山脉，平均海拔 6000 米上空穿越，而当时最先进的飞机在满载情况下最大飞行高度也不过 6000 米，甚至还要更低，飞行十分艰险，在连绵不断的山谷中穿行，经过的地形都犹如骆驼的驼峰，于是"驼峰航线"由此得名。

航空的出现开辟了空中运输通道，也开辟了中国对外开放的新方式。铁路和航空的出现，人们活动范围更大，承载信息更多，纵深领域更广，慢慢改变了中国区域开放格局和对外开放格局。

3.3 新中国对外开放进程

1949 年中华人民共和国成立，开辟了中国历史发展新纪元，国家建设事业进入新时代，进入社会主义建设时期，逐步恢复工农生产，"抓革命、促生产、促工作、促战备"，各条战线均展开建设事业，国内轰轰烈烈搞生产，国际实实在在交朋友，政策推动区内开放和对外开放，以投入重点项目带动区内开放，以深化经贸往来促进区际开放，支援落后国家展示对外开放，拓展外交关系促进国际开放。

3.3.1 政策推动区内开放与对外开放

新中国对外开放可以分为三个阶段。第一个阶段时间是 1949 年至 1983 年，以党的十一届三中全会为分水岭；第二个阶段时间是 1983 年至 2012 年，以中国共产党第十八次代表大会为标志；第三个阶段时间是 2012 年 12 月起面向未来的开放。

新中国成立初期，国家对外开放事业最为突出的表现在两大方面：一是引进来——学习苏联；二是走出去——支援抗美援朝。

新中国对外开放第一个重大历史事件——学习苏联。由于新中国刚刚成立，战争痕迹还没有消除，国家间国际关系还没有完全建立起来，缺少经济建设经验，因此对外开放的第一个重要领域就是学习苏联的建设经验，引进苏联的

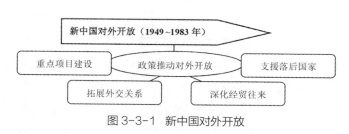

图 3-3-1　新中国对外开放

经济建设思想、做法和经验，派出国内的人员到苏联学习，邀请苏联专家来华工作，引入苏联管理的工业技术和管理方式，形成了一整套的苏联式的管理体制和机制，这是当时对外开放的重要领域，对中国后来的国家建设事业也产生了重大影响。

新中国对外开放第二个重大历史事件——抗美援朝。1950 年 6 月 25 日，朝鲜战争爆发，当年 7 月 7 日，美国操纵的联合国安理会通过第 84 号决议，决定介入朝鲜内战，同年 8 月中旬，朝鲜人民军将韩国军驱至釜山一隅，攻占了韩国 90% 的领土。9 月 15 日，以美国为主的联合国军在仁川登陆，直接介入朝鲜内战，并将战火扩大至中国东北。中国为了保护刚刚成立的新生国家免遭战火，应朝鲜请求中国组建中国人民志愿军，于 1950 年 10 月 25 日赴朝作战（中国称为抗美援朝战争），并取得重大胜利。美国在战局不利的情况下，通过外交途径向中国提出停战谈判要求，中国和朝鲜方面与联合国军代表经过多次谈判，在 1953 年 7 月 27 日签署《朝鲜停战协定》，结束朝鲜战争。这次战争也是中国历史上规模最大的出国作战，是中国历史上一次重大的外交事件，也是一次重大的国家开放

姿态，这次外交事件对后来的国际形势发展产生了重大影响。

新中国成立后，当时的区域经济指导思想是"平衡发展"，力求改变历史遗留的畸形生产力布局，加速国家工业化进程，以达到整个国家生产力布局合理化与区域经济平衡发展。

回顾历史，新中国对外开放的基本特点是以投入重点项目带动区内开放，以深化经贸往来促进区际开放，支援落后国家展示对外开放，拓展外交关系促进国际开放。

3.3.2 建设重点项目推动区内开放

新中国建设任务十分繁重，百废待兴，国家提出以每五年为一个时期，规划建设时段，分为"一五时期""二五时期""三五时期"，等等。重点强调：建设以重工业为主的经济区，将有限的资金和资源重点投入钢铁、冶金等重工业产业中，其中 53.5% 投入内地（例如：武钢、包钢），46.5% 投入沿海（例如：鞍钢）。先后有 156 个重大项目实施，为国家建设注入了生机和活力。

经过近 30 年艰苦奋斗，国内区域经济得到了较快发展。到 1978 年，主要经济指标达到历史最好水平，主要工业产品产量达到建国后最好水平。1978 年原煤产量达到 6.2 亿吨，原油产量达到 10405 万吨，天然气产量达到 137.3 亿立方米，乙烯产量达到 38 万吨，农用化肥达到 869.3 万吨，水泥产量达到 6524 万吨，粗钢产量达到 3178 万吨，汽车产量达到 14.9 万辆，发电量 2566 亿千瓦时。基础设施建设项目，铁路营业里程达到 5.17 万千米，公路里程达到 89.02 万千米，河内航道里程 13.60 万千米，定期航班航线里程 14.89 万千米，输油（气）管道里程 0.83 万千米。总客运量达到 253993 万人，其中铁路 81491 万人，公路 149229 万人，水运 23042 万人，民航 231 万人。总货运量达到 248946 万吨，其中铁路 110119 万吨，公路 85182 万吨，水运 43292 万吨，民航 6.4 万吨，管道 10347 万吨。邮电业务总量达到 34.09 亿元，其中邮政业务总量为 14.92 亿元，电信业务总量 19.17 亿元。

新中国成立以来，在一穷二白的条件下，国家集中有限的资源，实施重点建设，克服重重困难，排除各种干扰，动员全国人民艰苦奋斗，建立起来了社会主义新中国，建立起来了经济建设的基础设施，建立起来了较为完整的产业体系，重点项目建设全国一盘棋，各个省区之间相互支持，促进了区际开放，为日后国际开放奠定了基础。

3.3.3 深化国际经贸往来推动对外开放

国内经济发展促进了国际贸易，多种形式经济贸易活动逐步活跃起来，进出口商品数量不断提高，货物贸易、人员交流、文化交流，多种形式的国际交流和贸易活动日益增多，逐步打通了中国与世界直接交流的窗口和渠道，既让世界了解中国，也让中国了解世界。

到1978年，中国国内生产总值（GDP）达到3645亿元人民币，其中：第一产业为1028亿元，占28.20%；第二产业为1745亿元，占47.87%；第三产业为872亿元，占23.93%。人均国内生产总值（GDP）381元人民币[1]。货物进出口总额达到206.4亿美元，其中：出口额为97.5亿美元，进口额108.9亿美元，黄金储备1280万盎司，外汇储备1.67亿美元。

到1978年国际旅游人数达到180.92万人次（入境游客），旅游外汇收入达到2.63亿美元。出国留学人员860人，学成回国留学人员248人。

通过深化中国与世界各个国家和地区的贸易往来，一方面，加深了世界对中国的了解，从一个战乱中的国度，一个贫穷落后的国家印象，逐步转变为一个欣欣向荣的社会主义大国，一个具有东方古老文明的大国；另一方面，加深了中国对世界的了解，宣传中国，介绍中国，让中国融入世界。开展国际贸易打开了新一轮中国对外开放的大门。

3.3.4 支援非洲落后国家推动对外开放

在20世纪50年代，在老一辈国家领导人领导下，开始了对最不发达国家开展国际援助，在毛泽东和周恩来亲自安排下，中国从1956年开始向非洲国家提供援助，帮助一些友好国家建设工厂、医院和学校等基础设施，派出医疗队。在援建项目中传递中国人民友好情谊，开展国际交流。其中，坦赞铁路于1968年开始进行勘测设计，1970年正式开工，1976年全部建成移交，东起坦桑尼亚首都达累斯萨拉姆，西至赞比亚的新卡比里姆博希，全长1860千米，是迄今中国最大的援外成套项目之一。该项目由中国专家和工程技术人员进行勘测、设计并组织施工，铁路穿越高山深谷、沼泽湖泊和茂密原始森林，全线工程浩大，技术复杂，施工条件困难。中国政府提供无息贷款9.88亿元人民币，发运各种设备材料近100万吨，先后派遣工程技术人员近5万人次，在工程修建及后来技术合作过程中，中方有64人为之献出宝贵生命。

---

[1] 资料来源：国家统计局资料，按当年价格计算。

中国还向非洲国家提供了大量物资和技术援助，为非洲国家培训了大批技术人员。据资料统计 1985 年至 1999 年年底，中国共培训了来自非洲 46 个国家的 905 名技术人员，培训专业涉及水稻种植、蔬菜栽培、综合养鱼、肉制品加工、中医针灸、农业机械、太阳能及气象预报等。自 2000 年以后，中国更加重视对非洲技术人员的培训，设立了"非洲人力资源开发基金"，在华举办了形式多样的非洲人才培训班，为非洲培训各类人员近 7000 名。中国向国际货币基金组织倡导设立的"非洲能力建设基金"捐资，用于在非洲建设技术援助中心，并在多边技术培训（TCDC）项目下开办了近 20 个专门面向非洲的专业技术培训班。在中国接受培训的技术人员回国后，对于非洲建设做出了显著贡献，包括一些非洲国家领导人在内的许多高级人才都曾经在中国接受过培训。

非洲是世界上最不发达国家集中的地方，中国在自己还不富裕的情况下，慷慨解囊，伸出援手，令非洲国家感动，令世界赞叹，中国也在援助这些国家的行动中，向世界展示了对外开放的姿态。援助非洲的行动不断深入，力度不断增大，内容不断丰富，时间不断延长，将中国的友好形象深深扎根于非洲人民心中，为后来更广泛的深度合作奠定了良好基础。

3.3.5 拓展国际关系推动对外开放

新中国积极拓展国际关系，发展睦邻友好，赢得世界尊重，打开了中国与世界交往的大门，中国与世界各个友好国家的外交关系日益稳固，外交活动日益活跃，积极参与国际事务。

1955 年，于万隆会议，中国同印度、缅甸共同倡导了"和平共处五项原则"，内容是：相互尊重主权和领土完整、互不侵犯、互不干涉内政、平等互利、和平共处。

1957 年，毛泽东在莫斯科向全世界庄严宣告，中国坚决主张一切国家实行和平共处五项原则。1963 年年底至 1964 年年初，周恩来出访亚洲、非洲和欧洲 14 个国家时，提出了中国经济援助的八项原则，把五项原则扩展到经济领域。1974 年，邓小平在联合国大会特别会议上再次强调国家之间的政治和经济关系都应建立在和平共处五项原则基础上。1988 年，邓小平又率先提出以五项原则为准则建立国际政治经济新秩序的主张。2000 年 7 月 6 日，时任国家主席江泽民在访问土库曼斯坦期间，就关于建立国际新秩序阐述了中国一贯坚持的"四项原则"。一是维护和平、反对武力；二是相互尊重、主权平等；三是自主选择、求同存异；四是互利合作、共同发展。中国高举和平、发展、合作旗帜，坚持奉行独立自主的和平外交政策，坚持走和平发展道路，坚持互利共赢的对外开放战略，既通过争取和平的国际环境来发展自己，又通过自身的发展促进和平。

在遵守"五项基本原则"基础上开展国际交往，拓展外交关系，国家领导人先后出访国外，建立外交关系，承认中华人民共和国并建立大使级外交关系的国家不断增多。发展睦邻友好，实施睦邻、安邻、友好往来外交政策，先后与朝鲜、越南、泰国、蒙古国、巴基斯坦等边境国家建立友好关系。中国与世界各个国家增进相互了解，开展各种经济、文化等交流，建立外交关系的国家不断增多。到1978年与中国建立外交关系的国家达到105个国家[1]，遍布世界各地。

1971年10月25日，第26届联合国大会以高票通过了第2758号决议，恢复了中华人民共和国在联合国合法席位，这是一个值得中国和世界纪念的日子。联合国大会以76票赞成、35票反对、17票弃权的压倒性胜利通过了关于恢复中国在联合国合法权利的提案。表决结果一出，众人起立，热烈鼓掌。出席联大的时任中国外交部副部长乔冠华，他独特的仰面大笑被记者抓拍，照片被称为"乔的笑"，此照片发表后，拍摄者还获得了"普利策奖"。

联合国需要中国。联合国是以普遍性为特点的，不恢复中国在联合国的合法席位、占世界人口五分之一的中国不在联合国里，联合国有什么普遍性可言？世界面临众多问题，需要联合国发挥作用。如果联合国缺少中国，显然在应对世界上大问题时缺少了有力支撑。

中国也需要联合国。毛泽东早就说过，我们中华民族有自立于世界民族之林的能力。联合国是世界上最有代表性的国际组织，如果中国在联合国的合法席位没有得到恢复，又怎么说得上中国人自立于世界民族之林？

1971年7月9日—11日，时任美国总统国家安全事务助理基辛格秘密访华，7月9日凌晨4时30分，基辛格一行到达北京，周恩来派叶剑英等人到机场迎接。基辛格访问的两个任务是商谈尼克松访华日期及准备工作，为尼克松进行预备性会谈。1972年2月，时任美国总统尼克松应中国总理周恩来的邀请访华。中美两国政府于2月27日在上海签署《联合公报》（又称《上海公报》），并于28日发表。《联合公报》的发表，标志着中美两国政府经过20多年的对抗，开始向关系正常化方向发展，为两国建交奠定了基础。

1978年12月16日，中美两国《联合公报》发表，美国承认中华人民共和国是

---

[1] 资料来源：根据外交部有关资料整理。

中国唯一合法政府，在此范围内保留与台湾的文化、商务等方面非官方关系。美国告诉台湾当局，自 1979 年 1 月 1 日起，美国终止美台"外交关系"；与此同时，也将终止美台"共同防御条约"，撤出驻台美军及军事机构。中美两国于 1979 年 1 月 1 日起互相承认并建立外交关系，并于 3 月 1 日互派大使，建立大使馆，结束了世界上人口最多国家同世界上最发达国家将近三十年的不正常状态。中美关系翻开了新的一页。

3.4 十一届三中全会以来开放进程

中国开放历史性标志事件就是"中国共产党十一届三中全会"召开。

中国共产党第十一届中央委员会第三次全体会议，于 1978 年 12 月 18 日至 22 日在北京举行。全会决定，鉴于中央在二中全会以来的工作进展顺利，全国范围的大规模的揭批林彪、"四人帮"的群众运动已经基本胜利完成，全党工作的重点应该从 1979 年转移到社会主义现代化建设上来[1]，国家建设走上以经济建设为中心的轨道上来，一场轰轰烈烈的新的开放事业就此开始了。

3.4.1 体制改革推动对外开放

"十一届三中会议精神"推动新开放，中国共产党第十二届中央委员会第三次全体会议做出关于经济体制改革的重大决定：必须按照把马克思主义基本原理同中国实际结合起来，建设有中国特色的社会主义要求，进一步贯彻执行对内搞活经济、对外实行开放的方针，加快以城市为重点的经济体制改革步伐，以利于更好地开创社会主义现代化建设新局面[2]。"对外开放"正式纳入国家发展战略。

新时期国家发展战略的具体内容是："一个中心、两个基本点"，即以经济建设为中心，坚持对内改革和对外开放两个基本点。

邓小平指出："现在的世界是开放的世界。中国在西方国家产业革命以后变得落后了，一个重要原因就是闭关自守。建国以后，人家封锁我们，在某种程度上我们也还是闭关自守，这给我们带来一些困难。三十几年的经验教训告诉我们，关起

❸
中国开放型经济进程

77

---

[1]《中国共产党第十一届中央委员会第三次全体会议公报》，1978 年 12 月 22 日。
[2]《中国共产党第十二届中央委员会第三次全体会议通过》，1984 年 10 月 20 日。

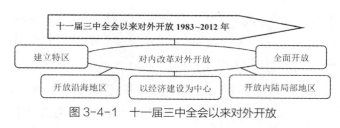

图 3-4-1　十一届三中全会以来对外开放

门来搞建设是不行的，发展不起来。关门有两种，一种是对国外；还有一种是对国内，就是一个地区对另外一个地区，一个部门对另外一个部门。两种关门都不行。我们提出要发展快一点，太快不切合实际，要尽可能快一点，这就要求对内把经济搞活，对外实行开放政策。"[1]

中国新一轮开放历程大致经历了四个时期：设立特区时期、开放沿海地区时期、开放内陆局部地区时期，以及全面开放时期。体现了由点到带、由带到面、由沿海到内地、由东部到西部、由局部到全局、由招商引资到全面开放，表现出渐进式改革开放的发展历程。

3.4.2 实施沿海地区率先开放

中国实施改革开放政策以来，区域开放战略也随之应运而生，首先从广东和福建建立特区开始，由南向北逐步扩大，形成由"点"到"面"全方位、多层次的区域开放格局，形成了改革开放初期具有鲜明特色的区域开放战略。

1. 建立特区实施"点状"区域开放战略

"点状"区域开放是指按照某个特定区域或城市为"核心"，形成围绕"核心"带动周边的对外开放格局。"经济特区"或者"开放城市"是当时"点状"开放战略的体现。1979 年，国家决定在深圳、珠海、汕头和厦门试办特区[2]。随后，中央正式将"特区"定名为"经济特区"[3]。同年八月，全国人民代表大会常务委员会批准了关于《广东省经济特区条例》的决议，使经济特区运行有了法律保障。1980 年 10 月 7 日，国务院批准在厦门划出 2.5 平方千米土地作为经济特区，1981 年 10 月 15 日，厦门经济特区正式启动。特区建设打开了区域开放之门。

深圳特区建设已经成为特区建设的楷模，深圳奇迹为中国改革开放事业提供了经验。

深圳是中国第一个经济特区，也是改革开放后快速崛起的一座新兴城市。它位

[1] 邓小平：《建设有中国特色社会主义》，会见第二次中日民间人士会议日方委员会代表团时谈话，1984 年 6 月 30 日。
[2] 中共中央、国务院批转广东省委、福建省委《关于对外经济活动实行特殊政策和灵活措施的报告》，1979 年 7 月 15 日。
[3] 中共中央、国务院批转《广东、福建两省会议纪要》，1980 年 5 月 16 日。

于中国南部广东省沿海地区,西濒珠江口,南邻香港,全市陆域总面积1991平方千米。深圳的前身是宝安县,1979年建立特区前,常住人口31.5万人,生产总值1.96亿元,人均GDP仅606元人民币。以农业为主的落后经济与一河之隔的香港形成巨大反差,宝安人纷纷逃港,造成劳动力大量流失,土地严重抛荒。1979年,国务院同意宝安撤县改为深圳市,1980年,深圳市南部327.5平方千米的区域被划为当时中国面积最大的经济特区,深圳自此开始发生了翻天覆地的变化。

建立经济特区,是在党的第二代领导核心邓小平同志的倡导下,党和国家为推进改革开放和社会主义现代化建设事业做出的重大决策。20世纪70年代中国刚刚结束十年"文化大革命",计划经济体制走入死胡同,国民经济濒临崩溃边缘。什么是社会主义?怎样建设社会主义?成为迫切需要深刻思考和正确回答的重大问题。中国地域广阔,人口众多,发展极不平衡,改革开放不可能一步到位全面铺开,只能通过设立试验区为全国改革开放先行探路。在此背景下,邻近港澳的深圳、珠海等地成为中央和广东省关注的重点地区。1978年4月,国家计委和外贸部等有关部门对香港、澳门进行了考察,向中央提出将深圳、珠海划为出口基地。同年12月,广东省委向国务院呈送了在深圳设立外贸基地报告。1979年,建立特区设想得到了中央赞同,邓小平同志以高度政治智慧正式提出创办经济特区的战略构想,指出"可以划出一块地方,叫做特区"。1979年7月,中央颁发文件,确定深圳等四个城市设置"出口特区",允许外商独资或合资办厂。1980年,国务院研究提出了试办特区的一些重要政策,把原拟"出口特区"的名称改为"经济特区"。1980年8月,全国人大常委会审议通过《广东省经济特区条例》,经济特区正式诞生。

深圳特区建设创造了中国历史上新的开放形式,创造了许多奇迹,体现深圳特区改革开放建设经验的关键词有:

"逃港"。1957—1979年,宝安有6—7万人逃港,"逃港"现象提出了深圳必须发展经济,实施改革开放的课题。

"我们落后了二十年"。1978年党的十一届三中全会召开前,邓小平出访日本,看到日本的情况,感慨地说"我们落后了二十年"。

"改革开放需要一个支点和突破口"。改革开放需要一个支点和突破口,为此总设计师邓小平创造性地提出了建立经济特区的战略构想。

"深圳经济特区诞生"。1980年8月26日第五届人大常委会第十五次会议批准《广东省经济特区条例》,深圳经济特区正式诞生。

"深圳是改革开放的窗口、试验田和排头兵"。经济特区是一个实验,要大胆地试，大胆地闯，杀出一条血路来（邓小平）；特区要为全国改革创造出更多的好经验（江泽民）；改革开放是我们取得一切成绩和进步的根本原因（胡锦涛）。

"摸着石头过河"。改革开放是史无前例的事业，无前车之鉴可以借用，只有创新，摸索前进。

"深圳精神"。"时间就是金钱，效率就是生命"；"空谈误国，实干兴邦"。

"深圳速度"。创立了深圳发展速度，"三天建设一层楼"。

"拓荒牛"。1979年第一批工程兵部队进驻，2万多人，承建了160多个项目，为深圳七通一平作出巨大贡献，被称为深圳建设的"拓荒牛"。

"创立国内十大率先改革"。一是劳动工资制度改革（1980年开始），二是劳动用工制度改革（1980年开始），三是基建体制改革（1981年开始），四是物价体制改革（1981年开始），五是干部人事制度改革（1981年开始），六是住房制度改革（1985年开始），七是成立外汇调剂中心（1985年开始），八是国营企业股份制改革（1986年开始），九是地使用权公开拍卖（1987年开始），十是建立股票市场（1983年发行新中国第一张股票）。

"到深圳打工去"。来自全国各地的人们涌进深圳，建设深圳，到深圳打工。

"股票"。诞生第一张股票，一百万人排队，争买股票。

"拍卖"。敲出中国土地拍卖第一槌。

"巨变"。深圳改革开放前后发生巨大变化。

特区成立之前，深圳经济落后，1979年GDP仅为1.96亿元。特区成立后，经济持续高速发展，1989年GDP突破100亿元，1996年突破1000亿元，从2000年起，深圳GDP跻身全国城市经济第四位，从2005年起，深圳经济总量每年以超过千亿元的幅度增长，2011年达到11502亿元，按照现行汇率，当前深圳经济规模约为香港和新加坡的2/3，在全球城市中排名第43位。特区建设33年来，深圳经济增长了5868倍，年均增长25.3%。从经济增长速度来看，深圳经济发展经历了三个阶段：一是从特区建立到1994年，由于当时经济总量基数较小，GDP连年以世界罕见的超高速增长，年均增速达到30%以上。二是1994至2007年，深圳GDP增速保持在15%以上，发展速度仍然领先全国。三是2007年至今，随着深圳经济总量不断做大，GDP经济增长速度趋于平稳，平均增速保持在13%左右。

2. 开放沿海地区实施"带状"区域开放战略

实施沿海开放的标志性事件就是确立14个沿海开放城市阶段。1984年5月4日，中央和国务院批准《沿海部分城市座谈会纪要》关于进一步开放沿海14个港口城市的建议。这 14 个城市分别是：天津、上海、大连、秦皇岛、烟台、青岛、连云港、南通、宁波、温州、福州、广州、湛江、北海。

经济特区经过近 5 年发展后，增加沿海开放城市，进一步扩大开放地域，14 个沿海港口城市作为实行对外开放的一个新步骤。开放的主要做法是给政策，这些优惠政策归结为两个方面。一是给前来投资和提供先进技术的外商以优惠待遇，二是扩大沿海港口城市的自主权，开展对外经济活动[1]。国务院制定了关于经济特区和沿海 14 个港口城市减征、免征企业所得税和工商统一税暂行规定，在特区和城市投资兴办中外合资经营企业、中外合作经营企业、客商独立经营企业，给予减征、免征企业所得税和工商统一税。对经济特区提出了十项优惠政策措施，对 14 个沿海城市提出了七项优惠政策措施，等等。

改革开放的实践是从农村起步的，十一届三中全会后实施了恢复和扩大农村社队的自主权，恢复自留地、家庭副业、集体副业和集市贸易，逐步实行各种形式的联产计酬的生产责任制，同时提高了粮食和其他部分农产品的收购价格，随后又解决了多种经营的方针问题，从而使农村面貌很快发生显著变化，由原来的停滞不前变得欣欣向荣。"广大农民多年来没有像今天这样高兴过"[2]。第六届全国人民代表大会第二次会议决定，改革从农村转到城市，城市改革不仅包括工业、商业，还有科技、教育等各行业，实施内部改革，对外进一步开放。

3. 开放重点区域实施"面状"开放战略

"面状"区域开放是将各个相邻的"点状"开放区域连成片，扩大开放范围，形成一定规模的成片开放开发格局。

1985 年 2 月将"长江三角洲"、"珠江三角洲"和"闽南厦漳泉三角地区"开辟为沿海经济开放区[3]，形成"面状"开放态势，实施"对内搞活经济、对外实行开放"政策，形成"贸——工——农"型生产结构。

20 世纪 80 年代中期至 90 年代初，对外开放的范围由特区逐步扩大到了沿海、沿江、沿边地区，初步形成从沿海向内地推进的格局。1992 年相继开放沿江城市和三峡库区、边境和沿海地区省会城市、沿边城市，开放太原等 11 个内陆省会城市。随后几年，又陆续开放了一大批符合条件的内陆县市。

为了充分发挥沿海地区优势，积极发展外向型经济，国务院决定适当扩大沿海

---

[1] 中共中央、国务院批转《沿海部分城市座谈会纪要》的通知，1984 年 5 月 4 日。
[2] 胡耀邦：中国共产党十二次代表大会报告，《全面开创社会主义现代化建设新局面》，1982 年 9 月 1 日。
[3]《长江、珠江三角洲和闽南厦漳泉三角地区座谈会纪要》，1985 年 2 月 18 日。

经济开放区。形成了"环渤海经济圈"、"山东半岛经济区"、"长江三角洲经济区"以及"广西北部湾经济区"雏形，划入沿海经济开发区有140个市县，包括杭州、南京、沈阳等省会城市 [1]，人口增加到1.6亿，扩大了区域开放范围（见表3-4-1 沿海地区新增的开放范围）。

表3-4-1 沿海地区新增的开放范围

省 份	新增开放区域
天津市	静海县、宁河县、宝坻县、武清县、蓟县
河北	丰南县、滦南县、乐亭县、唐海县、滦县、沧县、青县、黄骅县、海兴县、昌黎县、抚宁县、卢龙县
辽宁省	东沟县、凤城县、营口市、盖县、盘锦市、盘山县、大洼县、锦州市、锦西、兴城市、锦县、绥中县、鞍山市、海城市、辽阳市、辽阳、灯塔县、瓦房店市、新金、庄河县、金州区、沈阳市
江苏省	南京市、江宁、六合、江浦县、镇江市、丹徒、丹阳、扬中、句容县、扬州市、泰州、仪征市、邗江、江都、靖江、泰兴、泰县、盐城市、射阳、东台、大丰、响水、滨海县、南通、海门、启东、如东、如皋、海安县、赣榆、东海、灌云县
浙江省	杭州市、萧山市、余杭、富阳、桐庐、临安县、绍兴市、绍兴、上虞、嵊县、平湖、海盐县、长兴县、余姚市、慈溪、奉化、宁海、象山、鄞县、欧海、乐清、瑞安、平阳、苍南、永嘉县、椒江市、临海市、黄岩县
福建省	宁德、霞浦县
山东省	荣城、文登、乳山县、潍坊市、诸城、青州市、昌邑、昌乐、高密、五莲、寿光、安丘县、淄博市、桓台县、胶州市、平度、崂山、即墨、胶南、莱西县、龙口、莱阳市、牟平、蓬莱、招远、海阳、栖霞、莱州市、日照市
广西壮族自治区	梧州市、苍梧县、合浦县、玉林市、钦州市、防城县

数据来源：国务院 1988 年 3 月发出的《关于扩大沿海经济开放区范围的通知》整理绘制。

1988 年 5 月 4 日，国务院对海南经济特区实行更加灵活开放的经济政策，授予海南省人民政府更大自主权 [1]。1990 年 4 月 18 日，中央同意上海市加快浦东地区的开发，在浦东实行经济技术开发区和某些经济特区的政策，上海市政府宣布开发浦东的"十项优惠政策"，同年 9 月 10 日，国务院有关部门和上海政府向中外记者宣布开发、开放浦东新区的 9 项政策，为区域开放开发提供了新题材。

从 20 世纪 90 年代以来，东部地区区域开放蓬勃发展，在国家和地方支持下，区域开放格局进一步扩大，国家陆续同意、批转、发布《广西北部湾经济区发展规划》《江苏沿海经济区发展规划》《国务院关于支持福建省加快建设海峡西岸经济区的若干意见》《黄河三角洲高效生态经济区发展规划》《珠江三角洲地区改革发展规划纲要（2008-2020）》《关于推进天津滨海新区开发开放有关问题的意见》《辽宁沿海经济带发展规划》《长江三角洲地区区域规划》等规划和意见，进一步明确沿海地区开放格局，从南向北连成一片，形成沿海经济圈和经济带，形成"面状"开放格局，沿海区域开放进入新阶段。

83

---

[1]《关于鼓励投资开发海南岛的规定》的通知，1988 年 5 月 4 日。

3.4.3 规划内陆地区重点开放

内陆地区重点开放时期。内陆地区开放相对沿海地区比较滞后，开放水平比较低，内陆与沿海差距拉大。由于生态环境、交通条件和通讯条件的限制，过去很难走出大山，但是，随着通讯条件和交通条件的改善，内陆地区与沿海地区具有同样的通讯条件和交通条件，开放事业自然走上正常道路，与东部地区具有同样的发展机遇，共同利用全国资源，乃至共同利用世界资源，扩大开放势在必然，在开放中促进步，在开放中谋发展，内陆经济外向化趋势势不可当。在开放发展历程经历了首位城市开放、沿江带状开放以后，全面开放格局正在形成。

首位城市区域开放。内陆地区首先选择本省首位城市作为区域开放的重点区域，一般情况以省会城市为主，通过首位城市开放开发，带动周边经济社会发展。1992 年 6 月，国务院决定开放云南、广西、新疆三个边境省（区、市）的首位城市——昆明、南宁、乌鲁木齐，通过这三个首位城市连接东南亚地区和中亚地区，实现陆路国际交流合作。国务院于 1998 年 8 月 13 日颁布通知，决定开放重庆、岳阳、武汉、九江、芜湖等 5 个长江沿岸城市，开放哈尔滨、长春、呼和浩特、石家庄等 4 个边境地区省会城市，开放太原、合肥、南昌、郑州、长沙、成都、贵阳、西安、兰州、西宁、银川等 11 个内陆地区首位城市。至此内陆地区都有对外开放窗口，全国"大开放"趋势基本形成。

沿江带状区域开放。沿江带状区域开放战略主要是指沿长江流域布局，而黄河流域地区生态环境比较脆弱，黄河流域在开放开发过程中的地位不太明显。1982 年 11 月和 1986 年 1 月全国人大常委会根据国务院提议先后批准南通港、张家港和南京港对外国籍船舶开放，形成沿长江开放先驱，拉开沿长江流域开放序幕。1986 年 12 月，国务院根据全国人大常委会授权，批准镇江港对外轮开放。1992 年 6 月，国务院决定芜湖、九江、岳阳、武汉和重庆 5 个城市开放。1994 年国务院批准成立长江三峡经济开放区，包括三峡库区的湖北省宜昌市所辖的宜昌、秭归、兴山县，恩施土家族苗族自治州所辖的巴东县；重庆市万州区所辖的巫山、巫溪、奉节、云阳县和开县、忠县，黔江地区所辖的石柱县，涪陵区所辖的丰都、武隆县，原重庆市所辖的长寿、江北县和巴县、江津市等 17 个县市。其中宜昌市、万县市、涪陵市被列为沿江开放城市，实行沿海开放城市的政策。通过扩大沿江开放城市对外交流合作权限，采取多种优惠政策吸引外资和技术、人才，以长江流域各城市或港口为核心，依托长江航道天然优势，拉动内陆地区开放，形成长江流域开放带。

总体区域开放。总体开放战略是内陆地区按照国家实施的区域总体发展要求，利用全国调配资源发展欠发达地区，采取适度开放政策，带动内陆地区全方位开放。总体区域发展是为了缩小区域差距，协调发达地区与欠发达地区，按照"西部大开发"、"中部地区崛起"以及"振兴东北老工业基地"相关要求，开放内陆和发展内陆。

1999 年 6 月江泽民同志在西北考察并指出：现在我们正处在世纪之交，必须不失时机地加快中西部地区的发展，特别是抓紧研究西部地区大开发[1]。1999 年 9 月，党的十五届四中全会通过《中共中央关于国有企业改革和发展若干重大问题的决定》中正式提出国家要实施西部大开发战略。2000 年 10 月 26 日，国务院发布《关于实施西部大开发若干政策措施的通知》，西部大开发正式启动。各省（区、市）纷纷制定实施意见，国家加大投资力度，2004 年 3 月，国务院发布《关于进一步推进西部大开发的若干意见》。2009 年全球金融危机，国务院发布《关于应对国际金融危机保持西部地区经济平稳较快发展的意见》，确保西部地区开放开发。西部地区"依托亚欧大陆桥"、"长江水道"以及"西南出海通道"等交通干线，发挥中心城市带动作用，点、线、面相结合，逐步形成"西陇海兰新线""长江上游""南贵昆"等跨行政区域经济带，带动地区发展，逐步推进西部大开发[2]。

东北地区是老工业基地，计划经济体制下的企业发展模式不适应市场经济需要，东北地区在开放浪潮中发展滞后。1998 年以来，中央提出一系列改革措施，2003 年 10 月中央下发《关于实施东北地区等老工业基地振兴战略的若干意见》的决定，2003 年 12 月国务院关于成立国务院振兴东北地区等老工业基地领导小组，时任总理温家宝任组长。2009 年 8 月国务院讨论《关于进一步实施东北地区等老工业基地振兴战略的若干意见》，2009 年 7 月国务院批准通过《辽宁沿海经济带发展规划》，支持东北地区振兴发展。

中部地区承东启西，能有效吸收东部地区产业转移，能有效吸收西部地区丰富资源和生产要素。中部地区处于内陆，没有东部地区的"沿海优势"，也没有西部地区的"沿边优势"，在开放战略布局中相对滞后，中部地区加快开放步伐刻不容缓。中央和地方采取多种有效措施，推动中部地区开放开发，促进中部地区崛起。2003 年 3 月，温家宝总理在《政府工作报告》中首次提出促进中部地区崛起，从此拉开中部地区全面开放序幕。2006 年 4 月 15 日，中央、国务院发出《关于促进中

[1] 江泽民：《西北五省区国有企业改革和发展座谈会》重要讲话，1999 年 6 月 17 日。
[2] 国务院《关于应对国际金融危机保持西部地区经济平稳较快发展的意见》，2009 年 9 月 30 日。

部地区崛起的若干意见》，进一步明确促进中部地区对内对外开放的优惠政策措施，深化改革并扩大开放。

"西部大开发""中部地区崛起""振兴东北老工业基地"等一系列政策出台，标志全国改革开放进入全面发展时期。

3.4.4 筹划沿边地区潜在开放

全面开放时期。中国陆路边境线长达 2.28 万千米，周边同 14 个国家接壤，实施边境地区开放开发，加强国际之间交流与合作，对经济社会发展作用很大，从古至今边境贸易成为活跃经济的重要形式。实施改革开放政策以来，改善了边境接壤国家关系，提高了边境地区生活水平，维护了边境地区稳定。边境地区开放主要形式是"边境口岸开放"和"边境城市开放"。（表 3-4-2 边境开放城市分布统计表）。

表 3-4-2　边境开放城市分布统计表

省份	边境开放城市	开放时间
广西	凭祥市、东兴镇	1992
云南	畹町市、瑞丽市、河口市	1992
新疆	伊宁市、塔城市、博乐市	1992
内蒙古	满洲里市、二连浩特市	1992
黑龙江	黑河市、绥芬河市	1992
吉林	珲春市	1992

（数据来源：通过书籍、网络等相关资料汇总整理绘制）

实施边境口岸开放。边境口岸是通过边境关卡进行贸易的地区，在这个区域内，边境互相接壤的国家间可以互通有无、自由贸易。我国开放的边境口岸有 72 个，边境开放城市 13 个。改革开放之前，边境地区开放了部分口岸，主要是为了当时国际战略以及国际形势，通过口岸可以与相邻国家之间货物流通。例如：中越边境口岸新中国成立初就开放了，当时国内经济建设需要大量货物等生产要素引进，以及与越南国家间维持良好关系，这就需要开放一些口岸。改革开放之后，边境口岸逐步扩大，尤其是在 20 世纪 90 年代，边境地区开放很多一类口岸，形成边境地区与相邻国家的一道道大门，更加方便人员与货物自由进出和相互交流。

2001 年 12 月，中国加入世界贸易组织（WTO），原区域性推进的对外开放转变为全方位的对外开放，中国的对外开放进入了全新的发展阶段。至此，一个从沿海到内地、由南向北、自东向西、全方位对外开放的体系以及区域格局基本形成。

❹ 新时期对外开放

进入新时期，"区域经济集团化"、"世界经济全球化"态势明朗，全球治理体制变革正酝酿生成，新兴市场国家和一大批发展中国家快速发展，国际影响力不断增强。以制度规定和制度协调来规范国际利益关系的方式正在积极演进。国际事务共同利益交会点增多，资源能源安全问题、粮食安全问题、网络安全问题、气候变化问题、打击恐怖主义问题、防范传染病问题等，需要国际社会团结协作共同应对。发展中国家要求参与国际治理游戏规则制定的呼声越来越高涨，要求权力平等、机会平等、规则平等，推进全球治理规则民主化和法制化，国际组织的协调作用愈加重要。

中国是发展中国家中的典范，中国也是新兴市场国家中的典范，中国积极参与国际治理，发挥负责任大国的作用，要求展现更

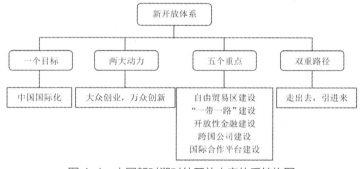

图4-1 中国新时期对外开放内容体系结构图

加开放的姿态，统筹国内和国际两个大局，推动全球治理体制向更加公正合理的方向发展，为世界和平和中国发展创造有利条件。

中国新时期对外开放态势是：一个目标、两大动力、五个重点、双重路径。

即确立中国国际化为目标，全面提高开放型经济水平；以"大众创业"和"万众创新"为两大推进动力；以自由贸易区建设、"一带一路"建设、开放性金融建设、跨国公司建设、国际合作平台建设"五大领域"为重点；以"走出去"与"引进来"

为双重发展路径。

实现全面建成小康社会、全面深化改革、全面依法治国、全面从严治党（习近平主席提出的"四个全面"）。（见图 4-1 中国新时期对外开放内容体系结构图）。

4.1 确立国际化战略目标

党的十八大以后进入新时期，中国对外开放的战略目标是：中国国际化，实施主动开放，参与全球治理，构建开放型经济新体制，全面提高开放型经济水平。

4.1.1 主动开放

党的十八大确定未来开放目标——全面提高开放型经济水平。

中国共产党第十八次全国代表大会确立了中国在未来时期改革开放和经济建设的战略目标，确立了坚定不移沿着中国特色社会主义道路前进，开始了全面建成小康社会而奋斗的伟大征程。

党的十八大报告指出：全面提高开放型经济水平。适应经济全球化新形势，必须实行更加积极主动的开放战略，完善互利共赢、多元平衡、安全高效的开放型经济体系。要加快转变对外经济发展方式，推动开放朝着优化结构、拓展深度、提高效益方向转变。创新开放模式，促进沿海内陆沿边开放优势互补，形成引领国际经济合作和竞争的开放区域，培育带动区域发展的开放高地。坚持出口和进口并重，强化贸易政策和产业政策协调，形成以技术、品牌、质量、服务为核心的出口竞争新优势，促进加工贸易转型升级，发展服务贸易，推动对外贸易平衡发展。提高利用外资综合优势和总体效益，推动引资、引技、引智有机结合。加快走出去步伐，增强企业国际化经营能力，培育一批世界水平的跨国公司。统筹双边、多边、区域次区域开放合作，加快实施自由贸易区战略，推动同周边国家互联互通。提高抵御国际经济风险能力（胡锦涛在中国共产党第十八次全国代表大会上的报告，2012 年 11 月 8 日）。

确立了开放型经济的方向，实施主动开放战略，而不是被动开放；是拥抱开放，而不是被拖入开放；是积极的开放，而不是消极的开放；是构建互利共赢的开放体系，而不是你赢我输，更不是你富我贫、你利我害的体系；是优化经济结构，深入国际社会，全面提高效益，上质量、上水平、上档次，向"高大上"的方向前进，而不是"地摊货""小作坊""小打小闹""低档低价""量多钱少"的小买卖、小生意。

4.1.2 参与全球治理

发挥负责任大国作用，维护世界和平，维护第二次世界大战胜利成果，推动全球治理体制向更加公正合理方向发展，构建人类命运共同体。

1. 参与国际新秩序和国际新体系建设

一是深入参与国际金融领域建设。

二是参与新兴领域建设（网络、气候变化、粮食安全、打击恐怖主义、重大传染性疾病防控、资源能源安全等）。

三是周边区域合作，区域经济深度合作，多边自由贸易安排，共同安全，对周边国家充分体现亲诚惠容精神，惠及周边国家睦邻安邻惠邻政策。

2. 深度参与国际经济贸易合作

将深度参与国际合作，在贸易便利化、国际产能合作、国际货币金融合作上大有作为。面向世界市场，输出中国产品、输出中国产能、输出中国技术、输出中国品牌、输出中国标准。产业结构与贸易结构双转换动力，引进来与走出去双动力，大众创业万众创新双引擎。

3. 统筹内外两个大局

将区域经济全面对外开放，重点实施"内陆地区外向化"、"西部地区国际化"，将西部开发、中部崛起、东北振兴、东部率先发展四大区域战略部署融入自由贸易区建设和一带一路建设中。

中国在新时期对外开放过程中，无论是开放深度，还是开放广度，还是开放水平，都将是史无前例的，都将是开历史先河的，将全面提升中国对外开放水平，优化经济结构。

中国将继续成为引领世界经济发展的重要引擎，中国将走上世界政治、经济、文化大舞台的中央，由世界大国转变为世界强国，实现振兴中华民族的伟大中国梦。

4.1.3 构建开放型经济新体制

十八届三中会议做出新时期开放规定——构建开放型经济新体制。

为贯彻落实党的十八大精神，十八届中央委员会第三次全体会议研究了全面深化改革的若干重大问题，对全面深化改革开放的战略部署做出决定。

文件明确规定：要构建开放型经济新体制。适应经济全球化新形势，必须推动对内对外开放相互促进、引进来和走出去更好结合，促进国际国内要素有序自由流动、资源高效配置、市场深度融合，加快培育参与和引领国际经济合作竞争新优势，以开放促改革（中共中央关于全面深化改革若干重大问题决定，2013年11月12日）。

1. 落实五项措施

十八届三中会议明确开放型经济部署——落实五项举措。

一是放宽投资准入。统一内外资法律法规，保持外资政策稳定、透明、可预期。推进金融、教育、文化、医疗等服务业领域有序开放，放开育幼养老、建筑设计、会计审计、商贸物流、电子商务等服务业领域外资准入限制，进一步放开一般制造业。加快海关特殊监管区域整合优化。

二是扩大企业及个人对外投资。确立企业及个人对外投资主体地位，允许发挥自身优势到境外开展投资合作，允许自担风险到各国各地区自由承揽工程和劳务合作项目，允许创新方式走出去开展绿地投资、并购投资、证券投资、联合投资等。加快同有关国家和地区商签投资协定，改革涉外投资审批体制，完善领事保护体制，提供权益保障、投资促进、风险预警等更多服务，扩大投资合作空间。

三是加快自由贸易区建设。坚持世界贸易体制规则，坚持双边、多边、区域次区域开放合作，扩大同各国各地区利益汇合点，以周边为基础加快实施自由贸易区战略。改革市场准入、海关监管、检验检疫等管理体制，加快环境保护、投资保护、政府采购、电子商务等新议题谈判，形成面向全球的高标准自由贸易区网络。建立中国上海自由贸易试验区是党中央在新形势下推进改革开放的重大举措，要切实建设好、管理好，为全面深化改革和扩大开放探索新途径、积累新经验。在推进现有试点基础上，选择若干具备条件地方发展自由贸易园（港）区。扩大对香港特别行政区、澳门特别行政区和台湾地区开放合作。

四是扩大内陆沿边开放。抓住全球产业重新布局机遇，推动内陆贸易、投资、技术创新协调发展。创新加工贸易模式，形成有利于推动内陆产业集群发展的体制机制。支持内陆城市增开国际客货运航线，发展多式联运，形成横贯东中西、联结南北方对外经济走廊。推动内陆同沿海沿边通关协作，实现口岸管理相关部门信息互换、监管互认、执法互助。加快沿边开放步伐，允许沿边重点口岸、边境城市、经济合作区在人员往来、加工物流、旅游等方面实行特殊方式和政策。

五是建设开放型金融。建立开发性金融机构，加快同周边国家和区域基础设施互联互通建设，推进丝绸之路经济带、海上丝绸之路建设，形成全方位开放新格局。

2. 集中五大重点

中国国际化建设的具体内容是"五位一体",即自由贸易区建设、"一带一路"建设、开放性金融建设、跨国公司建设、国际合作平台建设。

中国国际化公式:

国际化 = 自由贸易区建设 + "一带一路"建设 + 开放性金融建设 + 跨国公司建设 + 国际合作平台建设

数学表达式为: $K=Z+Y+M+K+P$

一是自由贸易区建设（Z）。自由贸易区分为两个范畴,一是广义自由贸易区,是指国家之间的开放式国际贸易安排,两国之间或者多国之间安排更加宽松的关税待遇,安排更加宽松的行业进入门槛。二是狭义的自由贸易区,是指一个国家内部划出一块地方,对进出本地区的货物给予境内关外待遇,又称为自由贸易园区。无论是自由贸易区还是自由贸易园区,都是高水平经济开放的方式,是经济国际化的具体形式。

二是"一带一路"建设（Y）。"一带一路"是指"陆路丝绸之路经济带"和"21世纪海上丝绸之路"。"一带一路"是中国与周边国家或地区之间开放合作的平台,是秉承古丝绸之路基础上,全面扩展与国际社会合作的题材,通过基础设施建设、互联互通、产能合作,促进经贸往来,促进经济发展。

三是开放性金融建设（M）。参与国际货币金融体制建设和机制建设,参与国际金融组织,人民币国际化,防范金融风险,倡导和组建"亚投行",倡导和组建金砖国家银行,倡导和组建丝路基金,融入国际货币金融体系,并积极促进国际货币金融体系改革。

四是跨国公司建设（K）。以企业为载体,扩大开放范围。实施走出去发展战略,促进有实力的企业成长为国际跨国公司,提高中国跨国公司的数量和质量,提高国际竞争力,塑造中国产品、中国品牌、中国技术、中国标准国际形象。以企业走出去带动中国产品走出去,带动中国装备走出去,带动中国技术走出去,带动中国标准走出去。

五是国际合作平台建设（P）。参与双边合作机制建设和多边合作机制建设,形成多种形态的合作平台,深度参与联合国事务和世界贸易组织事务,参与世界银行和国际货币基金组织事务,参与中国与东盟合作,中国与阿盟合作,中国与上合组织合作,中国与金砖国家合作,中国与欧盟合作,等等。

4.2 开辟走出去与引进来双重开放路径

确立了开放型经济的道路。"走出去"和"引进来"并重，如果将中国开放型经济历程第一段看成"引进来"为主要特点，那么新时期中国开放型经济就是"走出去"为主要特点，未来时期中国的开放型经济将是国际化，"引进来"与"走出去"并重。

4.2.1 以引进来带动走出去

"引进来"就是开放，允许外国商品、技术、人才、资本等市场成分进入中国国内来，允许外国企业到中国内陆来投资兴业，与中国国内的民族企业在中国市场同台竞争，以提高中国国内市场的消费水平，提高中国国内的产品质量、产品档次和生产水平。

通过扩大开放，进一步优化"引进来"的结构和质量，从国外产品进口开始，由简单的产品型引进，上升为设备引进，形成生产线，再上升为技术引进；由加工企业入驻的生产型引进，上升为资本引进，再上升为品牌引进；由企业组织引进，上升为管理引进，再上升为人才引进。通过"引进来"的内容结构优化和内容质量提升，来表现扩大了的开放。

开放型经济是中国历史上的常态，封闭型经济仅仅是中国历史上一种特殊情况，由封闭或半封闭再转为开放，必然要进行一系列的体制和机制改革。因此，开放与改革密不可分，开放与改革相互促进。一方面，开放要求改革，改革不适应开放的一系列方面，调整经济关系，调整管理程序，调整规章制度。另一方面，改革促进开放，通过改革解放和发展生产力，调整生产关系，激发了生产要素的活力，活跃了市场、拉动了生产、繁荣了经济。

以"引进来"为主要方式的开放型经济，是开放中"开"的一面，即允许外来事物进入，允许外来的产品进入，允许外来的企业、资本、技术、人才等市场要素进入。不允许与允许就是关与开的两种状态，从不允许到允许的转变，就是由关到开的转变。国门打开，才能引进来。在经济领域，引进来实际上就是引进了生产能力，新力量的进入必然冲击原来的经济状态，产生"国内市场国际化"的效果，打破原有的市场力量均衡，激发各类要素活力，从而激发经济系统活力，促进原有生产要素能力提升，外来企业进入会带动本土产品走出，形成自主系统能力的"外溢化"现象。

中国改革开放初期阶段，实施"引进来"的战略措施，事实证明是成功的。

4.2.2 以走出去优化引进来

"走出去"是更高水平的开放，是中国的产品销售到世界市场，中国的技术、中国的资本、中国的标准、中国的品牌走上国际市场，中国的企业在海外投资兴业，与跨国公司在国际市场同台竞争，以提高中国产品、中国资本、中国技术、中国标准的档次和水平，中国作为发展中国家与世界上的发达国家同台竞技，这是更高水平的开放。

通过扩大开放，进一步提升中国企业"走出去"发展的竞争力，以中国制造的产品出口为先导，发展贸易经济的初始型"走出去"，上升为海外施工的产能型"走出去"，再上升为海外办厂的投资型"走出去"；由商品买卖的"走出去"，上升为技术买卖的"走出去"，再上升为资本买卖的"走出去"；由实体型企业"走出去"，上升为资本型企业"走出去"，再上升为智力型企业"走出去"。通过"走出去"的内容结构优化和内容质量提升，来表现扩大了的开放。

以"走出去"为主要方式的开放型经济，是开放中"放"的一面，即允许本土事物出去，允许本土的产品出去，允许本土的企业、资本、技术、人才等市场要素出去。不允许与允许就是闭与放的两种状态，从不允许到允许的转变，就是由闭到放的转变。国门打开，才能走出去，在经济领域，走出去实际上就是释放了生产能力，新力量进入外国市场，必然冲击外国原来的经济状态，产生"国际市场国内化"的效果，打破原有的力量均衡，激发各类要素活力，从而激发系统活力，促进本土要素能力提升，本土企业走出去会带动本土产品走出去，刺激本土外来企业提高水平和能力，形成自主系统能力的"内溢化"现象。

中国改革开放现行阶段（2010 年以后时期），实施走出去的战略措施，事实证明是正确的。

4.2.3 走出去与引进来并进

中国开放型经济发展的风向标，由"引进来"转变为"走出去"是历史巨变，是自身发展力量的凤凰涅槃，是管理自信、驾驭自信、管控自信的重要表现。实施开放型经济的本质是政府驾驭宏观经济能力的较量，是企业面对国际竞争能力的较量。不开放与开放是一道门槛，"引进来"转变为"走出去"又是一道门槛，开放还是不开放考验驾驭能力，走出去还是不走出去又是考验驾驭能力，自信方能自得，自得方能自驭。"引进来"和"走出去"都是中国自身发展能力的展现，是驾驭复杂局面能力的展现，二者同等重要。

对中国本土企业而言，"引进来"的开放型经济，创造了"观察学习"的机会，在自己家里看着跨国公司如何表现，看着它们（跨国公司）是怎样在国外从事生产、研发、经营和管理的，将自己的能力与外资企业的能力在本土市场上进行较量，从中学习跨国公司的先进经验，增长自己的能力。

对中国本土企业而言，"走出去"的开放型经济，创造了"动手学习"的机会，在别人家里触摸跨国公司如何表现，触摸它们（跨国公司）是怎样从事国际化生产、研发、经营和管理的，将自己的能力与外资企业的能力在世界市场上进行较量，从中学习跨国公司的先进经验，增长自己的能力。

"走出去"与"引进来"共同构成了新时期中国开放型经济的发展道路，最终汇聚在中国国际化的大道上。

4.3 力推创业与创新两大动力

中国在国际化道路上，会遇到很多新困难、新问题、新障碍，国际传统力量绝不会主动让出舞台，旧格局绝不会自动瓦解，新兴力量成长绝不会一帆风顺，只有通过创业与创新破解难题，只有通过创业与创新来添加发展动力。

4.3.1 创业拉动开放

通过创业拉动深化改革开放，创业是指过去没有做过的事业现在要做，开创新领域、创造新方法、设计新模式、开辟新天地。

1. 围绕新兴产业发展创业

在开放型经济状态下，国际上产品流动、资金流动、技术流动、人员流动活跃，国家之间经贸交往密切，新产品和新技术的应用会快速扩展，一个地方出现的新产品会很快在其他国家或地区扩散，由此拉动新兴产业快速成长。新兴产业往往伴随新产品、新技术、新管理方式、新商业模式的出现，会进一步推进国家之间密切经贸关系。一方面，率先使用新技术、新管理方式，就会率先增强自己的竞争力；另一方面，率先使用新技术和新管理方式，就会率先进行技术升级、产品升级、产业升级，争取产业链上游占位，率先获得势力经济的机会就多。

因此，在开放型经济状态下，要紧紧围绕新兴产业发展进行创业，围绕新商业模式进行创业，围绕新技术和新产品创业，力争获得产业链上游占位，提高企业市场竞争力，提高国家产业竞争力，通过产业链的国际化连接拉动开放型经济发展，紧紧围绕新兴业态发展创业。

2. 围绕经济要素流动创业

开放型经济在空间上国家之间相互包容，国际资本流动的方向、流动的数量、流动的密度、流动的强度更加活跃。A国资本流入B国来，B国资本流入A国去，以及A国、B国、C国的资本流入D国来，D国的资本流入A国、B国、C国去，形成了招商引资和对外投资两个基本方向。

使用招商引资的方式是吸引国际资本到本国来，属于要素流入型开放。这种开放方式对于资金流入国而言，利用外资，有利于补充发展资金不足，补充本国企业数量不足，补充本国某些产品和技术不足，补充某些产业不足，缓解发展压力。

使用对外投资的方式是推进本国资本到外国去，属于要素流出型开放。这种开放方式对于资金流出国而言，对外投资，有利于释放产能，释放技术，释放资本，扩大国际市场范围，增强本国企业品牌影响力，增强企业的国际竞争力。

无论是招商引资还是对外投资，都是创办新企业的过程，都是创办新项目的过程，也是经济要素国际化流动的过程，拉动了开放型经济发展，紧紧围绕经济要素流动创业。

3. 围绕跨国公司建设创业

中国企业走出去发展，建设跨国公司已经成为新时期国际化的重要内容。企业由本土市场转到海外市场，这个过程本身就是企业自身革命，是企业再造，是重新创办企业的过程。

一是运行环境不同。每个国家所处的地理位置不同，其生态环境不同，包括气候、温度、湿度、海拔、地貌、地势等，环境变了，企业需要重新选址，安排建筑物（厂房、车间、公司办公地点），确认布局，建设运营网络，这一系列活动都需要重新安排。

二是法律政策不同。每个国家都有自己的法律体系，都有自己的对外政策体系，包括工商法律条款、对外资外企政策、外交政策、行业准入政策、企业管理政策、资源开发与资源使用政策、劳工政策，等等。外来的企业（资本）需要重新来认识这些规章制度，需要认真领会这些要求，并根据东道国要求来设计企业的经营管理行为，这一过程无疑是企业重新创业的过程。

三是民族文化不同。民族文化、地域文化、宗教信仰、生活习俗，这些方面在国家之间和民族之间有差异，企业内部所用员工来自世界各地，来自不同民族，就需要建立一种能够包容所有民族习俗的管理氛围和制度安排，这一过程对于原来在单一国家运行，采用单一国家民族员工管理的企业来说，无疑是企业再造，是重新创办企业过程，是建立跨文化管理的过程，也是企业国际化的过程。

由此看来，跨国公司建设是企业的脱胎换骨、凤凰涅槃，一切活动都需要按照国际惯例和东道国要求重新设计和安排，紧紧围绕跨国公司建设创业。

4. 围绕管理方式转变创业

现代企业运行建立在现代通讯系统和现代交通系统两大物理平台上，通讯方式的现代化，实现了全天候通讯、全时通讯、全球通讯，管理指令可以及时传递到任何一个管理节点；交通方式的现代化，实现了大容量、快速度、点对点的运输，保证了物流畅通，由此改变了传统的管理方式。

一是企业安全保护方式变化。企业安全过去主要集中在产品安全和本土市场安全，现在集中在资本安全、信息安全、品牌安全、规则安全，以及国际市场安全。保护安全的领域、空间和方式扩大了，保护安全的手段就需要重新设计，企业的运行机制就需要重新打造。

二是企业做大做强手段变化。企业"做大做强"，过去是将生产规模做大、将企业组织做强，采用直接投资的方式，提高产能扩张力，扩大企业规模。现在是将经营规模扩大、将品牌做强，采用横向并购和纵向并购的方式，以及合作合资的方式，提高市场扩张力，扩大企业规模。手段变化，需要企业重新设计组织形态，重新设计战略部署。

三是企业的功能属性变化。在国际化进程中，企业为了提高效率、降低成本、提高竞争力，组织功能在内部进一步专业化，再搭建供应链关系，在市场上建立联合化，企业各个功能模块在空间上不在一起，形成了总部、工厂、经营、研发等独立部门，再通过网络平台合成在一起。这一过程打破了传统意义企业的形态，创造出新的企业形态。

随着企业安全保护方式变化、企业做大做强手段变化、企业的功能属性变化，企业的形态也必然变化，也催生了新型企业。因此，要紧紧围绕管理方式转变创业。

4.3.2 创新推动开放

创新就是改变过去，创造未来。创新的力量推动对外开放，创新力量推动经济要素国际化流动，创新力量改变国际规则，创新力量改变国际经济和贸易关系，改变经济结构，创新力量推动国家的国际地位提升。创新力量推动国际化进程主要集中在以下几个方面：

1. 文化观念创新

由计划经济转变为市场经济过程中，价值观和管理理念发生转变，更加注重市场，注重资本在经济活动中的作用，这是一次文化理念的创新。由国内经济转变为国际经济，价值观和管理理念也将发生转变，更加注重国际经济和贸易关系，注重汇率、利率、资本市场动态，注重外交关系，注重国际合作，这又是一次文化理念的创新。

地域不同、民族不同、国家不同，文化理念也有同有异，求同存异，互相借鉴，包容共进，才能做到和谐发展、共同发展。由单一民族管理向多民族共荣管理转变；由国内管理向国际管理转变；由秉承历史文化向创造未来文化转变；由"零和博弈"的思想向"包容互鉴"的思想转变；由单一文化管理向跨文化管理转变；由"知足者常乐，能忍者自安"的安居思想意识，向参与国际竞争，不断努力奋斗的图强思想意识转变；由"谦虚谨慎、戒骄戒躁、求稳怕乱"的思想，向敢于承担国际大国责任、主动有所作为的思想转变，等等。文化观念的创新是所有创新的基础，也是最难的创新领域，也是必须创新的领域，只有思想理念创新才会有其他领域的创新。创新是一场自我革命。

2. 管理理论创新

理论是客观规律的概括和写实，理论创新就是发现客观规律，用人类可以懂得的方式描述出来的过程。客观规律人类是创造不了的，只能遵守，违背客观规律就会遭到客观规律的惩罚。客观规律多种多样，有自然规律，形成了物理学、化学、地质学、天文学、数学、工程学、建筑学，等等；有生态规律，形成了气象学、植物学、动物学、医学，等等；有社会学规律，形成了人文学、法律学、战争学、组织学、民族学，等等；有经济规律，形成了宏观经济学、微观经济学、企业管理学、金融学、产业经济学、区域经济学，等等。

国际化发展、高技术化的发展态势，正在改变着人们的生产方式和生活方式，整个社会经济系统发生了变化，相应的新规律也呈现出来，理论创新也随之而来。例如：公司经济理论的出现就是对传统工厂经济理论的丰富和创新，工厂经济理论诞生于 20 世纪初，以美国经济学家、管理学家弗雷德里克·温斯洛·泰勒（Frederick Winslow Taylor，1856—1915 年）为代表，被称为"科学管理之父"，其代表作为《科学管理原理》（1911 年出版）。其中出现了一批描述工厂经济的理论，包括工厂的规模化、成本的最低化、作业的流程化等，规模经济理论最为经典。公司经济理论诞生于 21 世纪初，随着财富的虚拟化、企业组织功能专业化分工和外部联合化链接，企业面对开放的世界经济大市场，资本的力量、技术的力量发挥更大的直接作用，企业组织的虚拟化现象出现，公司经济呈现出来，公司经济理论也随之诞生，势力经济理论最为经典。

今后时期，经济和管理领域的理论创新，还将继续在国际化领域、国际关系领域、国际贸易领域、国际货币与金融领域、公司经济领域、跨国公司成长领域、发展中国家成长领域、军事变革领域、国际经济组织领域、新型产业发展领域、经济环境建设领域、变革经济学领域等方面深入展开。

3. 发展战略创新

战略是对未来发展的谋划，确立发展目标、发展阶段、发展重点和发展对策。战略规划既需要保持前后发展时期和发展内容的连贯性，还需要针对未来不确定因素，开拓进取，采取积极策略，增强创新性。经济发展战略包括区域经济发展战略、产业经济发展战略、企业发展战略、国家经济发展战略等领域，主旋律是围绕发展主题，设计行动、对策。

未来时期中国经济发展环境面对国际化，因此，发展战略无论是宏观层面，还是微观层面，还是企业层面，都要体现与国际化要求接轨。政策系统要协调，甚至在某些方面要修订，甚至是重建，在市场准入、关税政策、企业政策、投资政策、产业政策、劳工政策等方面，都要顾及国际惯例和其他国家的状况。

首先，明确战略指导思想。按照国际化要求树立战略理念，按照开放型经济的要求设计发展，突出全国一盘棋，后进带先进，沿海带内陆，城市带农村，都市带周边。

其次，科学制定战略体系。使用现代工具，动态掌握情况，专家论证、上下论证、深入论证，论证过程就是摸清情况的过程，论证过程就是统一行动的过程。

最后，积极推进战略执行。国际化进程不可控因素增多，难以预知的情况增多，战略执行存在风险，采取积极措施，设计多种预案应对，防控风险，稳步推进，在战略执行中修订策略，改善方法，不断向新目标前进。

4. 体制机制创新

新中国成立以来，中国经济建设已经走过了两个阶段，实施了两次历史性巨大的体制机制创新工程，正在进行第三次体制机制创新工程。

第一次，1949 年至 1978 年，是由战乱不已的旧中国转变为社会主义新中国，创建计划经济体制机制，建立起来了适应计划经济运行要求的一整套管理体制和管理机制，铸就了中国具有完整的产业体系和国民经济体系的辉煌。

第二次，1979 年至 2011 年，是由社会主义计划经济转变为社会主义市场经济，创建开放型经济体制，建立起来了适应市场经济运行要求的一整套管理体制和管理机制，铸就了中国成为世界第二大经济体的辉煌。

第三次，自2012年起，中国启动新一轮体制机制创新工程，是由社会主义市场经济转变为国际化市场经济，创建国际开放型经济体制，建设适应国际化市场经济运行要求的一整套管理体制和管理机制，将实现中华民族伟大复兴的中国梦，将铸就中国成为世界强国的辉煌。这次创新中国经济将由数量增长型转变为质量提高型；由引进来的开放形态转变为走出去的开放形态；由国内治理转变为全球治理，将重构与国际化相适应的一系列体制机制。

4.4 建设经济区引领开放型经济新模式

开放型经济建设同时包括国际开放和国内开放两大领域，国际开放主要涉及国家之间的外交关系和经贸关系安排，国内开放是指各个行政区之间的开放，属于区际开放，主要涉及打破行政区之间的行政壁垒，经济规划由行政区划转变为经济区划，从流域区、生态区、功能区、经济区的要求来安排布局和产业发展，塑造区域经济品牌，建立以中心城市为点、交通干线为路、形成网络布局结构，以经济区建设来引领和推动开放型经济新模式创建。

4.4.1 规划经济区

1. 重点在老少边穷地区

在中国国内，深化区际开放的重点领域在中西部地区、在内陆地区、在老少边穷地区（革命老区、少数民族地区、边疆地区、穷困地区），全面建成小康社会不能有掉队的。老少边穷地区是短板，也是难点和重点，这些地区区位偏远，山高路险，交通和通讯不便，长时间封闭落后。发展关键在于开放，关键在于将本土经济融合到国家开放的大潮流中来。只有坚持开放才能将本地区的自然资源转变成经济资源，增加财力；只有坚持开放才能促进开发，将开发的项目与开放的市场结合起来，开发才能着实落地；只有坚持开放才能"授之以鱼"，还能"授之以渔"，不仅做到"输血"，还能培养"造血"；只有坚持开放才能使本地产品运出来，本地的人走出来，提高文明程度，缩小地区差别。

2. 极点在中心城市和枢纽地区

全面提高开放水平的极点地区在东部地区、在沿海地区、在中心城市地区、在交通枢纽地区，这些地区交通条件好，通讯条件好，基础设施条件好，人口相对集中，数量大、密度高，具备形成局部区域消费大市场的条件，培养成为区域经济增长极，发挥极化效应。

3. 难点在于打破行政壁垒

对外开放与对内开放并重，要打破行政壁垒，解决国内地区之间开放问题，各个行政区之间要开放，从大经济区和产业集群的要求布局生产力，而不是屯于本省、本市、本县的经济总量（GDP）攀比，从经济区、生态区、流域区、功能区的要求来制订区域发展规划，包容行政区、弱化行政区。中国每五年制订一次国民经济和社会发展规划，第十三个五年规划（"十三五"规划）为未来五年发展工作做出具体部署，可以看成中国新一轮改革开放的具体部署，应当突出规划的纲领性和指导意义。

4.4.2 塑造区域品牌

虽然开放能够促进生产要素流动，有利于高效配置资源，活跃国际贸易，促进经济发展。但是，有些方面是不能移动的，土地不能移动、山川不能移动、江河湖海不能移动、生态环境不能移动、矿产资源不能移动，等等。对于不能移动的部分如何管理好，发挥在社会经济生活中应有的作用，发挥在开放型经济活动中的功效，发挥应有价值，这就需要塑造区域经济品牌，扩大国际影响。

品牌是商品知名度、美誉度、消费忠诚度的统称。品牌代表商品的标识，展示商品的形象，彰显商品的文化。区域在经济活动中也是商品，具有一般商品的共性，也具有特殊性。一是空间上不能移动；二是多种载体表现；三是可以惯性遗留。深刻认识区域品牌的这些特点，有助于在中国未来时期塑造本土区域品牌。

在开放型经济活动中，无论是商品买卖，还是人员交流，都有原产地的标识。商品从哪里来的，人员从哪里来的，无形中彰显了地域品牌，宣传了地域品牌，推介了地域品牌；反之，知名的地域品牌也为本土出产的产品增光添彩，增加价值。

中国地域广阔，生态多样，文化厚重，每个地区都有独特的地域特点，形成了悠久的地域知名品牌。在中国国际化过程中要将中国制造的产品弘扬到世界各地，既是对中国的宣介，也是对中国品牌的展示。对于内陆地区还要细化，基于各地产业特点、生态特点、文化特点确立区域品牌定位。着力塑造区域经济品牌，将区域品牌建设集中在本地区生态特点、主导产业、民俗文化、重要建筑、历史积淀、自然资源、知名企业等方面，形成品牌载体，凝聚品牌实物，构筑品牌形象，扩大品牌影响。突出中国本土特点，突出原产地属性，塑造中国知名形象。

4.4.3 建设开放通道

开放路径沿着交通通道开放，沿海开放、沿长江开放、沿边境线开放、沿铁路和高速公路开放，有效承载物资流、人员流、信息流、资金流，开放就是要促进"四流"的流动。

1. 建设沿海开放通道

沿海地区具有港口，可以直接走海路，货物国际化运输极为方便。全世界 80% 的人口，4/5 的城市，分布在沿海线以内纵深 370 千米沿线的地带上，生态条件好，城市网络密集，人口相对集中，市场活跃。世界上具有海岸线的国家，无一不是通过港口作为窗口来联通世界的。

中国大陆的港口群主要分布在东部地区，面向太平洋，北起辽宁丹东，沿海岸线向南、向西，一直到广西北海，形成了丹东港口群、大连港口群、营口港口群、锦州港口群、秦皇岛港口群、天津港口群、烟台港口群、威海港口群、青岛港口群、连云港港口群、上海港口群、宁波港口群、温州港口群、福州港口群、厦门港口群、台海两岸港口群、汕头港口群、珠江口港口群、北部湾港口群、海南港口群。从中国海港出发可以直达世界各地的主要港口，国际运输方便，具有良好的对外开放条件。

2. 建设沿长江开放通道

长江水道东起上海，西至重庆，途经江苏南通、江阴、镇江、南京、安徽芜湖、马鞍山、铜陵、江西九江、湖北武汉、宜昌，构成了"长江经济走廊"。长江经济走廊地区涵盖了上海、江苏、浙江、安徽、江西、湖北、湖南、重庆、四川、云南、贵州 11 个省市，面积约 205 万平方千米，人口总量和经济产出总量均超过全国总量的 40%，是具有全球影响力的内河经济带。横跨中国东西走向的经济带可以通江达海，货物运输顺长江而下直达上海港，顺江而上可以直达南京、武汉、重庆，发展开放型经济条件良好。

3. 建设沿边境线开放通道

中国大陆周边与 14 个国家有陆路接壤，分别是朝鲜、俄罗斯、蒙古国、哈萨克斯坦、吉尔吉斯斯坦、塔吉克斯坦、阿富汗、巴基斯坦、印度、尼泊尔、不丹、缅甸、老挝、越南。东西南北都有口岸，覆盖到 9 个省区，分别是辽宁、吉林、黑龙江、内蒙古、甘肃、新疆、西藏、云南、广西，主要分布在东北地区和西部地区。其中，辽宁省有口岸 11 个（航空口岸 2 个，水运口岸 7 个，铁路口岸 1 个，公路口岸 1 个），吉林省有口岸 16 个（航空口岸 2 个，水运口岸 1 个，铁路口岸 3 个，公路口岸 10 个），黑龙江省有口岸 25 个（航空口岸 4 个，水运口岸 15 个，铁路口岸 2 个，公路口岸 4 个），内蒙古自治区有口岸 15 个（航空口岸 3 个，铁路口岸 2 个，公路口岸 10 个），新疆维吾尔自治区有口岸 18 个（航空口岸 2 个，铁路口岸 1 个，公路口岸 15 个），西藏自治区有口岸 4 个（航空口岸 1 个，公路口岸 3 个），云南省有口岸 16 个（航空口岸 3 个，水运口岸 2 个，铁路口岸 1 个，公路口岸 10 个），广西壮族自治区有口岸 18 个（航空口岸 3 个，水运口岸 9 个，铁路口岸 1 个，公路口岸 5 个）。上述 8 个边境省区共有口岸 123 个，这些口岸是中国与周边国家和地区经贸往来的重要窗口，沿口岸内外形成连接通道，发挥国际交往门户作用，承载物流、信息流、资金流和人员流的四流流动，建设好这些口岸，维护好相互往来机制，促进开放。

4. 建设沿铁路和高速公路开放通道

中国大陆公路网密集，骨干高速公路网基本建成，除了西藏拉萨之外，所有的省会级城市都实现了高速公路联通，并入全国高速公路网络。全国的骨干铁路网也已经建成，所有的省会级城市全都通铁路，并入全国铁路网。高速铁路网正在建设之中，根据国家高速铁路网规划，到 2020 年，规划建设"四横四纵"高速铁路网络，分别是京沪线（北京—上海）、京港线（北京—香港）、京哈线（北京—哈尔滨）、杭福深线（杭州—福州）、徐兰线（徐州—兰州）、沪昆线（上海—昆明）、青太线（青岛—太原）、沪汉蓉线（上海—武汉—重庆）。这些工程建设完成后，由此形成以铁路网、高速公路网以及民航网三张交通运输网络互联互通、相互补充的现代化交通运输网络，极大地方便了交通运输，将为推进开放发挥重要作用。

5. 建设沿陆路丝绸之路开放国际通道

中国陆路古丝绸之路是从西安通达西亚的运输通道，新丝绸之路是从太平洋西岸通达大西洋东岸的通道，已经不再简单局限于陆路公路运输，而且包含的公路、高速公路、铁路、高速铁路、民航等多种运输方式集合的通道，联通中国与西亚、中亚、欧洲。疏通这条通道，维护这条通道，十分有利于沿线国家和地区经济贸易往来，促进开放，繁荣经济。

6. 建设沿海上丝绸之路开放国际通道

中国海上丝绸之路是从中国东部沿海地区经海上航行，直通东南亚国家和地区、南亚国家和地区，以及西行至印度洋，直达非洲东海岸，经海湾地区进入欧洲，通达太平洋、印度洋、大西洋的海上运输通道。疏通这条通道，维护这条通道，十分有利于沿线国家和地区经济贸易往来，促进开放，繁荣经济。

❺ 自由贸易区建设

习近平主席在参加十二届全国人大二次会议上海代表团审议时指出："建设自由贸易试验区，是党中央为推进新形势下改革开放提出的一项重大举措。要牢牢把握国际通行规则，加快形成与国际投资、贸易通行规则相衔接的基本制度体系和监管果实，既充分发挥市场在资源配置中的决定性作用，又更好地发挥政府作用。要大胆闯、大胆试、自主改，尽快形成一批可复制、可推广的新制度，加快在促进投资贸易便利、监管高效便捷、法制环境规范等方面先试出首批管用、有效的成果。要扩大服务业对外开放，引进国际先进经验，提高服务业能级和水平。在自由贸易试验区要做点压力测试，把各方面可能发生的风险控制好、切实防范系统性风险特别是金融风险。"

自由贸易区建设是中国国际化的重要组成部分，也是新一轮改革开放的重要内容。什么是自由贸易区，为什么要办自贸区，自由贸易区的功能与特点，上海自贸区的设立与基本经验，自贸区的选址要求，国内四个自贸区基本情况，哪些地区有条件设立自贸区，怎样办好自贸区，怎样维护好自由贸易区，这是全新的课题。本章将围绕这些问题展开分析和论证。（见图5-1自由贸易区建设行动体系图）。

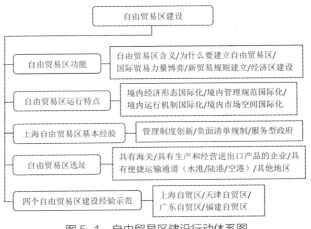

图 5-1 自由贸易区建设行动体系图

5.1 自贸区建设具有深化开放战略意义

自由贸易区建设是中国改革开放事业中重要组成部分，是中国改革开放事业发展到中国国际化阶段的重要标志。世界经济全球化、世界贸易自由化已经逐步演变成基本趋势，自由贸易区正是在这样的背景下出现的，先由自由贸易园区试水，再逐步扩大领域，最后演变成国家之间的自由贸易，演变成大区域之间的自由贸易，深刻影响世界贸易格局。

5.1.1 自由贸易区的含义

贸易是国家之间或者实施不同管制制度的地区之间进行商品买卖和服务交流，每一个国家或者地区都有自己独具特色的管理制度，由于管制制度不同才有"允许"或者"不允许"的界定，才有了"自由"或者"不自由"的界定。什么叫自由贸易区？自由贸易区（简称自贸区）包含两层含义：一层含义是"自由贸易"的概念，具有相对某些领域的投资与贸易准入便利；另一层含义是"区"的概念，是指"一块地方"，是空间上一个地方相对于另一个地方有所区分，管制制度有所差异或者有所不同。

"自由贸易区"是相对于"非自由贸易区"而言的概念，管制制度的差异是"自由"与"非自由"的"分水岭"，采取措施弥合区域之间管制制度的差异，或者兼容区域之间管制制度的差异，这个过程本身就是一个区域开放的过程，就是一个区域交往自由化的过程，包括人员流、物资流、信息流、资金流的"自由流动"。区域范围可大可小，可以是两个国家之间，可以是多个国家之间，也可以是两座城市之间，也可以是两个管辖区之间，按照实行自由贸易规则的区域大小，就可以划分为小范围的自由贸易区、中等范围自由贸易区、大范围自由贸易区。建立自由贸易区实际上就是打破壁垒，实施体制机制改革与创新的过程。

狭义自由贸易区（Free Trade Zones，FTZs）（简称自贸区），是在一国海关境内以外划出的，对进出口商品全部或大部分免征关税，允许区内进行商品自由加工、制造、储存、展览等业务活动，以促进本地区经济发展和对外贸易发展的一个区域。一般情况下自由贸易区建立在一个港口区（水港或空港）或邻近港口的地区，实际上是采取自由港政策的关税隔离区。因此又称为"对外贸易区"（Foreign Trade Zone）或"免税贸易区"（Tax-Free Trade Zone），狭义自贸区实际上是"自贸园区"，主要特点是在该区内对货物贸易给予"境内关外"待遇。

广义自由贸易区（亦简称自贸区），是指两个或两个以上国家之间或者地区之间通过签署相关协定，相互更进一步开放市场，相互取消大部分货物的关税和非关税壁垒，在服务领域改善市场准入条件，从而实现贸易和投资自由化。广义自由贸易区是在更大范围实施自由贸易的区划，需要经过国家之间的贸易谈判，彼此降低进入对方市场的条件，降低贸易壁垒，相互之间给予准入资格，最终形成经济共同体。

5.1.2 国际贸易管制力量博弈

社会经济管理总是在矛盾对立统一之间协调的，在壁垒与反壁垒、规制与反规制、平衡与不平衡之间协调的。国际政治力量、经济力量、贸易力量彼此博弈更加激烈。

1. 古典国际贸易力量博弈取决于技术实力

世界上由于资源分布非均衡，各个国家资源禀赋不同，生产某些商品的技能不同，生产成本不同，生产效率不同，劳动产品需要量不同，消费偏好不同，需要通过交换的办法来解决问题，形成了国家之间通过国际贸易方式来解决各自需要的愿望和动因。

随着生产力发展和社会分工深化，催生了国际贸易，促进了国际贸易，发展了国际贸易。人类历史上随着生产力水平的提高，产生了三次大分工：第一次分工是畜牧业与农业的分离，促进了畜牧业发展；第二次分工是手工业与农业的分离，促进了手工业发展；第三次分工是商业与制造业的分离，促进了商业发展。人类由自给自足的生产演变为商品生产，商品经济社会由此诞生，商品生产和商品交换进一步扩大，商品流通超越了国界，国际贸易由此产生。贸易力量之间为利益之争开始博弈，取决于技术实力大小，优势的技术采用会获得更多、更廉价的产品，在交换中能获得更多的利益回报，彼此之间既相互依赖，又相互竞争，彼此博弈。国际贸易发展的历史是一部贸易结构演变的历史，也是贸易方式演变的历史，也是国家之间壁垒与反壁垒的历史、规制与反规制的历史、依赖与竞争的历史。

早期的国际贸易是以货物贸易为主要形式的，交换的对象简单，交换的意图大多是互通有无，调剂余缺，取长补短，促进交流。由于生产技术手段简单，人工动力，人们的体力大小决定生产能力大小。

在奴隶社会，自然经济为主要经济方式，交换的物品仅仅限于很少的稀缺物品，如宝石、香料、织物、粮食，等等。交换活动范围局限于很小的空间内，局限于原始交通方式所及之处，参与交换的人群很少，奴隶主占有交换的权利。国际贸易活动范围受制于自然条件。技术手段有了简单的工具，体力与技能结合，生产效率提高取决于工具的使用和体力大小，技术手段开始发挥效用。

人类进入封建社会以后，劳动工具进步，生产手段进化，生产效率提高，创新能力增强，有了更多的劳动剩余，有了更多的加工产品出现。例如：纺织品、地毯、瓷器、酒类等，商品生产日益活跃起来，交换的对象增多，交换的范围扩大，交换的人群扩增，区域贸易逐步繁荣起来，带动了国际贸易逐步繁荣起来。劳动工具大范围使用，并不断更新，更加有效高效，劳动产出率进一步依赖工具，依赖机械设备的水平，体力、智力和工具结合更加紧密。

随着造船技术的发展，人们可以制造出能在海上长时间航行的大船，刺激了人们走出大陆探险海洋的欲望。十五世纪末期至十六世纪初，哥伦布发现新大陆，麦哲伦完成环球航行，促进了航海业发展，也极大促进了国际贸易发展。无论是贸易内容、贸易数量、贸易形式，都发生了巨大变化，人们认识到贸易可以带来巨大财富。冒险家们开始躁动，唯利是图的本性暴露出来，开始了掠夺性贸易，甚至付出战争代价，先后爆发了两次世界大战，目的就是争夺地区霸权，争夺殖民地，争夺海上霸权，争夺国际贸易霸权。当时的航海大国都成为国际贸易大国，都成为世界上富有的国家。例如：英国、西班牙、荷兰、法国、德国，等等。十八世纪中期，爆发产业革命，蒸汽机、电动机纷纷出现，大幅度提高了生产效率，大幅度降低生产成本，更多的优质产品涌现，科技产业创新反过来又刺激了国际贸易进一步扩大。

2. 现代国际贸易力量博弈取决于综合实力

第二次世界大战后，国际贸易形势出现技术与经济融合、政治与经济融合、实体经济与虚拟经济融合等新特征，国际贸易力量博弈取决于综合实力。

一是国际贸易物理平台现代化。通讯现代化和交通现代化托举了现代国际贸易，电子信息系统出现，电话、电视、移动通讯、卫星系统、互联网系统出现，信息交流更加通畅、便捷，现代高速交通系统出现，高速公路网形成、高速铁路网出现、跨大洲航空网出现、载量几百吨的洲际飞行大飞机出现、几十万吨远洋巨轮出现，使国家之间的贸易联系更加频繁，更加方便，贸易数量更多，贸易速度更快，贸易关系更紧密。

二是服务贸易快速发展。资金流和信息流的增长，促使服务贸易大幅度增长，服务业急剧发展，产出增长、就业增长、收入增长、比重增长。发达国家服务业占国内生产总值（GDP）比重上升到60%以上，美国已经达到了75%以上，发展中国家比重也已经上升到了50%。发达国家就业人数在服务业中的比重已经上升到60%以上，发展中国家就业人数在服务业中的比重也上升到了30%以上，而且这一比重还在继续上升。2013 年，中国服务贸易规模创历史新高，全年服务进出口总额超过 5,200 亿美元，位居世界第三位，当年增幅超过 11%，成为自美国、德国之后第三大服务贸易国。中国服务贸易总量还将继续保持较快增长，增长幅度将继续高于货物贸易。可以预计 2015 年中国服务贸易总规模将超过 6,000 亿美元，到 2020 年将超过 10,000 亿美元以上。

三是跨国公司成为世界贸易主体组织形态。国际贸易中绝大部分贸易是由跨国公司操作的，出现了跨国企业，以及世界企业。企业的生产经营与资本运营并重，市场的全球化、资源的全球化、人才的全球化、资本的全球化，企业将自己的组织功能分解，企业内部组织实行专业化，企业外部组织实行联合化，搭建产业链，形成了总部经济、产业基地、产业集群、研发中心、经营中心等新型国际性组织形态。国际贸易的行业垄断性更加突出。

四是发达国家群体及新兴经济群体引领世界贸易走势。长期以来发达国家群体一直是世界贸易游戏规则的引领者和制定者，发达国家既是国际贸易商品生产的主群体，也是国际贸易商品消费的主群体，"八国集团"（Group of Eight），成员为美国、英国、法国、德国、俄国、日本、意大利、加拿大，以往被称为"富人俱乐部"。

"二十国集团"（Group of 20）是一个新型国际经济合作论坛，由原"八国集团"以及新兴经济体（12 个）组成。成员包括美国、日本、德国、法国、英国、意大利、加拿大、俄罗斯，作为一个实体的欧盟和澳大利亚、中国，以及具有广泛代表性的发展中国家经济体：南非、阿根廷、巴西、印度、印度尼西亚、墨西哥、沙特阿拉伯、土耳其及发达国家韩国。二十国集团经济总量（GDP）占全球经济总量 90%，贸易额占全球贸易总量 80%，成为全球经济贸易的主要力量。（见表 5-1-1 国际贸易货物进口额前 10 位国家，表 5-1-2 国际贸易货物出口额前 10 位国家，表 5-1-3 外汇储备额前 10 位国家）。

表 5-1-1 国际贸易货物进口额前 10 位国家（地区）（2011 年度）

位次	国家和地区	进口额（亿美元）	进口额占世界比重（%）
	世界总计	184380	100.0
1	美国	22659	12.3
2	中国	17435	9.5
3	德国	12539	6.8
4	日本	8550	4.6
5	法国	7139	3.9

续表

6	英国	6378	3.5
7	荷兰	5987	3.2
8	意大利	5575	3.0
9	韩国	5244	2.8
10	中国香港	5109	2.8

资料来源：世界贸易组织数据库，中国国家统计局统计提要，2012 年度。

表 5-1-2 国际贸易货物出口额前 10 位国家（地区）（2011 年度）

位次	国家和地区	出口额（亿美元）	出口额占世界比重（%）
	世界总计	182550	100.0
1	中国	18984	10.4
2	美国	14804	8.1
3	德国	14723	8.1
4	日本	8226	4.5
5	荷兰	6610	3.6
6	法国	5961	3.3
7	韩国	5552	3.0
8	意大利	5232	2.9
9	俄罗斯	5220	2.9
10	比利时	4767	2.6

资料来源：世界贸易组织数据库，中国国家统计局统计提要，2012 年度。

表 5-1-3 外汇储备额前 10 位国家（地区）（2011 年度）

位次	国家和地区	外汇储备（亿美元）
1	中国	31811
2	日本	12212
3	沙特阿拉伯	5255
4	俄罗斯	4412
5	中国台湾	3856
6	巴西	3434
7	韩国	2982
8	中国香港	2853
9	瑞士	2711
10	印度	2629

资料来源：国际货币基金组织数据库，中国国家统计局统计提要，2012 年度。

开放型经济

KAIFANGXING JINGJI

108

五是区域性自由贸易组织成长。地区性自由贸易政策成为主流趋势，形成以双边、多边、区域性自由贸易政策安排，"小国"抱团取暖，出现了"东盟""阿盟""非盟""欧盟"等经济联盟组织，"大国"撑旗拢群，出现了以美国为代表的利益集团组织、以欧盟为代表的利益集团组织、以中国为代表的利益集团组织。出现了"北美自由贸易区""欧洲经济共同体""中国与东盟自由贸易区""中国与欧盟命运共同体"，等等。区域性自由贸易安排大幅度成长。这些区域性自由贸易组织的出现，大有超过世界贸易组织（WTO）制度范畴的态势，以更加灵活的政策安排促进区域经济和贸易发展。

5.1.3 积极参与世界贸易新秩序建设

中国已经成为世界第一贸易大国，如何担纲这个角色？怎样承担相应的国际责任和义务？过去长时间以来中国是国际贸易的参与者，但不是国际贸易游戏规则的制定者，中国成为世界贸易组织（WTO）成员是里程碑意义的事件，开始参与国际规则的制定。2001 年 11 月 10 日，世界贸易组织（WTO）第四次部长级会议在多哈作出决定，接纳中国加入 WTO，中国于 2001 年 12 月 11 日正式成为世界贸易组织的 143 个成员，开始由国际贸易参与者身份转为国际贸易规则制定者的身份。国际贸易规则过去是由西方发达国家制定的，中国参与进来肯定在一些方面还不够熟悉，需要有一个慢慢适应的过程，这个过程也是一个开放的过程，一个学习的过程，一个实践的过程，一个不断完善和进步的过程。2012 年，中国对外贸易总量达到 3.87 万亿美元，超过了美国（3.82 万亿美元），成为世界第一贸易大国，更应当深度参与世界贸易规则的制定，深度参与世界贸易。

5.1.4 经济区管理制度创新

中国的自由贸易区建设实际上分成了两大内容体系。一个是"境内自由贸易区"，一个是"跨境自由贸易区"。

境内自由贸易区是以上海自由贸易区为代表，采用"国内境外化"管理方式。

跨境自由贸易区是以中国与周边国家及地区的自由贸易制度安排，实施对等自由贸易政策安排。有中国与东盟的自由贸易安排，中国与欧盟的自由贸易安排，中国与韩国的自由贸易安排，潜在的东北亚自由贸易安排等，这是更大范围的自贸区。

中国的开放事业是渐进的，一些重大的历史事件和时间点，都记录了开放的脉络。建立以深圳为代表的经济特区，开放 14 个沿海城市，成为世界贸易组织成员国，建立 191 个经济技术开放区，建立 6 个沿边改革开放试验区，建立中国（上海）自由贸易区，等等。一次又一次地创新制度安排，一次又一次地大胆探索，由"摸石头过河"，进步为"撑杆过河"，跨激流、越险滩，由"改革促开放"进步为"开放促改革"。

5.2 投资与贸易便利化是自贸区主要特点

自由贸易区是特殊经济区，称为"经济特区"。自由贸易区建设是相对于其他地区而提出来的特殊经济区建设。

世界上早期出现的自由贸易区和当今世界正在运行的自由贸易区有多种称呼，有多种形态。例如：在印度称为"对外贸易区"（Foreign Trade Zone，1983 年）；在爱尔兰称为"工业自由区"（Industrial Free Zone，1970 年）；在阿拉伯联合酋长国称为"自由区"（Free Zone，1983 年）；在斯里兰卡称为"投资促进区"（Investment Promotion Zone，1981 年），在菲律宾称为"出口加工区"（Export Processing Zone，1977 年）；在韩国称为"出口加工免税区"（Duty Free Export Processing Zone，1975 年），等等。无论何种称呼，都有一个共同的特点，就是促进本地"国际贸易便利化"与促进本地"国际投资便利化"。实施境内经济国际化，实施境内管理国际化。

5.2.1 境内经济形态国际化

自由贸易区相对于其他地区具有独特管理特点，其作用：

一是自贸区具有投资吸引性。吸引更多的直接投资来此地发展，增加本国的资本市场重量和规模，吸引更多的企业来此地投资兴业。

二是自贸区可以创造更多就业岗位。自贸区建设过程中和运营过程中都会创造大量项目，创造大量企业，由此创造了大量就业岗位，有些岗位对员工素质要求较高，相应的工资待遇也较高，具有吸引高素质劳动力的功效，有利于改善本地人口结构。

三是自贸区能增加本地外汇收入。自贸区往往都是在交通便利的地方，具有海港、空港、陆港等基础设施，方便进出口贸易，通过贸易增加出口和转口，开展国际贸易中使用不同的货币结算，从而增加本地外汇收入。

四是自贸区改善本地贸易结构。在自贸区内的企业既有生产型企业，也有经营型企业，也有服务型企业，还有金融型企业，各类型企业在同一个地方云集，形成了产业集群效应，是多种类型企业集群，是多种商业模式集群，功能互补、相互配套、彼此支撑、网络链接，从单一的"货物贸易"上升为"集群贸易"，货物、信息、资金、人员等多种元素融合，大大提升了区域贸易结构，可以动员的资源更多，影响的范围更大，涉及的领域更广。

五是自贸区具有示范性。自贸区的功能和影响是综合性的，包括资金、信息、技术、金融、人才、市容、文化、制度，等等。既有集聚效应，也有扩散效应，自贸区就像一个巨大的"磁石"，吸引大量资源汇聚，形成综合产出；自贸区就像一座高山上的"水库"，开闸放水，一泻千里，影响面广；自贸区就像一座"灯塔"，以自身的辉煌照亮周边地区，示范其他地区，引领其他地区。

5.2.2 境内管理规范国际化

自贸区实施"境内海关"管理措施。在国内本土实施境外待遇，类似于在国内设立了一个外国的"经济体使馆"，区内的国外经济体（企业/货物）享受在境外的待遇，给予关税豁免待遇，更便利货物进出口，更便利区内的企业操作国际业务，包括国际金融、国际结算、国际运输，等等。

实施"自由外汇"管理措施。自贸区内会出现大量外汇结算业务，外汇兑换业务频繁发生，为了便利国际结算，实施宽松的外汇管制，外汇可以自由兑换，不受限制；资金进出自由，企业及个人的合法收入可以自由汇进汇出。

实施"零关税"管理措施。区内工厂中的工作人员免交个人所得税，有些地区免交公司所得税；进出口的商品不增收关税，不设任何增值税和一般服务费，企业所得税为零，个人和公司不担负纳税责任。

实施"投资自由化"管理措施。企业开办便利，外资企业投资便利，不需要政府审批或核准，只实施登记备案管理制度；企业投资领域放开，可以投资的领域宽泛，相关限制较少，有的实施负面清单指导。

实施"国民待遇"管理措施。区内企业"一视同仁"，无论内资企业还是外资企业，都实行同一个标准待遇，在公司注册、开办、运行、撤出都遵守同一个制度安排，包括法律、规章、制度、标准、行规，等等。

实施"制度特权"管理措施。国家依法有计划设立自由贸易区，并赋予自由贸易区一定范围的立法权力，法制管理更加清晰透明，制度规范更加合理有效，兼顾国际惯例和不同国家的通行做法，在管理制度上具有更宽泛的国际包容性。

5.2.3 境内运行机制国际化

1. 自贸区的地点选址是国际贸易指向

一般情况自由贸易区的选址靠近海港、空港、陆港地区，以便利货物生产、包装、存储、运输，以便利开展国际贸易交流，方便货物进出口，以便利企业安排生产加工和运输，对接国际物流系统。例如：在美国的16个自由贸易区当中，有13个自贸区位于水港（海港/河港）地区，分别是圣路易斯郡港口自贸区、印第纽黑文商会自贸区、亚特兰大自贸区、伊利诺伊国际港口区（芝加哥）、波士顿自贸区、纽约港自贸区、迈阿密对外贸易区、旧金山对外贸易区、杜勒斯对外贸易区、麦卡伦对外贸易区、新奥尔良对外贸易区、夏威夷对外贸易区、西雅图港对外贸易区。

自由贸易区选择这种布局的情况说明，港口运输是自由贸易区选址的基础，由物流带动资金流、带动人员流、带动信息流，带动本地区经济发展，因此，水港（海港/河港）、空港（国际航空港）、陆港（陆路口岸）"三港"地区是自由贸易区选址的主要题材，这些地区有条件实施跨境管理，才有条件实施自由贸易区建设，从这个方面来看不是所有的地方都可以建立自由贸易区的。

2. 自贸区的基础设施是城市化指向

在自由贸易区中生活着很多人，活跃着很多企业，存在大量管理机构，相应地要求提供能够维持社会经济运行的基础设施条件，包括道路、交通、给排水、住宅、厂房、仓储、电力、能源等生产系统，也包括医院、银行、学校、消防、安保、保险、社区、绿化、环卫、亮化等生活系统。这些系统集合于一地就形成的城市。因此，自由贸易区建设本身就是城市化的过程，是创造一个现代化新城市的过程，也是小城市变成大城市的过程，也是国内城市变成国际化大都市的过程。这个过程一方面创造出更多的就业岗位，汇集更多的人口，出现人口的规模化、人口素质的高级化；另一方面创造出大量城市建筑物，楼房更高、占地更大、控制系统更先进，出现城市规模扩大化、城市管理现代化、城市文化国际化。

3. 自贸区的监督管理是法制化指向

在自由贸易区中，来自不同国籍的企业汇集，来自不同地区的人员汇集，来自不同产地的货物汇集，来自不同国家的货币汇集，需要有统一的规范来管理和包容所有人、财、物的行为方式，这就需要法制化管理，需要跨民族、跨国籍、跨文化的法制规范，只有建立这样的法制规范才能维持自由贸易区的正常运行。通常情况下在一个国家内部是不存在这样的规范的，所以，自由贸易区建设是一个国家探索在境内实施国际化管理的改革行动，需要有很大的勇气来设计和实施这样的改革行动，重新创造出一套新的法律和法规体系。

4. 自贸区的运行秩序是国际开放指向

建立自由贸易区的目的就是针对国际贸易业务，针对境外企业，针对境外产品，解决流通便利化问题，解决生产便利化问题，解决结算便利化问题，解决进出口手续便利化问题。实际上就是在一国境内面向世界开放，把境外的国际贸易业务拉到国内来办，把分属于不同部门处理的业务集中到一起来办，以便简化手续、缩短流程、压缩时长，以有利于压缩生产成本，降低运行费用，节约时间和经费，大幅度提高效率，增强企业国际竞争力、增强商品国际竞争力、增强地区国际竞争力。设立自由贸易区是一个国家经济发展到一定程度时必然出现的一种经济形态，特别是后发展中国家，当国家经济局面处于成长时期时，需要与先发展中国家接轨，需要通过深化国际贸易方式来融进世界贸易分工中来，所以建立自由贸易区就是一个很好的选项，通过走出去了解，演变为引进来了解，自由贸易区就发挥这样的作用。

5.2.4 境内市场空间国际化

在自由贸易区中，市场主体的行为可以充分体现"自由"。其"自由"的含义就是在自由贸易园区内，大家共享同等待遇，母国与东道国之间在空间上对接，在制度管理方面不因为空间区域不同而不同，实现了境内市场空间国际化。

在自由贸易区中，市场界面被软化了，实际上弱化了市场的空间概念，突出了市场制度管理概念，这种做法无形中将市场的范围扩大了，区位市场与国际市场趋同，国家之间的国内市场与国际市场趋同，国内竞争与国际竞争趋同。自由贸易区中的市场可以认为是无国界市场。（见图 5-2-2 两国之间的封闭市场结构图，见图

图 5-2-2　两国之间的封闭市场结构图

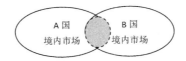

图 5-2-3　两国之间的开放市场结构图

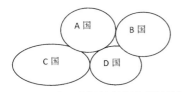

图 5-2-4　多国之间的封闭市场结构图

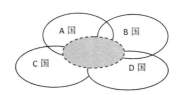

图 5-2-5　多国之间的开放市场结构图

5-2-3 两国之间的开放市场结构图，见图 5-2-4 多国之间的封闭市场结构图，见图 5-2-5 多国之间的开放市场结构图）。

5.3 创建上海自贸区促进全面开放

中国上海城市经济发展功能定位是：国际经济中心、国际贸易中心、国际航运中心、国际金融中心。这样一个目标设定和建设要求就必须使上海深度参与国际经济、深度参与国际贸易、深度参与国际金融、深度参与国际航运，怎样在管理上适应上海国际化的需要，建立自由贸易区是最好的办法。自由贸易区不是简单的"封闭特区"，不能等同于早年设立深圳特区时的一些做法，需要探索新的管理模式，这个模式是什么样子的，我们并不十分清楚，只有通过实践探索，采用体制机制创新的方式来打造。而且建成的自由贸易区其具体的管理模式可以复制，可以推广，可以升级。

2013 年 7 月 3 日，国务院总理李克强主持召开国务院常务会议，通过了《中国（上海）自由贸易试验区总体方案》，2013 年 9 月 29 日中国（上海）自由贸易试验区正式挂牌营业，宣告中国第一个自由贸易区成立。

5.3.1 上海自由贸易试验区创建历程

中国（上海）自由贸易区诞生和发展大致经历了四个阶段，成立保税区阶段、转变为自由贸易区阶段、深化制度创新阶段、复制经验阶段，呈现渐进式破冰、改革、创新、发展的历程，是逐步蜕变式演变历程。

1. 第一阶段成立保税区

1990 年 6 月，经国务院批准，上海外高桥保税区成立，外高桥保税区当时规划面积 10 平方公里。保税区位于上海浦东新区，濒临长江入海口，地处黄金水道和黄金岸线的交汇点，紧靠外高桥深水港区。保税区成为当时全国第一个规模最大、启动最早的保税区，将自由贸易、出口加工、物流仓储及保税商品展示交易等多种经济功能汇聚一体。在保税区内实行特殊管理，货物可以在保税区与境外之间自由出入，免征关税和进口环节税，免验许可证件，免予常规的海关监管手续（国家禁止进出口和特殊规定的货物除外）。

保税区成立初期，区内企业主要从事以保税仓储为主的物流业务。随着市场需求的变化，保税区物流业务又拓展到仓储配送。九十年代中后期，外资企业逐步增多，开展国际进出口业务也随之增多，对贸易的便利化要求逐步突出出来，基于外

开放型经济 KAIFANGXING JINGJI

资企业市场运作的需求，以"保税—滞后纳税"为特征的分拨运作模式在保税区获得快速发展，为国外商品进入中国市场提供了高效的流通渠道。在分拨业务带动下，第三方物流业也跟着蓬勃发展，逐步形成了以第三方物流企业为主体的现代物流产业体系，集聚了一批国际物流公司，包括美国 APL、英迈，荷兰 TNT，日本近铁、通运和德国飞鸽等世界知名物流企业在内的 1000 多家物流仓储企业汇集保税区。到 2006 年保税区物流企业完成营业收入已达到 1770.59 亿元，形成了物流产业发展大势。

根据保税区成立以来的发展记录，保税区已经发展成集国际贸易、先进制造、现代物流及保税商品展示交易等多种经济功能于一体的综合型保税区。外高桥保税区成为上海市最重要的现代物流产业基地之一、上海市最重要的进出口国际贸易基地和上海市微电子产业带的重要组成部分。根据资料记载，2008 年 12 月底，保税区累计批准来自 94 个国家和地区的 10242 个项目。世界 500 强企业中有 111 家入住保税区内，累计吸引投资总额达到 160.6 亿美元，区内企业从业人员达到 19 万人，外籍人员达到 9200 余人，国际贸易进出口总额达到 1000 多亿美元。

保税区汇集了国际商贸、现代物流和现代制造业三大主导产业，一大批从事国际商贸、现代物流和现代制造业的大型国际企业入住保税区，规模逐步扩大，业务量逐步上升，生产加工、仓储物流、进口出口业务纵横交叉、日益繁荣。

2009 年 11 月，上海综合保税区成立，将原来的外高桥保税区与 2009 年 7 月 3 日国务院正式批准设立上海浦东机场综合保税区（批复规划面积 3.59 平方千米）合并，与 2005 年 12 月 10 日启用的洋山保税港区（规划面积 8.14 平方公里）合并，"三区"合并共同组建形成"上海综合保税区"。

洋山保税港区，重点发挥国际航运发展综合试验功能，大力发展国际中转、现代物流、商品展示、保税仓储、期货保税交割等多层次业务。包括国际采购，国际采购商可以在保税港区内对货物统一调拨；出口集拼，区内"入区退税"，方便开展集装箱出口集拼业务；离岸账户，企业开设离岸账户，提供资金融通便利；中转集拼，集装箱装卸、堆存、拆拼、多式联运等业务；期货保税交割，将处于保税状态下的货物纳入交割系统，方便于区内企业同时兼顾国内和国际两个市场；保税展示，进口高档汽车、机械设备、航空配件等提供保税展示交易的平台；船舶租赁，向境内外航运公司提供船舶租赁业务。

外高桥保税区，重点发挥国际贸易功能，大力发展进出口贸易、转口贸易、保税展示、仓储分拨等服务贸易。包括外汇管理，跨国企业资金收付汇集中管理，探索组合型转口贸易模式下的外汇收付与结算业务；离岸贸易，外汇、税收、监管创新，离岸贸易运作模式创新，跨国公司资金结算中心，丰富贸易运作；商品分拨，从"保税—滞后纳税"为特征的分拨运作，区内商品销售到国内和国际市场，方便商品快速进入市场；保税延展，保税货物、入区保税延展货物存储、加工和销售环节实现海关统一监管；采购配送，集中采购众多供应商的小批量多批次货物，在园区内进行简单增值服务后配送；产品维修，开展高附加值、高技术含量的高端产品维修业务；保税市场，形成专业化国际商品交易市场。

浦东机场综合保税区，重点发挥临空经济功能，发展航空口岸物流、贸易和金融服务。包括临空服务型经济，以航空快件速递、分拨、第三方物流、空运保税仓储等为主的航空口岸物流，以及物流增值服务；国际中转型经济，依托浦东国际机场航空枢纽港，开展空运货物国际中转业务；飞机租赁型经济，向境内外航空公司提供飞机租赁、发动机租赁等业务。

综合保税区的建成将口岸查验区、港口辅助区、仓储物流区、国际中转区、采购配送区、加工制造区、商贸服务区等功能区，主要发展和提供集装箱港口增值、进出口贸易、出口加工、保税物流、采购配送、航运市场，以及金融服务、结算服务、贸易服务等多种功能集合，增强了保税区的综合运行能力和综合管理能力。

国际航运、国际空运、国际陆运多重物流汇集，促进国际结算业务大幅度上升，促进了国际金融和国际结算发展，促进了现代服务业发展，客观上也迫使保税区增加综合性功能，迫使保税区规模扩大，迫使保税区增加新的功能。将浦东机场、洋山港纳入保税区范围势在必行，改革保税区的管理体制运行机制势在必行，创建更加宽松的规制体系势在必行，接轨国际惯例势在必行。上海保税区的快速成长，逐步孕育了上海自由贸易区的胚胎和萌芽。

2. 第二阶段保税区转变为自由贸易区

随着保税区规模不断扩大，业务数量不断增多，国际化程度要求越来越高，探索建立自由贸易区的思想自然而发。

2011 年 11 月，上海向国家有关部门提交了上海综合保税区设立自由贸易区的申请。2012 年下半年，时任国务院总理温家宝做出批示，同意在上海建立自由贸易区，并要求抓紧研究。2013 年 3 月，时任国务院总理李克强来上海调研，当时指示上海在现有综合保税区基础上研究建立自由贸易区。2013 年 5 月，上海自由贸易区建设项目获得国家立项。2013 年 7 月 3 日，国务院常务会议原则通过了《中国（上海）自由贸易试验区总体方案》。2013 年 8 月 16 日，国务院召开常务会议提出，为推进上海自由贸易试验区加快政府职能转变，探索负面清单管理，创新对外开放模式，会议讨论通过拟提请全国人大委员会审议的关于授权国务院在中国（上海）自由贸易试验区等国务院决定的试验区内暂停实施外资、中外合资、中外合作企业设立及变更审批等有关法律规定的决定草案。2013 年 8 月 22 日，国务院正式批准设立中国（上海）自由贸易试验区。

2013 年 9 月 29 日，中国（上海）自由贸易区正式成立，公布负面清单，挂牌开张。随后国家有关部门和上海市有关部门分别颁布相关文件和政策措施，积极支持上海自由贸易试验区建设工作，包括银行、工商、税务、海关等部门，相关政策措施出台。至此，"上海综合保税区"演变成"上海自由贸易试验区"，实现了身份转变。

3. 第三阶段扩充自由贸易区范围深化制度创新

上海自由贸易试验区经过一年多时间运行，不断探索和适应国际化管理新要求，不断探索新的管理方法，在实施国民待援原则和负面清单管理方面做出了积极努力，取得了积极成果，形成了一批相对适用的管理制度安排，自由贸易试验区建设取得了初步成效。

2014 年 12 月 28 日，第十二届全国人民代表大会常务委员会第十二次会议通过决定，全国人民代表大会常务委员会关于授权国务院在中国（广东）自由贸易试验区、中国（天津）自由贸易试验区、中国（福建）自由贸易试验区以及中国（上海）自由贸易试验区扩展区域暂时调整有关法律规定的行政审批的决定，并同意将上海自由贸易试验区规模扩大，在原来规模的基础上再扩大到三个区域——陆家嘴金融园区、金桥开发园区和张江高科技园区。

中国（上海）自由贸易试验区扩展区域四至范围 [1]：陆家嘴金融片区——初始面积共 34.26 平方千米，四至范围东至济阳路、浦东南路、龙阳路、锦绣路、罗山路，南至中环线，西至黄浦江，北至黄浦江。金桥开发片区——初始面积共 20.48 平方千米；四至范围东至外环绿带，南至锦绣东路，西至杨高路，北至巨峰路。张江高科技片区——初始面积共 37.2 平方千米，四至范围东至外环线、申江路，南至外环线，西至罗山路，北至龙东大道。陆家嘴、金桥、张江集聚了大量金融服务业、先进制造业，以及各类科技研发企业，上海自贸试验区在外商投资管理、服务业开放、事中事后监管等方面的一系列开放创新措施在上述区域试验，开辟了发展新局面。

---

[1] 资料来源：2014 年 12 月 28 日第十二届全国人民代表大会常务委员会第十二次会议通过决定。

自贸区规模扩大了，涉猎领域拓宽了，不确定因素增多了，管理难度增大了，为进一步改革创新提出了新课题，需要进一步深化改革。上海自贸试验区总体方案共包含98项改革事项，形成了27项复制、推广的经验，28项经国家有关部门认定后可推广的创新措施。截至2014年11月底，自贸试验区内投资企业累计达2.2万多家，挂牌后新设企业近1.4万家。新设外资企业2114家[1]，同比增长10.4倍，区内企业的盈利水平同比增长20%，显示出制度创新带来的效果。显示出准入前国民待遇加负面清单的外商投资管理模式、贸易便利化、资本项目可兑换和金融服务业开放等金融制度创新以及加强事中事后监管等做法行之有效。

4. 第四阶段在国内其他有条件地区复制自由贸易区经验

中国（上海）自由贸易试验区绝不是孤品，自贸区建设仅仅是中国若干"试验区"中的一员。上海经验对其他改革试验区建设有借鉴意义，有些方面可以复制，通行经验可以公用，由此可以加快中国开放改革步伐，加快中国国际化的步伐。

截至2014年年底，虽然上海自由贸易试验区建设仅仅一年多时间，但是前期工作经验积累是厚重的，自由贸易试验区来源于保税区，上海早在1990年就已经开始尝试接轨国际大市场，就已经开始探索局部区域贸易便利化的做法，这个过程持续了十多年的时间，是默默地做，是脚踏实地地做，是悄悄地做，是不张声势地做。当中国的改革开放事业目光集中于经济特区建设的时候，当人们羡慕的目光还集中于深圳特区辉煌的时候，当媒体宣传报道的聚光灯还在聚焦射向广东"珠三角"（珠江入海口地区，涵盖广东、香港、澳门）的时候，上海就已经开始发力了，这个发力的目标是——国际化，是直接参与世界经济发展的大潮中来，而不是以"经济特区"为蓝本，是将上海国际大都市建设与世界经济发展相融合的战略思考。自由贸易试验区是上海市作为国际经济中心、国际贸易中心、国际航运中心、国际金融中心（四个中心）城市功能定位建设的具体实现方式。这一方式不仅仅将上海再一次历史性地推到世界经济发展的舞台中央，也将极化周边地区，形成对"长三角"地区（长江入海口地区，覆盖上海、浙江、江苏）的巨大拉动作用和影响作用。中国第一个自由贸易区建设落户上海势在必然。

可以预料，中国（上海）自由贸易试验区建设经验可复制速度，比当年深圳特区建设经验复制速度要快，影响力要大，其主要原因：

[1] 资料来源：《上海自贸试验区扩区 要为制度创新做好压力测试》，上海自由贸易区官方网站，2015年1月4日。

一是中国实施改革开放近40年来社会经济已经具有快速接受新事物的能力。信息的通畅和交通的便利使社会各界对"国际化"的概念并不陌生，深入国际经济与贸易体系中来已经成为日常经济生活中的常态。

二是国际化是中国下一步改革的引擎。改革历程需要新题材，需要新的动力源，当前改革已经进入深水区，时至今日还要改什么？该如何改？怎么改？改到哪里去？需要注入新的改革题材，需要新的改革动力，需要新的改革杠杆，这个题材就是中国国际化！深度参与全球产业链分工，参与世界经济新秩序的建立。中国的企业要走出去，还要走进去、走上去、走下去；中国的资本也要走出去，中国的技术也要走出去，中国的文化也要走出去，中国的标准也要走出去。中国作为世界第二大经济体需要在世界舞台中央有自己的正当地位，有自己的发言权利，国际化势在必然。建设自由贸易试验区就是国际化的具体实现形式。用国际化来检讨和检验社会经济生活中在哪些方面还不适应，在哪些方面还低效，在哪些领域还需要改善，通过这样的检讨、检验、度量、测试就会发现问题，就会找到症结，就会寻找解决方案，就会激励改革意愿，就会汇聚社会积极力量，就会分化社会消极力量，将改革事业向前推进。

三是创建新的经济增长点。2014年中国经济总量（GDP）达到63.6万亿人民币（约10.22万亿美元），人口13.6亿，人均GDP约为7514美元。进入中等收入国家行列（人均GDP 4000美元—10000美元区间认为是中等收入国家水平），进入经济结构转型时期。实际上，当人均GDP达到4000美元时就进入了经济转型时期，考虑到经济发展的惯性，经济转型启动点时间应当超前，当人均GDP达到3000美元时就应当启动发展方式转变。中国在2009年中旬人均GDP已经达到4000美元，在2007年中旬人均GDP已经达到3000美元，恩格尔系数开始下降，人们用于吃的消费占总消费的比重开始下降，常规的供给与需求关系，由供不应求变为供大于求，生产结构与消费结构同时开始变化，在原来经济结构状态下的增长点萎缩，创建新经济增长点的客观要求日益增长，新经济增长点在哪里？创建自由贸易区就是重要的题材，创建自由贸易区就是在经济发展新阶段最重要的增长点。

进入2015年以后，国家有关部门还将批准建设新的自由贸易试验区，其中，天津、广东、福建等地区具有相对较成熟的条件。天津具有滨海新区建设的基础，依托海路、陆路、空陆的三维国际联运，深入辐射到京津冀地区，以及蒙古国、俄罗斯、东北亚地区，腹地很大。广东具有三个经济特区（深圳、珠海、汕头），依托粤港澳三地，辐射整个华南地区，辐射整个东南亚地区，腹地很大。福建具有厦门经济特区、台海两岸经济安排，依托海峡西岸经济区，形成辐射整个台湾和福建地区，腹地很大。其他地区也将纷纷创造条件积极参与到国际化进程中来。因此，上海自由贸易试验区本身需要不断完善，需要不断创新，需要不断积累经验，为后来的自由贸易区建设提供可复制经验，以及将来上升到制度建设层面，逐步为其他地区所用。

5.3.2 制度体系创新

在中国境内创建自由贸易试验区是一件新鲜事物，过去从来没有过，而且还设在国际大都市上海市，这更是"破天荒"的事件，不仅仅是上海的事情也是全国的事情；不仅仅对上海产生影响也对全国产生影响；不仅仅是一个地区的事情而且是中央统揽全局的事情；不仅仅是一个自由贸易区的建设问题而且是未来中国开放改革的战略方向问题。自贸区创建和发展的过程集中体现了一系列的体制和机制创新、管理方式创新、思想理念创新，以及法律法规创新，自贸区建设是中国由"改革开放"转变为"开放改革"的战略时间点和里程碑，自贸区建设突出体现了改革与创新。

1. 从国内进出口贸易转变为国际化全球贸易体现贸易体系创新

自贸区建设推进贸易发展方式转变，由单一的进出口货物管理，发展到投融资管理、国际金融、国际结算、国际生产、国际仓储、国际运输集合型管理，转变成"全贸易链"管理。自贸区建设培育国际贸易新型产业业态，形成以技术、品牌、质量、服务为核心的对外贸易竞争新优势，提升中国在全球贸易价值链中的地位；形成跨国公司在亚太地区总部经济，构建出具有贸易、物流、结算等功能的营运中心；建设国际贸易结算中心，拓展专用账户服务贸易跨境收付和融资功能；促进企业全面统筹国际贸易和国内贸易，实现境内境外贸易一体化发展；建设国际大宗商品交易和资源配置平台，开展能源产品、基本工业原料和大宗农产品的国际贸易。自贸区建设扩大完善期货保税交割试点，拓展仓单质押融资功能；增强对外文化贸易、图书出版、影视版权交易，加强创意产业基地建设。自贸区建设推动生物医药、软件信息、管理咨询、数据服务等外包业务发展；支持各类融资租赁公司在试验区内设立项目子公司并开展境内外租赁服务；支持设立第三方检验鉴定机构，按照国际标准采信其检测结果；支持开展境内外高技术、高附加值的维修业务。自贸区建设培育跨境电子商务服务功能，试点建立与之相适应的海关监管、检验检疫、退税、跨境支付、物流等支撑系统。所有这一系列事业都需要进行业务创新、项目创新、制度创新、管理创新，创新是自贸区建设初期阶段最为突出的管理活动。

2. 采用准入前国民待遇原则与负面清单管理体现外资管理制度创新

在中国（上海）自由贸易试验区没有成立以前，中国对外资管理一直是采用《外商投资产业指导目录》管理方式，在这份由国家发改委和商务部制订的管理目录中，列出了中国鼓励的、限制的、禁止的外商进入行业，所有的外商投资和商业投资只能在规定的范围内活动。自贸区采用"负面清单"管理方式，是给不开放的行业和受限制的商业活动列一个清单，明确告诉对方哪些领域和行业是限制或禁止外商活动的，只要是未列入名单的，就是法无禁止的可为的领域和行业。

3. 金融领域市场化和国际化体现金融管理制度创新

自由贸易试验区内对人民币资本项目可兑换，金融市场利率市场化，人民币跨境使用，实现金融机构资产价格市场化定价。面向国际市场进行外汇管理改革，建立与自由贸易试验区相适应的外汇管理体制，全面实现贸易投资便利化，跨境融资自由化。深化外债管理方式改革，促进跨境融资便利化。跨国公司总部外汇资金集中运营管理，促进跨国公司设立区域性或全球性资金管理中心。金融服务业对符合条件的民营资本和外资金融机构全面开放，允许设立外资银行和中外合资银行，允许建立面向国际的交易平台。允许境外企业参与商品期货交易，允许股权托管交易机构综合金融服务平台。支持开展人民币跨境再保险业务，培育发展再保险市场。这一系列措施充分体现了金融行业改革、金融行业管理改革、金融管理体制与机制改革，体现出金融管理制度创新。

4. 设立和完善新法规体现国家法律体系创新

逐步完善法制领域的制度保障。形成符合试验区发展需要的高标准投资和贸易规则体系，停止实施有关行政法规和国务院文件的部分规定。其中，经全国人民代表大会常务委员会授权，暂时调整《中华人民共和国外资企业法》、《中华人民共和国中外合资经营企业法》和《中华人民共和国中外合作经营企业法》规定的有关行政审批，自2013年10月1日起在三年内试行。各部门支持试验区在服务业扩大开放、实施准入前国民待遇和负面清单管理模式等方面深化改革试点，及时解决试点过程中的制度保障问题。上海市通过地方立法，建立与试点要求相适应的试验区管理制度。

5. 实施"一线放开"与"二线安全高效管住"体现经济运行监管制度创新

促进试验区内货物、服务等各类要素自由流动，推动服务业扩大开放和货物贸易深入发展，形成公开、透明的管理制度。

实施"一线放开"管理方式。允许企业凭进口舱单将货物直接入区，再凭进境货物备案清单向主管海关办理申报手续，简化进出境备案清单，简化国际中转、集拼和分拨等业务进出境手续；实行"进境检疫，适当放宽进出口检验"模式；扩大服务领域开放为主的服务贸易区；建立货物状态分类监管模式；在严格执行货物进出口税收政策的前提下，允许在特定区域设立保税展示交易平台。

实施"二线安全高效管住"管理方式。优化卡口管理，电子信息联网，通过进出境清单比对、账册管理、卡口实货核注、风险分析等办法监管，"二线监管"与"一线监管"衔接，实行"方便进出，严密防范质量安全风险"的检验检疫监管模式。实行电子账册管理，区内货物在各海关特殊监管区域之间和跨关区可以便捷流转。区内企业原则上不受地域限制，可到区外再投资或开展业务，如有专项规定要求办理相关手续，仍应按照专项规定办理。企业运营信息与监管系统对接，通过风险监控、第三方管理、保证金要求等方式实行有效监管，形成企业商务诚信管理和经营活动专属管辖制度，完善一体化监管方式。形成统一高效的口岸监管机构，统一电子围网管理，建立风险可控的海关监管机制。外资监管集中在产业、数量、质量等方面。

采用"一线放开"的监管措施就是给企业"活力"；采用"二线管住"的监管措施就是保障国家的"地利"，创新了自贸区监管制度。

6. 采用灵活纳税的税制方式体现纳税体制创新

在维护现行税制公平、统一、规范的前提下，结合自贸区要求调整和完善相关税收政策。

实施促进投资的税收政策。注册在自贸区内的企业或个人股东，因非货币性资产对外投资等资产重组行为而产生的资产评估增值部分，可在不超过5年期限内，分期缴纳所得税。对区内企业以股份或出资比例等股权形式给予企业特殊人才奖励，实行个人所得税分期纳税政策。

实施促进贸易的税收政策。区内注册的融资租赁企业或金融租赁公司在区内设立的项目子公司纳入融资租赁出口退税试点范围。区内注册的国内租赁公司或项目子公司，经国家有关部门批准从境外购买空载重量在25吨以上，并租赁给国内航空公司使用的飞机，享受进口环节增值税优惠政策。对设在区内的企业生产、加工并经"二线"销往内地的货物照章征收进口环节增值税、消费税。根据企业申请，内销货物按其对应进口料件或按实际报验状态征收关税。在现行政策框架下，对区内生产企业和生产性服务业企业进口所需的机器、设备等货物免税，但生活性服务业等企业进口的货物以及法律、行政法规和相关规定明确不予免税的货物除外。这些做法都是积极探索自由贸易试验区税制管理新体系的行动。

5.3.3 国民待遇原则与负面清单规制

接受外国资本投资，采用"准入前国民待遇"原则与"负面清单"规制的管理方式，世界上至少有 77 个国家采用了这种管理模式。

1. 国民待遇含义

"国民待遇"又称为"平等待遇"，可以理解为：一国给予外国人和本国人以相同的待遇。投资领域的国民待遇，是指东道国给予外国投资者不低于给予本国投资者的民事权利待遇。或者可以理解为：给予外国投资不低于给予本国投资的民事权利待遇。

投资领域国民待遇的适用范围按投资阶段可以分为"外资准入前国民待遇"（或"准入阶段国民待遇"）和"外资准入后国民待遇"。

"准入前国民待遇"是指将国民待遇延伸至投资准入阶段，即在企业设立、取得、扩大等阶段给予外国投资者（或投资）不低于给予本国投资者（或投资）的待遇。

2. 负面清单含义

"负面清单"是将不允许做的事情列出所形成的文献，又称"消极清单"或者"否定列表"。外商投资负面清单是一份禁止外资进入或限定外资比例的行业清单。通常情况下，一个国家在施行外商投资准入前国民待遇的同时，一般都会列出负面清单，在这份清单上，一国明确开列不予外商投资准入或有限制要求的领域，清单以外领域则充分开放。"准入前国民待遇＋负面清单"是国际上新的高标准投资规则之一。

3. 上海自由贸易试验区实行准入前国民待遇以及负面清单规制

《中国（上海）自由贸易试验区总体方案》第二条第三款规定 [1]：探索建立负面清单管理模式。借鉴国际通行规则，对外商投资试行准入前国民待遇，研究制定外商投资与国民待遇等不符的负面清单，改革外商投资管理模式。对负面清单之外的领域，按照内外资一致的原则，将外商投资项目由"核准制"改为"备案制"（国

[1] 资料来源：《中国（上海）自由贸易试验区总体方案》，国务院国发 [2013]38 号文件颁布，2013 年 9 月 18 日。

务院规定对国内投资项目保留核准的除外）；将外商投资企业合同章程审批改为由上海市负责备案管理，备案后按国家有关规定办理相关手续；工商登记与商事登记制度改革相衔接，逐步优化登记流程；完善国家安全审查制度，试点开展涉及外资的国家安全审查，构建安全高效的开放型经济体系。

《中国（上海）自由贸易试验区管理办法》第三章第十一条规定[1]（负面清单管理模式）：自贸试验区实行外商投资准入前国民待遇，实施外商投资准入特别管理措施（负面清单）管理模式。对外商投资准入特别管理措施（负面清单）之外的领域，按照内外资一致的原则，将外商投资项目由核准制改为备案制，但国务院规定对国内投资项目保留核准的除外；将外商投资企业合同章程审批改为备案管理。自贸试验区外商投资准入特别管理措施（负面清单），由市政府公布。外商投资项目和外商投资企业备案办法，由市政府制定。

《中国（上海）自由贸易试验区管理办法》第三章第十二条规定[2]（境外投资备案制）：自贸试验区内企业到境外投资开办企业，实行以备案制为主的管理方式，对境外投资一般项目实行备案制。境外投资开办企业和境外投资项目备案办法，由市政府制定。

上海市人民政府于2013年9月29日发布公告，正式颁布2013年版负面清单，《中国（上海）自由贸易试验区外商投资准入特别管理措施（负面清单）（2013年）》[3]，清单涵盖了18个行业，英文编码A—R，89个分属门类，编码A1、B5、C20，等等；419个中类，1089个小行业类别，特别管理措施190项，详细规定了行业非准入要求。

5.3.4 服务型政府职能转变

政府，国家权力机关的执行机关，即国家行政机关[4]。广义的政府是指国家的立法机关、行政机关和司法机关等公共机关的总和，代表着社会公共权力。政府可以被看成一种制定和实施公共决策，实现有序统治的机构，它泛指各类国家公共权力机关，包括一切依法享有制定法律、执行和贯彻法律，以及解释和应用

[1] 资料来源：《中国（上海）自由贸易试验区管理办法》，上海市人民政府令第7号颁布，2013年9月29日。

[2] 资料来源：《中国（上海）自由贸易试验区管理办法》，上海市人民政府令第7号颁布，2013年9月29日。

[3] 资料来源：上海市人民政府，沪府发[2013]75号文件，中国（上海）自由贸易试验区外商投资准入特别管理措施（负面清单）（2013年），2013年9月29日。

[4] 资料来源：中国社会科学语言研究所词典编辑室编，《现代汉语词典》，商务印书馆，1998年版，第1608页。

法律的公共权力机构，即通常所谓的立法机构、行政机构和司法机构。从这个意义上说，政府就是国家的权威性的表现形式。地方各级人民政府是地方各级国家权力机关的执行机关，是地方各级国家行政机关。

在计划经济体制中，政府的功能是"万能政府"，一切经济活动均由政府负责统一管控，通过使用计划的办法将社会经济生活中的各个方面管理起来。在国内化的市场经济体制中，政府的功能是制定规则，使用法律手段、经济手段、政策手段调控社会经济活动，规制社会经济各类主体的经济行为。在国际化的市场经济体制中，政府的功能主要以法律手段和经济手段调控社会经济活动，使用财政政策和货币政策规制社会经济各类主体的经济行为。政府的职能演变为服务型政府。

自由贸易试验区建设，是在一个局部地区实施国际化管理的具体运作方式，是完全性质的国际化市场经济体制，政府职能就应当充分体现出服务型政府的基本特点。

中国过去长时间实施计划经济管理体制，1978年，中国共产党"十一届三中全会"开启了新纪元，国家开始实施改革开放事业，以"市场化改革"为取向的体制建设和机制建设日益深入，取得了经济管理方面的长足发展，取得了制度建设方面的不断完善。但是，长期以来，政府深度参与社会经济活动的行为惯性依然残留，政府左右经济活动的力量依然十分强大，在各个方面都不知不觉地表现出来。自由贸易试验区建设从客观上给政府树立了一个界限，这个界限规定了所有社会经济主体的各自行为边界。当游戏规则制定出来以后，社会经济活动的大舞台就搭好了，厂商与消费者（企业与客户）登台亮相，他们是主角，政府退居幕后，政府的职能就是服务。

《中国（上海）自由贸易试验区总体方案》明确规定 [1]：建立中国（上海）自由贸易试验区，是党中央、国务院作出的重大决策，是深入贯彻党的十八大精神，在新形势下推进改革开放的重大举措，对加快政府职能转变、积极探索管理模式创新、促进贸易和投资便利化，为全面深化改革和扩大开放探索新途径、积累新经验，具有重要意义。

自由贸易试验区运行过程中，政府职能转变的具体安排和部署体现在六个方面：

一是深化行政管理体制改革。加快转变政府职能，改革创新政府管理方式，按

---

[1] 资料来源：《中国（上海）自由贸易试验区总体方案》，国务院国发 [2013]38 号文件颁布，2013 年 9 月 18 日。

照国际化、法治化的要求，积极探索建立与国际高标准投资和贸易规则体系相适应的行政管理体系，政府管理由注重事先审批转为注重事中、事后监管。这一规定从立法、建章、定规方面要求政府行使权力和义务。没有规矩不成方圆，政府应当主导国家法律法规建设，特别是针对新生事物，需要政府牵头制定游戏规则。

二是建立一口受理、综合审批和高效运作的服务模式，完善信息网络平台，实现不同部门的协同管理机制。这一规定从运行机制方面要求政府担纲运行机制建设，明确监督监管，做好"裁判员"。

三是建立行业信息跟踪、监管和归集的综合性评估机制，加强对试验区内企业在区外经营活动全过程的跟踪、管理和监督。这一规定明确了政府在日常监管中，通过信息情报网络建设，对所有的行为主体进行"痕迹管理"，及时了解运行状态，市场放开的同时实施有效跟踪，及时规制。

四是建立集中统一的市场监管综合执法体系，在质量技术监督、食品药品监管、知识产权、工商、税务等管理领域，实现高效监管，积极鼓励社会力量参与市场监督。这一规定明确了具体行政职能部门的权力与责任，形成监管体系，全方位对市场活动的状态进行监管，政府的职能正是通过这些专业的功能执行机构变现出来的，是通过技术形式体现出来的，市场活动通过各类技术指标来描述，而不再是政府的行政部门发号施令。

五是提高行政透明度，完善体现投资者参与、符合国际规则的信息公开机制。这一规定说明，只有市场活动公开透明，才有市场运行安全保障，只有信息真实，才能描述事物状态，才能实施有效的监管，公平正义才可以体现。

六是完善投资者权益有效保障机制，实现各类投资主体的公平竞争，允许符合条件的外国投资者自由转移其投资收益。建立知识产权纠纷调解、援助等解决机制。这一规定说明权益与风险对等，责任与担纲对等，维护社会成员的利益，维护市场机会公平，才有国际化的大市场条件，才有自由贸易活动。

上述六个方面的政府行政体制改革和机制改革，地方政府职能转为服务型政府、高效型政府。过去长时间倡导的政府职能转变，政府职能转变！政府职能转变！！才真正落地。实践证明：国际化是用外力推进政府职能转变的有效方式，建设自由贸易区是很好的一种手段。地方政府怎样操作"国际化的市场经济"？把过去习惯操作的"国内化市场经济"的手段直接拿来用是不行的，一试才知道必须创造新的方法，政府的职能需要重新界定，过去的习惯需要改变，逼着政府去创新，逼着政府去改变自己的行为，倒逼机制发挥了作用，催生了新的改革动力，地方政府在新机制中主动寻找自己的位置，最后发现退居幕后最好，成为服务型政府最有效。

5.3.5 基本经验分析

上海自由贸易区建设虽然时间不长，但是进步很快，自贸区管委会大胆试验、大胆创新、大胆改革，在原来保税区基础上，继承和发展了保税区的经验，创立了自由贸易区的基本做法，依托上海港、依托保税区、依托浦东国际机场，借鉴国外自由贸易区的经验，形成了具有中国特色、上海特点的自由贸易区模式和基本经验。从 2015 年的情况来看，上海自由贸易区的可复制性经验主要集中在三个方面：地域性特点、制度性特点、方法性特点。（见图 5-3-1 上海自贸区经验可复制方面）。

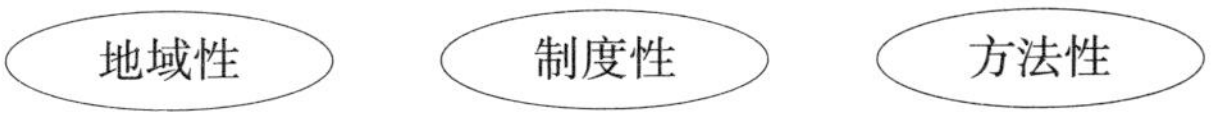

图 5-3-1　上海自贸区经验可复制方面

1. 上海自由贸易试验区经验可以复制的地域性特点

自由贸易园区在什么地方建立为好？自由贸易园区是不是越多越好？总结世界上其他国家自由贸易园区选址情况，总结上海自由贸易试验区选址情况，事实证明自由贸易园区建设是有条件的，不是任何一个地方都可以建立的。

自由贸易园区空间选址必备两个基本条件：

一是存在大量国际贸易业务。设立自由贸易园区的第一个条件就是有大量国际贸易业务存在，包括货物贸易、服务贸易、国际金融业务、国际结算业务，等等。没有国际贸易业务存在也就无所谓自由贸易的概念了，更谈不上自由贸易区了。上海是中国海外通关重要门户，存在大量国际贸易业务，每天进出海关货物量很多，国际结算业务很多。2014 年，仅上海港集装箱吞吐量全年完成 3528.5 万标准箱，同比增长 4.5%，创造了年度、季度、月度及单日历史新高，自 2009 年成为世界第一位以来，连续五年保持世界第一（2014 年中国港口前十大集装箱吞吐量排名的城市为上海、深圳、宁波 – 舟山、青岛、广州、天津、海口、湛江、大连、厦门）。

二是具有国际直航运输通道。设立自由贸易园区的第二个条件就是具有国际通关口岸，有海港，或者空港，或者陆港。具有国际出海口岸、国际航空口岸、国际陆路口岸的地方，靠近出海口具有海港，靠近国际通航机场具有航空口岸，靠近边境陆路通道具有陆路通关口岸。具有这些条件的地方，物流运输便利，运输成本低，仓储便于集中，物流配送便于统一安排，各种物资资源集合度较高，调用方便。有利于形成水港经济、空港经济和陆港经济，有利于相关产业汇集，形成产业集群效应。

此外，开展国际贸易历史经验积累、国内外知名度、区域经济极化能力、城市化服务配套设施等，都是直接支撑自由贸易园区的基础条件。

上海是国际都市，具有庞大的市场吸纳能力，上海从事国际贸易业务历史悠久，中外闻名。早在 20 世纪 30 年代以前就已经是世界五大都市之一（英国伦敦、美国纽约、法国巴黎、日本东京、中国上海），具有厚重的中国江南商业文明与西方商业文明交融的历史积累，至今仍然有印迹存在。上海外滩万国建筑群、南京路的商场、淮海路的洋楼、四川路店铺等，都从不同角度折射出当年上海的商业氛围。1949 年新中国成立以来，上海一直是中国最大的工业城市、商业城市、国际贸易城市，一直是居住人口最多的城市（2010 年年末，第六次人口普查结果显示上海人口为 2302 万人。其中户籍人口 1412 万人，来沪半年以上的流动人口 890 万人）。

上海是交通枢纽，具有十分便利的海陆空运输条件。具有国际航空机场（虹桥机场、浦东机场），具有通往世界各主要城市的航线；具有海港（上海港），具有通往世界各主要港口的远洋航线；具有铁路枢纽站（上海站），具有货运、客运、高速铁路，联通内陆地区；具有茂密的公路网络，形成沿海、沿江、辐射状路网，交通运输条件十分发达。

上海地理位置优越，具有通江达海的纵深地域。地理位置向东面向太平洋、向西背靠江浙两省（江苏、浙江），通江达海，腹地很大。上海市自身经济活跃，商业、物流、加工、仓储、金融、服务等产业发达。江浙一带又是中国经济最活跃的地区之一，具有庞大的工业生产力汇集，具有庞大的产品制造能力和商品进出口能力，形成了长江三角洲优势群，形成了庞大的投资、贸易和出口业务群。

上海具有多年国际贸易经验积累，具有厚重商业文明积淀。上海一直处于中国改革开放的前沿，1979 年实施改革开放以来，上海一直是挺身前沿。1990 年 6 月，经国务院批准上海创建了全国第一个规模最大、启动最早的保税区——上海外高桥保税区。保税区集成了自由贸易、出口加工、物流仓储及保税商品展示交易等多种经济功能于一体。保税区的建立实际上就奠定了后来建设自由贸易试验区的基础，经过十多年的探索、试验、改革、沉淀和积累，逐步日臻成熟，瓜熟蒂落，水到渠成。

可以认为：自由贸易区设立与建设，不能按照一个"区"来考虑，不能按照一个"区"来定位，而必须按照一个现代化的城市来设立和建设。这是一个十分重要的战略问题，这也是多年建设积累出来的经验和教训形成的认识，这是历史经验形成的客观规律。

中国改革开放以来国内已经建立了各种名目的经济区。例如："经济特区"、"新区"、"改革开放试验区"、"经济技术开发区"、"功能区"、"产业园区"、"高新技术开发区"等，对地方经济发展和社会进步产生了积极的促进作用。但是，真正形成"增长极功能"的不多。其主要原因就是没有按照城市建设要求来设计，仅仅是一个"区"的概念，周边配套条件隔离、空间物理隔离、制度体系隔离、企业身份隔离等，最终只能是"盆景"，构不成"森林"，成不了大气候，无法产生"极化效应"和"扩散效应"。

2. 自由贸易试验区经验可以复制的制度性特点

2014 年 12 月 21 日，国务院发布文件《国务院关于推广中国（上海）自由贸易试验区可复制改革试点经验的通知》，国发〔2014〕65 号文件，文件的主要精神是推进改革开放事业，将自由贸易试验区的基本经验推广到全国，部署上海自由贸易试验区初期管理经验在全国复制，这一战略部署说明：自由贸易区建设已经不再是一个"区"的概念，不再是一个"点"上的闪光，不再是一个"地域"的特权，不再是一个"短时阶段"的荣耀，而是中国国际化进程中的标志，是中国与国际通行做法接轨的制度安排，是中国面向世界展示开放姿态，凸显理论自信、制度自信、道路自信的具体行为。

中央决定"中国（上海）自由贸易试验区"经验在全国范围内复制推广的改革事项部署在五个领域，分别为 [1]：

一是在投资管理领域：外商投资广告企业项目备案制、涉税事项网上审批备案、税务登记号码网上自动赋码、网上自主办税、纳税信用管理的网上信用评级、组织机构代码实时赋码、企业标准备案管理制度创新、取消生产许可证委托加工备案、企业设立实行"单一窗口"等。

二是在贸易便利化领域：全球维修产业检验检疫监管、中转货物产地来源证管理、检验检疫通关无纸化、第三方检验结果采信、出入境生物材料制品风险管理等。

三是在金融领域：个人其他经常项下人民币结算业务、外商投资企业外汇资本金意愿结汇、银行办理大宗商品衍生品柜台交易涉及的结售汇业务、直接投资项下外汇登记及变更登记下放银行办理等。

四是在服务业开放领域：允许融资租赁公司兼营与主营业务有关的商业保理业务、允许设立外商投资资信调查公司、允许设立股份制外资投资性公司、融资租赁

---

[1] 资料来源：《国务院关于推广中国（上海）自由贸易试验区可复制改革试点经验的通知》，国发〔2014〕65 号文件，2014 年 12 月 21 日。

公司设立子公司不设最低注册资本限制、允许内外资企业从事游戏游艺设备生产和销售等。

五是在事中事后监管措施：社会信用体系、信息共享和综合执法制度、企业年度报告公示和经营异常名录制度、社会力量参与市场监督制度，以及各部门的专业监管制度。

在全国其他海关特殊监管区域复制推广的改革事项部署在两个领域，分别为[1]：

一是海关监管制度创新：期货保税交割海关监管制度、境内外维修海关监管制度、融资租赁海关监管制度等措施。

二是检验检疫制度创新：进口货物预检验、分线监督管理制度、动植物及其产品检疫审批负面清单管理等措施。

明确了改革工作各个负责机构和部门，共 29 项任务分别由国家工商局、税务总局、质检总局、人民银行、外汇局、商务部、文化部、海关总署、各行业监管等机构（部门）负责（见表 5-3-1 国务院有关部门负责复制推广的改革事项任务分工表）。明确了各个省（市、自治区）地方政府落实具体工作的任务分工。〔见表 5-3-2各省（区、市）人民政府借鉴推广的改革事项任务表〕。

表 5-3-2　各省（区、市）人民政府借鉴推广的改革事项任务表

序号	改革事项	主要内容	时限
1	企业设立实行"单一窗口"	企业设立实行"一个窗口"集中受理	2-3 年内
2	社会信用体系	建设公共信用信息服务平台，完善与信用信息、信用产品使用有关的系列制度等	
3	信息共享和综合执法制度	建设信息服务和共享平台，实现各管理部门监管信息的归集应用和全面共享；建立各部门联动执法、协调合作机制等	
4	企业年度报告公示和经营异常名录制度	与工商登记制度改革相配套，运用市场化、社会化的方式对企业进行监管	
5	社会力量参与市场监督制度	通过扶持引导、购买服务、制定标准等制度安排，支持行业协会和专业服务机构参与市场监督	
6	完善专业监管制度	配合行业监管部门完善专业监管制度	结合扩大开放情况

资料来源：《国务院关于推广中国（上海）自由贸易试验区可复制改革试点经验的通知》，国发〔2014〕65 号文件，2014 年 12 月 21 日。

[1] 资料来源：《国务院关于推广中国（上海）自由贸易试验区可复制改革试点经验的通知》，国发〔2014〕65 号文件，2014 年 12 月 21 日。

表 5-3-1　国务院有关部门负责复制推广的改革事项任务分工表

序号	改革事项	负责部门	推广范围	时限
1	外商投资广告企业项目备案制	工商总局	全国	2015 年 6 月 30 日前
2	涉税事项网上审批备案	税务总局		
3	税务登记号码网上自动赋码			
4	网上自主办税			
5	纳税信用管理的网上信用评级			
6	组织机构代码实时赋码	质检总局		
7	企业标准备案管理制度创新			
8	取消生产许可证委托加工备案			
9	全球维修产业检验检疫监管			
10	中转货物产地来源证管理			
11	检验检疫通关无纸化			
12	第三方检验结果采信			
13	出入境生物材料制品风险管理			
14	个人其他经常项下人民币结算业务	人民银行		
15	外商投资企业外汇资本金意愿结汇	外汇局		
16	银行办理大宗商品衍生品柜台交易涉及的结售汇业务			
17	直接投资项下外汇登记及变更登记下放银行办理			
18	允许融资租赁公司兼营与主营业务有关的商业保理业务	商务部		
19	允许设立外商投资资信调查公司			
20	允许设立股份制外资投资性公司			
21	融资租赁公司设立子公司不设最低注册资本限制			
22	允许内外资企业从事游戏游艺设备生产和销售，经文化部门内容审核后面向国内市场销售	文化部		
23	从投资者条件、企业设立程序、业务规则、监督管理、违规处罚等方面明确扩大开放行业具体监管要求，完善专业监管制度	各行业监管部门	在全国借鉴推广	结合扩大开放情况
24	期货保税交割海关监管制度	海关总署	海关特殊监管区域	2015 年 6 月 30 日前
25	境内外维修海关监管制度			
26	融资租赁海关监管制度			
27	进口货物预检验	质检总局		
28	分线监督管理制度			
29	动植物及其产品检疫审批负面清单管理			

资料来源：《国务院关于推广中国（上海）自由贸易试验区可复制改革试点经验的通知》，国发〔2014〕65 号文件，2014 年 12 月 21 日。

中国（上海）自由贸易试验区自成立以来展开了一系列的制度创新，甚至对涉及国家法律改革的内容都做了大胆的探索性改革，其根本目的就是投资与贸易便利化，提高程序性工作的运作效率，而这些程序性的工作又恰恰是政府职能部门的工作。一件事情按照过去的程序需要 30 天、50 天才能办完，通过改变程序设计，只需要 4 天、5 天就做完了，这样就大大提高了程序性工作的运作效率。过去对外商能做的事情都做出一一安排，规定了行为范围，圈定了行动空间，使企业不需要更多的想象力和创造力。通过改变程序以后，管理上只规定不能做的事情，对于能做的事情由企业自己想象和开创，客观上激励了企业创新。实际上自由贸易试验区建设是对原有的体制机制进行改革和创新，甚至对原有的法律都要修订和完善，是一场真正意义上的改革创新历程，是一场制度革命。

上海自由贸易试验区还在建设之中，还在试验之中，还在不断探索之中，可以复制的制度体系还没有完善，走到哪里试验在哪里，遇到什么问题解决什么问题，这个历程可能需要几年、十几年甚至更长时间。但是，初期形成的探索性成果是珍贵的，总结起来大致有以下几个方面：

一是国民待遇原则和负面清单规制。

二是以负面清单为核心的投资管理制度。

三是以贸易便利化为重点的贸易监管制度。

四是以资本项目可兑换和金融服务业开放为目标的金融创新制度。

五是以政府职能转变为导向的事中事后监管制度。

上海自由贸易试验区在制定了企业负面清单后，还在考虑研究制定政府"权力清单"，已梳理 60 多项政府权力，不久后将向社会公布。

上海自贸试验区在贸易监管领域已推出了 40 余项制度创新，在投资监管领域推出了 10 余项，在金融监管领域推出了 50 多项。一批改革措施在国务院批准之后，将陆续分层次在全国复制推广。

上海自贸试验区 11 项质检制度创新在全国复制推广 [1]。国家质检总局召开上海自贸区制度创新复制推广会，指出：各部门共有 61 项上海自贸试验区制度创新在全国复制推广，其中质检系统 11 条。而在上海自贸区进入第二年后，新一轮制度创新也提上议程，包括质监部门取消部分工业产品生产许可证审批，试点负面清

---

[1] 资料来源：国家质检总局（上海）自贸区创新制度复制推广会报导，中国（上海）自由贸易试验区管委会，中国（上海）自由贸易试验区官方网站，2015 年 1 月 20 日。

单制度等。上海自贸区将取消部分工业产品生产许可证审批，试点负面清单制度。放开工业产品生产许可证检验门槛。凡是获得计量认证相关资质的检验机构，都可以承担发证检验任务。取消部分换证企业实地检查环节。对生产许可证有效期满申请换证的企业，实行书面公开承诺报备制度，相关企业主动提交产品合格检验报告，取消实地核查环节，直接换发生产许可证

为促进和规范外国投资，中国商务部 2015 年 1 月 19 日公布《外国投资法（草案征求意见稿）》[1]，不再将外商投资企业的组织形式和经营活动作为主要规范对象，同时将实行准入前国民待遇加负面清单的管理模式。《外国投资法（草案征求意见稿）》共有 11 章 170 个条款，分别从准入管理、国家安全审查、投资促进和保护等方面对外国投资者及其投资进行了规范与说明。在《外国投资法（草案征求意见稿）》发布之前，中国对外资管理的法律主要是《中外合资经营企业法》、《外资企业法》和《中外合作经营企业法》，统称为"外资三法"。新的外国投资法将统一对外资的管理规定。该法规从投资促进政策、投资促进机构、特殊经济区域等方面对投资促进工作进行规范，同时从征收、征用、国家赔偿以及知识产权保护等方面，全面加强对外国投资者及其投资的保护体系管理。《外国投资法》生效以后，《中外合资经营企业法》、《外资企业法》和《中外合作经营企业法》三部法规将予以废止，明确规定该法生效前依法存续的外国投资企业，应当在三年内按照《公司法》等法律法规对企业组织形式和组织机构进行调整。

《外国投资法》的建立是中国开放改革事业的重要法制创新，是面向未来时期中国承接外国资本的重要管理制度安排，这也是上海自由贸易试验区建设带来的制度创新成果。

3. 自由贸易试验区经验可以复制的方法性特点

上海自由贸易试验区的经验方法至少在以下五个方面具有示范意义，可以被其他地区复制使用。

一是先有实践再赋名分。"自由贸易区"与"经济特区"走的道路不同，创建"中国（上海）自由贸易试验区"走的道路，与当年创建"深圳经济特区"走的道路不同，深圳特区是中央先给个名分，地方再去创建，再一步一步探索走下去，是名分在先再有行动，"先名后区"。上海自由贸易试验区创建过程是先有区，再赋予名分，是由保税区转变而来，是经历了十多年的实践积累，已经清楚了该做什么、该改什

---

[1] 资料来源：商务部网站，2015 年 1 月 9 日。

么、该完善什么，明确了方向，摸清了道路，在积累的做法和经验基础上转变而来，正名顺理合章，"先区后名"。一个是先有概念再去探索；一个是先有探索再赋概念。一个是先造"名"，一个是先造"区"。这样一条经验对于其他可以成为自由贸易试验区的地区而言是有益的经验。在改革开放初期，我们不知道要干什么，也不知道怎么干，需要中央给一个特殊政策，给一个特权，允许某一个地方或者单位去探索，深圳就是典型的例子，中央划一个圈，给一个名分就叫"特区"，再自己去实践、去探索，只能采用"摸着石头过河"的办法。经历了近40年的改革开放历程，我们已经知道了要干什么，也知道了应该怎么干，过河已经"摸不到石头了"，可以采用"渡船过河"的办法，只要是符合国家利益、符合民族利益、有利于提高整体效率的事情都可以去探索，对于有效的改革行为，就可以创造新模式，赋予新名分，冠以新名称。内容是本质，是核心，是问题的关键所在，名称只是事物性质的代表符号罢了，没有实质内容的虚名再好听也没有意义，这一点对于打算成为或者准备申请成为自由贸易试验区的地区来说是必须想明白的基本道理。时代已经不同了。

二是建设服务型政府。建设自由贸易区要调整政府职能，改变政府行为方式，改变程序性工作内容，重新设计工作程序，重新设计工作内容，重新定位政府职能，由领导型政府转变为服务型政府。集中在制定规则、行为监管两个方面，而不是去分配市场资源，也不是参与具体的经营管理活动，更不是行使权利审批盖章。程序化的行为全都由计算机系统执行，电子窗口化管理，格式化管理，数量化管理，行政工作全部透明化了，政府日常工作不再有很多临时性事物要去分析、去决策，而是程序化的计划制订与计划执行，减少了大量繁杂事物。政府回归到了开放状态下市场经济体制中的政府，退居幕后，服务社会，监督监管。政府的琐碎事少了，专业性事务多了，行政效率提高了，公务员日常工作也有节奏了，高效政府的形象也就体现出来了。

"革政府的命"是很痛苦的事情，过去办事办公行使权利，审批盖章，威风凛凛，堂堂正正，现在大大减少了这些行为，公务员坐在办公室里没有了那么多的权利了，能适应吗？现在需要政府大楼里的人们想通这件事，自我调整行为，取消繁杂事务，的确不容易。首先，要敢于革自己的命，然后才是善于革自己的命。自由贸易区建设促进了政府行为变化，过去我们已经长时间倡导政府职能转变、政府职能转变、政府职能转变，但是长时间没有转，这是因为政府工作的程序没有变化，职能转变转不了。现在要建设自由贸易区，所有的工作程序变了，政府职能转变自然发生。"革政府的命"是可以复制的重要的方法性特点。

长期以来，地方政府习惯了以审批为主的市场管理模式，现在要将过程监管作为重点，加强事中事后监管能力，逐渐取消前置审批，这对政府来说是一大挑战。不审批又能管好管住市场，这需要制度安排，也需要转变观念。例如：对市场状态要实时了解，就需要掌握各种市场数据，整合政府各部门资源，这样才能提升监管效率。上海自贸试验区的企业信息共享平台已经上线运行，更多政府部门加入。全市信用体系平台建设不断完善，各类法人、注册登记的自然人都有自己的信用档案，这是一份"全社会写的档案"，既能规范个人经营行为，又能帮助企业合法诚信经营。关键是政府的管理措施是否公开、透明、高效，让市场主体对市场准入、投资回报有稳定预期，这才是市场最关心的。为此，上海自贸试验区管委会研究制定"权力清单"，一年中梳理了60多项政府权力，2015年将会陆续向社会公布。

三是制度创新。"自由贸易区"怎样体现"自由"？"自由"与"不自由"是相对概念，有"不自由"才有"自由"；有"自由"才体现"不自由"。实际上贸易是跨国界的经济行为，买卖双方都想以自己利益最大化来考虑贸易行为，当贸易双方中有一方利益受损，一方利益获利，这样的贸易难以维系，只有共赢才能持久。双方要公平待遇、要对等待遇是国际贸易基本规则，不能人为地设计壁垒，屏蔽对方进入，要开放各自相同的投资与贸易领域，共同维系共同安全，取得双赢多赢，这就是自由贸易的基本思想。

在不考虑其他因素的情况下，仅仅以生产和消费的便利作为依据，自由贸易（Free Trade）思想有"成本导向"学说、"规模经济"学说、"势力经济"学说、"比较优势"学说、"集聚优势"学说，等等。自由贸易针对政府行为而言，是不采用关税、配额或其他形式来干预国际贸易的政策体系，是指国家取消对进出口贸易的限制和障碍，取消本国进出口商品各种优待和特权，对进出口商品不加干涉和限制，使商品自由进出口，在国内市场上自由竞争的贸易政策体系。"自由贸易"与"保护贸易"是对称概念，称为"对称性"或者"对偶性"。

在有些情况下，国家为了保护本国利益不允许外国经济势力进入，也不允许本国某些经济势力输出，包括对内投资、对外投资、货物进口、货物出口、工程项目、技术输出、人员往来、文化交流、军事合作，等等。这样就构成了贸易保护的概念，在国际贸易领域就形成了"贸易保护"行为，通过关税、配额、规定、法律等形式形成壁垒。

自由贸易具有通过市场机制调节资源分配的功效，提高资源的使用效率，发挥各个地区、国家的资源优势和生产优势。但是，实际上没有真正意义上的所谓"绝对自由贸易"，即使实施"自由贸易"政策，也并不意味政府完全放弃管制，并不意味着完全放弃对进出口贸易的管理和关税，而是根据外贸法规（即有关贸易条约与协定），使国内外产品在市场上处于平等地位，展开自由竞争与交易，在关税制度上，只是不采用保护关税，但是为了增加财政收入，仍可征收财政关税。

中国过去长时间实行贸易管制，出于对国内幼稚产业的保护，进口关税也较高。实施改革开放政策以来，国家不断调整对外政策，贸易体系不断改革、优化。建立经济特区、开放 14 个沿海城市，开放沿海地区、开放内陆重点城市等，不断将改革开放引入各个领域。特别是进入世界贸易组织（WTO）过程中，国家产业政策、宏观经济政策、国际贸易政策等方面，大幅度做出调整，关税大幅度减让，逐步与世界经济通行规则接轨，全面开放局面已经形成，并向着中国国际化方向前进。中国（上海）自由贸易试验区建设再一次掀起改革开放浪潮。各类管理制度创新成为自由贸易试验区建设过程中的主要内容，以国民待遇原则和负面清单规制为代表的体制机制创新成为自由贸易试验区的响亮招牌，政府职能转变成为自由贸易试验区的符号，政府怎样扮演角色，怎样扮演好角色，在自由贸易试验区中都能得到体现，由此推出来一系列制度创新，可以认为是制度再造，是建立符合国际化经济运行以及国际贸易规则的制度体系，包括管理体系和法律体系，第一步是与国际通行运行规则兼容，第二步是参与全球新规则制定。自由贸易试验区建设开启了一场新的制度革命，这场革命将中国推到世界经济舞台的中央。制度创新是自由贸易试验区可复制经验。

上海自贸区在制度创新方面的"四大亮点"备受瞩目，第一个亮点是通过建立以负面清单为核心的投资管理制度；第二个亮点是以贸易便利化为重点的贸易监管制度；第三个亮点是以资本项目可兑换和金融服务业开放为目标的金融创新制度，第四个亮点是以政府职能转变为导向的事中事后监管制度。

四是内陆区域经济国际化。在一个局部内陆地区如何实现国际化接轨，一直是区域经济发展关注的重点理论问题和战略问题。区域经济发展与地缘条件、资源条件、生态条件紧密相关，世界上发达国家以及经济活跃的地区主要集中在沿海地区，世界上 80% 的人口，4/5 的城市，分布在沿海线以内 370 千米沿线的地带上，这样一个地理条件的分布特点决定了自由贸易区建设的选址。但是，由于通讯现代化和交通现代化，大大改善了地缘条件不足造成的负面影响。通讯现代化是指信息沟通手段的现代化，出现了电脑、手机、电视、互联网、卫星通讯、无线通讯、全球通讯、实时通讯，通讯条件的现代化足以使"空间无距离"。交通现代化是指运输手段的现代化，出现了高速公路、重载铁路、高速铁路、航空运输、万吨远洋货轮，交通条件的现代化足以使运输通江达海全球覆盖。因此，世界上的任何一个地方都可以与其他地方链接，区域经济国际化不再是梦想，而是现实。

自由贸易试验区建设，起步于沿海，主要原因是海运条件优越。现在可以延伸到内陆地区，通过高速公路、铁路、航空等运输手段向内地延伸，只要将通讯网络系统和交通网络系统建立起来，所谓"沿海"与"内陆"之间的界面就模糊了，运用传到机制可以将沿海地区的机制迅速传递到内陆其他地方去，一个地方的国际化完全可以带动其他地方的国际化，除了发挥海港的作用，还可以发挥河港的作用、空港的作用、陆港的作用，形成海、河、陆、空立体开放的网络格局。只要有国际贸易业务集聚的地方就可以建立自由贸易区，只要有国际投资集聚的地方就可以建立自由贸易区，只要是交通枢纽地区就具备建立自由贸易区的基础条件。因此，自由贸易试验区发挥区域国际化促进作用的经验是可以复制的。

五是观念改变。从"做区域市场"到"做国内市场"是一次发展方式转变，也是观念转变；从"做国内市场"到"做国际市场"是一次发展方式转变，也是观念转变；从"做国际市场"到"做全球市场"是一次发展方式转变，也是观念转变。观念、思想、意识决定战略，战略决定行动。当年经济特区创建的时候就面临观念转变问题，在争议中探索、在争议中前进，现在自由贸易区创建同样面临争议，同样面临观念转变问题。过去常常说"改革是利益机制的调整"，现在还要说"自由贸易试验区建设也是利益机制的调整"。

观念转变第一个方面体现——从"获取区域利益"转变为"获取全球利益"。长期以来，区域经济发展规划只是考虑"区域"，是指局部空间范畴，实际上是本省、本市、本县的概念，是以"我"为中心形成区域，包括当年"四大经济特区"建设（深圳经济特区建设、珠海经济特区建设、汕头经济特区建设、厦门经济特区建设）也是如此，只是一个"区"，并没有兼顾其他方面。而"自由贸易实验区"建设虽然也是一个"区"建设的称呼，但是，这绝不是简单的一个"区"，而是通过这个"区"来联通世界，通过这个"区"将经验迅速复制到全国，通过这个"区"来影响世界。实际上"区"的地域概念在淡化，"区"的体制概念在凸显；"区"的本地利益在淡化，"区"的全局利益在凸显；"区"的国内利益在淡化，"区"的全球利益在凸显。利益视角转变为"地域上不出国，利益上全球化"；"国内经济国际化管理"，"本国经济全球化管理"；从获得全球利益来设计本地区经济发展规划。

观念转变第二个方面体现——从"管经济"转变为"理经济"。"管理"两个字被分开了，"管"的分量减轻了，"理"的分量加重了。政府是实施社会经济管理的主体单位，在计划经济时代，政府管理的职能集中体现在"管"字上，"一竿子插到底"，所有的社会经济活动都要管。政府很有权，很威风，也很辛苦，也很累，结果是事与愿违，经验多多，教训多多，不满意的方面也多多。国家实施改革开放以后，有些方面放给市场调节，政府逐步上升到宏观管理方面上来，逐步适应使用法律手段、经济手段和必要的行政手段来管理经济。经过近40年的改革历程，政府实施管理的范围发生了很大变化，逐步退出了一些具体事务管理范畴，但是必须实施经济"管理"的观念仍然根深蒂固，没有变化。然而，自由贸易试验区建设，打破了沉默，将"管理"分开，更多体现"理"，是通过建立法律性、制度性规则来规范社会经济中的具体行为，而不是政府直接干预具体经济行为，不是制定一些具体的优惠政策（税收政策、土地政策、产业政策），招商引资，而是让企业自寻商机、自己投资、自己决策、自行运营、自担风险。政府管理工作集中体现在两个方面，一方面是领导改革，进行制度创新；另一方面是在既定的制度中行驶监督和服务，"管"字的含义是按照制度中已经规定的程序性内容操作。政府职能真正发生了转变，从"管经济"转变为"理经济"。

观念转变第三个方面体现——从"给优惠政策"（挖坑养鱼）转变为"新制度建设"（撒网捕鱼）。采用经济特区的做法，采用招商引资的做法，实际上是采用优惠政策的做法来吸引企业，其目的是要获得静态的本土利益，要求企业在本土生产、在本土经营、企业留在本土、税收留在本土，才能获得优惠政策，本土地方政府可以获得本土企业提供的生产经营利益，地方政府看重的是本土"存量"，是"实体经济"，是"工厂经济"，是"规模经济"。政府好比是渔夫，在家门口挖个大坑养鱼（产业园区环境建设），向鱼塘中投入食料（优惠政策）一网一网打鱼，获得鱼。采取优惠政策的做法，具有短期时效性，具有局部地域性。采用自由贸易区的做法，给予国民待遇原则和负面清单规制，其目的是要获得动态流动利益，不要求企业本土化，但是要求货物、资金流经本土，一旦货物或者资金流经自由贸易区，就会产生"溢出效应"，包括关税利益、外汇利益、资金利益、品牌利益等方面，地方政府看重的是本土的"流量"，是"资本经济"，是"公司经济"，是"势力经济"。政府好比是渔夫，在长江出海口撒了一只大网（制度建设），随着海水的潮涨潮落，既捕海鱼（外资）也捕河鱼（内资），而不是养鱼，是鱼在大江大海中自由成长（没有优惠政策），长江口是鱼必经之处，"守口网鱼"。采取制度建设的做法，具有长期时效性，具有世界集聚性。上海自贸试验区建设一开始就树立了一种精神："不做政策洼地，要做改革高地"。自贸试验区的整个制度安排，都是在法律框架内、法治轨道中完成的，推进改革有法有据。建设国际化、法治化、市场化的自贸区，是自由贸易试验区建设的目标。

观念转变第四个方面体现——从"单一国民文化管理"转变为"多国民跨文化管理"。在一国境内用一国法律来规范公民行为，这是国家治理的通常做法。如果在一个国家存在多国籍公民该如何管理？在一个国家存在多民族共存如何管理？在一个国家存在多宗教信仰如何管理？在一个国家存在多种价值观念如何管理？归根结底就是要实施跨文化管理。文化具有民族性，是人们生活习惯世代繁衍积淀形成的；文化具有地域性，是人们为了适应自然生态环境采取的生活方式积累形成的；文化具有历史性，是长时间形成的；文化具有信仰性，是人们价值观、世界观、人生观、宗教观的集合；文化具有传承性，是经过长时间历史堆积形成的，并且世世代代传递下去。文化，原本是人与自然关系的反应，是人与人之间关系的反应，当国家这种社会最高级组织形态形成，法律就上升为社会治理最根本方法，法律规范就上升为最基本行为准则。法律是钢性的，文化是柔性的，钢性与柔性结合，就派生出跨文化管理；法律是共性的，文化是个性的，共性与个性结合就派生出跨文化管理；法律是有国界性的，文化是民族性的，国界性与民族性结合就派生出跨文化管理。突出国民待遇原则本身就是实施跨文化管理最基本的特征，突出公民性就是实施跨文化管理最显著的特点。无论什么国籍的人都要遵守法律，无论什么民族都要遵守法律，无论什么宗教信仰都要遵守法律，无论何种身份都要遵守法律。以法律为准绳是实施跨文化管理的核心。

5.4 新一批自由贸易园区出现

2014 年 12 月 12 日，国务院总理李克强主持召开国务院常务会议，讨论自由贸易区建设问题。会议指出：中国（上海）自由贸易试验区设立一年多来，围绕外商投资负面清单管理、贸易便利化、金融服务业开放、完善政府监管制度等，在体制机制上进行了积极探索和创新，形成了一批可复制、可推广的经验做法。党中央、国务院已决定在更大范围内推广，推动实施新一轮高水平对外开放。会议确定：部署推广上海自由贸易试验区试点经验，加快制定完善负面清单，推动我国更高水平对外开放。至此，上海自由贸易区建设初步基本经验将在国内重点区域推广，新一轮自由贸易区建设将展开。会议要求：深化上海自贸试验区改革开放。进一步压缩负面清单，在服务业和先进制造等领域再推出一批扩大开放举措，并将部分开放措施辐射到浦东新区；除涉及法律修订等事项外，在全国推广包括投资、贸易、金融、服务业开放和事中事后监管等方面的 28 项改革试点经验，在全国其他海关特殊监管区域推广 6 项海关监管和检验检疫制度创新措施；依托现有新区、园区，在广东、天津、福建特定区域再设三个自由贸易园区，以上海自贸试验区试点内容为主体，结合地方特点，充实新的试点内容；抓紧制定新设自贸园区具体方案，并提请全国人大常委会授权调整实施相关法律规定。

5.4.1 自由贸易区潜在地区分析

1. 自由贸易区基本条件

在中国大陆有哪些地区未来可能会成长为自由贸易区呢？我们必须把自由贸易区的基本条件搞清楚，之所以称为自由贸易区就是因为该地区存在对外贸易业务，而且是相对于其他地区具有国际贸易业务的数量，可以认为，设立自由贸易区必须具备三个基础条件：

一是具有海关。

二是具有生产和经营进出口产品的企业。

三是具有便捷的运输通道（水港／陆港／空港）。

按照这三个基础条件在全国大陆范围符合要求的地区很多，相对比较优势明显的地区主要分布在沿海地区、沿边地区、沿江地区。

2. 国内具有优势的地区分布

根据自由贸易区条件分析，以下地区优势显著，开办自由贸易区的基础条件相对优良：

上海、广东（广州／深圳／珠海）、天津、福建（福州／厦门）、大连、宁波、青岛、广西（北部湾／东兴）、海南、云南（瑞丽）、新疆（霍尔果斯／乌鲁木齐）、内蒙古（满洲里／二连浩特）、武汉、重庆、成都、郑州、西安。

首先，上海、广东（广州／深圳／珠海）、天津、福建（福州／厦门）、大连、宁波、青岛、广西（北部湾／东兴）、海南，这 9 个地区属于沿海地区，具有海港优势，具备国际通航的条件；具有空港优势，具备国际通航条件；具有海关优势，具备办理国际贸易业务的机构；具有一大批从事国际贸易的中外公司优势，其国际贸易业务量较大，既有货物贸易又有服务贸易；国际金融机构集中，国际结算业务量较大。因此，这些地区具有发展成自由贸易区的基本条件。

其次，新疆（霍尔果斯／乌鲁木齐）、内蒙古（满洲里／二连浩特）、云南（瑞丽），这些地区属于沿边地区，具有陆港（陆路口岸）优势，具备国际通行的条件；

开放型经济 KAIFANGXING JINGJI

具有空港优势，具备国际通航条件；具有海关优势，具备办理国际贸易业务的机构；具有一大批从事国际贸易的中外公司优势，其国际贸易业务量较大，既有货物贸易又有服务贸易；国际金融机构集中，国际结算业务量较大。因此，这些地区具有发展成边境口岸自由贸易区的基本条件。

最后，武汉、重庆、成都、郑州、西安，这些地区处于交通枢纽地区，具有空港优势，具备国际通航条件；具有铁路、高速公路、航空联运优势条件；其中武汉、重庆、成都处于"长江经济走廊"之中，武汉是我国华中地区中心，地缘条件相当于美国的芝加哥，水港、空港、铁路枢纽交汇，是我国内陆地区地缘条件十分优越的地区。重庆地处长江上游，同样具有水港、空港、铁路/高速公路汇集之处，同样是我国内陆地区地缘条件十分优越的地区。西安是我国"亚欧大陆桥经济带"，以及古"陆路丝绸之路"经济带始发点，也是新丝绸之路经济带上的重要节点。郑州是我国中原地区中心，是京广和陇海经济带交叉地，是枢纽地区，具有"路—空联运"和"路（铁路）—路（公路）"联运条件。这些地区具有海关，具备办理国际贸易业务的机构；具有一大批从事国际贸易的中外公司，其国际贸易业务量较大，既有货物贸易又有服务贸易；国际金融机构集中，国际结算业务量较大。因此，这些地区具有发展成自由贸易区的基本条件。

随着各地经济发展，特别是改革开放的日益深入，每个地区都有自己发展经济的题材，都会逐步积累条件，逐步完善建设成为自由贸易区的要求。但是，也必须看到，自由贸易区建设不是所有的地方都可以建，如果都能建何还要单独设立自由贸易区呢？有国际贸易才有建设自由贸易区的要求，没有贸易何谈贸易区？自由贸易区建设不能"刮风"，不能搞"大跃进"，不能"一窝蜂"都上。

中国（上海）自由贸易区建设的基本经验可以复制，可以为后来成为自由贸易区的地方所吸收，在吸收中再创新、再丰富、再改善，使自由贸易区建设越来越好。

5.4.2 广东自由贸易区

1. 广东建设自由贸易试验区的地缘条件分析

广东具有建设自由贸易区的基本条件。广东地处中国南方珠江口地区，背靠中国大陆腹地，面向南海，以及周边东盟地区国家，以广州为中心，香港、澳门为触角，以深圳、珠海为两翼，形成环珠江口大经济区。可以集合粤港澳三地优势。

广东省地处中国大陆最南部。东邻福建省，北接江西省、湖南省，西连广西壮族自治区，南临南海，珠江口东西两侧分别与香港、澳门特别行政区接壤，西南部雷州半岛隔琼州海峡与海南省相望。全省陆地面积 17.98 万平方千米[1]，约占全国陆地面积的 1.85%；全省大陆岸线长 3368.1 千米，居中国第一位。

广东省下辖 21 个地级市，划分为珠三角、粤东、粤西和粤北四个区域，其中"珠三角"地区包括广州、深圳、佛山、东莞、中山、珠海、江门、肇庆、惠州；粤东地区包括汕头、潮州、揭阳、汕尾；粤西地区包括湛江、茂名、阳江；粤北地区包括韶关、清远、云浮、梅州、河源。

广州市是中国南方地区交通枢纽城市。铁路广州站是铁路枢纽始发站。预计到 2020 年，广东铁路出省通道由京广铁路、京九铁路、广深铁路、黎湛铁路、赣韶铁路、柳韶铁路、粤海铁路和梅坎铁路增至 12 条，形成以广州为中心，"三纵二横"的铁路主干线。建成联通内地的高铁网络，武广高铁、广深港高铁、厦深高铁、贵广高速铁路、南广高铁、广东西部沿海高速铁路（在建）。

广东省沿海岸线地区拥有众多优良港口资源。广州港、深圳港、汕头港和湛江港已经成为国内对外交通和贸易的重要通道；大亚湾、大鹏湾、碣石湾、博贺湾及南澳岛等地还有可以建大型深水良港的港址。据史料记载：广州港自古以来就是中国对外贸易的重要港口和口岸，是中国最早对外通商口岸，唐玄宗开元年间（713～741 年），广州就设有市舶使（后改名"市舶司"），总管对外贸易与收税，成为"海关"概念的起源，也是中国第一个海关，在汉朝、唐朝时期成为海上"丝绸之路"的始发港，清朝乾隆年间"一口通商"使广州成为唯一对外贸易港口。清朝末年，《中法天津条约》、《中美天津条约》、中法《广州湾租界条约》中，英法等国分别租借广州、潮州、汕头、琼州（琼州时属广东）、广州湾（今湛江）。

广东具有民用通航机场 12 个，以广州白云国际机场为国际复合型门户枢纽机场，深圳宝安国际机场及粤西国际机场为区域性枢纽机场，其他支线机场为补充的全省民用机场布局。年旅客吞吐能力达到约一亿人次。

2. 广东建设自由贸易试验区的社会经济基础分析

粤港澳都市圈以广州、深圳为中心，以珠江口东岸、西岸为重点，粤港澳建成全球最具竞争力大都市圈，打造一个具有综合竞争力的世界级的城市群。

一是具备人口规模条件。广东有人口 1.043 亿（2010 年第六次人口普查指标），2013 年年末，广东省常住人口为 10644 万人[2]。其中，广州市人口 1292 万人，深圳

---

[1] 资料来源：《中国地图集》，中国地图出版社，2014 年 1 月版，第 162 页。
[2] 资料来源：广东统计信息网，2014 年 3 月 20 日。

市人口 1062 万人，珠海市人口 159 万人，东莞市人口 831 万人，佛山市人口 729 万人，中山市 317 万人。香港人口 718.4 万人（2013 年指标），澳门人口 55.2 万人（2011 年全国第六次人口普查数据）。

二是具备产业发展条件。广东省产业结构以制造业为主，加工工业发达，具有食品、纺织业、机械、家用电器、汽车、医药、建材、冶金工业体系。拥有银行业金融机构网点和从业人员总数均居全国首位，基本形成了以货币、外汇、产权等市场为主体的金融市场体系。广东是全国中小型企业最发达的地区，也是大众创业、万众创新最活跃的地区，企业数量达到 305.93 万户（2014 年 1 月指标）[1]，深圳、珠海、东莞、中山、佛山、广州也是外来人口集中地区，特别是深圳市，绝大部分人口都是非本地出生人口，是移民城市才成就了经济繁荣。

三是经济成长条件。广东是中国经济总量最大和发展最快的省份，广东经济总量为 67792 亿元人民币（2014 年指标），居全国各省区第一位，全年财政收入达到 8060.06 亿元（2014 年指标），居各省财政收入榜首，连续 24 年位居全国各省首位。消费品零售总额 28471 亿元（2014 年指标），位居榜首。进出口总额 10915.70 亿美元（2013 年指标）。1978~2014 年 36 年，GDP 年平均增长率 14%，增长速度居全国第一位。广东省以中国第一经济大省的地位，在许多经济指标上都列各省第一位。（见图 5-4-1 广东省 2007-2013 年进出口总额及增长速度图）。

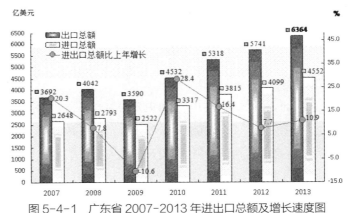

图 5-4-1　广东省 2007-2013 年进出口总额及增长速度图

资料来源：广东省统计局 2013 年广东国民经济和社会发展统计公报。

四是具备都市圈条件。广东围绕珠江口地区形成了闭环都市圈，广州——东莞——深圳——香港——澳门——珠海——中山——佛山——广州。

香港是国际开放都市，香港经济总量（GDP）3028.1 亿美元（2013 年度）（2013 年国际汇率），人均 38797 美元。香港是全球第十一大贸易经济体系、第六大外汇

[1] 资料来源：中国广东省企业数据报告，2014 年 1 月。

市场及第十五大银行中心。香港也是成衣、钟表、玩具、游戏、电子和某些轻工业产品的主要出口地，出口产值位列全球高位。截至 2014 年，香港金融服务业从业人数达 23 万，占就业人口 6.1%，对香港生产总值直接贡献 16%。金融业间接创造就业岗位 10 万个，间接对本地 GDP 贡献 6%。金融服务业税收达到 400 亿元。香港交通基础设施条件良好，有香港国际机场，京九铁路网络，广深高铁网络，九龙及香港岛之间的维多利亚国际港，则因港阔水深、四面抱拥，有利船只航行，是世界三大天然良港之一。

澳门是国际开放都市。澳门经济总量（GDP）518 亿美元（2013 年指标），人均 GDP 87306 美元（2013 年指标），澳门人口 55.25 万人（2011 年 4 月全国第六次人口普查数据），有澳门国际机场，"港珠澳大桥"（香港 – 澳门 – 珠海）正在建设，预计 2017 年前建成开通，对粤港澳地区交通产生巨大影响，极大方便了珠江口两岸，以及香港、澳门、广州之间的交通运输，提供了区域经济一体化的基础。

五是经济特区条件。广东省有三个经济特区，深圳、珠海、汕头是我国第一批四个经济特区中的三个主要城市，特别是深圳特区建设经验，珠海特区建设经验，足以转变成自由贸易区的基础。珠江三角洲地区足以成长为大区域经济一体化的条件，既有自然地理条件、交通网络条件，也有改革开放的特区建设经验条件，社会经济总量条件、产业分工条件、文化包容条件。幅员辽阔、腹地深远、基础雄厚、经验厚重。

但是，为什么中国第一个自由贸易试验区落户上海，而不是广东？广东的各个方面条件并不差，区位优势十分明显，改革开放经验十分丰富，有些方面是全国一流的条件。例如：经济特区建设经验独一无二，有三个特区在广东，有四个国际都市在附近（广州、深圳、香港、澳门）；有全国最大的产业基础和工业生产力；有中央给予的关注和厚爱，历届中央主要领导都到过广东视察指导工作，特别是邓小平同志、江泽民同志、胡锦涛同志、习近平同志等，多次亲临广东。广东无论是硬件条件还是软件条件都要比国内其他地区好得多。广东是我国实施改革开放的前沿，是改革开放最早的"排头兵""试验田""火车头""播种机"，以深圳为代表的经济特区建设是一面旗帜，是广东的骄傲，也是全国人民的骄傲，是广东的名片，也是中国改革开放的名片。

中国第一个自由贸易试验区花落上海，而不是广东，足以让广东深思。回顾广东改革开放发展的历程就可以窥视出一些线索。1978 年，党的十一届三中全会确定改革开放以来，广东最先打出品牌——经济特区建设，深圳、珠海、汕头，先行先试，特区建设创造出奇迹，沉淀在厚重的 30 年当中（自 1978 年到 2008 年）。

2008 年 12 月 18 日，胡锦涛同志在纪念改革开放 30 周年大会上讲话，全面系统地总结了改革开放 30 年的经验，明确了日后发展的战略目标。讲话指出："近一个世纪以来，我国先后发生三次伟大革命。第一次革命是孙中山先生领导的辛亥革命，推翻了统治中国几千年的君主专制制度，为中国的进步打开了闸门。第二次革命是中国共产党领导的新民主主义革命和社会主义革命，推翻了帝国主义、封建主义、官僚资本主义在中国的统治，建立了新中国，确立了社会主义制度，为当代中国一切发展进步奠定了根本政治前提和制度基础。第三次革命是我们党领导的改革开放这场新的伟大革命，引领中国人民走上了中国特色社会主义广阔道路，迎来中华民族伟大复兴光明前景。""我们的伟大目标是，到我们党成立 100 年时建成惠及十几亿人口的更高水平的小康社会，到新中国成立 100 年时基本实现现代化，建成富强、民主、文明、和谐的社会主义现代化国家。只要我们不动摇、不懈怠、不折腾，坚定不移地推进改革开放，坚定不移地走中国特色社会主义道路，就一定能够胜利实现这一宏伟蓝图和奋斗目标。"（胡锦涛，在纪念党的十一届三中全会召开 30 周年大会上的讲话，2008 年 12 月 18 日）。

胡锦涛的讲话实际上是对中国改革开放事业的全面概括和总结，也是对未来中国改革开放事业的新战略部署，这是一个里程碑意义的事件，标志着中国改革开放事业进入了新的发展时期——由"改革开放"转变为"开放改革"。从"改革促开放"，转变为"开放促改革"，全面深化开放成为新的发展动力，本质上是拉开了"中国国际化"的大幕，进入了新的历史时期。也标志着经济特区建设到了历史转折点，"特区"今后不"特"了，"特区"已经"特"了 30 年，已经完成了历史使命。特区的未来在哪里？这是广东早在特区建设"如日中天"的时候就应该考虑的重大战略问题。

如果将特区建设按照每十年划分一个时期，可以分成四个阶段，即初创期、成长期、成熟期、转型期。（见图 5-4-2 中国经济特区成长态势曲线图）。

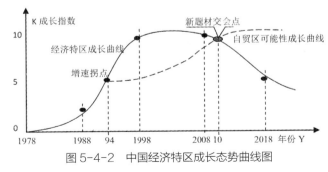

图 5-4-2　中国经济特区成长态势曲线图

初创期——1978~1988 年。这一时期是特区建设最火爆的时期，一张白纸，任意涂彩，是特区建设创新活力最强的时期，政策性作用十分显著，无论是招商引资，还是体制机制建设都创造了中国历史上的奇迹，仅仅深圳特区就创造了中国改革历史上"十个第一"。

成长期——1988~1998年。这一时期是特区开始辉煌的时期，汇集企业的数量大幅度增长，企业规模快速膨胀，政策性作用显著，地区经济总量连年攀升，城市规模迅速扩张，人口增多，地盘扩大，总量增长是这一时期的突出特征。

成熟期——1998~2008年。这一时期特区总量增长与结构升级同步，第二产业增速减缓，区域性产能过剩开始出现，第三产业成长较快，金融、证券、投资、信托、电子、贸易、兼并、组合等领域活跃，中低端加工制造类中小型企业纷纷退出，向周边其他地区转移。政策性刺激效应下降。

转型期——2008~2018年。这一时期特区结构转型成为主题，寻找新的经济增长点成为焦点，政策效应已经用到尽头，新的发展题材将要出现。

根据上述分析，特区建设最早可以在1994年就应当启动转型探索，为日后实施转型做积累，最迟也要在2008年启动转型探索（改革开放30年），从1994年到2008年之间都是可以选择的时间区，可以有14年的经验积累，具有充裕的时间准备。到了2008年改革开放30年以后，告一段落，划一原点，再经过2年酝酿，到2010年前后就会出现新的发展题材跟进——由"特区建设"转为"自由贸易区"建设，实现"华丽转身"。大力实施国际化战略转型，大力发展总部经济、品牌经济、公司经济、势力经济，推动企业（工厂）走出去，实施第二次下海——出国覆盖南海（东盟地区），将过剩生产力外移，拉动周边国家经济，培育东盟国际大市场，将广东建设成整个南洋地区的经济中心。"特区"可以继续扛着中国改革开放"排头兵"的大旗，继续为中国改革开放事业做出贡献，继续"特区"的荣耀和辉煌，将四代中央领导同志的厚爱和重托（邓小平同志、江泽民同志、胡锦涛同志、习近平同志）贯彻下去，此时的特区可能称呼为"中国（南方）自由贸易区"。而事实上，当"中国（上海）自由贸易试验区"宣告成立之时，就已经证明了广东对时局的战略误判错失了一次难得的历史战略机遇期。现在需要奋起直追。

3. 广东建设自由贸易试验区的功能定位分析

根据历史经验和现实要求，广东要建设自由贸易区，必须"跳出广东看广东"，必须"跳出广东设计广东"，不能仅仅顾及广东省内每个地区怎么样，不能仅仅顾及省内发展平衡，鼠目寸光是不行的，要将广东放在南海地区大盘子里来考虑战略定位。

一是集中精力将珠三角地区打造成面向东盟的中国南方地区最大的自由贸易区。从大区域平衡来考虑省内经济发展问题，通过极化效应和带动效应来影响省内其他地区发展，不搞均衡发展在哪布局。

二是推进产业开放。服务业开放，目标区香港澳门，现代金融、服务业创新区，政府职能转变，法制化营商环境建设，打造内地与香港关于建立更紧密经贸关系的安排（CEPA）新部署，升级版和海关特殊监管升级版。

三是建立地方特色经济。突出会展、贸易、金融特色，突出香港、澳门、广东经济一体化的特色，突出"21世纪海上丝绸之路"出港地的特色，突出"三地"一站式海关管理特色，实现就地观摩、就地签订合同、就地办理进出口手续。"三地"监管数据共享，"单边验收"机制，便利通关，将大大提升开放经济管理水平，将香港的国际都会、澳门的国际窗口、广东的国际产业基地三大优势汇集起来，围绕环珠江口地区建立大区域自由贸易区。

4. 广东建设自由贸易试验区的初始范围

中央已经对中国（广东）自由贸易试验区四至范围做出规定[1]，将广州南沙新区片区、深圳前海蛇口片区、珠海横琴新区片区"三市"整合成"一区"，总占地面积近120平方千米，定义为"中国（广东）自由贸易试验区"创造出跨市的大自由贸易区概念。

广州区块地标范围：南沙新区片区共60平方千米（含广州南沙保税港区7.06平方千米）。占地面积四至范围：海港区块15平方千米。海港区块一，龙穴岛作业区13平方千米，东至虎门水道，南至南沙港三期南延线，西至龙穴南水道，北至南沙港一期北延线（其中南沙保税港区港口区和物流区面积5.7平方公里）。海港区块二，沙仔岛作业区2平方千米。明珠湾起步区区块9平方千米，东至环市大道，南至下横沥水道，西至灵山岛灵新大道及横沥岛凤凰大道，北至京珠高速，不包括蕉门河水道和上横沥水道水域。南沙枢纽区块10平方千米，东至龙穴南水道，南至深茂通道，西至灵新大道，北至三镇大道。庆盛枢纽区块8平方千米，东至小虎沥水道，南至广深港客运专线，西至京珠高速，北至沙湾水道。南沙湾区块5平方千米，东至虎门水道，南至蕉门水道，西至黄山鲁山界，北至虎门大桥，不包括大角山山体。蕉门河中心区区块3平方千米，东至金隆路，南至双山大道，西至凤

[1] 资料来源：第十二届全国人民代表大会常务委员会第十二次会议通过（2014年12月28日），新华网，2014年12月29日。

凰大道，北至私言滘。万顷沙保税港加工制造业区块 10 平方千米，东至龙穴南水道，南至万顷沙十一涌，西至灵新公路，北至万顷沙八涌（其中南沙保税港区加工区面积 1.36 平方千米）。

深圳区块地标范围：前海蛇口片区共 28.2 平方千米。占地面积范围：前海区块 15 平方千米，东至月亮湾大道，南至妈湾大道，西至海滨岸线，北至双界河、宝安大道（其中深圳前海湾保税港区 3.71 平方千米，东至铲湾路，南以平南铁路、妈湾大道以及妈湾电厂北侧连线为界，西以妈湾港区码头岸线为界，北以妈湾大道、嘉实多南油厂北侧、兴海大道以及临海路连线为界）。蛇口工业区区块 13.2 平方千米，东至后海大道 – 金海路 – 爱榕路 – 招商路 – 水湾路，南至深圳湾，西至珠江口，北至东滨路、大南山山脚、赤湾六路以及赤湾二路。

珠海区块地标范围：横琴新区片区共 28 平方千米。占地面积范围：临澳区块 6.09 平方千米，东至契辛峡水道，南至大横琴山北麓，西至知音道，北至小横琴山南麓。休闲旅游区块 10.99 平方千米，东至契辛峡水道，南至南海，西至磨刀门水道，北至大横琴山。文创区块 1.47 平方千米，东至天羽道东河，南至横琴大道，西至艺文二道，北至港澳大道。科技研发区块 1.78 平方千米，东至艺文三道，南至大横琴山北麓，西至开新一道，北至港澳大道。高新技术区块 7.67 平方千米，东至开新二道，南至大横琴山北麓，西至磨刀门水道，北至胜洲八道。

"三区联动"必须考虑建立统一的大数据平台，自贸区制度创新很多的工作也都涉及辅助系统改造，从广东自贸试验区"一区三市"的实际情况来看，要实现一体化和智能化管理，需要以信息化作为支撑，建立统一的电子化窗口。需要政府部门更加重视对自贸区信息化系统建设工作，加大投入，实现广东自贸试验区三个片区的整体联动发展。

通过建立自由贸易区将珠三角范围扩展，对外通过航线开辟海外合作，与"21世纪海上丝绸之路"沿线国家和城市联通；对内通过建设无水港、办事处和业务营销中心，与周边省区城市（如广西、江西、福建、海南、湖南等）进行融合，扩散再也没有试验区的效应，带动整个南方地区的开放改革事业，促进经济发展和社会进步。

5.4.3 天津自由贸易区

天津，简称"津"，是中国四个直辖市之一，是中国最早实施对外开放的 14 个沿海城市之一，北方经济中心、环渤海地区经济中心、北方国际航运中心、北方国际物流中心、国际港口城市和生态城市、国际航运融资中心。2014 年 12 月 28 日，中央政府将天津列为第二批国家自由贸易试验区城市 [1]，国务院批准设立试验区总面积为 119.9 平方千米。中国（天津）自由贸易试验区是中央政府设立在天津市滨海新区的区域性自由贸易园区，属中国自由贸易区范畴。园区主要涵盖 3 个功能区，天津港片区、天津机场片区以及滨海新区中心商务片区，标志着天津进入中国境内自由贸易园区行列。

天津自贸区俯瞰图

1. 天津建设自由贸易试验区的地缘条件分析

天津具有自然区位优势。天津位于华北平原北部，东临渤海，北依燕山，海河下游，地跨海河两岸，是北京通往东北、华东地区铁路的交通咽喉和远洋航运的港口，有"河海要冲"之称。天津市疆域周长约 1290.8 千米，海岸线长 153 千米，陆界长 1137.48 千米，面积 11946.88 平方千米。东、西、南分别与河北省的唐山、承德、廊坊、沧州地区接壤，对内腹地辽阔，辐射华北、东北、西北 13 个省市自治区，对外面向东北亚，是中国北方最大的沿海开放城市。天津地处北温带位于中纬度亚欧大陆东岸，受季风环流影响，为东亚季风盛行的地区，属暖温带半湿润季风性气候。临近渤海湾，海洋气候对天津的影响明显。天津地跨海河两岸，海河是华北最大的河流，由大沽口入海。

天津具有交通条件优势。天津市由铁路、公路、水路、航空和管道五种运输方式和先进的电信通信网及便利的邮政网构成了四通八达的交通运输网络。天津公路网是以国道和部分市级干线为骨架，以放射状公路为主的网络系统，以外环线沟通各条放射公路的联系。通过天津的国道主干线有 4 条：京津塘高速公路、京福一级汽车专用公路、拉丹高速公路和拉丹高速公路津唐支线；国道 5 条：京哈、京塘、津同、津榆公路和山广公路。天津处于京沪铁路、津山铁路两大传统铁路干线的交

[1] 资料来源：第十二届全国人民代表大会常务委员会第十二次会议通过（2014 年 12 月 28 日），新华网，2014 年 12 月 29 日。

会处，还是京沪高速铁路、京津城际铁路、津秦客运专线、津保客运专线等高速铁路的交会处，是北京通往东北和上海方向的重要铁路枢纽。天津滨海国际机场位于东丽区，距天津市中心13千米，距天津港30千米，距北京134千米，是国内干线机场、国际定期航班机场、国家一类航空口岸，中国主要航空货运中心之一。滨海国际机场代理国内外客货运包机业务，为各航空公司提供地面代理业务。航运系统天津港是世界等级最高、中国最大的人工深水港，吞吐量世界第四的综合性港口，位于滨海新区，服务和辐射京津冀及中西部地区的14个省市自治区，总面积近500万平方千米，占全国面积的52%，是蒙古国等内陆国家的主要出海口，航线通达世界180多个国家和地区的500多个港口。天津在渤海西岸的盐碱滩涂上建成的吞吐量两亿吨的第二港口天津南港于2011年08月31日开港试通航，也称天津港的南港区。

2. 天津建设自由贸易试验区的社会经济基础分析

天津市有人口1516.81万（2014年指标）。全市经济总量（GDP）15722.47亿元（2014年指标），三次产业结构比重为1.3∶49.4∶49.3。

历史上，天津自从清朝末年到民国初时期就已经成为中国经济最发达的地区之一，1860年天津就已经成为通商口岸，西方多国在天津设立租界，成为近代中国"洋务"运动的基地。国家军事近代化、铁路建设、电报电话、邮政、采矿业、近代教育、司法等领域开中国历史先河。1949年新中国成立以来，天津一直是北方地区工业中心城市和经济中心城市，七大产业发达（轻纺、陶瓷、化工、机械、电子、建材、冶金），创立了一大批地方知名品牌。改革开放以来，天津成为14个沿海开放城市之一，2005年天津滨海新区被纳入国家"十一五规划"和国家发展战略，列为"国家综合配套改革试验区"。2006年3月22日，国务院常务会议将天津定位为"环渤海地区经济中心，国际港口城市，北方经济中心，生态城市"，2009年11月10日，国务院批复同意天津市调整滨海新区行政区划，截至2014年8月，世界500强跨国公司已有156家在天津落户，投资项目共465个，天津进入新发展时期。

天津农业发展特点——"城郊型农业"。以种植业、养殖业、水产业为主，建立了七大副食品商品基地。培育了优质小站稻、王朝葡萄酒、天立独流老醋、天津黄瓜系列良种、天津大银鱼等一批驰名中外、享誉全国的优质名牌产品。

天津工业发展特点属于"综合型工业"。天津是中国近代工业的发祥地之一，也是中国重要的老工业基地。久大精盐公司、永利碱厂等曾开创中国化学工业的先河。天津是中国第一台电视机、第一部电话、第一架照相机、第一台汽车发动机、第一只手表的产地。自滨海新区成为国家综合配套改革试验区以来，已经形成航空航天、石油化工、装备制造、电子信息、生物医药、新能源、新材料、国防工业等八大新兴产业。具有大飞机、大火箭、大造船、大乙烯等一批大企业项目,全球唯一兼有航空与航天两大产业的城市。包括航空航天领域的空客 A320 总装线、新一代运载火箭、特种飞行器生产基地、直升机产业基地、无人机产业基地、机翼组装生产、航天器制造产业基地;石油化工领域的百万吨乙烯、千万吨炼油、渤海化工园、精细化工基地;冶金机械领域的海鸥精密机械加工基地、滨海机电工业园、中国车辆集团天津工业园、中船重工天津临港造修船基地;电子信息领域的电子加速器生产基地、蓝鲸海量存储项目、生物芯片研发基地;生物医药领域的金耀生物园;新能源、新材料领域的京瓷太阳能新工厂、风电产业聚集地、大功率半导体照明产业基地、北疆发电厂,等等。

天津服务业发展特点属于"贸易型口岸服务业"。京津两地人口近 4000 万,自然形成了千万级人口都市的大消费品市场,零售网点繁多,全市超万平方米以上的大型商贸设施已有 130 多个。物流网络发达,成为南方北方物资交流枢纽,覆盖范围延伸至东北、西北、华北地区,辐射东北亚地区,以及蒙古国、俄罗斯。2008年 9 月,天津股权交易所(天交所)在滨海新区注册营业。2009 年 12 月,中国国内第一家股份制商品交易所渤海商品交易所正式开业,亦是国内唯一设立监管委员会、受省级地方政府直接监管的商品交易所。2010 年 11 月,天津文化艺术品交易所正式启动交易,是世界首家文化艺术品交易所。

3. 天津建设自由贸易试验区的功能定位分析

"中国(天津)自由贸易试验区"建设,不仅仅是天津的事情,也是全国的事情。需要站在国家的角度,站在"首都经济圈"的位置,面向国内"三北地区"(华北、西北、东北),面向国际东北亚地区,面向蒙古国、俄罗斯,以及面向陆路"丝绸之路经济带"的背景来考虑、来构思、来设计、来部署。这样就必须研究天津在其中的地位,需要解决好三大问题:首先要解决好京津冀的问题,再要解决好天津与三北地区问题,还要解决好天津与东北亚,以及蒙古国、俄罗斯、"丝绸之路经济带"的问题。三个大问题要统筹起来,才能搞清楚"中国(天津)自由贸易试验区"建设的定位。

一是解决好首都经济圈建设问题——明确京津冀三地功能分工。

从首都经济圈的范围来看,一级圈范围就是京津冀地区,辐射半径 300 千米左右,核心区就是"京津唐"地区,辐射半径 200 千米左右,中心区辐射半径 100 千米左右。这一地区人口集聚指标,京津冀地区汇集了常住人口约 1.14 亿,其中,河北约

7400 万，北京约 2500 万，天津约 1500 万，庞大的人口数量足以形成区域大市场。

北京的职能担当——突出政治中心地位，疏解非首都职能。

北京有两个名称，一个是北京市，另一个是中华人民共和国首都。一方面作为北京市，则与其他省（市、区）一样是一个地方行政区划，都需要有自己的发展战略部署，包括产业结构、区域经济、社会进步、生态文明等，社会经济活动内容以及日常工作没有本质区别。另一方面作为首都，则是全国的政治中心，具有中央机关集聚特点，负责指挥全国工作，需要有相应的设施配套，形成指挥中心（司令部）的功能体系。因此，北京首先要满足首都职能，然后才是北京市职能，这就决定了北京必须排除掉"非首都职能"部分的内容，需要"忍痛割爱"，疏解没有直接关系的内容，适当减少北京的资源"汇聚力"，将一些产业发展机会分散到其他地方，只有这样才有利于北京的发展，也有利于周边其他地区的发展，有利于发挥各自的角色特点，形成相互支撑的职能架构。

有哪些方面属于首都职能的基本符号呢？合适的地理位置，良好的交通设施，现代的城市服务，厚重的文化基础，良好的生态文明，一定规模的高素质人口。除此之外都属于非首都职能所涵盖范畴。这里要特别强调，在交通网络化通讯现代化的时代，首都城市建设的重点不应当是经济中心，不应当是工业中心，只要突出政治中心、文化中心两个职能就足够了（例如：美国首都华盛顿）。树立起来这样一个理念，北京作为首都今后的发展规划就会有新创意，破解京津冀三地之间发展非均衡的难题就会有新的解决方案，将北京的工业企业外移是战略选择。此外，城区批发市场、一些教育机构、一些医疗卫生机构、一些行政事业单位等，都可以向周边地区疏解。疏解方法可以采用整体搬迁方式，土地置换；也可以采用建新废旧的方式，整体升级。

疏解北京非首都职能是中央已经明确的。2015 年 2 月 10 日至 12 日，习近平总书记在主持召开中央财经领导小组第九次会议时指出 [1]："疏解北京非首都功能、推进京津冀协同发展，是一个巨大的系统工程。目标要明确，要通过疏解北京非首都功能，调整经济结构和空间结构，走出一条内涵集约发展的新路子，探索出一种人口经济密集地区优化开发的模式，促进区域协调发展，形成新增长极；思路要明确，要坚持改革先行，有序配套推出改革举措；方法要明确，要放眼长远、从长计议，

---

[1] 资料来源：2015 年 2 月 12 日，中央财经领导小组第九次会议新闻报道，人民网，新华每日电讯，中央电视台，2015 年 02 月 12 日。

稳扎稳打、步步为营、锲而不舍、久久为功。"

河北的职能担当——突出综合性社会经济生态发展，增强企业整体实力。

河北省最大的问题是没有形成一大批资本规模在1000万以上的中小型民营企业，老百姓穷。河北是沿海地区，但是沿海开放经济的味道不足，无论是进出口加工能力还是数量，均明显不足，产业结构还在产业链低端徘徊，造成的环境污染已经严重威胁了京津冀地区。

河北，简称"冀"，面积19万平方千米，人口7345万（2014年指标），省会石家庄市，辖11个地级市、22个县级市、108个县、6个自治县 [1]，其中沧州、唐山、秦皇岛三市地区濒临渤海湾，位于天津市南北两侧，保定、石家庄、邢台、邯郸位于京广铁路沿线，张家口、承德位于北京北侧。地处华北，漳河以北，东临渤海，内环北京、天津，西为太行山地，北为燕山山地，燕山以北为张北高原。东与天津市毗连并紧傍渤海，东南部、南部衔山东省和河南省，西倚太行山，并与山西省为邻，西北部和北部地区与内蒙古自治区交界，东北部与辽宁省接壤。省会石家庄市北距北京279千米，东北距离天津市333千米。气候属温带大陆性季风气候，大部分地区四季分明。

河北是中国重要粮棉产区，截至2013年现有耕地619.9万公顷，大部分的地区农作物可一年两熟。主要粮食作物有小麦、玉米、高粱、谷子、薯类等。河北省是中国重要产棉基地，此外，油料、麻类、甜菜、烟叶也很重要，与棉花合为本省五大经济作物，盛产栗、杏、柿、梨等果品。河北还是中国重要渔区之一，以沿海渔业为主。

河北省已基本形成新能源、汽车、电气、煤炭、纺织、冶金、建材、化工、机械、电子、石油、轻工、医药等新兴产业群。河北省主导产业中位居国内前茅的产业有：纺织工业，印染服装工业，建材工业，卫生陶瓷，平板玻璃，能源工业，冶金工业，化学工业，医药工业。河北有四个国家级高新技术产业开发区，分别是石家庄高新技术产业开发区、保定高新技术产业开发区——保定·中国电谷、唐山高新技术产业开发区和燕郊高新技术产业开发区。河北有三家国家级经济技术开发区，分别是秦皇岛经济技术开发区、廊坊经济技术开发区和沧州临港经济技术开发区。2013年河北省全部工业增加值达到13194.8亿元。

河北省是首都北京连接全国各地的交通枢纽。经过多年的建设与发展，河北省

---

[1] 资料来源：《中国地图集》，中国地图出版社，2014年1月版，第52页。

已形成了陆、海、空综合交通运输网，共有 25 条主要干线铁路，铁路货物周转量居全国大陆省份第 1 位。有 27 条国家干线公路，公路货物周转量居全国大陆省份第 2 位；高速公路通车里程达 2007 千米，居中国大陆省份第 3 位。河北海运条件十分便利，自南向北，有黄骅港、天津港、唐山港京唐港区、秦皇岛港，以及正在建设中的唐山港曹妃甸港区等较大出海口岸。秦皇岛港年吞吐能力 2 亿吨，是中国大陆第 2 大港；唐山港京唐港区已形成 3 亿吨吞吐能力，唐山港曹妃甸港区已达到 3 亿吨，黄骅港年吞吐量也超过 1 亿吨。其中唐山港、秦皇岛港位列全国前 8 大海港。石家庄民航现已开通 47 条航线，通达全国 47 个大中城市，开通了石家庄至香港及俄罗斯等独联体国家的航线。秦皇岛山海关机场开辟 25 条航线，通达全国 27 个城市。邯郸机场、邢台机场也将相继建成通航。

天津的职能担当——突出北方经济中心建设，增强国际都市增长极能力。

天津距离北京仅仅 118 千米，是四个直辖市之一，是临海城市，又是工业基础雄厚的城市，又是商业文明历史悠久的城市，又是"国家综合配套改革试验区"城市，为什么天津的"北方经济中心"角色不硬？为什么天津城市活力没有北京强劲？同样是沿海城市为什么天津没有上海繁荣？归根结底就是天津开放程度不够！

作为经济中心的增长极作用（Growth Pole Function）包括两个方面，集聚作用和扩散作用，或者称为极化效应和辐射效应。作为集聚作用是发挥汇聚资源的作用，将人、财、物等生产要素汇聚到一起，进行编码、组合、碰撞、加工，产生劳动成果，提供给市场。作为扩散作用是发挥推进资源分配的作用，将资源、要素和部分经济活动在地理空间上的分散趋向与过程。无论是集聚作用还是扩散作用，都是空间经济引力场作用的结果。空间引力场越大，则作用越强；反之，空间引力场越小，则作用越弱。一座城市的引力场就是一座城市综合实力的展现。引力场强度与增长极作用成正相关。例如，在理性人假设条件下，"人往高处走，水向低处流"是常规，一个地区外来人口数量，以及外来年轻人数量就是一个地区引力场的标度。在四个经济特区建设中，成就了深圳特区辉煌的主要原因就是外来人口数量。在四个直辖市建设中，成就了北京、上海这样的大都市辉煌的主要原因也是外来人口数量。在世界诸多国家建设中，成就了美国繁荣的主要原因也是移民的贡献。

历史与现实都已经证明了：凡是移民的地方都是经济活跃的地方，凡是年轻人向往的地方都是有希望的地方。

相比之下，天津大都市引力场作用相对较弱。一方面，虽然天津具有大飞机、大火箭、大造船、大乙烯等一批大企业项目，但是这些企业并没有拉动地方企业的作用，几乎所有的配套设施、元器件都不是本地企业所能够提供的，对广大的中小型企业没有产业链拉动作用，无法形成产业集群，大企业为国家做贡献，提供税收，老百姓拿工资，是职工，工资再高能高到何处，在中小型企业中，老百姓拿工资，是职工，也拿分红，是股东，既有劳动收入，也有管理才能收入，还有资本收入，合并起来可能比在大企业中拿的工资收入高得多。另一方面，崇尚产业园区建设，将产业园区选址设立在远离城市中心的地方，配套的基础设施难以跟进，周边没有社区，建立的经济技术开放区实际上成了"孤岛"。仅仅依赖经济技术开放区、工业产业园区，发展几个大工业企业的做法实际上已经证明是不够的。

天津，只有将产业集群发展、经济中心建设与国际都市建设集合起来，突出以国际都市建设为中心，以国际化大都市标准要求来构建产业链关系，以城市化包容产业园区，才能改变产业园区建设中的"孤岛"现象，才能形成经济中心发展极。

从上述分析可以看出来，改变京津冀地区格局的根本措施是：尽快将天津培养成北方国际都市，经济中心，大力增强国际金融、国际贸易、国际物流、国际结算功能，通过天津的极化效应带动河北地区发展，承担部分北京非首都职能；尽快培养河北地区民营经济力量，带动老百姓致富，承担部分北京非首都职能。在天津建立自由贸易区是重要题材，是十分必要的国际化发展契机，对"三地"深化分工具有推动作用。

二是解决好"三北地区"大经济区建设问题——培养京津冀增长极。

"三北地区"（华北、东北、西北）是首都经济圈的外围部分，以北京为中心，远端辐射半径可达2000千米以上。京津冀地区是华北地区的核心区，北京、天津是核心点。哈（尔滨）大（连）沿线是东北地区的核心区，沈阳、大连、哈尔滨、长春是核心点。陆路"丝绸之路经济带"沿线地区是西北地区的核心区，西安、乌鲁木齐是核心点，其他省会城市是副核心点。这样一种格局是根据生态区、流域区、功能区、经济区客观要求来分析和确立的，并不是按照行政区划（省、市、县）来分析和界定的。

虽然每个省（市、区）的省会级城市都是本地区发展的增长极，但是每个省会城市规模大小不同，引力场强度不同，极化效应不同，辐射半径大小不同，产生的作用也不同。经济中心的辐射作用与空间距离成负相关，距离越远，辐射力越弱，反之，距离越近，辐射力越强。为了弥补由于距离产生的辐射力衰减问题，就需要在一定范围内建立新的增长极点，根据距离的远近来安排城市规模的大小，最终形成以中心城市为点，以交通干线为路而联通起来的网络格局，带动区域经济均衡发展。

根据上述分析，北京和天津是中国北方地区仅存的两个直辖市，无论是城市地缘条件，还是城市规模，都已经构成中国北方地区发展的最大增长极，北京又是首都，自然形成了以首都为中心增长极，各个省会城市为副中心增长极的空间分布格局。天津，作为距离北京最近的都市自然要发挥更大的中心极化作用，承担北京不能承担的经济中心职能和地位。发挥河北省包络京津两大都市的地缘优势，大力发展维系国际大都市运行的"都市边缘产业群"，大力发展具有现代生产方式的中小企业群，大力促进一大批创业者和企业家涌现，改善生态环境，促进京津冀地区协调发展，

天津自由贸易试验区建设将成为本地区新题材，自贸区建设过程本身就是增长极极化过程。天津可以借鉴和复制一些上海自贸区经验，结合天津自身特点实施创新，特别是要加大力度改善现代服务业发展相对滞后情况，探索符合北方经济背景的投资服务贸易便利化和自由化模式。将自由贸易区建设融入经济中心、航运中心、物流中心、现代制造业中心建设中去，融入国际大都市建设中去，增强综合实力，增强本地区引力场强度。

三是解决好东北亚、蒙古国、俄罗斯、"丝绸之路经济带"国际经济区联通问题——增强京津冀龙头带动作用。

在整个东北亚地区，包括俄罗斯远东地区、蒙古国，日本（首都东京人口1300万），韩国（首都首尔人口1100万），在中国除了上海之外，北京和天津是本地区最大的国际都市。因此，京津冀地区不仅仅是中国国内北方地区的增长极，也是整个东北亚地区及其远东地区的增长极，处于亚洲大陆桥经济带上，以及陆路"丝绸之路经济带"上东部端点。通过天津港联通蒙古国、俄罗斯，成为联通蒙古国最近的出海口，也是联通亚欧大陆桥北线的枢纽。北京和天津作为枢纽地区自然要发挥大区域国际化的龙头作用，由于北京是首都，天津自然要发挥经济中心的功能和作用。天津的经济越是繁荣，对东北亚地区的带动作用就越大；天津的国际化程度越高，对东北亚地区的极化效应就越强；天津的综合能力越强，对整个远东地区的拉动力就越显著。

中国（天津）自由贸易试验区建设，一开始就要放在国际大自由贸易区的范畴来构思、来设计，涵盖日本、韩国、蒙古国、俄罗斯，甚至包括朝鲜。可以认为，天津的国际化程度和繁荣程度，直接关系到中国三北地区（华北、东北、西北）的国际化程度和经济繁荣程度，关系到半径2000千米范围内地区的国际化程度和经济繁荣程度。

4. 天津建设自由贸易试验区的初始范围

中央政府已经对中国（天津）自由贸易试验区四至范围做出规定[1]，将天津港片区、天津机场片区、滨海新区中心商务片区"三区"整合成"一区"，总面积约120平方千米，定义为"中国（天津）自由贸易试验区"，这是自中国（上海）自由贸易试验区之后，第二个在同一座城市中分别不同地块的自由贸易区范例。

一是天津港片区共30平方千米。占地面积四至范围：东至渤海湾，南至天津新港主航道，西至反"F"港池、西藏路，北至永定新河入海口。

二是天津机场片区共43.1平方千米。占地面积四至范围：东至蓟汕高速，南至津滨快速路、民族路、津北公路，西至外环绿化带东侧，北至津汉快速路、东四道、杨北公路。

三是滨海新区中心商务片区共46.8平方千米。占地面积四至范围：东至临海路、东堤路、新港二号路、天津新港主航道、新港船闸、海河、闸南路、规划路、石油新村路、大沽排水河、东环路，南至物流北路、物流北路西延长线，西至大沽排水河、河南路、海门大桥、河北路，北至大连东道、中央大道、新港三号路、海滨大道、天津港保税区北围网。

5.4.4 福建自由贸易区

国家批准第二批建立自由贸易试验区的第三个地区是福建省。福建自由贸易试验区与广东自由贸易试验区和天津自由贸易试验区不同，广东区的主要对外联动目标是东盟，天津区的主要对外联动目标是东北亚及远东地区，而福建区的主要对外联动目标是中国台湾地区。台湾地区实行资本主义市场经济，具有对外出口导向型经济体征，具有灵活的市场经济体制，具有开放的国际贸易体系。福建省联动台湾地区具有天然的地缘优势，可以形成"跨海峡大经济区"，构成自"长三角地区"、

福建自贸区俯瞰图

[1] 资料来源：第十二届全国人民代表大会常务委员会第十二次会议通过（2014年12月28日），新华网，2014年12月29日。

"珠三角地区"、"京三角地区"（京津冀地区）之后，中国第四大增长极。建设中国（福建）自由贸易试验区具有重大战略意义。

1. 福建建设自由贸易试验区的地缘条件分析

福建省，简称"闽"，省会城市是福州市，地理位置位于中国东南部沿海地区，东隔台湾海峡与台湾地区相望，东北与浙江省毗邻，西、西北与江西省接界，西南与广东省相连。省辖 1 个副省级城市（厦门市）和 8 个地级城市，14 个县级市，45 个县及 26 个市辖区[1]。全省土地总面积为 12.4 万平方千米，海域面积为 13.6 万平方千米。福建依山傍海，九成陆地面积为丘陵地带，被称为"八山一水一分田"。

路网交通条件具有优势。进入 21 世纪以来，按照构筑高速铁路，加强出海通道，贯通区域线路，完善海西路网的总体思路，海峡西岸经济区将着力构建"三纵六横九环"的海峡铁路网。按照规划福建省铁路运营里程将达 6000 千米，进出省通道在 10 个以上，将形成 9 个设区市的快速铁路环线，相邻设区市之间 1 小时交通圈，福建省所有县（市、区）1 小时内上快速铁路。截至 2013 年 12 月，福建省已建与在建铁路有：峰福铁路、鹰厦铁路、赣龙铁路、梅坎铁路、漳泉铁路、温福高速铁路、福厦铁路、龙厦铁路、向莆铁路、厦深铁路等已经建成，其中在建铁路有：合福高速铁路（在建）、南三龙快速铁路（在建）、浦建梅高速铁路（在建）。基本形成铁路网。公路向外辐射发展与铁路、水运、航空等综合运输联网。逐步形成以厦门经济特区、福州—马尾经济开发区、闽南厦、漳、泉三角地区为中心，向沿海和内地辐射的新公路网。

海港通道条件具有优势。可供 5 万 ~10 万吨轮船通航的港湾有沙埕湾、三都湾、罗源湾、福清湾、兴化湾、湄洲湾、厦门港、东山湾等处。福州港是全国十大集装箱码头之一，厦门、泉州、马尾都是历史悠久海港。厦门港是中国沿海主要港口之一，是中国综合运输体系的重要枢纽、集装箱运输干线港、东南沿海的区域性枢纽港口、对台航运主要口岸，有通往国际国内的航线，集装箱吞吐量位居世界第 18 位。厦门港历史上就是中国东南沿海对外贸易的重要口岸，由东渡、海沧、翔安、招银、后石、石码、古雷、东山、云霄和诏安 10 个港区组成。厦门港主航道自 2013 年以来开始扩建，建成后厦门港的通航水平将跃居中国前三位，全港可形成码头岸线 84.5 千米长，陆地面积 7565 万平方米（不含临港工业区），可建设各类生产性泊位 337 个，其中深水泊位 248 个，形成通过能力 6 亿吨以上。

---

[1] 资料来源：《中国地图集》，中国地图出版社，2014 年 1 月版，第 124 页。

航空运输条件具有优势。有福州、厦门两大国际机场。福州长乐国际机场是中国航空国际口岸之一，为大型现代化航空机场，飞行区等级为 4E 级，年旅客吞吐量约 1000 万人次。厦门高崎国际机场，属于 4E 级民用机场，旅客吞吐量 1800 万人次以上（2012 年达到 1735 万人次），厦门翔安国际机场（在建新国际机场），计划建设 4 条 3000~4000 米跑道，可同时供包括 A380 空客在内的 200 多架飞机停放，运输能力可达每年 7500 万人次。

2. 福建建设自由贸易试验区的社会经济基础分析

市场规模具有优势。福建省常住人口 3748 万人，根据福建省统计局资料显示，2014 年，福建省经济总量（GDP）24055.76 亿元人民币（约 3924.27 亿美元），人均 64182 元人民币（10461 美元）。

省会城市福州是中国首批 14 个对外开放的沿海开放港口城市之一，福州建城历史已经有 2200 多年，是近代中国最早开放的五个通商口岸之一，市辖 5 区 2 县级市 6 县，全市陆地总面积 11968 平方千米，全市常住人口为 728 万人（含平潭，截至 2012 年），福州市经济总量（GDP）5000 亿元人民币（2014 年指标），人均经济总量（GDP）70425 元人民币（2014 年指标）。

特区城市厦门位于福建省东南部，南接漳州，北邻泉州，东南与金门岛隔海对望。厦门陆地面积 1699.39 平方千米，海域面积 300 多平方千米。厦门的主体——厦门岛南北长 13.7 千米，东西宽 12.5 千米，面积约为 128.14 平方千米。是厦门的主要岛屿，也是厦门第一大岛屿。厦门是最早实行对外开放政策的四个经济特区之一（深圳、珠海、厦门、汕头），十个国家综合配套改革试验区之一（"新特区"）在两岸金融、东南国际航运、对台贸易、两岸新兴产业等有着重要地位。厦门也是现代化国际性港口风景旅游城市。厦门人口 425.52 万人（2014 年常住人口指标），经济总量（GDP）3273 亿元（2014 年指标）[1]，人均（GDP）76917 元，工业产值4463.23 亿元，产值超亿元企业 536 家，全年财政总收入为 909.13 亿元，地方级财政收入 543.80 亿元（2014 年指标）。

福建省平潭县位于福建省东部，与台湾隔海相望，是中国大陆距离台湾岛最近的地方，由海坛岛为主的 126 个岛屿组成，海坛岛是福建省第一大岛、中国第五大岛，同时也是著名的渔业基地。平潭县原隶属福州市，由福建省平潭综合实验区管辖，其行政区域和平潭综合实验区重合。2013 年 7 月，平潭综合实验区获得并行使设区

---

[1] 资料来源：厦门市统计局公布指标，2015 年 2 月 10 日。

市经济社会管理权限，是福建省直管的地级行政管理区。平潭县与平潭综合实验区实行"政区合一"（行政区和实验区）的管理体制。陆地面积 371.91 平方千米，海域 6064 平方千米，人口 42 万（其中，市区人口 25.8 万，2012 年指标）。

3. 台湾地区总体情况分析

台湾是中国第一大岛屿（三大岛屿之一，台湾岛、海南岛、崇明岛），位于东南沿海大陆架上，东邻太平洋，东北邻琉球群岛，南界巴士海峡与菲律宾群岛相对，西隔台湾海峡与福建省相望，陆地面积约 3.6 万平方千米，包括台湾岛及周边 21 个附属岛屿和澎湖列岛 64 个岛屿。其中，台湾岛面积 35798 平方千米，70% 为山地和丘陵，平原地区主要集中于西部沿海，气候属于热带及亚热带气候。人口约 2343 万（2014 年指标），主要集中于西部 5 个大都会区，以台北为中心。

台湾地区对外交通主要是航空和海运，主要机场是台湾桃园国际机场、高雄国际机场、台北松山机场、台中清泉岗机场。

台湾桃园国际机场，位于台湾西北部的桃园县大园乡，是重要的空运进出口国际机场。机场年客运量为 2784 万人次（2012 年指标）。2013 年 3 月，国际机场协会（Airports Council International, ACI）公布 2012 年度全球机场服务品质得奖机场（Airport Service Quality Award），桃园机场在 1,500 万 ~2,500 万旅客量分组中，得到 2012 年度第三名。高雄国际机场，位于台湾南部高雄市，是一座位于台湾高雄市小港区的中型商用机场，为台湾南部国际机场，也是桃园国际机场的备用降落场，也是香港国际机场、澳门国际机场以及桃园国际机场的紧急转降机场。高雄国际机场也是全台湾第一个设有联外捷运系统的民用机场。

中国台湾地区有 7 座国际商业港口，分别是高雄港、基隆港、台中港、花莲港 4 座主要港口，以及苏澳港、台北港、安平港 3 座辅助港口。其中，高雄港是台湾地区第一大海港，也是世界第 13 大港口，承担了台湾地区 60% 以上的货物装卸，以及 75% 以上的货柜装卸货运量。

台湾地区自 1960 年起社会经济发展迅猛，创造了举世瞩目的台湾经济奇迹，被名列为亚洲经济亚"四小龙"之一，于 20 世纪 90 年代跻身发达经济体之列。台湾制造业与高新技术产业发达，半导体、信息技术产业、通讯产业、电子精密制造业等领域较为先进。台湾地区年经济总量（GDP）达到 5170.19 亿美元（2014 年指标）（国际汇率），居世界第 25 名，人均经济总量（GDP）22002 美元（2014 年指标）（国际汇率），居世界第 39 名，人类发展指数（HDI）达到 0.882（2013 年指标），居世界第 21 名，处于极高人类发展水平。台湾地区自 20 世纪 60 年代开始逐步发展成资本主义的出口导向型经济体系，一些国有经济成分被陆续私有化改造，逐步减少对投资和对外贸易的干预，三次产业结构中，国际贸易是主要经济构成。主要贸易伙伴是中国大陆、美国、日本、韩国，中国大陆地区是中国台湾地区最大的贸易伙伴，无论是直接货物贸易，还是投资领域都已成为与大陆之间的紧密经济关系，其次是美国和日本。

台湾地区主要经济实体以中小型企业为多，服务业和高新技术产业占一半以上。中国大陆实施改革开放政策以来，台湾许多制造业和劳动密集型产业陆续转移到中国大陆和东南亚地区。台湾已投资中国大陆地区超过 1500 亿美元，企业数量超过 8 万多家，常住人口已超过 100 多万人。中国大陆与中国台湾地区为繁荣两岸经济，于 2010 年 1 月商谈并共同签署了《峡两岸经济合作框架协议》（英文为 Economic Cooperation Framework Agreement，ECFA；台湾繁体版本称为海峡两岸经济合作架构协议）。2010 年 1 月 26 日，ECFA 第一次两会专家工作商谈在北京举行。2010 年 6 月 29 日，两岸两会领导人签订合作协议。2010 年 8 月 17 日，台湾立法机构通过《海峡两岸经济合作框架协议》。它实质上是两个经济体之间的自由贸易协定谈判的初步框架安排，包含若干早期收获协议。ECFA 的签署为两岸今后打造面向高水平开放经济命运共同体奠定了基础。

台湾方面认为：推动和大陆签署 ECFA 主要有三个目的：

一是推动两岸经贸关系"正常化"。两岸虽然都是 WTO 的成员，但是彼此之间的经贸往来仍有许多限制，消除这些限制有利于两岸经贸发展。

二是避免台湾在区域经济整合体系中被"边缘化"。区域经济整合是全球趋势，全世界有将近 247 个自由贸易协定，签约成员彼此互免关税，如果不能和主要贸易伙伴签订自由贸易协定，台湾将面临被边缘化的威胁，在重要市场失去竞争力。

三是为促进台湾经贸投资"国际化"。中国大陆是目前台湾最主要的出口地区，签署协议并有助台湾与其他国家洽签双边自由贸易协定，可避免台湾被边缘化。

大陆与台湾台海两岸签署框架协议，旨在逐步减少或消除彼此间的贸易障碍和投资障碍，创造更加公平的相互贸易与投资环境，进一步增进关系，建立有利于两岸经济共同繁荣与发展的合作机制。"ECFA 协定"共有 5 章 16 条 5 个附件，其主要特点体现在以下三个方面：

一是框架协议具有两岸特色的经济合作协议。着眼于两岸全局利益，做到了搁置争议、求同存异、务实协商、合理安排；着眼于两岸经济发展需要，充分考虑彼此关切，结合两岸产业互补性，达成了一个规模大、覆盖面广的早期收获计划，两岸民众得以尽早享受贸易自由化利益；大陆方面充分理解台湾经济和社会现状，着眼两岸经济长远发展，未涉及台湾弱势产业、农产品开放和大陆劳务人员输台等问题，体现了大陆方面最大诚意和善意。

二是框架协议是开放的、渐进的经济合作协议。框架协议规定，两岸将在框架协议生效后继续商签货物贸易、服务贸易、投资等多个单项协议，逐步推进两岸间进一步开放，最大限度实现两岸经济优势互补，互利双赢。

三是框架协议是全面的、综合的经济合作协议。框架协议的内容涵盖了两岸间主要经济活动，确定了未来两岸经济合作基本结构和发展规划。共同关注协议签署后带来的经济效益，关注产业国际竞争力提高，关注经济长远发展，关注人民福祉。

4. 福建建设自由贸易试验区的功能定位分析

福建自由贸易区建设主要背景题材来自两个方面：一个方面是面对台湾地区；另一个方面是衔接厦门经济特区经验。这两个方面代表了本地区的特色，一个方面是突出"经济特区"，厦门已经有了30多年的经验积累；另一个方面是突出"跨特区"（ECFA），包容大陆与台湾地区。这两个方面都要用好，才能发挥本地优势。因此，明确福建自由贸易区的功能定位必须考虑以下四个方面因素。

一是必须基于地缘条件，明确福建自贸区与上海自贸区、广东自贸区的区位分工。

福州市距离上海市1107千米，福州距离广州985千米，福州距离厦门市292千米，厦门距离深圳市622千米，厦门到广州727千米，福建平潭距离台湾新竹海上直线距离约为150千米。福建自由贸易区与上海自由贸易区直线距离约为1000千米，福建自由贸易区与广东自由贸易区直线距离约为1000米，闽粤沪"三地"可以相互兼顾各自的目标区位指向，闽台地区经济圈半径为500千米左右。

二是必须用好中国大陆与中国台湾经济贸易合作机制，将闽台捆绑发展。

可以认为没有大陆与台湾的紧密经济合作，就不会有福建自由贸易区建设。台湾的经济发展根系大陆，台湾的安全保障命在大陆，台湾民众的情怀始祖源在大陆。福建与台湾之间是大陆与台湾岛之间距离最近的地方，台湾岛内有好多居民的亲属生活在福建，无论是亲情还是商贸都是在国内最活跃的地方。因此，在福建建设自由贸易区，将闽台之间的发展捆在一起，开放彼此市场、贸易、投资，有利于发挥两岸优势，共同提高发展水平，形成双赢。

中央政府已经与台湾方面签署了《海峡两岸经济合作框架协议》（ECFA），为未来深化合作奠定了制度安排，在此基础上福建可以多做具体落实，发挥临近地缘条件优势，在投资和贸易领域先行一步，积极探索更高水平的自由贸易活动安排，率先将本地区发展成世界上最活跃的自由贸易经济区之一。

三是必须发挥福建省自身成长动力，以内力拉外力。

福建省总人口约 3690 万人，人口数量主要分布在沿海线城市群一带，自东北至西南分别为福州、泉州、厦门、漳州一带。其中福州市人口 712 万，厦门人口 353 万，漳州人口 481 万，泉州人口 813 万，四地人口总量约为 2359 万人，占全省人口总量的 63.93%。可见，福建主要经济活跃地区分布在面向东部太平洋方向（台湾岛方向）的沿海一带。

台湾地区主要人口和经济活跃地区分布在台湾岛西侧，行政区城市分布在：台北市（常住人口 270 万）、新北市（常住人口 397 万）、桃园市（常住人口 206 万人）、台中市（常住人口 271 万）、台南市（常住人口 189 万），高雄市（常住人口 278 万）。台湾地区总人口约 2343 万（2014 年指标），上述 5 个地区人口总量约 1620 万人，占全台湾人口总量的 68.76%。可见台湾地区的主要经济活跃分布在台湾岛西侧。

福建省年经济总量（GDP）达到 24055.76 亿元人民币（3924.27 亿美元）（2014 年指标），人均 64182 元人民币（10461 美元）（2014 年指标）。台湾地区年经济总量（GDP）达到 5170.19 亿美元（2014 年指标），居世界第 25 名，人均经济总量（GDP）22002 美元（2014 年指标）。经济指标对比表明，福建省的经济产出能力不如台湾地区的经济产出能力。特别是人均经济总量产出率，台湾要高出福建一倍（见表 5-4-1 福建省与台湾地区经济产出能力比较指标表）。

表 5-4-1　福建省与台湾地区经济产出能力比较指标表

地区	人口 （万人）	面积 （万平方千米）	GDP 总量 （亿美元）	人均 GDP （美元）
福建	3690	12	3925（2014 年）	10461
台湾	2343	3.6	5170（2014 年）	22002

资料来源：根据福建和台湾两地公布的指标绘制。

提高福建省的经济产出能力是双方积极合作的重要方面，提高福建省整体经济水平是主要方面，建设福建自由贸易试验区对提高福建省整体经济发展水平具有促进作用。福建省的经济水平越高，对台湾地区经济影响就越大，区域"极化效应"也会越强；反之，福建省的经济水平越低，对台湾地区的经济影响就会越小，区域"极化效应"也会越弱。

必须注意到，过去时期台湾地区企业来大陆投资发展，已经有相当一部分企业到上海、江苏（昆山、苏州、无锡）、浙江、广东，以及内地其他地区，其中江苏昆山已经成为台商企业集聚程度最高的地区，而不是落户在距离台湾最近的福建，这个现象说明，福建整体投资兴业环境不如江苏，甚至不如广东和浙江。从自然生态环境来看，福建与浙江、江苏、上海、广东等地区并无本质差别，那么为什么福建的台商集聚程度不如这些地区呢？一定是非自然生态环境原因，其中本地市场规模有限，以及政策环境、管理水平、配套条件等方面可能是主要原因，建立自由贸易试验区有利于改善这些环境条件。

四是必须考虑衔接厦门特区的经验、福州省会都市的作用、平潭距离台湾最近的优势。

福建自由贸易区建设有三大亮点题材——厦门经济特区、福州省会都市，以及平潭综合试验区。将三股力量合并，形成自由贸易区力量。

第一，用好厦门经济特区，促进两岛（厦门与金门）命运共同体发展。

1980 年 8 月 26 日，第五届全国人大常委会举行第十五次会议，审议通过《广东省经济特区条例》，正式宣布在深圳、珠海、汕头、厦门设立经济特区，至此厦门特区正式宣布成立，到 2015 年已经有 35 年建设历程，取得了丰硕成果。厦门经济特区是我国六个经济特区之一（深圳、珠海、汕头、厦门、海南、喀什），是经国务院批准实行计划单列城市，享有省级经济管理权限的城市之一。当 1980 年 10 月国务院批准设立厦门经济特区初起时，规划面积只有湖里区的 2.5 平方千米。1984 年中央决定，把厦门经济特区扩大到厦门全岛 131 平方千米。1992 年 11 月 11 日 国务院批准设立厦门象屿保税区。厦门具有特殊的地理位置，厦门与金门隔海相望，最近处仅 2310 米的直线距离。金门辖区由金门岛、小金门岛（烈屿）、大担岛、二担岛、东碇岛、北碇岛等 12 个岛屿组成。位于福建省东南部海域泉州围头湾与厦门湾内，屹立于台湾海峡西部，位于九龙江口外，西与厦门湾口遥望，东隔台湾海峡与台湾台中市相望，北与泉州市石狮市相望。东距基隆 198 海里，东南距澎湖 82 海里，距高雄 160 海里，西距厦门约 18 海里，距离厦门市东南端的角屿仅 1.8 千米，离台湾岛有 210 千米。实现"两岸三通"以来，厦门与金门之间每日人员往来、商贸往来频繁，商船络绎不绝，侨商云集、台商云集，厦门岛与金门岛实际上已经成为发展命运共同体。建立自由贸易区将十分有利于"两岛"之间的商贸往来，十分有利于经济建设，十分有利于社会发展。

第二，用好省会福州都市经济增长极作用，促进周边地区发展。

福州市是福建省省会，是福建省最大的都市，在福州市周边 400 多千米的范围内，除了厦门（福建省省内城市）之外再没有大都市了，因此福州是福建省的经济重心，东南沿海地区发展增长极。发挥"极化效应"和"扩散效应"十分有利于本地经济，也十分有利于中国大陆地区与中国台湾地区海峡两岸之间往来，发挥着"桥头堡"的作用。现代区域经济的基本特点就是都市经济带动的，在一个大区域范围一定要有形成增长极的大都市，周边地区呼应于大都市，形成产业分工、市场分工、消费分工，才能形成具有一定规模的产业集群，形成规模经济和势力经济，形成地域品牌。一定规模的都市建设也有利于服务业发展，包括城市服务业、餐饮、金融业、文化、出版、教育、卫生、公共服务等，有利于城市建设，包括道路、交通、住宅、园林、亮化、商业网点等，有利于创造更多的城市就业机会和创业机会。一定规模的都市建设也有利于提高居民生活质量，提高社会管理效率，提高社会文明程度。福州具有悠久的发展历史，具有 2200 多年的建城史，是近代中国最早开放的五个通商口岸之一。中华人民共和国成立以来，福州就成为福建省的都会，一直是福建省的政治、经济、文化中心。国家实施改革政策以来，于 1980 年 3 月 30 日，国务院批准福州成为沿海开放城市，1985 年又批准在马尾兴办福州经济技术开发区。20 世纪 90 年代，福州经济经历了高速发展，到了 2009 年 5 月，国务院又公布了支持海峡西岸经济区建设，福州成为"海西经济区"的核心区，建设自由贸易区也必然要发挥福州作为省会都市的中心作用。

第三，用好平潭综合试验区示范作用，促进窗口地区更具活力。

平潭地区原来是隶属福州市的一个县区，由于平潭岛是大陆地区距离台湾地区最近，具有特殊的地理位置，又具有海港运输条件，自然成为福建省与台湾地区经济合作的重要题材。成为福建省对台经济合作的一大窗口，成为建立自由贸易区的组成部分。2009 年 5 月 14 日，国务院下发《关于支持福建省加快建设海峡西岸经济区的若干意见》（以下简称《意见》），福建的"海西经济区"建设上升为国家战略。国务院《意见》指出 [1]："在现有海关特殊监管区域政策的基础上，进一步探索在福建沿海有条件的岛屿设立两岸合作的海关特殊监管区域，实行更加优惠的政策。"2009 年 7 月，福建省委召开第八届第六次全会，决定设立福州（平潭）综合实验区，建立两岸更加紧密合作交流平台，把平潭建设成两岸合作新模式的示范区，平潭作为新亮点开始发光发热。

---

[1] 资料来源：国务院，《关于支持福建省加快建设海峡西岸经济区的若干意见》，2009 年 5 月 14 日。

通过上述分析，可以认为：福州、平潭、厦门三位一体，共同构成福建自由贸易区的核心区，形成合力，共同打造面对台湾地区的综合性经济合作示范区，塑造我国东南沿海地区的新亮点。依托中国大陆与中国台湾之签署的ECFA（海峡两岸经济合作框架协议），是奠定该地区建立自由贸易区的重要基础。通过建立自由贸易区，以方便两岸经贸往来，方便货物贸易通关，方便相互投资，方便相互之间贸易往来的具体业务操作，方便贸易结算，以及服务业投资和发展。福建自由贸易区地处福建福州、厦门一线，地理位置上往往称为海峡西岸经济区，简称"海西经济区"，可以上升为"海西自贸区"。这一自贸区建设重点在于包容两岸经济发展的共性，在发展经济层面深度融合。

5. 福建建设自由贸易试验区的初始范围

中央已经对中国（福建）自由贸易试验区四至范围做出规定[1]，将平潭片区、厦门片区、福州片区"三市"整合成"一区"，总占地面积近92平方千米，定义为"中国（福建）自由贸易试验区"创造出第二个跨市的大自由贸易区概念。

平潭片区——初始面积共43平方千米，占地四至范围：港口经贸区块16平方千米，东至北厝路、金井三路，南至大山顶，西至海坛海峡，北至金井湾大道。高新技术产业区块15平方公里，东至中原六路，南至麒麟路，西至坛西大道，北至瓦瑶南路。旅游休闲区块12平方公里，东至坛南湾，南至山岐澳，西至寨山路，北至澳前北路。

厦门片区——初始面积共43.78平方千米，占地四至范围：两岸贸易中心核心区19.37平方千米，含象屿保税区0.6平方千米、象屿保税物流园区0.7平方千米（已封关面积0.26平方千米）。北侧、西侧、东侧紧邻大海，南侧以疏港路、成功大道、枋钟路为界。东南国际航运中心海沧港区24.41平方千米，含厦门海沧保税港区9.51平方千米（已封关面积5.55平方千米）。东至厦门西海域，南侧紧邻大海，西至厦漳跨海大桥，北侧以角嵩路、南海路、南海三路和兴港路为界。

福州片区——共31.26平方千米，占地面积四至范围：福州经济技术开发区22平方公里，含福州保税区0.6平方千米和福州出口加工区1.14平方千米（已封关面积0.436平方千米）。马江—快安片区东至红山油库，南至闽江沿岸，西至鼓山镇界，北至鼓山麓；长安片区东至闽江边，南至亭江镇东街山，西至罗长高速公路和山体，

开放型经济

KAIFANGXING JINGJI

---

[1]资料来源：第十二届全国人民代表大会常务委员会第十二次会议通过（2014年12月28日），新华网，2014年12月29日。

北至琯头镇界；南台岛区东至三环路，南至林浦路，西至前横南路，北面以闽江岸线为界；琅岐区东至环岛路，南至闽江码头进岛路，西至闽江边，北面以规划道路为界。福州保税港区 9.26 平方千米（已封关面积 2.34 平方千米）。A 区东至西港，南至新江公路，西至经七路，北至纬六路；B 区东至 14 号泊位，南至兴化湾，西至滩涂，北至兴林路。

❻　"一带一路"建设

习近平主席指出："建设丝绸之路经济带、21世纪海上丝绸之路，是党中央统揽政治、外交、经济社会发展全局作出的重大战略决策，是实施新一轮扩大开放的重要举措，也是营造有利周边环境的重要举措。形象地说，这一路一带，就是要再为我们这只大鹏插上两只翅膀，建设好了，大鹏就可以飞得更高远。这也是我们对国际社会的一个承诺，一定要办好。"[1]

《中共中央关于全面深化改革若干重大问题的决定》指出[2]："扩大内陆沿边开放。抓住全球产业重新布局机遇，推动内陆贸易、投资、技术创新协调发展。创新加工贸易模式，形成有利于推动内陆产业集群发展的体制机制。支持内陆城市增开国际客货运航线，发展多式联运，形成横贯东中西、联结南北方对外经济走廊。推动内陆同沿海沿边通关协作，实现口岸管理相关部门信息互换、监管互认、执法互助。""加快沿边开放步伐，允许沿边重点口岸、边境城市、经济合作区在人员往来、加工物流、旅游等方面实行特殊方式和政策。建立开发性金融机构，加快同周边国家和区域基础设施互联互通建设，推进丝绸之路经济带、海上丝绸之路建设，形成全方位开放新格局。"

"陆路新丝绸之路经济带"建设和"21世纪海上丝绸之路"建设统称为"一带一路"建设，是新时期中国全面开放的重大题材，是推进国际化具体行动内容，其战略意义重大、地域覆盖面广、行动内容丰富、延续时间长远、受益持久悠长，这是中国参与世界经济发展规划和布局中的大手笔，是中国全面开放大棋局中的重要棋眼。

[1] 习近平在"2013年中央经济工作会议"上的讲话，2013年12月10日。
[2] 资料来源：中共中央关于全面深化改革若干重大问题的决定，2013年11月12日中国共产党第十八届中央委员会第三次全体会议通过。

为什么要提出"一带一路"战略部署,具体内容是什么,能带来什么好处,怎样建设"一带一路",这些问题既是国际社会关注的问题,也是国内各界关心的问题,本章集中这些问题深入分析和论证。(见图6-1"一带一路"建设内容体系结构图)。

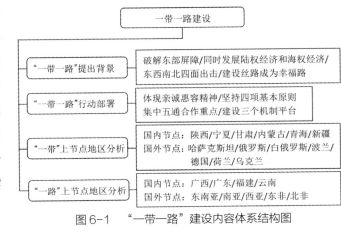

图6-1 "一带一路"建设内容体系结构图

6.1 两条新丝路战略背景分析

6.1.1 破解东部海路屏障棋局

纵观世界格局,从地缘、生态、经济、政治、文化等不同视角观察,全球经济发展以及活力空间分布有五个突出特点:

一是沿海经济。全球经济活跃地区分布在沿海地区,全世界80%的人口,4/5的城市,分布在沿海线以内纵深370公里沿线的地带上。

二是北半球经济。全球经济活跃地区分布在北半球地区,全球主要人口和大都市分布在北纬30度到60度之间的纬度线内。

三是面向东方经济。全球经济活跃地区分布在面向东方地区,经济较为繁荣的地区几乎都是面向东方的地区,面向太阳出生的地区。

四是城市经济。全球经济活跃地区分布在城市,人是市场中最为根本的元素,市场是由人群数量、购买欲望、购买能力三个基本参数之积所构成的($M=Q \cdot W \cdot P$),只有城市才能汇集大量具有购买能力的人群,只有城市才能汇集众多创新资源,只有城市才能汇集现代的先进生产力。

五是平原经济。全球经济活跃地区分布在平原地区,经济发展水平与地势高度成反比,山越高经济越落后。

中国地理版图处于亚洲大陆西部,东临太平洋,只有面向东方的单面沿海线,大陆版图主要分布于北纬20度至北纬50度之间,处于世界主要经济活跃带之中。

但是，东部沿海地区面临从日本北海道向南、日本列岛、琉球群岛、中国台湾、菲律宾、印度尼西亚、马来西亚、向西至新加坡的环状岛链之中（称为第一岛链），外围还有从南方诸岛（日本）、北马里亚那群岛（美国）、关岛（美国）、印度尼西亚的环状岛链之中（第二岛链）。再向外是浩瀚的太平洋，万里海洋成为天然屏障，飘过万里遥遥的海洋才能到达美洲大陆。

因此，东部地区沿海地区的发展是不够的，也是不均衡的。这种不均衡包括两个方面：一方面是中国本土发展水平的不均衡，主要表现为东部、中部、西部三大地区的不均衡，内陆地区与沿海地区的不均衡，城市与农村的不均衡，南方与北方的不均衡；另一方面是中国发展与中国周边国家和地区发展的不均衡，既面临来自美国、日本、韩国、新加坡等发达国家和地区的压力，也面临阿富汗等国家和地区贫穷、战乱的挑战，以及周边地区恐怖主义、极端主义、民族分裂主义等势力的挑战。发展的压力来自东部，贫困的压力来自西部。

面对世界各种力量交错涌动的复杂局面，中国需要帷幄大智慧，部署大棋局，运作大战略。破解东部海路屏障的棋局，在战略上就要将重心向西转移，向亚洲大陆内部扩展，向陆地纵深挺进。

6.1.2 同时发展陆权经济和海权经济

自然界天然形成了陆地和海洋两大部分，也同时形成了陆地生物链和海洋生物链。人是陆地动物，生存和发展主要在陆地上，生产生活活动也主要在陆地上。随着劳动工具的发明和使用，生产效率大大提高，生活方式慢慢改变，日常衣食住行都需要消耗资源，包括矿产资源和生物资源，获得足够的资源是保障生活更好的基础。由于自然界资源分布不均等，人口分布不均等，运输的便利性成为满足需要的关键环节，现代交通工具和通讯工具的发明和使用提供了满足人们需要的条件，所以形成了"陆权经济"和"海权经济"两大发展领域。

1. 海权经济与陆权经济的界定

权利，首先是生存权，然后是发展权，在这两个权利基础上再发展出其他的权利，如维护安全的权利，维护尊严和体面的权利，参与世界规则制定权利，等等。

相对于人类在陆地上活动，就形成了陆权，在陆地上开展生产经营活动，就形成了陆权经济。由于人类属于陆地动物，在陆地上生存繁衍，形成了村落、城市、国家，彼此开展贸易活动，因此，陆权经济的本质特征是供给与需求之间的经济关系，属于市场型经济。

相对于人类在海洋上活动，就形成了海权，在海洋上开展生产和运输活动，就形成了海权经济，由于人类在海上活动的主要内容是海洋资源生产和交通运输，并没有大量人群居住和生活。因此，海权经济的本质特征是生产作业，并没有大日常生活消费活动，属于资源型经济。

随着海上石油资源的发现，以及现代化大型远洋货轮的出现，现代经济已经将海洋经济与陆路经济紧密联系在一起了。发展陆权经济是基础，是形成生存权和发展权的主要领域，大部分生产经营活动在陆地上进行，人类的生活和繁衍也在陆地上进行。发展海权经济是陆权经济的扩展，是将陆权经济领域的空间延伸，洲际运输离不开海洋，海洋资源开发离不开海洋，安全领地的扩展离不开海洋，海权经济是陆权经济的安全屏障。

2. 海权经济与陆权经济的耦合

海权经济与陆权经济彼此作用，相互影响。中国是陆路大国，也是海洋大国。

中国地理位置位于亚洲大陆版图东侧，东面邻太平洋西岸，向西纵深亚洲内陆，联通欧亚板块，幅员辽阔，具有发展陆权经济和海权经济得天独厚的条件。

发展陆权经济，通过建立陆路大通道，联通中国与周边国家，通过铁路、高速公路、民航，实现长距离运输、大容量运输、快速度运输，可以替代海洋运输，实现密切国家之间经济往来，互利互惠，相互促进，共同发展。发展陆权经济，扩大市场容量，增加消费能力，提高消费水平，拉动经济增长。

由中国大陆向西，走陆路，可以纵深上万千米，直达西亚、中亚、南亚、欧洲，汇聚欧亚两个大洲板块，促进整体发展水平提高，惠及民众，利国利民，具有得天独厚的条件，这是潜在的发展机遇和重要的战略趋势。抓住机遇，已经具备天时、地利，当下需要力促人和。

由中国大陆向东、向南，走海路，可直下太平洋、印度洋，联通因海洋而隔离的沿线国家和地区，通达太平洋沿岸国家和地区，通达印度洋沿岸国家和地区，边界纵深可直达南海、澳洲、南亚、中东、东非、北非国家和地区。这条线路既是全球重要的能源运输通道，也是新兴经济体国家集中的地区，不仅具有丰富的石油资源，同时也具有庞大的消费市场，又是增长活力最强的国家分布地区。抓住机遇，已经具备天时、地利，当下需要力促人和。

3. 海权经济和陆权经济的联动

中国是世界经济发展的引擎，已经具备自身发展并带动周边发展的能力和条件，输出产品、输出产能、输出资本、输出技术的动量不断积累，在保障自身发展需要的同时，完全有能力对外输出，输出的主要方向是向西，再向西，沿着大陆沿海线东出、南下、西进、北上，覆盖沿途国家和地区，发展海权经济。构建陆路大通道，向西，再向西，疏通直达欧洲的快速大通道，联通太平洋西岸到大西洋东岸，发展陆权经济。将陆权经济与海权经济联动，相互促进，彼此联动，促进发展。

6.1.3 东出西进北上南下大战略部署

从东西南北四个方向出击，形成"东出""西进""北上""南下"四大战略部署，深度参与分工国际化、经济全球化。四大战略体系彼此方向互补、内容互补、力量互补、作为互补。形成以中国为中心的亚洲大陆发展新格局，释放积极能量，实施中国"内陆地区外向化"、"西部地区国际化"，形成全面开放的格局，促进内陆地区发展，带动周边地区发展，从而影响亚太、影响世界。

1. 东出战略

面向东部方向的沿海地区战略部署，中国东部地区北起辽宁丹东，沿着海岸线向南、向西，直至广西北海，覆盖辽宁、河北、天津、北京、山东、江苏、上海、浙江、福建、广东等省（市）区。向东发展，扩大沿海经济，充分利用沿海地区的地缘优势、交通优势、气候条件优势、经济资源优势，战略指向面向东方发展，走海路，面向环太平洋地区，集中发展海权经济，兼顾发展陆权经济。

东出战略的合作平台是中国与亚太经济合作组织（APEC）建设，亚太自贸区建设。

2. 西进战略

面向西部方向的中西部地区战略部署，中国内陆西部地区东起内蒙古，沿着陆路边境线向西、向南、向东，直至广西北海，覆盖内蒙古、甘肃、新疆、西藏、青海、云南、广西、陕西、山西、宁夏、四川、重庆、贵州等省（区、市）。向西发展，扩大沿边经济，充分利用沿边地区的地缘优势、生态优势、民族优势、资源优势，战略指向面向西方发展，走陆路，面向中亚、西亚，直至欧洲、非洲，集中发展陆权经济。

西进战略的合作平台是中国与上海合作组织建设，中欧命运共同体建设，中国与周边国家互联互通建设。

3. 北上战略

面向北部方向的东北、西北、华北地区战略部署，中国"三北地区"幅员辽阔，涵盖省区较多，以黄河流域以北地区为主要省（区、市），涵盖内蒙古、甘肃、新疆、陕西、山西、宁夏、吉林、黑龙江、辽宁、河北、天津、北京等省（区、市）。向北发展，扩大沿边经济、沿海经济，充分利用沿边地区的地缘优势、生态优势、民族优势、资源优势，战略指向面向北方发展，走陆路，面向蒙古国、俄罗斯、远东、东北亚，集中发展海权经济和陆权经济，二者要同时兼顾，东北亚地区是世界上的三大经济活跃极点之一，中日韩是核心区。

北上战略的合作平台是中国与上海合作组织建设，中国与东北亚区域合作。

4. 南下战略

面向南部方向的南部地区战略部署，中国内陆南部地区以长江两岸向南延伸的地区。覆盖西藏、云南、广西、四川、重庆、贵州、广东、湖北、湖南、江西等省（区、市）。向南发展，扩大沿边经济和沿海经济，充分利用沿边地区的地缘优势、生态优势、民族优势、资源优势，战略指向面向南方发展，走陆路和海路，面向南洋、东南亚、东盟、南亚，直至海湾地区、非洲，集中发展海权经济和陆权经济，中国与东盟自由贸易区建设将成为世界第四大经济活跃极点。

南下战略的合作平台是中国与东盟命运共同体建设，中国与南亚国家合作，中国与非盟合作，中国与阿盟合作。

6.1.4 丝路成为幸福路

1."丝路"就是"通路"，就是"活路"

落实"四大战略"要有载体，这个载体就是与周边国家实现互联互通，形成整个大陆板块地区各种经济要素流通的渠道。

中国医道有句名言："通则不痛，痛则不通。"这个道理同样适用经济发展和社会进步。"通"，就是开放；"通"，就是交流；"通"，就是信赖；"通"，就是包容。由"不通"到"通"的转变，是一次战略跃升；还要有"慢通"到"快通"的转变，又是一次战略跃升。遇山开路，遇水搭桥。包括硬件设施的建设，即基础设施建设；也包括软件设施的建设，即外交关系、法律法规、政策制度建设，等等。"通"已经从"交通"的概念演变成了"通道"的概念。

中国自古以来就是陆路经济大国，开展陆路贸易也是最早的国际交往形式，人员往来、物资流动的形式非常原始、简单。道路是最原始的流通载体，路延伸到哪里，人员和物资就运送到哪里。路通在哪里，经济就活跃到哪里，幸福就惠及哪里。路在远方、路在脚下。过去的路是人走出来的，运输工具仅仅限于人力和畜力，现代的路是人修出来的，高速公路、高速铁路、民航机场等，形成了由地面快速行动、海上快速行动、空中快速行动的立体高速运输通道。今天的"路"已经远远不是古人的"路"的概念，而是现代交通和现代通讯的混合体，是"大通道"的概念。

2013年9月和10月期间，国家主席习近平在访问哈萨克斯坦和印度尼西亚时，先后提出了建设"丝绸之路经济带"和打造"21世纪海上丝绸之路"的倡议，这被统称为"一带一路"。"一带一路"的提出，其国内背景是中国新一轮改革开放的需要，深化改革开放和推进周边外交的大手笔，受到国际社会广泛关注。"一带一路"既包括传统意义上的自由贸易协定，也包括次区域合作的大湄公河合作，还有经济走廊、经济开发区、互联互通、人文交流、跨国运输线、金融合作等，是以中国为核心的区域经济一体化发展战略的代名词。

2. "丝路"就是"富路"，就是"福路"

建设现代"陆路丝绸之路"和现代"海上丝绸之路"能给沿路国家或地区带来什么好处？这是国际社会普遍关心的问题，也是需要向周边地区说明的问题，回答这个问题的答案就是："丝路"就是"富路"，"丝路"就是"福路"。

要想致富必须修路，只有实现互联互通才能将自然资源变成经济资源，路通了就可以运输，就可以交流往来，才能将原产地的劳动产品转变为市场商品，开展贸易，才能增加财富。

要想致富必须修路，修路的过程就是创造就业机会的过程，建设现代铁路、公路、机场、码头等基础设施，需要大量人力、财力、物力，需要科技创新，需要创意设计，极大激励创新事业，激励相关产业发展，牵动很长的产业链，激活相关领域。

要想致富必须修路，构筑国际联通网络，现代社会最为突出的标志就是通讯现代化和交通现代化，一国实现了现代化，还要将现代化的文明成果惠及到世界各个角落，只有这样才能消除贫困，消除愚昧，消除信息不对称造成的误解，只有这样才能消除世界上的不稳定因素，促进世界文明进步。

要想致富必须修路，拉动地区经济增长。人们常说"要想富先修路"，中国过去30多年保持长期经济增长，创造了中国发展奇迹，正是伴随基础设施建设不断完善的进程，建设好硬环境同时也促进软环境改善，促进产业发展，促进区域发展，促进文明进步。路通了，一通带合作，一通引万通，一通促发展。

可以认为，"丝路"就是"出路"，"丝路"就是"活路"，"丝路"就是"通路"，"丝路"就是"富路"，"丝路"就是"福路"。

6.1.5 古丝绸之路是通路与通商

中国古代时期就有与周边国家交流的通道，即"陆路丝绸之路"和"海上丝绸之路"。

古"陆路丝绸之路"是指西汉时（公元前202年~公元8年），由张骞出使西域开辟的以古长安（今西安）为起点，经甘肃、新疆，到中亚、西亚，并联结地中海各国的陆上通道，这条道路也被称为"西北丝绸之路"。由于这条路西运的货物中以丝绸制品影响最大而得名，而且有很多丝绸都是中国运出的，基本走向定于两汉时期，包括南道、中道、北道三条路线。以西安为起点，往西行进一直延伸到罗马。丝绸之路不仅是古代亚欧互通有无的商贸大道，还是促进亚欧各国和中国的友好往来、沟通东西方文化的友谊之路。历史上一些著名人物，如出使西域的张骞，投笔从戎的班超，西天取经的玄奘，他们的一些故事都与这条路有关。自从张骞通西域以后，中国和中亚及欧洲的商业往来迅速增加。通过这条通路，中国的丝、绸、绫、缎、绢等，不断运向中亚和欧洲。希腊、罗马人称中国为"赛里斯国"，称中国人为"赛里斯人"。所谓"赛里斯"即"丝绸"（Silk）之意。1877年德国地理学家李希霍芬（F. von Richthofen）将张骞开辟行走的这条东西大道誉为"丝绸之路"（Silk Road）。

古"海上丝绸之路"形成于汉武帝之时，从中国出发，向西航行的南海航线，是"海上丝绸之路"的主线。"海上丝路"起于秦汉，兴于隋唐，盛于宋元，明朝初达到顶峰，到明朝中叶，因海禁而衰落。"海上丝路"的重要起点有番禺（后改称广州）、登州（今烟台）、扬州、明州泉州（今福建）、刘家港等。同一朝代的"海上丝路"起点可能有两处乃至更多。规模最大的港口是广州和泉州。广州从秦汉时期直到唐宋时期一直是中国最大的商港。明清时期实行海禁，广州成为中国唯一对外开放的港口。泉州发端于唐朝，到宋朝和元朝年代已成为当时东方第一大港。广州和泉州在唐朝、宋朝、元朝年代，侨居的外国商人多达万人，乃至十万人以上。宋代以后，随着中国南方进一步开发开放和经济重心南移，从广州、泉州和杭州等地出发的海上航路日益发达，越走越远，从南洋到阿拉伯海，甚至远达非洲东海岸，人们把这些海上贸易往来的各条航线，统称为"海上丝绸之路"。历代海上丝路，亦可分三大航线：东洋航线、南洋航线、西洋航线。东洋航线由中国沿海港至朝鲜、日本；南洋航线由中国沿海港至东南亚诸国；西洋航线由中国沿海港至南亚、阿拉伯和东非沿海诸国。明朝永乐年间，永乐元年（1403年）起，明成祖朱棣积极开展外交活动，派特使访问周边国家，并促成了郑和七下西洋的外交活动，开拓了"海上丝绸之路"。

古丝绸之路无论是"陆路丝绸之路"，还是"海上丝绸之路"，都是"通路"的含义，其主要功能是通商，运送货物开展贸易往来，发挥运输通道的功能和作用。在这两条路上（陆路和海路）流动货物和人员，人们交往以货物贸易为目的，一地的特产运送到另一地，互通有无，调剂余缺，互惠互利，运输工具限于人扛、马驮、骆驼伏载、畜力拉车、木船泊送，其运量很小，行走缓慢。被运送的货物往往是通过一段一段的阶段性运输，通过一段一段转运方式，才慢慢移送到万里之遥，耗费时间可能是几个月，甚至几年的时间才能到达目的地。可见当时的通商魅力和运送辛劳。

通商，刺激了生产，也活跃了经济；通路，刺激了通商，也活跃了交往。"路"与"商"结伴而行，"商"与"路"互为支撑。有"商"才养"路"，有"路"才通"商"。无"路"则无"商"，无"商"则无"路"。商与路共存，商与路共容，商与路共融，商与路共荣，商与路共命运。

6.1.6 新丝绸之路是通道与惠容

21 世纪的"陆路丝绸之路"和"海上丝绸之路"，既秉承了"古丝绸之路"的路径，又发扬光大了"丝路"的内涵，极大丰富了"丝路"的内容，创新了"丝路"建设的方式。

1.路的内容更加现代化

路的内容是现代高速公路网络承载运输，现代高速铁路承载运输，现代民航网络承载运输，现代输送管道承载运输，是"四维系统"的运输网络，天上飞的——飞机运输、陆地跑的——高速公路/铁路运输、海洋游的——大型船舶运输、地下走的——管道运输。运输工具是现代大型卡车，是现代重载列车，是现代大型飞机、是现代远洋巨轮，运用现代通讯控制技术，卫星全球导航。现代运输系统其运量更大、运速更快、运距更远。

2.路的里程更长道路更宽

在陆路上从太平洋西岸（亚洲东部）穿越亚欧大陆直接到达大西洋东岸（欧洲西部），形成了"亚欧大陆桥经济带"，从中国大陆东部沿海线一直延伸到欧洲西部的沿海线，直线距离近万千米，万里迢迢，联通所有沿线国家和地区，网络状辐射，惠及面更大更广。

丝绸之路经济带沿线国家，国民生产总值占世界总额的 55% 左右，拥有世界总人口的大约 70%，拥有世界已知能源资源的 75% 左右。经济体量巨大，发展潜力巨大，合作意愿巨大，经济发展速度很快，使得丝绸之路经济带有望成为新全球化时代的经济大动脉。

在这两条大通道上，东端有中国、日本、韩国三大经济体，中国为世界第二大经济体，2013 年 GDP 为 568845 亿元人民币（GDP 为 90386.6 亿美元），日本为第三大经济体（2013 年 GDP 为 59973.2 亿美元），韩国为第 14 大经济体（2013 年 GDP 为 12340.4 亿美元），美国为第一大经济体（2013 年 GDP 为 161979.6 亿美元，比中国多 71593.0 亿美元，多出 44.19%）；西端有欧盟经济体，欧盟 2013 年 GDP 为 173716.18 亿美元；中间有东盟经济体、南盟经济体、俄罗斯、上合组织、阿盟经济体，远端有非盟经济体，覆盖了世界上除了美洲之外的所有经济体国家，包容了世界上三大板块，亚欧板块、非洲板块、大洋洲板块。

中国周边经济体将率先受益，包括东盟、中亚、南亚、西亚、中东欧。中国与中欧和东欧经贸合作已经进入快车道，具备互联互通的客观要求，双边贸易额由 2003 年的 87 亿美元增至 2013 年的 551 亿美元，中国在中东欧国家投资由不足 1 亿美元增至近 50 亿美元，中东欧国家在华投资由 4.2 亿美元增至 12 亿美元 [1]。贸易增长，促进物流增长，促进投资增长，促进人员往来和文化交流。（见表 6-1-1 2013 年世界各国 GDP 排名前 20 名统计数据）。

表 6-1-1 2013 年世界各国 GDP 排名前 20 名统计数据

序号	国家	GDP 总量百万美元	地区
	世界	73982138	
	欧盟	17371618	
1	美国	1679700	北美
2	中国（大陆）	9181377	亚洲
3	日本	4901532	亚洲
4	德国	3635959	欧洲
5	法国	2737361	欧洲
6	英国	2535761	欧洲
7	巴西	2242854	南美

[1] 资料来源：商务部部长高虎城在宁波举行的中国—中东欧国家经贸促进部长级会议讲话，2014 年 6 月 8 日，宁波。

8	俄国	2118006	欧洲
9	意大利	2071955	欧洲
10	印度	1870651	亚洲
11	加拿大	1825096	北美
12	澳大利亚	1505227	澳洲
13	西班牙	1358687	欧洲
14	墨西哥	1258544	北美
15	韩国	1221801	亚洲
16	印尼	870275	亚洲
17	土耳其	827209	亚洲
18	荷兰	800007	欧洲
19	沙特	745275	亚洲
20	瑞士	650814	欧洲

资料来源：《世界经济展望》报告，国际货币资金组织（IMF）2014年4月8日发布。

3. 路的包容性更广内容更加丰富

人流、物流、信息流、资金流等共同流动，相互交叉，将经济、人文、社会、文化交融在一起，经济社会影响更加深刻，促进力量更大。新丝绸之路，无论是"陆路丝绸之路"还是"海上丝绸之路"都是通道的概念和含义，是全方位疏通的含义。

现代"丝绸之路"之路与"过去丝路"不同。"新丝路"建设内容上更加丰富，线路上更加灵活，手段上更加先进。双边经贸关系迅速发展，多边机制建立与推动，国际经济环境复杂变化，使"丝绸之路"复兴，既秉承了"古丝路"的灵魂，更拔高了"新丝路"的层次，更丰富了"新丝路"的内容。

"新丝路"已经不再是道路的含义，而是变现为一种独特的地缘经济合作方式，是同伴不同盟的伙伴，集合于"利益共同体"、"发展共同体"、"合作共同体"。

"新丝路"是互惠的利益共同体。表现为不断扩大各国的经济贸易联系，特别是地处内陆的中亚国家，可以将地缘上的劣势转变为区位上的优势，在欧亚经济合作中扮演重要角色。

"新丝路"是共赢的发展共同体。表现为各国都可以从合作中受益，以基础设施建设为当前的优先方向，加强融资合作，创造更多就业机会，真正造福于各国人民。

"新丝路"是开放的合作共同体。表现为涵盖的地理范围非常广阔，包容性更强，不仅区域内国家和地区可以参与，而且区域外的国家和地区也可以通过多种方式参与。

6.2 两条新丝路建设内容部署

2015 年 3 月，中央政府颁布《推动共建丝绸之路经济带和 21 世纪海上丝绸之路的愿景与行动》方案 [1]，全面部署"一带一路"具体行动方案，至此经过长时间讨论研究，国家"一带一路"战略部署正式出台。方案共分为八个部分，从时代背景、共建原则、框架思路、合作重点、合作机制、中国各地方开放态势、中国积极行动、共创美好未来等方面阐述了行动要领。方案颁布后，国内积极落实，国际积极呼应，良好开端已经呈现。

6.2.1 体现亲诚惠容精神

千百年来，"和平合作、开放包容、互学互鉴、互利共赢" [2] 的丝绸之路精神薪火相传，充分体现了亲诚惠容，包容共进。习近平主席强调 [3]：丝绸之路经济带和 21 世纪海上丝绸之路倡议顺应了时代要求和各国加快发展的愿望，提供了一个包容性巨大的发展平台，具有深厚历史渊源和人文基础，能够把快速发展的中国经济同沿线国家的利益结合起来。要集中力量办好这件大事，秉持亲、诚、惠、容的周边外交理念，近睦远交，使沿线国家对我们更认同、更亲近、更支持。推进"一带一路"建设，要诚心诚意对待沿线国家，做到言必信、行必果。要本着互利共赢的原则同沿线国家开展合作，让沿线国家得益于我国发展。要实行包容发展，坚持各国共享机遇、共迎挑战、共创繁荣。要做好"一带一路"总体布局，尽早确定今后几年的时间表、路线图，要有早期收获计划和领域。推进"一带一路"建设要抓落实，由易到难、由近及远，以点带线、由线到面，扎实开展经贸合作，扎实推进重点项目建设，脚踏实地、一步一步干起来。

积极向周边国家推介"丝路"建设的思想理念和战略意义。"一带一路"贯穿欧亚大陆，东边连接亚太经济圈，西边进入欧洲经济圈。无论是发展经济、改善民生，还是应对危机、加快调整，许多沿线国家同中国有着共同利益。历史上，"陆路丝绸之路"和"海上丝绸之路"就是中国同中亚、东南亚、南亚、西亚、东非、欧洲

---

[1] 资料来源：经国务院授权由国家发展改革委、外交部、商务部联合颁布，推动共建丝绸之路经济带和21 世纪海上丝绸之路的愿景与行动，新华社，2015 年 3 月 28 日。
[2] 资料来源：经国务院授权由国家发展改革委、外交部、商务部联合颁布，推动共建丝绸之路经济带和21 世纪海上丝绸之路的愿景与行动，新华社，2015 年 3 月 28 日。
[3] 资料来源：习近平，中央财经领导小组第八次会议讲话，中国证券报，2014 年 11 月 7 日，北京。

经贸和文化交流的大通道，"一带一路"倡议是对古丝绸之路的传承和提升，获得了广泛认同和积极回应。

1.中国对阿拉伯国家充分体现"亲""诚""惠""容"精神

习近平在出席"中国－阿拉伯国家合作论坛第六届部长级会议"时讲话指出[1]："通过古老的丝绸之路，中阿人民的祖先走在了古代世界各民族友好交往的前列。当前，中阿都面临实现民族振兴的共同使命和挑战。希望双方弘扬丝绸之路精神，以共建丝绸之路经济带和21世纪海上丝绸之路为新机遇新起点，不断深化全面合作、共同发展的中阿战略合作关系。习近平指出，未来10年，对中阿双方都是发展的关键时期。实现民族振兴的共同使命和挑战，需要我们弘扬丝绸之路精神，促进文明互鉴，尊重道路选择，坚持合作共赢，倡导对话和平。"习近平强调："一带一路"是互利共赢之路。中国同阿拉伯国家因为丝绸之路相知相交，是共建"一带一路"的天然合作伙伴。中阿双方应该坚持共商、共建、共享原则，打造中阿利益共同体和命运共同体。既要登高望远，也要脚踏实地，构建"1+2+3"的合作格局，即以能源合作为主轴，以基础设施建设、贸易和投资便利化为两翼，以核能、航天卫星、新能源三大高新领域为新的突破口。未来10年，争取把中阿贸易额从去年的2400亿美元增至6000亿美元，把中国对阿非金融类投资存量从去年的100亿美元增至600亿美元以上，加快协商和推进中国－海湾阿拉伯国家合作委员会自由贸易区、阿拉伯国家参与亚洲基础设施投资银行，争取早期收获。

2.中国对中亚西亚国家充分体现"亲""诚""惠""容"精神

习近平主席在访问哈萨克斯坦出席上合组织元首理事会第十三次会议讲话中明确了中国对中亚政策的"四要原则"、"丝绸之路经济带"的"五大支柱"和上合组织开展务实合作的五大具体措施[2]。

"四要原则"概括为：中国与中亚国家要坚持世代友好，做和谐和睦的好邻居；要坚定相互支持，做真诚互信的好朋友；要大力加强务实合作，做互利共赢的好伙伴；要以更宽的胸襟、更广的视野拓展区域合作，共创新的辉煌。

"丝绸之路经济带"战略构想"五大支柱"为：一是加强政策沟通，各国可以就经济发展战略和对策进行充分交流，本着求同存异原则，协商制定推进区域合作

---

[1] 资料来源：中国一阿拉伯国家合作论坛第六届部长级会议在北京召开，习近平主席出席开幕式，并发表题为《弘扬丝路精神，深化中阿合作》的讲话，2014年6月5日。
[2] 资料来源：习近平，哈萨克斯坦纳扎尔巴耶夫大学的演讲和上合组织元首理事会第十三次会议讲话，央视网，2014年4月8日。

的规划和措施，在政策和法律上为区域经济融合"开绿灯"。二是加强道路联通，上海合作组织正在协商交通便利化协定。尽快签署并落实这一文件，将打通从太平洋到波罗的海的运输大通道，在此基础上，中国同各方积极探讨完善跨境交通基础设施，逐步形成连接东亚、西亚、南亚的交通运输网络，为各国经济发展和人员往来提供更多便利。三是加强贸易畅通，丝绸之路经济带总人口近30亿，市场规模和潜力独一无二，各国在贸易和投资领域合作潜力巨大。各方应该就贸易和投资便利化问题进行探讨并作出适当安排，消除贸易壁垒，降低贸易和投资成本，提高区域经济循环速度和质量，实现互利共赢。四是加强货币流通，如果各国在经常项下和资本项下实现本币兑换和结算，就可以大大降低流通成本，增强抵御金融风险能力，提高本地区经济的国际竞争力。五是加强民心相通，国之交在于民相亲。搞好上述领域合作，必须得到各国人民支持，必须加强人民友好往来，增进相互了解和传统友谊，为开展区域合作奠定坚实民意基础和社会基础。

"五大具体措施"为：开辟交通和物流大通道；实现贸易和投资便利化，打破地区经济发展瓶颈；推进金融领域合作；成立能源俱乐部；建立粮食合作机制。

3.中国对南亚东南亚国家充分体现"亲""诚""惠""容"精神

打造中国与东盟命运共同体。中国—东盟战略伙伴关系经历了过去的"黄金十年"，未来时期将开拓深度合作的"钻石十年"。李克强总理在出席"第17次中国—东盟（10+1）领导人会议"时讲话指出 [1]：中国提出了建设"中国—东盟命运共同体"、构建"21世纪海上丝绸之路"等重大倡议，并决定实施"2+7"合作框架，包括政治安全和经济发展"两个轮子一起转"的共识和政治、经贸、互联互通、金融、海上合作、安全及人文科技环保等七大领域合作，硕果丰硕。会上明确了中国与东盟双方关系未来发展方向：第一，规划中国—东盟关系发展大战略。启动制定《中国—东盟面向和平与繁荣的战略伙伴关系联合宣言》第三份行动计划（2016-2020），中国向东盟国家提供100亿美元优惠贷款，支持务实合作，并在2013年基础上再向东盟提供5000万元人民币无偿援助，支持东盟共同体建设。第二，打造中国—东盟自贸区升级版，为区域全面经济伙伴关系协定（RCEP）奠定基础。力争在2015年年底前完成谈判。中国从2015年起，在未来3年提供3000万元人民币，支持在"自贸区"框架下的经济技术合作。第三，加快建设互联互通基础网，加强通信、电力、网络等领域的联通规划和建设，改善通关便利、市场监管、标准

[1] 资料来源：李克强，在第十七次中国—东盟（10+1）领导人会议上的讲话，2014年11月13日。

规范等互联互通软环境。通过亚洲基础设施投资银行机制为地区基础设施建设提供资金支持。成立"丝路基金",优先支持互联互通建设。启动中国—东盟投资合作基金二期 30 亿美元的募集,中国国家开发银行设立 100 亿美元的中国—东盟基础设施专项贷款。第四,精心营造海上合作新亮点。中国提出建设 21 世纪海上丝绸之路,有利于促进中国—东盟海上合作。2015 年确定为"中国—东盟海洋合作年"。第五,努力保障传统领域和非传统领域"双安全",增进双方战略互信。第六,积极开拓人文科技环保合作新领域,加快落实《中国—东盟文化合作行动计划》,启动制定中国—东盟环保合作战略(2016—2020),分享科技创新和生态建设成果,加快扶贫进程,让双方人民从中受益。

"一带一路"倡议,有利于中国扩大和深化对外开放。经过 30 多年的改革开放,中国经济正在实行从引进来到引进来和走出去并重的重大转变,已经出现了市场、资源能源、投资"三头"对外深度融合的新局面。只有坚持对外开放,深度融入世界经济,才能实现可持续发展。推进"一带一路"建设,要抓住关键的标志性工程,力争尽早开花结果。要帮助有关沿线国家开展本国和区域间交通、电力、通信等基础设施规划,共同推进前期预研,提出一批能够照顾双边、多边利益的项目清单。要高度重视和建设一批有利于沿线国家民生改善的项目。要坚持经济合作和人文交流共同推进,促进我国同沿线国家教育、旅游、学术、艺术等人文交流,使之提高到一个新的水平。

2014 年 9 月,习近平主席出访中亚和南亚国家,一路向访问国阐述"一带一路"的意义和建设内容,在访问塔吉克斯坦时指出:双方要以共建丝绸之路经济带为契机,加强油气、电力、经贸、交通基础设施建设等领域合作,提高互联互通水平,建设好中国 – 中亚天然气管道,未来 5 年将双边贸易额提升至 30 亿美元。

6.2.2 坚持四项基本原则

"一带一路"建设覆盖了整个亚欧大陆,国家之间深入合作,区域及次区域之间深入合作,涉及外交、政治、经济、文化、生态等多个领域,需要恪守联合国宪章的宗旨,遵守和平共处五项原则(尊重各国主权和领土完整、互不侵犯、互不干涉内政、和平共处、平等互利),形成命运共同体、责任共同体、利益共同体,需要共同坚持"四项基本原则"。

1. 坚持开放合作原则

只有开放才能合作,只有开放才能共荣。打造开放式、包容性合作机制,"一带一路"上的相关国家纳入平台上来，同时扩大范围，欢迎和包容各国参与，欢迎国际组织和地区组织参与，让共建成果惠及更广泛的区域。

2. 坚持和谐包容原则

彼此尊重，文明相见，倡导文明宽容，尊重各国发展道路和发展模式，加强不同文明之间的对话，求同存异、兼容并蓄、和平共处、共生共荣。

3. 坚持市场运作原则

市场机制是人类今日经济文明的具体体现，具有普遍性，世界遵循市场规律和国际通行规则，充分发挥市场在资源配置中的决定性作用和各类企业的主体作用，同时发挥好政府的作用，用好法律杠杆、政策杠杆，发挥补充和协调作用。

4. 坚持互利共赢原则

兼顾各方利益和关切，彼此互助，相互给力，寻求利益契合点和合作最大公约数，体现各方智慧和创意，各施所长，各尽所能，把各方优势和潜力充分发挥出来。

6.2.3 集中五通合作重点

在"一带一路"沿线，各个股价资源禀赋各异，生态环境不同，经济互补性较强，彼此合作潜力和空间很大。发挥各自优势必须要"通"，只有"通"才能"畅"，只有通才能促进物资流、资金流、信息流、人员流的流动，用人工的办法疏通所有制约流通的障碍。

1. 政策沟通

政通人和，政策是人制定的，也可以改变政策，加强政策沟通是"一带一路"建设的重要保障。加强政府间合作，积极构建多层次政府间宏观政策沟通交流机制，深化利益融合，促进政治互信，达成合作共识。国家之间可以就经济发展战略和对策进行充分交流对接，共同制定推进区域合作的规划和措施，协商解决合作中的问题，共同为务实合作及大型项目实施提供政策支持。

2. 设施联通

逢山开路、遇水搭桥，基础设施互联互通是"一带一路"建设的优先领域。在尊重相关国家主权和安全关切基础上，彼邻国家需要将基础设施建设规划、技术标准体系对接，共同推进国际骨干通道建设，逐步形成连接亚洲各次区域以及亚—欧—非之间的基础设施网络，强调绿色低碳化建设和运营管理，在建设中采用现代技术充分考虑气候变化影响。优先抓好交通基础设施建设，对关键通道、关键节点和重点工程，优先打通缺失路段，畅通瓶颈路段，配套完善道路安全防护设施和交通管理设施设备，提升道路通达水平。实现国际运输便利化，建立统一的全程运输协调机制，促进国际通关和联运有机衔接，形成兼容规范的运输规则。加强口岸基础设施建设，建立陆—水联运通道，加强港口合作建设，增加海上航线和班次，建设全链条物流信息化管理。建立民航国际化全面合作平台，提高航空基础设施硬件水平和软件水平。加强能源设施联动合作，共同维护输油管道和输气管道运输安全，推进跨国电力输送通道建设。共同推进跨境通信干线网络建设，提高国际通信水平。

3. 贸易畅通

投资与贸易便利化，投资贸易合作是"一带一路"建设的重点内容。消除投资和贸易壁垒，构建区域内和各国良好的营商环境，彼邻国家和地区共同商建自由贸易区，促进彼此投资贸易往来，扩大规模，提高档次。

提高合作管理水平，加强信息互换、监管互认、执法互助的海关合作，以及检验检疫、认证认可、标准计量、统计信息等方面合作，推动世界贸易组织《贸易便利化协定》生效和实施。改善边境口岸通关设施条件，加快边境口岸"单一窗口"建设，降低通关成本，提升通关能力。推进跨境监管程序协调，推动检验检疫证书国际互联网核查，开展"经认证的经营者"（AEO）互认。降低非关税壁垒，共同提高技术性贸易措施透明度，提高贸易自由化便利化水平。

拓宽贸易领域，优化贸易结构，创建新增长点，促进贸易平衡。创新贸易方式，发展跨境电子商务，创新商业业态。建立健全服务贸易促进体系，巩固和扩大传统贸易，大力发展现代服务贸易。把投资和贸易有机结合起来，投资与贸易相互促进发展。加快投资便利化进程，消除投资壁垒。加强双边投资保护协定、避免双重征税协定磋商，保护投资者的合法权益。拓展相互投资领域，开展农林牧渔业、农机及农产品生产加工等领域深度合作，积极推进海水养殖、远洋渔业、水产品加工、海水淡化、海洋生物制药、海洋工程技术、环保产业和海上旅游等领域合作。加大煤炭、油气、金属矿产等传统能源资源勘探开发合作，积极推动水电、核电、风电、太阳能等清洁、可再生能源合作，推进能源资源就地就近加工转化合作，形成能源资源合作上下游一体化产业链。加强能源资源深加工技术、装备与工程服务合作。推动新兴产业合作，按照优势互补、互利共赢的原则，促进沿线国家加强在新一代信息技术、生物、新能源、新材料等新兴产业领域的深入合作，推动建立创业投资合作机制。

优化产业发展与分工布局，推动上下游产业链和关联产业协同发展，鼓励建立研发、生产和营销体系，提升区域产业配套能力和综合竞争力。扩大服务业相互开放，推动区域服务业加快发展。探索投资合作新模式，鼓励合作建设境外经贸合作区、跨境经济合作区等各类产业园区，促进产业集群发展。在投资贸易中突出生态文明理念，加强生态环境、生物多样性和应对气候变化合作，共建绿色丝绸之路。

4. 资金融通

资金流是"四流"中的重要一环，资金融通是"一带一路"建设的重要支撑。深化金融合作，推进亚洲货币稳定体系、投融资体系和信用体系建设。扩大国家双边本币互换、结算的范围和规模。推动债券市场开放和发展。推进"亚洲基础设施投资银行"、"金砖国家开发银行"筹建，磋商建立上海合作组织融资机构。加快"丝路基金"组建运营。深化"中国—东盟银行联合体"、"上合组织银行联合体"务实合作，以"银团贷款"、"银行授信"等方式开展多边金融合作。支持政府和信用等级较高的企业以及金融机构在中国境内发行人民币债券。符合条件的中国境内金融机构和企业可以在境外发行人民币债券和外币债券。加强金融监管合作，建立高效监管协调机制。完善风险应对和危机处置制度安排，构建区域性金融风险预警系统，形成应对跨境风险和危机处置的交流合作机制。加强征信管理部门、征信机构和评级机构之间的跨境交流与合作。发挥"丝路基金"以及各国"主权基金"作用，引导商业性股权投资基金和社会资金共同参与项目建设。

5. 民心相通

民心相通是"一带一路"建设的社会根基。弘扬友好合作精神，广泛开展文化交流、学术往来、人才交流合作、媒体合作、青年和妇女交往、志愿者服务等，为深化双多边合作奠定坚实的民意基础。

开展教育合作，合作办学。开展文化合作，国家间互办文化年、艺术节、电影节、电视周和图书展等活动，合作开展广播影视剧精品创作及翻译，联合申请世界文化遗产，共同开展世界遗产的联合保护工作。

开展旅游合作，扩大旅游规模，互办旅游推广周、宣传月等活动，提高沿线各国游客签证便利化水平，推动"21世纪海上丝绸之路"邮轮旅游合作。

开展卫生合作，强化与周边国家在传染病疫情信息沟通、防治技术交流、专业人才培养等方面的合作，提高合作处理突发公共卫生事件的能力。为有关国家提供医疗援助和应急医疗救助，在妇幼健康、残疾人康复以及艾滋病、结核、疟疾等主要传染病领域开展务实合作，扩大在传统医药领域的合作。

开展科技合作，共建联合实验室(研究中心)、国际技术转移中心、海上合作中心，促进科技人员交流，合作开展重大科技攻关，共同提升科技创新能力。

开展政党合作，充分发挥政党、议会交往的桥梁作用，加强沿线国家之间立法机构、主要党派和政治组织的友好往来。开展城市交流合作，欢迎沿线国家重要城市之间互结友好城市，以人文交流为重点，突出务实合作，形成更多鲜活的合作范例。欢迎沿线国家智库之间开展联合研究、合作举办论坛等。

6.2.4 建设三个机制平台

新时代的"一带一路"建设内容极为丰富，惠及欧亚大陆，绵绵流长，大力促进区域合作蓬勃发展，行动体系点—线—面结合，内在机制形成突出在三个方面：双边机制平台、多边机制平台、节点机制平台。

1. 双边机制平台建设

国家与国家合作，地区与地区合作，加强双边合作，开展多层次、多渠道沟通磋商，推动双边关系全面发展。推动签署合作备忘录或合作规划，建设一批双边合作示范样板。建立完善双边联合工作机制，共同研究推进"一带一路"建设的实施方案、行动路线图。充分发挥现有联委会、混委会、协委会、指导委员会、管理委员会等双边机制作用，协调推动合作项目实施。

2. 多边机制平台建设

多国之间合作，多地区之间合作，强化多边合作机制作用。发挥已有的国际平台组织作用，深化彼此深入合作，发挥上海合作组织（SCO）、中国—东盟"10+1"、亚太经合组织（APEC）、亚欧会议（ASEM）、亚洲合作对话（ACD）、亚信会议（CICA）、中阿合作论坛、中国—海合会战略对话、大湄公河次区域（GMS）经济合作、中亚区域经济合作（CAREC）等现有多边合作机制作用，相关国家彼此加强沟通，扩大影响力，扩大发展经济凝聚力，让更多国家和地区参与建设，共同受益。

3. 节点机制平台建设

发展会展经济作用，办好短期重要会议、展览、论坛、研讨会、交流会，发挥各国区域、次区域相关国际论坛、展会以及博鳌亚洲论坛、中国—东盟博览会、中国—亚欧博览会、欧亚经济论坛、中国国际投资贸易洽谈会，以及中国—南亚博览会、中国—阿拉伯博览会、中国西部国际博览会、中国—俄罗斯博览会、前海合作论坛等平台的建设性作用。支持沿线国家地方、民间挖掘"一带一路"历史文化遗产，联合举办专项投资、贸易、文化交流活动，办好丝绸之路（敦煌）国际文化博览会、丝绸之路国际电影节和图书展。倡议建立"一带一路"国际高峰论坛，搭建新的国际交流平台。

6.3 陆路丝绸之路国内节点地区分析

"陆路丝绸之路经济带"所覆盖的范围很大，是从太平洋西岸延伸到大西洋东岸，覆盖亚洲、欧洲两大洲，牵动太平洋、大西洋两大洋，浩瀚上万千米。在中国境内，东起东海之滨，西至西域之边，横贯中国大陆东西两端，长度覆盖4000多千米。按照古丝绸之路的路线，主要发端于西安（长安），西至新疆边陲。本书按照这样的路径重点分析沿途主要省区的基本情况，集中于陕西、甘肃、宁夏、内蒙古、青海、新疆等六省区，从自然区位、文化积淀、资源富集、交通条件、经济实力、增长极点六个方面进行比较分析，从中研判这些地区在丝绸之路经济带建设中的地位和作为。

6.3.1 中心节点区陕西关中地区

"陆路丝绸之路经济带"中心节点地区——陕西省关中地区。陕西，简称"陕"或"秦"，省会古都西安（古代称为长安），是中国经纬度基准点大地原点，古"丝绸之路"中国原点。是新陆路丝绸之路经济带上重要枢纽节点地区，也是西北地区最大的城市，战略位置十分重要。

1. 自然区位

陕西省关中地区，位于中国西北内陆腹地，横跨黄河和长江两大流域中部，总面积20.58万平方千米，地域南北长约880千米，东西宽160千米～490千米，古时称为八百里秦川。全省常住人口3775.12万人（2014年年末指标）[1]，城镇人口1984.58万人，占52.57%；乡村人口1790.54万人，占47.43%。下辖西安1副省级市、宝鸡等9地级市及1农业示范区。东邻河南省、山西省，西连甘肃省、宁夏区，南抵四川、湖北、重庆，北接内蒙古区，为连接中国东、中部地区和西北、西南的重要枢纽。境内气候差异很大，年平均气温13.0℃。年平均降水量576.9毫米。

2. 文化积淀

陕西是中华文明的重要发祥地之一，是炎帝故里及皇帝的葬地。陕西省内有9处世界文化遗产，分别是秦始皇兵马俑、长城、大雁塔、小雁塔、大明宫、兴教寺塔、未央宫、林县大佛寺石窟、张骞墓。陕西省也是中国重要科教资源汇集地，共

[1] 资料来源：陕西省政府官方网站颁布数据，www.shaanxi.gov.cn，2015年7月28日。

187

"一带一路"建设

有高等学校 96 所（2014 年），拥有 8 所著名高校，如西安交通大学、西北工业大学、西安电子科技大学等。

3. 资源富集

陕西省农业资源丰富，粮食作物以大田作物为主，主要作物水稻、玉米、小麦。已查明地下矿产资源 94 种（其中：能源矿产 6 种、黑色金属矿产 5 种、有色金属矿产 10 种、贵金属矿产 2 种、稀有稀土金属及稀散元素矿产 11 种、化工原料非金属矿产 13 种、建材及其他非金属矿产 36 种），矿产潜在价值 42 万亿元，约占全国的三分之一，其中：煤、石油、天然气、盐、钛、钼、煤、镍等 61 种矿产的保有量位居全国前十位。陕北及渭北以优质煤、石油、天然气、铝土矿、水泥灰岩、黏土类及盐类矿产为主，陕北神府煤田是世界上少有的低磷、低硫、低灰、高热量的优质环保动力煤田。

4. 交通条件

陕西交通便捷，形成以西安为枢纽的铁路、高速公路、民航三大交通网络。航空系统有西安咸阳国际机场、汉中城固机场、榆林榆阳机场、宝鸡机场、安康机场等。其中，西安咸阳国际机场是中国西北地区最大的空中交通枢纽，是全国吞吐量第九大机场（2014 年），有 3 座航站楼，2 条跑道，机场技术类别 4F 级民用机场，旅客吞吐量 2926.02 万人次（2014 年度指标），年货邮吞吐量 17 万吨。公路网密集，有西宝高速、西康高速、西铜高速、西汉高速（京昆高速公路陕西段）、包茂高速（陕西段）、青银高速（陕西段）、福银高速（陕西段）、沪陕高速（陕西段）。普速铁路网有陇海铁路（潼关至宝鸡段），宝成铁路，宝中铁路，宁西铁路，西康铁路。高铁郑西客运专线、西宝客运专线、大西客运专线。

5. 经济实力

以 2014 年指标作为统计数据年份（以下指标均为 2014 年数据）[1]，陕西省全年经济产出总量（GDP）17689.94 亿元，粮食生产年总产出量 1197.8 万吨，全省规模以上工业企业实现工业总产值 20142.06 亿元，社会消费品零售总额 5572.84 亿元，进出口总额 1683.53 亿元。实际利用外商直接投资 41.76 亿美元，全年城镇居民人均可支配收入 22858 元（2013 年指标）[2]，全年农村居民人均纯收入 6503 元（2013

[1] 资料来源：陕西省统计局指标，2014 年陕西省国民经济和社会发展统计指标，三秦都市报，2015 年 1 月 23 日。
[2] 资料来源：陕西省统计局指标，2013 年陕西省国民经济和社会发展统计指标，国家统计局陕西调查总队，2014 年 3 月 12 日。

开放型经济 | KAIFANGXING JINGJI

年指标），全省金融机构（含外资）本外币各项存款余额25736.72亿元（2013年指标）。

6. 增长极点

区域发展极点城市——西安市。中国历史上13个朝代的京城，具有1100多年建都历史，3100多年建城历史。2014年，常住人口862.75万人，面积10108平方千米，经济总量（GDP）5474亿元（2014年指标），社会零售商品总额2872.9亿元。西安市是中国西北地区重要枢纽城市，地处中国陆地版图中心和中国中西部两大经济区域的接合部，陇海兰新铁路沿线经济带上最大的西部中心城市，是陆路丝绸之路经济带上重要节点城市，国家实施西部大开发战略的桥头堡，是全国干线公路网中最大的节点城市之一。西安是西部高等院校和科研院所较为集中的城市之一，是中国五大教育、科研中心之一。拥有普通高等学校49所，拥有各类科研技术机构3000多个，西安是高新技术产业基地城市。

在新丝绸之路经济带建设中，陕西将着力推进内陆经济外向化、西部经济国际化步伐，特别是发挥西安市的枢纽作用，着力培养成为西部地区的发展极，扩大极化效应。

6.3.2 河西走廊节点区甘肃兰州地区

"陆路丝绸之路经济带"中心节点地区——甘肃省兰州地区。甘肃省，简称"甘"或"陇"，省会城市兰州市，为河西走廊枢纽城市。在新丝路经济带中发挥通道和走廊作用，联通内陆与边疆地区。

1. 自然区位

甘肃地处黄河上游，东部链接陕西省，南部直瞰四川、重庆、青海，西部直达新疆；北部联通内蒙古区、宁夏；西北出境蒙古国。全省总占地面积为43万平方千米[1]，占中国4.72%。辖12个地级市、2个自治州、17个市辖区、4个县级市、58个县、7个自治县。人口2729万人，是一个多民族集居的省区。

甘肃省地处黄土高原、青藏高原和内蒙古高原三大高原的交会地带。境内地形复杂，山脉纵横交错，海拔相差悬殊，高山、盆地、平川、沙漠和戈壁等兼而有之，是山地型高原地貌。地势东西长1659千米，南北宽530千米，四周为群山峻岭所环抱。北有六盘山、合黎山和龙首山；东为岷山、秦岭和子午岭；西接阿尔金山和祁连山；南壤青泥岭。多数山脉属西北—东南走向。陇南山地，陇东、中黄土高原，甘南高原，

---

[1] 资料来源：中国地图集，中国地图出版社，2014年1月版，第221页。

河西走廊，祁连山地，河西走廊，河西走廊以北地带东西长600多千米。气候特点属于北亚热带湿润区到高寒区、干旱区的各种气候类型，年平均气温在0℃~14℃，年均降水量300毫米左右。

2. 文化积淀

甘肃历史跨越8000余年，是中华民族和华夏文明的主要发祥地之一。相传人文始祖伏羲、女娲诞生在天水；周王朝发迹于庆阳；秦王朝的先祖在陇南、天水创业兴邦。甘肃建省有1200多年历史，北宋初期西夏统治河西时设有甘肃军司（驻甘州，今张掖市甘州区）。元代正式设置甘肃省。新中国成立以来，甘肃教育、科技事业有了长足发展，现有普通高校34所，中央所属的科研机构22个。

3. 资源富集

甘肃省资源比较丰富，地表水资源量约286.2亿立方米，林地资源面积约为396.65万公顷，各类草地资源面积1575.29万公顷，是中国主要的牧业基地之一。矿产资源比较丰富，已经发现各类矿产173种（含亚矿种），占全国已发现矿种数量的74%，有亚洲最大的金矿——甘肃阳山金矿，金矿累计探获黄金资源量308吨。石油可采储量为6亿千克，天然气探明储量31.57亿立方米，集中分布在河西玉门和陇东长庆两个大油田。煤炭预测储量为1428亿千克，已探明储量为125亿千克，煤炭资源集中分布于庆阳、华亭、靖远和窑街等矿区。风能资源总储量约为2.37亿千瓦，居全国第5位。太阳能年总辐射值为4800兆焦/米^3~6400兆焦/米^3，富集区位于河西西部地区，以及甘南西南部地区。

4. 交通条件

甘肃省的交通条件由公路、铁路、民航三大系统构成，形成以省会兰州为中心，链接国内各地的快速交通网络。铁路系统普通铁路通过省内的有陇海线、兰新线、包兰线、兰青线、宝中线、宝成线、干武线、红会线、嘉镜线、嘉策线、敦煌线、酒泉下河清至内蒙古赛汉陶来苏木铁路，快速铁路通过省内的有兰新高铁。普通公路和高速公路构成联网，国家高速公路省内通过线有京藏高速公路、青兰高速公路、连霍高速公路、福银高速公路、兰海高速公路、定武高速公路、柳格高速公路、张汶高速公路、十天高速公路、平绵高速公路[1]。航空系统通航机场有9个，分别是兰州中川国际机场（具有航空口岸）；酒泉敦煌机场、酒泉鼎新机场（军民合用机场）；嘉峪关机场；张掖军民合用机场；金昌金川机场；庆阳机场；天

---

[1] 资料来源：中国高速公路及城乡公路网地图集，山东省地图出版社，2013年1月版，第189页。

水机场（天水军民合用机场）；陇南成州机场；甘南州夏河机场。开辟了以兰州为中心，通往北京、上海、广州等国内主要城市，以及通往韩国、泰国、沙特等国家国际航线。

5. 经济实力

甘肃省是中国重要的能源、原材料工业基地，已形成了以石油化工、有色冶金、机械电子等为主的工业体系。农业生产基本形成了草畜、水果、马铃薯、蔬菜等主导产业，制种、中药材、啤酒原料等区域性优势产业，以及食用百合、黄花菜、花椒、球根花卉、油橄榄等一批地方性特色产业和产品。以 2014 年指标作为统计数据年份（以下指标均为 2014 年数据），来代表甘肃省经济产出能力。2014 年，甘肃省全年经济总产出量（GDP）6835.27 亿元 [1]，年粮食总产量 1158.7 万吨，全省规模以上工业企业年工业增加值 2070 亿元，重点支柱行业分布在机械、冶金、有色、建材、食品行业工业，石化、电力、煤炭行业，年社会消费品零售总额 2410.38 亿元，外贸进出口总额 86.5 亿美元，财政收入 1234.54 亿元，城镇居民人均可支配收入 20804 元，农民人均纯收入 5736 元。

6. 增长极点

区域发展极点城市——兰州市。市区面积 1649 平方千米，常住人口 364 万人，少数民族 55 个。经济总量（GDP）1913.5 亿元（2014 年指标）[2]，社会消费品零售总额 944.9 亿元，公共财政预算收入 152.33 亿元，城镇居民人均可支配收入 23030 元，农民人均纯收入 8067 元。2012 年，国务院批复设立西北地区第一个国家级新区——兰州新区。兰州是黄河上游重要的工业城市，大西北的交通通信枢纽，西陇海兰新经济带支点，新亚欧大陆桥中国段五大中心城市之一，中国东中部地区联系西部地区的桥梁和纽带，陇海线、兰新线、青兰线、包兰线四大铁路干线交会，重要的原材料工业基地。

6.3.3 黄河中段节点区宁夏

"陆路丝绸之路经济带"中心节点地区——宁夏。宁夏回族自治区，简称"宁"，地处中国西北部地区内陆高原，母亲河黄河流经区内，平原上土层深厚，地势平坦，

[1] 资料来源：甘肃省统计局，2014 年省经济运行指标通报，国家统计局甘肃调查总队，兰州晨报，2015 年 2 月 4 日。
[2] 资料来源：2015 年兰州市人民政府工作报告，兰州市第十五届人民代表大会第五次会议，2015 年 2 月 6 日。

自古有"天下黄河富宁夏"之说，故此宁夏平原被誉为"塞上江南"。宁夏在新丝绸之路经济带中发挥通道作用，同时发挥回族群众集中的特点，发展与阿拉伯国家和地区之间的经济关系，发挥纽带和桥梁作用。

1. 自然区位

宁夏东部毗邻陕西省，西部、北部接壤内蒙古自治区，南部与甘肃省相连。南北相距约456千米，东西相距约250千米，总面积为6.6万多平方千米，首府银川市。宁夏属大陆性半湿润半干旱气候，冬季寒长，夏季暑短，雨雪稀少，气候干燥，风大沙多。全年平均气温在5℃~9℃。宁夏境内有名的山地有贺兰山和六盘山，贺兰山南北长200多千米，东西宽15千米~60千米。六盘山古称陇上，位于宁夏的南部，耸立于黄土高原之上，是一条近似南北走向的狭长山脉。宁夏平原地区海拔1.1千米~1.2千米。黄河自中卫入境，向东北斜贯于平原之上，河势顺地势经石嘴山出境。

2. 文化积淀

宁夏是中华文明的发祥地之一，历史上曾是中国东部地区与西部地区交通贸易的重要通道，富有古老悠久的黄河文明积淀。早在三万年前，宁夏就已有了人类生息痕迹，公元1038年，党项族的首领李元昊在此地建立了西夏王朝，并形成了西夏文化。古代西周时期建都于镐（今西安市西），统治中心在陕西关中，将此以北地区称为朔方（包括内蒙古河套地区、宁夏全境及陕西、山西北部）。春秋时期，现今固原地区为乌氏戎所居，今银南地区（以盐池为中心）是朐衍戎的势力范围。战国时期，秦惠文王攻取乌戎地，置乌氏县（今固原县南泾水北岸）辖今固原地区。秦朝时宁夏为北地郡，郡治在甘肃宁县。汉朝属朔方史部。唐朝时期，宁夏全境属关内道，设6州，北宋时期宁夏地区属秦凤路，元朝时期在西夏国故地设西夏中兴等路行中书省，明初在宁夏设府，清朝在宁夏设巡抚，宁夏为准省级。

宁夏是一个多民族聚居的省区。回族、维吾尔族、东乡族、哈萨克族、撒拉族和保安族等信奉伊斯兰教，全区现有清真寺3300多处，阿訇4000多人，满拉6000多人，伊斯兰教协会13个。明代就有规模宏大的清真寺，现存较著名的清真大寺有银川南关清真寺（原寺始建于1915年）、永宁纳家户清真寺（始建于1524年）、同心清真大寺（始建于1573年，后曾三次重修）。公元1055年，西夏毅宗发数万人建成天寺塔（今银川西塔），藏《大藏经》，并到处修建寺庙。

3. 资源富集

宁夏区矿产资源以煤和非金属为主，已获探明储量的矿产种类达34种。煤炭探明储量300多亿吨，预测储量2020多亿吨，储量位居中国第六位，形成贺兰山、宁东、香山和固原四个含煤区。石油、天然气分布于灵武、盐池地区，属中小型油（气）田。非金属矿产石膏、石灰岩、石英岩及黏土为优势矿产。石膏矿藏量居中国第一，探明储量45亿吨以上。宁夏石油、天然气有相当储量，具备发展大型石油天然气化工的良好条件。石英砂岩（硅石）探明储量在1700万吨以上。宁夏是中国水资源最少的省区，水资源贫乏。

4. 交通条件

航空交通系统有民航机场3个，分别是银川河东机场、中卫香山机场、固原六盘山机场。形成了以省城银川河东机场为中心，联通国内各地主要机场的航空网络，河东机场银川市东南（黄河东岸）。铁路交通系统有包兰铁路穿越本区，纵贯银川市区南北，东接华北重镇包头，与京包铁路相连；西接西北古城兰州，和兰新、兰青、陇海三条铁路衔接。宝中铁路北起中卫，南至陕西宝鸡，横跨陕甘宁三省区。境内有高速公路网络，贯通区内的高速路有京藏高速公路、青银高速公路、福银高速公路、青兰高速公路等在境内贯通。有6条干线国道，以银川为中心形成路网[1]，连通各市县。

5. 经济实力

以2014年指标作为统计数据年份（以下指标均为2014年数据），来代表宁夏经济产出能力。2014年，宁夏区经济产出能力（GDP）2750亿元[2]。地方公共财政预算收入339.8亿元。全社会固定资产投资3201亿元，社会消费品零售总额673.2亿元。粮食产量377.9万吨，特色农业占农业总产值的比重达85.7%。城镇居民人均可支配收入23285元，农村常住居民人均可支配收入8410元，人民币存贷款余额分别达4209亿元和4578亿元。

6. 增长极点

区域发展极点城市——银川市。城市面积9491平方千米，城市建成区面积148.60平方千米，常住人口208.27万人，其中回族人口50.11万人，占总人口的比重为24.1%。经济总量（GDP）1395.67亿元（2014年指标）[3]，社会消费品零售总额382.47亿元，进出口总额45亿美元，城镇居民人均可支配收入26118元，农村居民人均可支配收入10275元。银川是历史悠久的塞上古城，史上西夏王朝的首都，历史文化名城，区域性中心城市，中国—阿拉伯国家博览会举办地。

---

[1] 资料来源：中国高速公路及城乡公路网地图集，山东省地图出版社，2013年1月版，第200页。
[2] 资料来源：宁夏回族自治区人民政府2015年政府工作报告，宁夏日报，2015年1月26日。
[3] 资料来源 2015年银川市政府工作报告,银川市第十四届人民代表大会第三次会议,2015年1月28日。

宁夏在陆路丝绸之路经济带建设中，将发挥独特的区位优势和民族特点，发挥与阿拉伯国家交往的独特优势，发挥窗口作用和平台作用。

6.3.4 北疆节点区内蒙古沿黄带

"陆路丝绸之路经济带"中心节点地区——内蒙古沿黄带。内蒙古自治区简称"内蒙古"，位于中国北部边疆，首府呼和浩特市。黄河从宁夏流出进入内蒙古，形成包头、鄂尔多斯、呼和浩特经济活跃区，"呼包鄂"地区是"古丝绸之路"沿线的必经地区，也是"新丝绸之路"上的重要节点地区。

1. 自然区位

内蒙古自治区地形由东北向西南斜伸，东西直线距离 2400 千米，南北跨度 1700 千米，横跨东北、华北、西北三大区。土地总面积为 118 万平方千米[1]，占全国总面积的 12.3%，名列全国省区第三位。东、南、西依次与黑龙江、吉林、辽宁、河北、山西、陕西、宁夏、甘肃 8 个省区毗邻，跨越三北（东北、华北、西北），靠近京津；北部同蒙古国和俄罗斯接壤，国境线长 4200 千米。人口 2466 万人（2014 年指标）。内蒙古地域辽阔，地形地势属于著名的亚洲中部蒙古高原的东南部及其周沿地带，统称"内蒙古高原"，是中国第二大高原。气候属于温带大陆性季风气候区，四季分明。黄河由宁夏石嘴山进入内蒙古，由南向北，围绕鄂尔多斯高原形成一个马蹄形，被称为河套地区。

2. 文化积淀

内蒙古地区历史悠久，文化厚重。5000 多年前，内蒙古已经是仰韶文化的分布范围。春秋战国之前，一些北方的游牧民族，如匈奴和东胡人在今天的内蒙古地区游牧生活。为北方古代匈奴、东胡等地。战国后期，燕国、赵国、秦国的领土已经拓展到今天的内蒙古地区，中原的华夏民族开始在阴山山脉南部定居。秦汉属于匈奴、鲜卑及五原、朔方、右北平、武威、张掖等郡，唐置丰、胜、甘、肃等州，元属上都、集宁等路（府），1206 年成吉思汗建立了大蒙古国，之后元世祖忽必烈在中原建立了元朝。忽必烈迁都大都前的上都（开平城）就在今内蒙古的锡林郭勒盟正蓝旗境内。忽必烈迁都于燕京，并改称大都，清朝时期属内蒙古及察哈尔、山西。1928 年分置热河、察哈尔、绥远等省。1947 年成立内蒙古自治区，现辖 9 个地级市、3 个盟、11 个县级市、17 个县、49 个旗、3 个自治旗、22 个市辖区。

---

[1] 资料来源：中国地图集，中国地图出版社，2014 年 1 月版，第 67 页。

3. 资源富集

内蒙古地区是中国大陆自然资源最为富集的地区，农业资源、畜牧业资源、矿产资源丰富，耕地总面积约 550 万公顷。农作物资源种类 25 类 10266 个品种，植物物种 2351 种，名贵药材 600 多种。内蒙古大草原，天然草场辽阔，草原总面积 8700 万公顷 [1]，可利用草场面积 6800 万公顷，占中国草场总面积的 25%。著名草场有呼伦贝尔草场、锡林郭勒草场、科尔沁草场、乌兰察布草场、鄂尔多斯草场和乌拉盖草场 6 大著名草原。大兴安岭地区是国家重要的森林基地之一。全内蒙古地区森林总面积约 2366.40 万公顷 [2]，占中国森林总面积的 11%，居中国第 1 位。

内蒙古自治区是中国发现新矿物最多的省区。获得国际上承认的新矿物有 50 余种，其中 10 种发现于内蒙古，稀土储量居世界之首，煤炭储量 7016 亿吨，居中国第一位，天然气地质储量 7903 亿立方米。鄂尔多斯盆地苏里格天然气田是截至 2010 年中国发现的为数不多的陆上特大型气田之一。可利用风能总功率 1.01 亿千瓦，居中国首位。内蒙古是世界最大的"露天煤矿"集聚地，中国五大露天煤矿内蒙古有四个，分别为伊敏、霍林河、元宝山和准格尔露天煤矿，其中，霍林河煤矿是中国建成最早的现代化露天煤矿，准格尔煤田是中国最大的露天开采煤田，东胜煤田与陕西神府煤田合称东胜—神府煤田，是世界七大煤田中最大的一个，锡林浩特市北郊的胜利煤田，是中国最大的、煤层最厚的褐煤田，已探明储量 159.32 亿吨，保有储量 159.31 亿吨。锡林郭勒盟苏尼特右旗查干里门诺尔碱矿，是亚洲天然碱储量最大的碱矿，锡林郭勒盟锡矿储量居中国第一，保有储量 4.67 万吨以上。锡林郭勒盟锗储量中国第一，储量 1600 万吨，占中国已探明总储量的 30%。内蒙古萤石储量居世界第四，乌兰察布市四子王旗查干敖包萤石矿属于特大型萤石矿床。石墨的远景储量为 3 亿~5 亿吨，居中国首位，矿区在西起阿拉善右旗，东至乌兰察布市兴和县长 1000 千米的地带，成矿面积达 3000 平方千米，其中兴和县石墨矿是中国三大石墨生产基地之一。通辽市是中国最大的铸造砂和玻璃生产用砂基地，天然硅砂储量约为 550 亿吨。呼伦贝尔市莫力达瓦达斡尔族自治旗的宝山玛瑙矿储量 2775 吨，居中国第一。鄂尔多斯市达拉特旗埋藏着世界罕见的超大型芒硝矿。

4. 交通条件

公路网系统高速公路有：京新高速、京藏高速、集阿高速、丹锡高速、二广高

❻

「一带一路」建设

195

[1] 资料来源：中国地图集，中国地图出版社，2014 年 1 月版，第 67 页。

[2] 资料来源：中国地图集，中国地图出版社，2014 年 1 月版，第 67 页。

速等高速公路通过，区内以高速公路和国道形成公路网系统，2015 年，内蒙古公路总里程达到 17 万千米。铁路运输系统干线铁路有京包线、包兰线、京通线、集通线、集二线、呼准线、包神线、东乌线。航空系统有民航机场 10 个，呼和浩特白塔机场、包头二里半机场、乌海机场、鄂尔多斯机场、乌兰浩特机场、赤峰机场、通辽机场、锡林浩特机场、海拉尔东山机场、巴彦淖尔机场。形成了以省会呼和浩特市为中心的航空网络。大部分机场达到 4C 级以上标准，其中呼和浩特机场飞行区等级达到 4E 级，包头、呼伦贝尔、锡林浩特机场达到 4D 级。

5. 经济实力

经济总产出能力（GDP）17769.5 亿元（2014 年指标）[1]。一般公共预算收入 1843.2 亿元，全社会消费品零售总额 5619.9 亿元，粮食生产总产连续两年稳定在 550 亿斤以上，城镇化率达到 59.5%，全年外贸进出口总额 145.5 亿美元，城镇常住居民人均可支配收入 28350 元，农村牧区常住居民人均可支配收入 9976 元。

6. 增长极点

内蒙古区内发展极点主要集中在呼包鄂经济圈（呼和浩特、包头、鄂尔多斯），主要发展资源经济。其次在边境线上的满洲里、二连浩特等口岸地区，这两个地方主要发展口岸经济。国家已经确立"满洲里重点开发开放试验区"、"二连浩特重点开发开放试验区"，确立了向北开放桥头堡地位。

6.3.5 高原节点区青海北沿

"陆路丝绸之路经济带"中心节点地区——青海北沿地区。青海省，简称"青"，省会西宁，位于中国西北部，青藏高原东北部地区，是"古丝绸之路"沿线必经之地，也是"新丝绸之路"上的重要节点地区。

1. 自然区位

青海省东西长约 1200 千米，南北宽 800 千米，土地总面积 71.75 万平方千米，居全国第四位，人口 558 万（2014 年指标）[2]。青海与甘肃、四川、西藏、新疆接壤，辖 2 个地级市，6 个民族自治州，48 个县级行政单位，是多民族集居省区，有藏族、回族、蒙古族、土族、撒拉族等 43 个少数民族。青海省境内山脉高耸，地形多样，河流纵横，湖泊棋布。昆仑山横贯中部，唐古拉山屹立于南部，祁连山矗立于北部，

[1] 资料来源：2015 年内蒙古自治区人民政府工作报告，内蒙古日报，2015 年 2 月 2 日。
[2] 资料来源：中国地图集，中国地图出版社，2014 年 1 月版，第 227 页。

柴达木盆位于中部，青海湖是中国最大的内陆高原咸水湖，因而得名"青海"。

青海与西藏共同被称为"世界屋脊"，是世界上海拔最高的地方。青海东部素有"天河锁钥"、"海藏咽喉"、"金城屏障"、"西域之冲"和"玉塞咽喉"等称谓，是长江、黄河、澜沧江的发源地，被誉为"三江源"、"中华水塔"。青海省地处青藏高原东北部，青海的地形大势高原，是"世界屋脊"青藏高原的一部分。东北部由阿尔金山、祁连山数列平行山脉和谷地组成，平均海拔4000米以上。青海属于高原大陆性气候，气温低、昼夜温差大、降雨少、日照长。冬季严寒漫长，夏季凉爽短促，年平均气温在2℃~9℃。

2. 文化积淀

长江领域和黄河流域是中国古代文明发祥地，据在长江源头的可可西里和沱沱河沿等地发现的旧石器，可断定在数万年以前，古人类曾在那里生活过。从远古起，最早在青海劳动生息的民族羌人的祖先三苗就从江汉间流徙至青海，逐水草而居，以狩猎游牧为主。公元前5世纪到前2世纪，战乱带来了外族文明，从战国时代开始，由于受到中原文化影响，河湟地区羌人由狩猎、畜牧转到农业。公元3世纪~6世纪，魏、蜀、吴三国鼎立，战火纷争，羌人卷入。公元6世纪末，隋朝建立，统一中国，接受吐谷浑"奉表称藩"，唐宋时期，青海为吐蕃所辖。元明时期。清朝时期（约公元1644年），清军入关，统一全国。民国时期（公元1912~1949年），辛亥革命后，北洋军阀和国民党右派继承了清王朝，1929年1月正式成立青海省。

新中国成立后，1949年9月5日，西宁解放。1949年9月26日，青海省人民军政委员会宣告成立，1950年1月1日青海省人民政府正式组成，以西宁为省会。

3. 资源富集

青海省是资源富集地区，其中，水能资源、太阳光照能源、动植物生态资源、矿产资源等丰富。青海是"三江源头"地区（长江、黄河、澜沧江），冰川主要分布在西部和北部，冰川总面积4621平方千米，总储量3988亿立方米。石油、天然气、钾盐、石棉及有色金属（铜、铅、锌、钴等）矿产品的供应已在全国占有重要地位。太阳光能资源丰富。各类矿产127种，矿产总类87个，单矿种产地数688个。2010年在青海又发现了"可燃冰"资源，使中国成为世界上第三个在陆地上发现"可燃冰"的国家。全省耕地面积54.27万公顷，牧草地面积4034万公顷，主要牲畜品种有羊、牛、马、驴、骆驼和猪等13个品种。野生植物有2000多种，其中经济植物1000余种，名贵药材50多种。

4. 交通条件

以陆路运输为主，公路网、铁路网、民航网互补，公路系统是青海地区的主要交通运输方式，铁路和航空为辅助运输方式。公路系统以西宁为中心，国道及省道为主要道路，连通全省各地，公路通车总里程达到 72703 千米（2014 年指标）[1]，基本形成了全省"两横三纵三条路"主骨架公路网。县县通油路，91.6% 的乡镇、56.95% 的建制村、牧委会通公路。铁路系统兰青铁路和青藏铁路是青海省对外交通的大动脉，形成兰新铁路、兰青铁路、青藏铁路、格敦铁路串联成的铁路网。全省铁路营运里程 2290 千米（2014 年指标）[2]。航空系统以省会西宁为中心，形成连通国内各地的航空网络，通航机场 3 个，西宁曹家堡机场、格尔木机场、玉树三江源机场，规划建设机场 3 个，花土沟机场、果洛大武机场、德令哈机场。西宁机场是国内 4E 级干线机场，现已通航全国各主要城市，国内航线超过 55 条，开辟了至曼谷、首尔等国际航线。

5. 经济实力

2014 年，经济总产出量（GDP）2301 亿元，地方财政收入 252 亿元，总财力达到 1502 亿元。城镇居民人均可支配收入 22307 元，农村居民人均可支配收入 7283 元。社会消费品零售总额达到 614.6 亿元。粮食产量连续七年超过百万吨。民航旅客年吞吐量突破 400 万人次，接待国内外游客突破 2000 万人次，旅游总收入突破 200 亿元。城镇化率达到 49.8%。

6. 增长极点

区域发展极点城市——西宁市。全省政治、经济、科教、文化、交通中心，是古"丝绸之路"南路和"唐蕃古道"的必经之地，自古就是西北交通要冲和军事重镇，素有"海藏咽喉"之称。全市常住人口为 229.07 万人，占全省的 39.3%，其中少数民族人口为 59.41 万人，占常住人口的 25.9%。2014 年，经济总量（GDP）1077.1 亿元（2014 年指标）[3]。生产总值占全省的 46.8%，三次产业比例为 3.5 ∶ 52.1 ∶ 44.4。社会消费品零售总额占全省的 67.2%，地方公共财政预算收入占全省的 33.3%。藏传佛教圣地塔尔寺的酥油花、堆绣、壁画被誉为"艺术三绝"。

[1] 资料来源：青海省交通运输厅，中国新闻网，2015 年 1 月 14 日。
[2] 资料来源：西海都市报，2014 年 3 月 25 日。
[3] 资料来源 2015 年西宁市政府工作报告，西宁市第十五届人民代表大会第六次会议，2015 年 2 月 3 日。

6.3.6 西域节点区新疆天山南北坡

"陆路丝绸之路经济带"中心节点地区——新疆天山南北坡地区。新疆维吾尔自治区,简称"新",首府乌鲁木齐。位于中国西北边疆,面积166万平方千米[1],占中国国土总面积六分之一,是中国内陆地区面积最大的省区。新疆沿天山地带是"古丝绸之路"沿线的必经地区,也是"新丝绸之路"上的重要节点地区,是从中国大陆进入西亚、中亚,直达欧洲的必经之地和陆路口岸,战略地位十分重要。

1. 自然区位

新疆地处内陆西北部边境地区,陆地边境线长5600多千米,周边与俄罗斯、哈萨克斯坦、吉尔吉斯斯坦、塔吉克斯坦、巴基斯坦、蒙古国、印度、阿富汗八国接壤。新疆区现辖2个地级市、7个地区、5个自治州、22个县级市、62个县、6个自治县、11个市辖区。新疆人口2203万,是多民族居住区,有47个民族成分,主要居住有汉族、维吾尔、哈萨克、回族、蒙古族、柯尔克孜族、锡伯族、塔吉克族、乌孜别克、满族、塔塔尔、俄罗斯等民族,其中维吾尔族占45%左右。

新疆地形山脉与盆地相间,盆地与高山环抱,喻称"三山夹二盆"。北部为阿尔泰山,南部为昆仑山,中部为天山,天山南部是塔里木盆地,天山北部是准噶尔盆地。习惯上称天山以南为南疆,天山以北为北疆,把哈密、吐鲁番盆地称为东疆。新疆深居内陆。新疆为温带大陆性气候。气温温差较大,日照时间充足(年日照时间达2500–3500小时),气候干燥,年均降水量仅为150毫米左右,南疆气温高于北疆,北疆降水量高于南疆。因此,历来有"早穿皮袄午穿纱,围着火炉吃西瓜"之说。

2. 文化积淀

新疆,古代时称为西域,公元前60年,西汉时期中央政府设立西域都护府,新疆正式成为中国领土的一部分,唐朝设北庭都护府和安西都护府,元朝设别矢八里等行省,1884年清朝设立新疆省。新中国成立后,于1955年10月1日成立新疆维吾尔自治区。

新疆早期的人类活动,发生在距今两三千年前的新石器时代,天山南北各地都已出现人类祖先活动的遗迹,新疆境内考古发掘出土的大量陶器,其中不少彩陶的图案纹饰与中原地区同期出土的陶器图案纹饰相同或相近似。历史上具体记载始自汉代,中央政府在西域各地设置地方政府机构,自汉代以后,西域便已是中国不可分割的组成部分。蒙元时期西域大部分地区为成吉思汗次子察合台的封地(即

❻ 「一带一路」建设

---

[1] 资料来源:中国地图集,中国地图出版社,2014年1月版,第236页。

察合台汗国），元朝在今伊犁河流域曾设置阿里麻里行省。清朝时期，雍正皇帝时，西域新疆和云南、四川、贵州等地新纳入清王朝统治之下的地域，统称"新疆六厅"。1840年鸦片战争开始，第一次鸦片战争以后，大清王朝日益衰弱，1860年到1851年前，沙俄迫使清政府签订丧权辱国的《中俄北京条约》、《中俄勘分西北界约订》、《中俄伊犁塔尔巴哈台通商章程》，1864年的《塔城条约》将新疆西北部巴尔喀什湖以南大约44万平方千米的领土割让给俄国（后归塔吉克斯坦）。1865年春，由于清朝衰落，1871年，俄国侵占包括固勒扎城（伊宁市）在内的伊犁河谷，当时清朝在新疆只剩下塔城等少数据点。1881年，清政府收复被沙俄占领长达11年之久的伊犁地区。1884年设立新疆省，实行与中国本部18省一样的行政制度，由巡抚统管全疆各项军政事务，新疆政治中心由伊犁迁移到迪化（今乌鲁木齐）。进入新中国时期，1949年9月25日中国人民解放军第一野战军第一兵团在王震将军率领下攻占乌鲁木齐。

3. 资源富集

新疆有河流500多条，流经天山南北两坡地带，较大河流有20多条，塔里木河（中国最大的内陆河）、伊犁河、额尔齐斯河（流入北冰洋）、玛纳斯河、乌伦古河、开都河等。较大湖泊有10多个，博斯腾湖、艾比湖、布伦托海、阿雅格库里湖、赛里木湖、阿其格库勒湖、鲸鱼湖、吉力湖、阿克萨依湖、艾西曼湖等。大冰川1.86万余条，总面积约2.4万平方千米，冰储量2.58亿立方米，占全国冰川面积42%。大沙漠占全国沙漠面积的2/3，其中塔里木盆地中的塔克拉玛干沙漠，面积为33.67万平方千米，是中国第一大沙漠；准噶尔盆地的古尔班通古特沙漠，面积48,000平方千米，是中国第二大沙漠。

土地资源丰富，新疆拥有耕地近331万公顷，可垦荒地1000多万公顷。有"粮仓"、"油盆"、"煤海"之称。主要粮食作物中有小麦、玉米、水稻、高粱、大麦、谷子、黄豆、豌豆、蚕豆，等等。新疆主要经济作物有棉花、油料、甜菜、麻类、烟叶、药材、蚕茧等，盛产啤酒花。新疆素有"瓜果之乡"之称，常见瓜果有葡萄、甜瓜（哈密瓜）、西瓜、苹果、香梨、杏、桃、石榴、樱桃、无花果、核桃、巴旦杏等。新疆农林牧土地面积10.28亿亩，占全国的十分之一以上。牧草地总面积7.7亿亩，居全国第三位。草原面积约5733.3万公顷，居全国第二。天然牧场4800万公顷，牲畜有羊、牛、马、驴、骆驼、骡、牦牛等。

矿产资源种类繁多、储量巨大，有矿产种138种，其中9种储量居全国首位，32种居西北地区首位。其中石油、天然气、煤、金、铬、铜、镍、稀有金属、盐类矿产、建材非金属等蕴藏丰富。新疆石油资源量208.6亿吨，占全国陆上石油资源量的30%；天然气资源量为10.3万亿立方米，占全国陆上天然气资源量的34%，煤炭预测资源量2.19万亿吨，占全国的40%，黄金、宝石、玉石等资源种类繁多，古今驰名，太阳能理论蕴藏量1450～1720千瓦时/平方米·年，居全国第二位。

4. 交通条件

新疆已建成以公路为主，铁路、航空、管道运输相互配合的交通运输网络。

公路运输系统以乌鲁木齐市为中心，以国道4条骨干线为骨架，沟通各市区的公路网络。新疆高速公路通车里程达到4312千米（2014年指标）[1]，2014年，完成道路运输客运量35.6亿人次（含城市客运）、旅客周转量279.8亿人，货运量6.5亿吨；完成国际道路运输出入境旅客运量65.4万人次、货运量442.2万吨。

铁路运输系统以兰新铁路为主线，连接包兰铁路和龙海铁路，区内有乌鲁木齐经库尔勒至喀什的南疆铁路，乌鲁木齐至阿拉山口的北疆铁路。2014年11月16日，兰新高铁（乌鲁木齐南至哈密段）将开通运营，乌鲁木齐到哈密由原来5小时缩短至3小时左右。

航空运输系统新疆有机场22个（含新建、迁建），即乌鲁木齐地窝堡国际机场、喀什国际机场、和田机场、莎车机场（新建）、图木舒克机场（新建）、且末机场（迁建）、楼兰（若羌）机场（新建）、塔中机场（新建）、阿克苏机场、库车机场、库尔勒机场、吐鲁番机场、哈密机场、石河子机场（迁建）、克拉玛依机场、伊宁机场、那拉提机场、博乐机场、塔城机场、阿勒泰机场、喀纳斯机场、富蕴机场（新建），为国内拥有机场数量最多的省份。乌鲁木齐地窝堡国际机场已成为中国第四大国际航空港，已与内地51个城市和6个国家和地区通航，开辟了乌鲁木齐至阿拉木图、新西伯利亚、莫斯科、伊斯兰堡、比什凯克、叶卡捷琳堡6条国际航线，航线总长14万千米。

5. 经济实力

2014年，新疆经济产出总量达到（GDP）9200亿元（2014年指标）[2]，公共财政预算收入1282.6亿元，社会消费品零售总额2279.65亿元。粮食生产连续七年丰收，粮食总产量达到1435万吨，棉花总产量451万吨，特色林果总产量650万吨。农民人均纯收入达到8296元，城镇居民人均可支配收入达到22160元。

---

[1] 资料来源：2015年自治区交通运输工作会议报告，新疆日报，2015年1月19日。

[2] 资料来源：2015年新疆维吾尔自治区人民政府工作报告，新疆日报，2015年1月26日。

随着国家改革开放事业进展、西部大开发战略，以及"一带一路"战略惠及，一大批工程项目纷纷落地，极大推进了新疆经济发展和社会进步。仅2014年，新疆就有12个项目被列为国家重大工程[1]，2015年，又有37个国家重大工程项目申请立项，发展后劲十足。

新疆以资源型产业为主导，石油开采、石油化工、机械、冶金、建材、采矿业、宝石加工、食品加工、经济型农业为主要特色产业。新疆具有各类产业园区14个。（见表6-3-1新疆主要产业园区分布表）。

表6-3-1　新疆主要产业园区分布表

序号	区划性质	分布地区
1	国家级高新技术产业开发区	乌鲁木齐高新技术产业开发区 昌吉高新技术产业开发区
2	国家级经济技术开发区	乌鲁木齐经济技术开发区 石河子经济技术开发区 库尔勒经济技术开发区 奎屯—独山子经济技术开发区 甘泉堡经济技术开发区
3	边境经济合作区	伊宁边境经济合作区 塔城经济技术开发区 博乐经济技术开发区 吉木乃经济技术开发区
4	综合保税区	阿拉山口综合保税区
5	跨境经济贸易区和合作中心	中哈霍尔果斯国际边境合作中心
6	出口加工区	乌鲁木齐出口加工区

资料来源：根据新疆2015年7月存在园区实际情况绘制。

6. 增长极点

区域发展极点城市——乌鲁木齐市。乌鲁木齐市是全疆政治、经济、文化、科教和交通中心。全市辖7区1县，总面积1.4万平方千米，建成区面积412.26平方千米，2014年年末全市常住人口353万人，是天山北坡经济带上的核心极点都市，也是通往喀什、霍尔果斯口岸城市的枢纽地区，具有非常鲜明的陆路口岸经济特点。由内陆通往欧洲的班列途经此地，喀什综合保税区通过国家验收、封关运行[2]，成为"丝绸之路经济带"核心区重要组成部分。

[1]资料来源：新疆12个项目被列为2014年国家重大工程，中国证券报，2014年12月10日。
[2]资料来源：2015年新疆维吾尔自治区人民政府工作报告，新疆日报，2015年1月26日。

2014 年，乌鲁木齐市生产总值（GDP）2510 亿元 [1]；社会消费品零售总额 1070 亿元，外贸进出口总额 132 亿美元，地方财政收入 452.96 亿元，城镇居民人均可支配收入 23755 元，农牧民人均纯收入 13335 元。"五大产业基地"规模不断扩大 [2]。经济技术开发区（头屯河区）先进制造业基地、高新技术产业开发区（新市区）高新技术产业基地、甘泉堡经济技术开发区战略性新兴产业基地、会展片区现代服务业基地、南山旅游基地建设加快推进。地方政府已经确立建设面向中亚西亚的开放的"五大中心"，即现代交通枢纽中心、现代国际商贸物流中心、区域性国际金融服务中心、文化科教中心、医疗服务中心，它们将在新丝绸之路经济带建设中发挥区域中心作用。

6.4 陆路丝绸之路国外节点地区分析

新丝绸之路已经延伸了古丝绸之路的路线，东起太平洋西岸，西至大西洋东岸，延绵上万公里，覆盖了整个亚欧大陆东西两端，实际上是东起中国东部沿海地区，西至欧洲沿海地区横贯亚欧大陆的陆路大通道。在这条大通道上以铁路和公路为主要线路，通达地域上要经过交通关键节点，主要有中国、哈萨克斯坦、俄罗斯、白俄罗斯、乌克兰、蒙古国、波兰、德国、荷兰等国家和地区，必须保证这些关键节点地区畅通，丝绸之路才能畅通，如果在这些节点上任意一个地区出现问题，丝绸之路就很可能出现中间梗阻，丝路就无法发挥应有的作用，这是一个非常重要的战略问题。因此，研究丝绸之路节点上的情况具有战略意义，及时掌控丝绸之路节点上的情况具有战略意义，疏通节点具有战略意义。

6.4.1 哈萨克斯坦

"陆路丝绸之路经济带"国外中心节点地区——哈萨克斯坦共和国。哈萨克斯坦是中国西出国门的第一站，是进入中亚、西亚、中东以及直达欧洲的必经之地，战略位置十分重要。在"陆路丝绸之路经济带"沿线，经过哈萨克斯坦，向西可以进入俄罗斯，向南可以进入吉尔吉斯斯坦、乌兹别克斯坦、土库曼斯坦，直入中亚

[1] 资料来源：2015 年乌鲁木齐市政府工作报告，乌鲁木齐第十五届人民代表大会第四次会议，2015 年 1 月 12 日。
[2] 资料来源：2015 年乌鲁木齐市政府工作报告，乌鲁木齐第十五届人民代表大会第四次会议，2015 年 1 月 12 日。

和西亚。

1. 地理位置

哈萨克斯坦共和国，位于亚洲中部，国土横跨欧亚两洲，国土包括中亚北部和东欧的东南部，乌拉尔河以西部分属于欧洲，西部毗邻里海，是世界上最大的内陆国。周边与中国、俄罗斯、吉尔吉斯斯坦、乌兹别克斯坦、土库曼斯坦五国接壤，与伊朗、阿塞拜疆隔里海相望[1]。北邻俄罗斯（边界线长6846千米），南与乌兹别克斯坦（2203千米）、土库曼斯坦（379千米）、吉尔吉斯斯坦（1051千米）接壤，东联中国（1533千米），西濒里海，南邻咸海。边界线总长为12,012千米，海岸线长2909千米[2]。属温带大陆性气候，夏热冬寒。国土面积为272.49万平方千米，60%的土地为沙漠或半沙漠。人口1749.81万（2015年5月指标），主要民族有俄罗斯族41%、哈萨克族36%，主要宗教伊斯兰教。首都阿斯塔纳（2014年人口约100万人）。主要城市阿拉木图、卡拉干达、乌拉尔。

2. 发展水平

经济产出实力（GDP）2248.58亿美元（2013年指标），人均（GDP）13,048美元（2013年指标）。哈萨克自然资源丰富，已探明的矿藏有90多种。煤、铁、铜、铅、锌产量丰富，铀产量世界第一，钨储量占世界第一位，铬占第二位，磷矿石占第二位，铜、铅、锌、钼和磷的储量占亚洲第一位。已探明的石油储量达100亿吨，煤储量为39.4亿吨，天然气储量为11700万亿立方米，森林和营造林2170万公顷。哈萨克斯坦主要经济结构以石油、天然气、采矿、煤炭和农牧业为主，加工工业和轻工业相对落后。大部分日用消费品依靠进口。全国可耕地面积超过2000万公顷，粮食产量1800万吨左右。主要农作物包括小麦、玉米、大麦、燕麦、黑麦。耕地大部分种植以春小麦为主的粮食作物，还产棉花、甜菜、烟草等。[3]

哈萨克斯坦独立后实施经济改革，分阶段推行市场经济和私有化，积极引进外资，重点发展油气领域和采矿业，扶植民族工业，大力发展中小企业、实行自由浮动汇率措施，经济持续增长，外汇储备突破1000亿美元（截至2014年年底）。2012年以来，哈萨克斯坦主要出口对象国是中国、意大利、荷兰等国家。主要进口对象国是俄罗斯、中国和乌克兰等国家，外贸总额为1368亿美元（2012年指标）。

---

[1] 资料来源：世界地图册，地质出版社，2006年1月版，第10页。
[2] 资料来源：中国社会科学院俄罗斯东欧中亚研究所，中亚研究网，2015年2月28日。
[3] 资料来源：哈萨克斯坦情况，新华网，2015年2月28日。

3. 外交关系

哈萨克奉行平衡外交政策，外交重心在东欧和西方，先后加入独联体、欧洲—大西洋伙伴关系理事会、集安组织、欧安组织、上合组织、伊斯兰合作组织、突厥议会、北约和平伙伴关系会、欧亚委员会等国际组织。进入21世纪，哈萨克斯坦加强了与俄罗斯及东欧各国的经济、政治、军事等方面的一体化，2015年将与俄罗斯、白俄罗斯、亚美尼亚成立"欧亚联盟"[1]。1992年5月，哈萨克斯坦成为独联体中第一个与俄罗斯签订《友好、合作与互助条约》的国家。1998年7月6日两国总统签订《面向21世纪的永久友好和联盟宣言》。从苏联解体后，哈萨克斯坦与俄罗斯两国之间就确立了伙伴关系，哈萨克斯坦于1994年5月加入北约"和平伙伴关系计划"。

同中国关系发展平稳，1992年1月3日，哈萨克斯坦与中国签署了两国建交公报。两国关系良好，高层互访频繁。据中国海关统计，2013年中哈双边贸易额为286亿美元[2]。2013年9月7日，习近平主席访问哈萨克斯坦，在阿斯塔纳纳扎尔巴耶夫大学发表题为《弘扬人民友谊 共创美好未来》的重要演讲，全面阐述中国对中亚国家睦邻友好合作政策，倡议用创新的合作模式，共同建设"丝绸之路经济带"，将其作为一项造福沿途各国人民的大事业。习近平提出，为了使欧亚各国经济联系更加紧密、相互合作更加深入、发展空间更加广阔，我们可以用创新的合作模式，共同建设"丝绸之路经济带"，以点带面，从线到片，逐步形成区域大合作。第一，加强政策沟通。各国就经济发展战略进行交流，协商制定区域合作规划和措施。第二，加强道路联通。打通从太平洋到波罗的海的运输大通道，逐步形成连接东亚、西亚、南亚的交通运输网络。第三，加强贸易畅通。各方应该就推动贸易和投资便利化问题进行探讨并作出适当安排。第四，加强货币流通。推动实现本币兑换和结算，增强抵御金融风险能力，提高本地区经济国际竞争力。第五，加强民心相通。加强人民友好往来，增进相互了解和传统友谊。[3]

6.4.2 俄罗斯

"陆路丝绸之路经济带"国外中心节点地区——俄罗斯。俄罗斯是中国西出国

[1] 资料来源：哈萨克斯坦，百度百科，2015年2月26日。
[2] 资料来源：2013年中国与中亚四国贸易额突破400亿美元，新华网，2014年2月13日。
[3] 资料来源：国家主席习近平讲话，弘扬人民友谊 共创美好未来，2013年哈萨克斯坦阿斯塔纳纳扎尔巴耶夫大学，新华社，2013年9月7日。

门的第二站，首都莫斯科，是进入欧洲的必经之地，战略位置十分重要。在"陆路丝绸之路经济带"沿线，经过俄罗斯，向西可以进入白俄罗斯、立陶宛、拉脱维亚、爱沙尼亚，向西北可以进入芬兰、瑞典、挪威，向西南可以进入乌克兰，直入欧洲。是亚洲与欧洲联通的必经之地。

1. 地理位置

俄罗斯联邦，（通称俄罗斯或俄国）。位于东经 30°E~180°E，北纬 50°N~80°N，国土横跨欧亚两洲，位于欧洲东部和亚洲大陆北部，位于欧洲的领土地形大部分为东欧平原，北部邻北冰洋，东部濒太平洋，西部接大西洋，西北部邻波罗的海、芬兰湾。陆地邻国西北面有挪威和芬兰，西面有爱沙尼亚、拉脱维亚、立陶宛、波兰和白俄罗斯，西南面是乌克兰，南面有格鲁吉亚、阿塞拜疆和哈萨克斯坦，东南面有中国、蒙古和朝鲜，隔海相望的国家有日本、加拿大、格陵兰、冰岛和瑞典。国土疆域东西长为9000千米，横跨11个时区；南北宽为4000千米，跨越4个气候带，海岸线长37653千米。总面积约1710万平方千米（2014年指标）（克里米亚共和国和塞瓦斯托波尔市加入俄罗斯，俄罗斯版图新增加2.55万平方千米，2012年面积为1707.54万平方千米），领土占地球陆地面积约11.4%，是世界上面积最大的国家。俄罗斯是由22个自治共和国、46个州、9个边疆区、4个自治区、1个自治州、3个联邦直辖市组成的联邦共和立宪制国家[1]。主要城市有莫斯科（面积994平方千米，城市人口860万）、圣彼得堡（人口513.2万）、叶卡捷琳堡（137.8万）、伏尔加格勒（人口101万）、摩尔曼斯克（人口31万）、索契（人口37万）。

人口数量1.52亿（2014年指标），人口密度分布不均，西部发达地区平均为52人~77人/平方千米，个别地方为261人/平方千米，而东北部地区不到1人。有193个民族，其中俄罗斯族占77%。气候大部分地区处于北温带，以温带大陆性气候为主，从西到东大陆性气候逐渐加强，冬季严寒漫长。地形以平原和高原为主，地势南高北低、东高西低。西部几乎全属东欧平原，向东为乌拉尔山脉、西西伯利亚平原、中西伯利亚高原、北西伯利亚低地和东西伯利亚山地、太平洋沿岸山地等。

俄罗斯是资源富集大国，拥有世界最大储量的矿产和能源资源，是最大的石油和天然气输出国，拥有世界最大的森林储备，拥有世界25%的淡水湖泊。资源总储量空间分布在亚洲部分约占80%。森林覆盖面积居世界第一位，约为8.67亿公顷，占国土面积50.7%。林材蓄积量居世界第二位，约为807亿立方米。煤、石油、天

---

[1] 资料来源：俄罗斯联邦概况，新华网，2015年8月30日。

然气、铁、锰、铜、铅、锌等资源储量丰富。天然气探明蕴藏量居世界第一位，约为 48 万亿立方米，占世界探明储量的 1/3。

2. 发展水平

1991 年 12 月 25 日苏联解体后，俄罗斯正式独立，继承了苏联大部分军事力量，军事实力居世界第二，并且拥有世上最大的核武器库。俄罗斯是联合国安全理事会五大常任理事国之一，对安理会议案拥有一票否决权，俄罗斯是"金砖国"成员国。俄罗斯经济总量（GDP）2.097 万亿美元（2013 年，国际汇率），人均（GDP）14613 美元（2013 年，国际汇率），人类发展指数 0.805（2014 年指标）。俄罗斯经济增长情况，2012 年为 3.4%，2013 年为 1.3%，2014 年为 0.7%，受到内外因素影响，经济增长连续三年下滑。

俄罗斯运输系统铁路、公路、水运、航空发挥重要作用。根据俄罗斯联邦统计局数据，2012 年客运周转量 5325 亿人，货运量 85.19 亿吨。机场总数 232 个（2009 年指标），其中国际机场 71 个，主要机场有莫斯科谢列梅杰沃国际机场、伏努科沃 1 号国际机场、多莫杰多沃机场、圣彼得堡国际机场、下诺夫哥罗德机场、新西伯利亚机场、叶卡捷琳堡机场、哈巴罗夫斯克机场等。航空客运量 7600 万人（2012 年指标），货运量 120 万吨。到 2013 年 7 月，俄石油、天然气输送管道总长超 24.6 万千米。2012 年，输油气总量 10.96 亿吨。2010 年中俄原油管道全线贯通，2011 年 1 月 1 日起投入商业运营。

俄罗斯工业发达，工业基础雄厚，部门齐全，以机械、钢铁、冶金、石油、天然气、煤炭、森林工业及化工等为主，木材和木材加工业发达。工业结构不尽合理，重工业发达，轻工业发展缓慢，民用工业落后。核工业和航空航天业占世界重要地位，位居世界前列。主要发达工业区有：莫斯科工业区（俄罗斯工业最发达的地区，以汽车、飞机、火箭、钢铁、电子为主）；圣彼得堡工业区（以石油化工、造纸造船、航空航天、电子为主，是俄食品和纺织工业最发达的地区）；乌拉尔工业区（以石油、钢铁、机械为主）；新西伯利亚工业区（以煤炭、石油、天然气、钢铁、电力为主）。

主要农作物有小麦、大麦、燕麦、玉米、水稻和豆类。经济作物以亚麻、向日葵和甜菜为主。畜牧业主要为养牛、养羊、养猪业。从业人口 6732.2 万，农业人口占总就业人口的 9.9%，服务业从业人口占总就业人口的 59.6%，工业从业人口占就业人口的 30.5%。

3. 外交关系

俄罗斯开展全方位外交，以独联体为战略重点，优先发展与西方关系，特别优先发展与欧洲关系，同时加强亚太外交，加大对中国、印度等亚太大国的借重。其宗旨是积极推动多极化进程，重振俄罗斯大国地位，突出维护国家利益，着眼点是为俄国内经济复兴创造有利的外部条件。俄罗斯自 2013 年年底开始地缘冲突，与西方国家展开了政治与经济博弈。

中俄关系。中国与俄罗斯是山水相连的友好邻邦，1949 年 10 月 2 日，中华人民共和国与苏维埃社会主义共和国联盟建立外交关系。苏联解体后，1991 年 12 月 27 日，中国外交部与俄罗斯联邦外交部在莫斯科签署《会谈纪要》，确认俄继承苏联与中国的外交关系。1992 年两国"相互视为友好国家"，1994 年两国宣布建立"建设性伙伴关系"，1996 年两国确立"战略协作伙伴关系"，2001 年 7 月签署《中华人民共和国和俄罗斯联邦睦邻友好合作条约》。2012 年 6 月俄罗斯总统普京访华期间，双方发表了关于进一步深化平等信任的中俄全面战略协作伙伴关系的联合声明。2014 年 5 月，两国共同签署了《中俄关于全面战略协作伙伴关系新阶段的联合声明》。两国建立了总理定期会晤机制。进入 21 世纪，两国元首互访频繁。2012 年 6 月 5 日至 7 日，俄罗斯总统普京对中国进行国事访问，出席在北京举行的上海合作组织成员国元首理事会第 12 次会议，双方签署《中国和俄罗斯关于进一步深化平等信任的中俄全面战略协作伙伴关系的联合声明》。2013 年 3 月，习近平主席对俄进行国事访问，签署了《中华人民共和国和俄罗斯联邦关于合作共赢、深化全面战略协作伙伴关系的联合声明》。2014 年 2 月，国家主席习近平赴俄罗斯索契出席第 22 届冬季奥林匹克运动会开幕式，习近平在索契会见俄罗斯总统普京。2014 年 5 月，俄总统普京对中国进行国事访问，出席亚信第四次峰会，双方共同签署了《中俄关于全面战略协作伙伴关系新阶段的联合声明》。2015 年 5 月，国家主席习近平访问俄罗斯，并出席俄罗斯纪念卫国战争胜利 70 周年庆典。两国元首共同签署并发表了《中俄两国关于深化全面战略协作伙伴关系、倡导合作共赢的联合声明》、《关于丝绸之路经济带建设与欧亚经济联盟建设对接合作的联合声明》。2015 年 9 月，俄罗斯总统普京对中国进行国事访问，出席在北京举行的纪念世界反法西斯战争暨中国人民抗日战争胜利 70 周年庆典。

6.4.3 白俄罗斯

"陆路丝绸之路经济带"国外中心节点地区——白俄罗斯。白俄罗斯是中国西出国门的第三站，首都明斯克，是进入欧洲的必经之地，战略位置十分重要。在"陆路丝绸之路经济带"沿线，经过白俄罗斯，向北可以进入立陶宛、拉脱维亚、爱沙尼亚，向南可以进入乌克兰，向西进入波兰，直入欧洲，是进出欧洲的必经之地。

1. 地理位置

白俄罗斯共和国（以下简称白俄罗斯），位于欧洲中部、东欧平原上的内陆国家，国土面积 20.76 万平方千米 [1]。东北部与俄罗斯接壤，南部与乌克兰为邻，西部与波兰相连接，西北部与立陶宛和拉脱维亚毗邻。白俄罗斯是苏联加盟共和国，1991 年 8 月 25 日独立，1991 年 12 月 19 日改国名为"白俄罗斯共和国"。白俄罗斯是多民族国家，有 100 多个民族，其中白俄罗斯族占 83.7%，俄语和白俄罗斯语为国语，人口数量 946.81 万人（2014 年指标）[2]。白俄罗斯共有 6 个州：布列斯特州（Brest）、维捷布斯克州（Vigebsk）、戈梅利州（Gomel）、明斯克州（Minsk）、格罗德诺州（Grodno）、莫吉廖夫州（Mogilev），由 118 个区、102 个镇和 110 个市组成。主要城市有明斯克、布列斯特、维捷布斯克、戈梅利等。首都明斯克，面积 159 平方千米，人口 192 万（2014 年指标），是白俄罗斯国家重要的交通枢纽，铁路、空运、公路枢纽，经济重心，工业产值占 1/4 以上，距离俄罗斯首都莫斯科约 700 千米。

白俄罗斯地形南北长 560 千米，东西长 650 千米。境内地势低平，平均海拔高度 160 米。气候属温带大陆性气候，温和湿润，年降水量为 550 毫米 ~ 700 毫米，平均气温 –6℃ ~18℃。自然资源有石油、伴生天然气、泥炭、褐煤和易燃板岩、钾盐、石盐、各种建材原料等。水资源丰富，拥有大小河流 2 万多条，湖泊 1 万多个，有"万湖之国"美誉。森林面积近 800 万公顷，覆盖率为 39%，以针叶林为主，主要树种有松类、云杉、白桦、橡树等。

2. 发展水平

经济总产出能力（GDP）717.44 亿美元（2013 年指标），经济人均产出能力（GDP/人）7579 美元（2013 年指标）[3]。2013 年，货物贸易总额 802.31 亿美元 [4]。主要贸易伙伴独联体国家。白俄罗斯有较好的工业产业门类和技术加工能力，其中机械制造业行业、冶金加工业行业、机床制造行业、信息技术行业，2013 年工业生产总值为 686.37 亿美元（2013 年指标）。农业和畜牧业亦发达，曾经是苏联谷物、肉制品、奶制品、土豆、亚麻等农产品的主要产地，其中亚麻和土豆是享有盛名的两大传统农作物，2013 年农业生产总值为 118.67 亿美元（2013 年指标），主要农作物产品产量，

[1] 资料来源：世界地图册，地址出版社，2006 年 1 月版，第 72 页。
[2] 资料来源：中国驻白俄罗斯大使馆经济商务参赞处（官网），2015 年 8 月 30 日。
[3] 资料来源：2013 年白俄罗斯经济形势述评，中华人民共和国商务部（官网），2014 年 2 月 21 日。
[4] 资料来源：2013 年白俄罗斯经济形势述评，中华人民共和国商务部（官网），2014 年 2 月 21 日。

粮食和粮用豆类作物产量 760 万吨。牲畜和禽类总销量为 166.7 万吨。白俄罗斯与俄罗斯和哈萨克斯坦共同建立了关税同盟，三国的经济一体化和军事一体化趋势正逐渐加强。

3. 外交关系

白俄罗斯奉行独立务实的外交政策，外交重点为俄罗斯，白俄罗斯与俄罗斯两国 1992 年 6 月 25 日建交，1997 年签订俄白联盟条约，1999 年签订《关于成立俄白联盟国家的条约》。重视同独联体及周边邻国的关系，并参与独联体内集体安全条约组织活动。努力改善同西方国家关系。将中国视为外交优先方向之一。

同中国的关系。1992 年 1 月 20 日，中国与白俄罗斯建交，两国关系发展顺利，高层互访频繁。据中国海关总署统计，2000 年中国同白俄罗斯的贸易总额为 11363 万美元，2012 年中白双边贸易额达到 15.8 亿美元，2014 年中白双边贸易额达到 40 亿美元，是 1992 年中白建交时的 100 多倍。中白两国之间人文交往与合作频繁。1996 年中国与白俄罗斯政府间科技合作委员会成立，现已召开多次例会。1999 年起两国开始互办文化日，2007 年 1 月白俄罗斯国立大学孔子学院正式挂牌。2009 年 10 月中国国际广播电台"国际在线"白俄罗斯语网站正式开通。2010 年 10 月白文化部派多个艺术团体赴华出席上海世博会和"白俄罗斯文化日"活动。2011 年 9 月明斯克国立语言大学孔子学院正式揭牌。2012 年两国热烈庆祝建交 20 周年，并开展了丰富多彩的活动。至 2014 年中国与白俄罗斯两国之间已有 12 对结为友好城市或友好省州。

6.4.4 波兰

"陆路丝绸之路经济带"国外中心节点地区——波兰。波兰是中国西出国门的第四站，是通向西欧的必经之处。波兰共和国（以下简称波兰）是一个民主共和制国家，也是欧盟、北约、联合国、经济合作与发展组织和世贸组织的成员。首都华沙，是进入西欧的必经之地，战略位置十分重要。在"陆路丝绸之路经济带"沿线，经过波兰，向北经波罗的海可以进入北欧；向南可以进入斯洛伐克、捷克，以及匈牙利、奥地利；向西进入德国，直入西欧。

1. 地理位置

波兰地理位置位于欧洲大陆中部（或中欧东北部），东部与乌克兰及白俄罗斯相连，东北部与立陶宛及俄罗斯接壤，西部与德国接壤，南部与捷克和斯洛伐克为邻，北面濒临波罗的海。波兰处于战略要地，在历史上曾连年战火纷争，近年来波兰在国际舞台上地位日益提高，有望成为欧盟四巨头之一。波兰是中东欧地区面积最大、人口最多的国家，人口数量3849万（2014年1月指标）。波兰城市人口数量为2316.9万人，占全国人口总数的60.2%。行政区划为省、县、乡三级，共设16个省，314个县，2479个乡。首都华沙，人口171.55万（2012年12月指标）。波兰国土面积为312679平方千米，南北距离649千米，东西相距689千米，边界线总长3538千米，其中海岸线长528千米。境内地势平坦，大部分是略有起伏的中低平原，平均海拔173米左右，地势北低南高。波兰波罗的海沿岸地区除格但斯克外，缺乏天然良港，西北部地区什切青亦是国家重要港口。波兰东北部的湖区林木茂密，人口较少，气候介于东欧大陆性气候和西欧海洋性气候之间，年均气温为6℃~6.8℃，全国年平均降水量为600毫米。

2. 发展水平

波兰是近些年欧洲经济成长最快的国家之一。每年的经济成长率超过6%。波兰已于2004年5月1日加入欧盟。经济产出能力（GDP）为5175.43亿美元（2013年指标），人均经济产出能力（GDP）为13432美元（2013年指标）。人类发展指数0.834（极高）（2013年指标）。波兰矿产资源主要有煤、硫黄、铜、锌、铅、铝、银等，也是世界琥珀生产大国，已有几百年历史。工业较为发达，主要产业有燃料工业、动力工业、冶金工业、机电工业、化学工业、木材造纸工业、轻工业、航空工业等。煤炭工业发达，煤炭储量居欧洲前列。冶金工业主要为钢铁工业和有色金属工业，机电工业是最大的工业门类，包括金属加工、机器制造、汽车、造船、精密仪器、运输工具、电机和电子工业等，汽车工业发展迅速。[1] 农业用地约1617.7万公顷，耕地占国土面积50%左右，农业就业人数占就业总数的15.2%。主要作物为各种麦类和马铃薯、甜菜等。牲畜主要养牛、猪和羊。

交通运输由铁路、公路、民航为主要方式，铁路总长20094千米，其中标准轨铁路19979千米（包括电气化铁路11920千米）；公路总长28万千米；内河航运线总长3659千米；主要国际机场是华沙肖邦国际机场；石油及其产品输送管道总长2444千米。

3. 外交关系

波兰外交政策奉行以亲美融欧、睦邻周边、全方位外交为基调。波兰于1999年3月12日加入北约，2004年5月1日加入欧盟。主张欧盟和北约继续扩大，强

---

[1] 资料来源：波兰国家概况，中华人民共和国外交部（官网），2014年9月。

化与美国战略伙伴关系，2009年12月11日，波兰和美国签署《美国驻军地位协定》，包含美国在波兰建立反导基地内容。力图改善与德国、俄罗斯关系。主张深化波兰、法国、德国三国合作。力求在欧盟中发挥更大作用。重视与捷克、匈牙利、斯洛伐克的区域合作。注意加强与中国、印度、日本等亚洲国家的合作。

波兰与中国的关系。中波两国有着传统的友好关系，中国与波兰于1949年10月7日建立大使级外交关系。1950年两国就签署第一个政府间贸易协定。中波关系在相互尊重、平等互利、互不干涉内政的原则基础上稳步发展，各层次、各领域的交流与合作不断深化。1997年11月，时任波兰总统克瓦希涅夫斯基对中国进行了国事访问。2004年6月，时任中国国家主席胡锦涛对波兰进行了国事访问，两国建立友好合作伙伴关系，双方签署了联合声明。2008年10月，波兰总理图斯克对中国进行正式访问。2011年12月，波兰总统科莫罗夫斯基访华，两国签署《中波关于建立战略伙伴关系的联合声明》，中波双边关系提升为战略伙伴关系水平，波兰成为首个与中国建立战略伙伴关系的欧盟成员国，两国关系掀开了新的一页。2012年4月，中国国务院总理温家宝对波兰访问，对全面深化两国战略伙伴关系、开拓各领域务实合作起到了巨大的推动作用。2012年4月，双方签署了《中华人民共和国政府和波兰共和国政府关于加强基础设施领域合作协定》。

自2005年以来，中波经贸合作也展现出新的活力。波兰推出"走向中国"战略，已连续成为中国在中东欧最大的贸易伙伴国，也是中国在中东欧地区最大的农产品贸易伙伴国，是中东欧地区第一个与中国贸易额突破100亿美元的国家。中国是波兰在亚洲的最大出口对象国，也是波兰在亚洲最大的贸易伙伴。中波两国双边贸易额2003年仅为19.8亿美元，2010年达到111.3亿美元，2011年达到130亿美元，2012年达到143.85亿美元，2013年达到148.17亿美元。截至2013年年底，中国在波直接投资存量约2.18亿美元，波在华实际投资额约1.25亿美元[1]。中国出口到波兰的商品主要有机电、纺织、鞋类、家电、运输设备、钢铁、家具等，进口铜、化工、机电、钢铁、运输设备、纸制品、家具等产品。2013年上半年以来，波兰对中国出口商品种类不断增加，合作领域扩展到工程机械、能源、金融、航空、电力和信息技术等方面。波兰向中国出口增速大幅提高，中国在波兰的直接投资也迅速增加，投资领域也不断扩大。2011年中国在波兰投资总额为1.9亿欧元。2013年上半年，增加了一倍多，达到1.26亿欧元。2014年到2015年间，中国对波兰投资可

[1] 资料来源：中国同波兰的关系，中华人民共和国外交部（官网），2014年9月。

望超过 4 亿欧元 [1]。波兰正逐渐成为中国在欧洲投资的重要意向国，中国银行和中国工商银行已先后在波兰开设分行。

6.4.5 德国

"陆路丝绸之路经济带"国外中心节点地区——德国。德国是中国西出国门的第五站，是通向大西洋东岸的必经之地。德国是欧盟、北约、经济合作与发展组织和世贸组织的成员，德国与英国、法国三国是欧洲国家经济最强大的国家。德国是西进西欧的必经之地，战略位置十分重要。在"陆路丝绸之路经济带"沿线，经过德国，向北可以进入丹麦，以及北欧；向南可以进入奥地利、瑞士；向西进入法国、卢森堡、比利时、荷兰，直达大西洋东岸。

1. 地理位置

德意志联邦共和国（德国）位于欧洲中部，东邻波兰、捷克，南接奥地利、瑞士，西接荷兰、比利时、卢森堡、法国，北接丹麦，濒临北海和波罗的海，是欧洲邻国最多的国家 [2]，由 16 个联邦州组成。领土面积 357,167 平方千米，以温带气候为主。人口数量 8110 万（2014 年年底指标）[3]，是欧洲联盟中人口最多的国家。主要城市有汉堡、慕尼黑、科隆、杜塞尔多夫、法兰克福、波恩、路德维希港。首都柏林（Berlin），人口 342.2 万（2013 年年底指标）。

德国地形多样，整个地势北低南高，可分为四个地形区：北部为平原，中部为山地，西南部莱茵断裂谷地区，南部为巴伐利亚高原和阿尔卑斯山区。德国地处大西洋东部大陆性气候之间的西风带，一年四季有降雨，年降水量 500 毫米 ~ 1000 毫米，山地则更多。最高温度在 20℃ ~ 30℃，最低温度 1.5℃ ~ –10℃。北部是海洋性气候，相对于南部较暖和。[4] 西北部海洋性气候较明显，往东、南部逐渐向大陆性气候过渡。德国自然资源较为贫乏，森林覆盖面积为 1076.6 万公顷，占全国面积约 30%。能源消耗居世界第 5 位（2012 年指标），其中 60% 的主要能源依赖进口。

德国祖先为古代居住在中欧的日耳曼人。曾先后参加两次世界大战并战败。1945 年分裂为东德和西德两大部分。1990 年 10 月 3 日，德意志民主共和国正式加入联邦德国，两德实现统一。现在德国是联合国成员国、北大西洋公约组织成员国、

[1] 资料来源：中国与中东欧深挖合作潜力力争贸易额 5 年翻一番，人民日报，2014 年 1 月 2 日。
[2] 资料来源：世界地图册，地址出版社，2006 年版，第 74 页。
[3] 资料来源：德国国情，中国驻德国大使馆商务参赞处（官网），2015 年 8 月 30 日。
[4] 资料来源：德国概况，中华人民共和国外交部（官网），2015 年 3 月 1 日。

八国集团成员国。

德国交通地位重要，德国的高速公路网总长度居世界第 3 位。德国铁路网总长度约 48215 千米，有区域特快铁路、区域铁路和城市铁路，远程铁路则有欧洲城际快车，城际快车和城际特快列车。高速铁路网由多中心构成，营运速度为 300 千米 / 小时，联通德国各大城市及周边国家。法兰克福机场（欧洲第二大机场，仅次于伦敦，也是货运量第一大的机场）和慕尼黑机场并为德国最大机场，柏林泰格尔机场、杜塞尔多夫机场，其他重要机场包括柏林舍讷费尔德机场、汉堡机场、科隆 / 波恩机场、莱比锡 / 哈雷机场、柏林勃兰登堡机场。汉堡港为德国第一大港口，也是欧洲第二大港口，是"德国通向世界的门户"。

2. 发展水平

德国经济产出能力（GDP）为 3.635 万亿美元（2013 年指标，国际汇率），人均产出能力（GDP）为 45088 美元（2013 年指标，国际汇率）[1]，经济增长率 0.4%。德国社会保障制度完善，国民生活水平高，科学技术总体水平以及科技工程应用等领域十分发达，具有较为系统的科学研究部门机构，以及大学体系和发达的职业教育体系，德国也诞生了一大批享誉世界的科学家、思想家和哲学家。

德国是欧洲最大经济体，全球国内生产总值第四大国（国际汇率），以及国内生产总值第五大国（购买力平价），世界第三大出口国，全球最大的资本输出国。德国产品以品质精良著称，技术领先，做工细腻，质量高，服务周到，交货准时而享誉世界。主要出口产品有汽车、机械产品、化学品、通讯技术、供配电设备和医学及化学设备。主要进口产品有化学品、汽车、石油天然气、机械、通讯技术和钢铁产品。主要贸易对象是西方工业国，其中进出口一半以上来自或销往欧盟国家。据德国联邦统计局最新数据显示，2014 年德国贸易总额为 20,480 亿欧元，其中外贸出口总额为 11330 亿欧元，进口总额为 9150 亿欧元[2]，均创下新的历史纪录。出口贸易额比上年增长了 3.7%，进口贸易额也增长了 2%。其中，排在第一位的是汽车出口（1807 亿欧元）；其次是机械设备出口（1791 亿欧元）；排在第三位的是电子产品出口（1017 亿欧元）。

德国主要工业部门有电子、航天、汽车、精密机械、装备制造、军工等。鲁尔区是传统煤钢工业区，慕尼黑（宝马汽车总部所在地）、汉堡（空客公司三个客机

---

[1] 资料来源：德国经济，世界银行（官网），2014 年 11 月 26 日。
[2] 资料来源：2014 年德国问鼎全球最大贸易顺差国，进出口商会，2015 年 2 月 27 日。

总装中心之一）、斯图加特（奔驰和保时捷总部所在地）、沃尔夫斯堡（大众汽车总部所在地）、柏林、莱比锡、德累斯顿等地是工业重镇。年工业企业总产值（不含建筑业）达到6254.8亿欧元（2013年指标）[1]，占国内生产总值的22.8%。具备专业技术的中小型企业表现也相当出色（约1000家），由于它们在产业链中的中间环节，被尊称为"隐形冠军"。德国的汽车行业世界出名，拥有多款世界知名品牌（奔驰、宝马、奥迪、大众、保时捷），汽车年生产量仅次于中国、美国和日本，是全球最大的汽车生产国之一。

德国农业产业发达，机械化作业程度很高，拥有农业用地1669.9万公顷（2013年指标），约占国土面积50%，其中农田面积1187.6万公顷，农林渔业就业人口63.7万（2013年指标），占总就业人数1.5%。[2]德国于2011年提出《高技术战略2020》，即"工业4.0"（Industrie4.0）发展战略，推进以智能制造为主导的第四次工业革命，将制造业向智能化转型，支持工业领域新一代革命性技术的研发与创新。

3. 外交关系

德国外交关系总基调是奉行与西方结盟政策，一是推动扩大欧盟，巩固与北约关系，致力于建立欧洲独立安全和防务体系；二是保持同美国紧密联盟；三是保持和发展与俄罗斯的关系；四是大力开拓中东欧关系，加强与发展中国家的关系；五是谋求在国际组织中发挥更大作用。进入21世纪，德国外交势头秉持积极进取态势，重点集中在7个领域：一是推进欧洲一体化进程，致力于欧洲联合自强；二是恢复与美紧密盟友关系，支持北约改革与转型，强调北约应成为欧美战略对话的主要场所；三是保持与俄国的战略伙伴关系；四是发挥地缘优势，保持与中东欧国家发展关系，维持传统影响力；五是加强对中国、印度等新兴发展中大国的战略借势；六是向非洲、拉美地区施加影响力，推销商品；七是谋求安理会常任理事国地位。德国在处理国际事务中，以欧盟建设和跨大西洋伙伴关系建设为两大领域，积极参与解决地区热点问题，愿在国际事务中承担更大责任，主张建立以联合国为主导的全球合作体系，致力于和平解决国际争端，打击国际恐怖主义，促进国际贸易自由化和全球化发展。

德国与中国关系。1972年10月11日，联邦德国与中国建立外交关系（1949年10月27日，民主德国与中国建交），德国坚持一个中国政策。中国是德国在亚

---

[1] 资料来源：德国经济，世界银行（官网），2014年11月26日。
[2] 资料来源：德国经济，世界银行（官网），2014年11月26日。

洲最重要的经济伙伴，德国是中国在欧洲最重要的贸易伙伴。不论从经济，还是从政治角度，中国均视德国为"通往欧洲的大门"。中德两国贸易投资活跃，高层互访频繁。据德国联邦统计局最新统计，2014 年德中进出口贸易总额达 1538 亿欧元 [1]，增长 8.8%，创历史新高。其中，德国对华出口 745 亿欧元，进口 793 亿欧元，分别增长 11.3% 和 6.4%。2013 年 5 月，中国国务院总理李克强在上任后的首次对外访问中到访德国。2014 年 3 月 28 日，中国国家主席习近平访问德国，在柏林同德国总理默克尔举行会谈。双方就中德关系及共同关心的重大国际和地区问题深入交换意见，达成重要共识，决定将两国关系提升为全方位战略伙伴关系，为中德关系发展进一步确定了方向。

6.4.6 荷兰

"陆路丝绸之路经济带"国外中心节点地区——荷兰。荷兰是中国西出国门的第六站，是到达大西洋东岸的汇聚之地。荷兰是欧盟、北约、经济合作与发展组织和世贸组织的成员。荷兰王国本土于欧洲西北部，是"欧亚大陆桥"上欧洲始发点，也是"陆路丝绸之路"欧洲终点站，战略位置十分重要。在"陆路丝绸之路经济带"沿线，经过荷兰，向南可以进入比利时；向西穿越北海，进入英国、爱尔兰。至此，抵达终点大西洋东岸。

1. 地理位置

荷兰王国于 1815 年成立，1848 年成为君主立宪国，第一次世界大战期间保持中立，第二次世界大战初期宣布中立，1940 年 5 月遭德军入侵，王室和内阁成员流亡英国，成立流亡政府，战后放弃中立政策，加入"北约"和"欧共体"（欧盟），陆路、海路、航空（陆海空）交通运输条件良好，是欧洲大陆重要的交通枢纽。

荷兰是由荷兰本土，圣俄斯塔休斯、博纳尔、萨巴 3 个海外特别行政区和阿鲁巴、库拉索、荷属圣马丁 3 个自治国组成的。荷兰本土位于欧洲西北部地区，东部睦邻德国，南部接壤比利时，西部和北部濒临北海。荷兰本土气候特点属海洋性温带阔叶林气候，沿海地区平均气温夏季 16℃，冬季 3℃，年平均降水量 797 毫米。荷兰本土面积 41528 平方千米 [2]，其中 1/4 低于海平面，素有"低地之国"之称。荷兰

---

[1] 资料来源：2014 年中德双边贸易额创历史新高，环球网，2015 年 2 月 27 日。
[2] 资料来源：世界地图册，地质出版社，2006 年 1 月版，第 75 页。

本土南北最远端相距约 300 千米，东西最远端距离约 200 千米，沿海有 1800 多千米长的海坝和岸堤，海岸线长 1075 千米。13 世纪以来共围垦 7100 多平方千米的土地，约有 18% 是人工填海造出来的。荷兰本土地区划分为 12 个省，403 个市镇。荷兰人口 1685.6 万人（2014 年 6 月指标）[1]，民族构成近 81% 为荷兰族，摩洛哥、土耳其、苏里南为较大的少数族裔，华人已成为第四大少数族裔。荷兰是世界上人口密度最高的国家之一，人口密度超过 407.5 人／平方千米，人口主要分布在大、中型城市及城市周边地区。主要城市：阿姆斯特丹（79.01 万人），鹿特丹（61.63 万人），海牙（50.21 万人），乌特勒支（31.63 万人），埃因霍温（21.72 万人），蒂尔堡（20.76 万人），阿尔梅勒（19.32 万人），格罗宁根（19.31 万人），布雷达（17.64 万人），奈梅亨（16.52 万人）[2]。荷兰首都设在阿姆斯特丹，而且中央政府、国王居住办公地、所有的政府机关与外国使馆、最高法院和许多组织都设在海牙。荷兰管辖着两个海外领地，位于加勒比海地区的岛屿——阿鲁巴和安第列斯群岛，面积为 980 平方千米，海外领地总人口约为 30.84 万人。

2. 发展水平

荷兰是发达资本主义国家。经济产出能力（GDP）7669.3 亿美元（2013 年指标）[3]，人均国民收入 45577 美元（2013 年指标）。外贸在经济中占重要地位，2013 年经济指标显示，进出口总额为 8194 亿欧元[4]，其中进口 3863 亿欧元；出口 4331 亿欧元，进口主要是工业原料、原油、半制成品和机械等；出口主要是食品、机械、化工、石油制品、电子产品、船舶和农产品等。外国对荷直接投资主要来自美国、英国、比利时、卢森堡、德国等国家。为世界主要对外投资大国之一，其中约一半流向欧盟成员国，以及美国、日本，进入 21 世纪，加强了对东欧和东南亚国家的投资。

产业结构中服务业是国民经济支柱产业，占 GDP 的 70% 以上，主要集中于物流、银行、保险、旅游和法律等行业。经济形态为外向型经济，80% 的原料靠进口，60% 以上的产品供出口，对外贸易的 80% 在欧盟内实现。农业高度集约化，农业产值约占国内生产总值 1.5%，从业人员 20.8 万。农业构成中，畜牧业占 52.6%，园艺业占 33.4%，农田作物占 14%。花卉生产发达，居世界首位，2013 年花卉出口

[1] 资料来源：荷兰王国简介，中国驻荷兰大使馆（官网），2015 年 8 月 30 日。
[2] 资料来源：荷兰文化，中华人民共和国商务部（官网），2015 年 2 月 15 日。
[3] 资料来源：荷兰王国简介，中国驻荷兰大使馆（官网），2015 年 8 月 30 日。
[4] 资料来源：荷兰王国简介，中国驻荷兰大使馆（官网），2015 年 8 月 30 日。

约 53 亿欧元，占世界市场的 60%。

工业发达，主要产业领域集中在信息、化工、医学设备仪器、电子通讯等。电子、化工、水利、造船及食品加工等领域技术先进，主要工业部门有食品加工、石油化工、冶金、机械制造、电子、钢铁、造船、印刷、钻石加工等。荷兰是世界主要造船国家之一，鹿特丹是欧洲最大的炼油中心。自 20 世纪 80 年代以来，重视发展空间、微电子和生物工程领域中的高技术产业。在荷兰境内除了天然气储量丰富之外，其他自然资源贫乏。2012 年探明天然气总储量约 19300 亿立方米，天然气开发仅次于俄罗斯、美国和加拿大，居世界第四位，2011 年天然气开采 2419 亿立方米，2012 年年底，在其所属北海海域发现石油[1]。

3. 外交关系

荷兰为欧盟和北约成员国。对外政策集中于国家安全、经济利益和民主人权三大领域。对美国关系亲密，为传统盟友，认为美国是欧洲安全与稳定的保证；支持欧盟和北约双东扩；重视联合国等国际组织的作用，支持联合国改革；重视发展与亚洲国家的关系。

荷兰与中国的关系。中国与荷兰于 1954 年 11 月建立代办级外交关系，1972 年 5 月升格为大使级外交关系，此后双方关系起伏发展。1981 年 5 月，因荷兰政府批准荷兰公司出售给中国台湾地区潜艇，两国外交关系降为代办级。1984 年 2 月 1 日，恢复大使级外交关系。1989 年，荷兰又随同欧共体对中国实施"制裁"，两国关系又受到影响。1990 年 10 月后，双边关系逐渐改善。1997 年 4 月，又因人权问题再次受到影响。1997 年年底，荷兰改变对中国人权问题的看法，中荷关系恢复。进入 21 世纪，中国与荷兰关系保持稳定发展，荷兰外交大臣蒂莫曼斯于 2013 年 6 月访问中国，荷兰国家吕特首相于 2013 年 11 月访问中国，中国时任总理温家宝于 2004 年 12 月访问荷兰，吴邦国委员长于 2012 年 5 月访问荷兰，习近平主席于 2014 年 3 月访问荷兰。自 2003 年以来，中国与荷兰两国经贸关系发展较快。荷兰连续 11 年成为中国在欧盟的第二大贸易伙伴和出口市场。2013 年双边贸易额已经达到 701.5 亿美元，其中中国进口 98.3 亿美元，出口 603.2 亿美元，自 1980 年以来中国对荷兰贸易一直顺差。自 2010 年以来，中国连续四年成为荷第二大直接投资来源国。双边签署的主要协定有：《中华人民共和国和荷兰王国关于建立开放务实的全面合作伙伴关系的联合声明》（2014 年 3 月 24 日）；《中华人民共和国外交部与荷兰

[1] 资料来源：荷兰地理环境，中华人民共和国商务部（官网），2015 年 2 月 15 日。

王国外交部关于加强双边合作的联合声明》（2007 年 5 月 16 日）；《中荷两国政府关于农业合作的联合声明》（2007 年 4 月 13 日）；《中华人民共和国政府和荷兰王国政府建立外交关系的联合公报》（2000 年 11 月 7 日）。

6.4.7 乌克兰

"陆路丝绸之路经济带"国外中心节点地区——乌克兰。乌克兰是中国西出国门进入欧洲的分支关键节点，是通向东欧地区的交通枢纽地区。乌克兰位于欧洲东部，黑海、亚速海北岸，是"欧亚大陆桥"上经过俄罗斯进入东欧的另一条路径，战略位置十分重要，历史上乌克兰就是东西方文化汇聚之地，也是东西方发展力量交汇之地，也是兵家必争之地。在"陆路丝绸之路经济带"沿线，经过乌克兰，向南可以进入摩尔多瓦、罗马尼亚；向西进入匈牙利、斯洛伐克、波兰。

1. 地理位置

乌克兰国土面积 60.37 万平方千米 [1]（2006 年指标）（不含公投入俄克里米亚半岛 57.82 万平方千米）。疆域东西长 1300 千米，南北长 900 千米。乌克兰北部接邻白俄罗斯，东北部接邻俄罗斯，西部连接波兰、斯洛伐克、匈牙利，南部毗邻罗马尼亚、摩尔多瓦。大部分地区地势属平原，境内有河流 116 条（长 100 千米以上的河流），最长的河是第聂伯河，流经乌克兰境内河段长度约 981 千米，有 3000 多个自然湖泊。乌克兰大部分地区属于温带大陆性气候。总人口数量为 4543 万人（2014 年指标），主要民族乌克兰人、俄罗斯人。首都基辅（KYIV），人口 278 万（2014 年指标）[2]，面积 827 平方千米，位于第聂伯河中游两岸。是全国政治、经济、文化、科学中心。

乌克兰地理位置十分重要，历史上就是兵家必争之地，是基辅罗斯的核心地域，也是近代俄国资本主义发展最早的地区之一，饱经战乱，乌克兰民族是古罗斯族的分支 [3]。1991 年 8 月 24 日，乌克兰政府发表国家独立宣言，宣布脱离苏联独立，改国名为乌克兰。1991 年 12 月 8 日，乌克兰、俄罗斯和白俄罗斯的领导人在明斯克签署别洛韦日协定，宣布苏联不再存在，成立独立国家联合体，乌克兰结束了长达 337 年与俄罗斯结盟历史 [4]。乌克兰独立后，俄罗斯和乌克兰曾因如何分配黑海

[1] 资料来源：世界地图册，地质出版社，2006 年版，第 94 页。
[2] 资料来源：乌克兰国情概况，中国驻乌克兰大使馆商务参赞处（官网），2014 年 6 月 13 日。
[3] 资料来源：乌克兰概况，新华网，2015 年 3 月 5 日。
[4] 资料来源：乌克兰介绍，中国国际劳务信息网，2015 年 3 月 7 日。

舰队财产问题产生矛盾[1]。

乌克兰全国有 24 个州，2 个直辖市，1 个自治共和国，共 27 个一级行政区。下辖 459 个市、490 个区、886 个镇和 10278 个村。2 个直辖市分别是：基辅（首都）和赛瓦斯托波尔（2014 年 3 月 18 日宣布加入俄罗斯）[2]，1 个共和国：克里米亚自治共和国（2014 年 3 月 18 日加入俄罗斯）24 个州中，卢甘斯克州（2014 年 5 月 12 日宣布独立，但并未获得任何国家或地区承认）、顿涅斯克州（2014 年 5 月 12 日宣布独立，但并未获得任何国家或地区承认）。

2014 年 4 月，乌克兰多个地区爆发示威抗议运动，抗议乌克兰亲美势力政变推翻亚努克维奇政权。示威者遭到镇压，造成流血事件，激起当地民众反抗，此后变为武装冲突。当局派出军事力量镇压，演变成大规模战争，在俄罗斯与欧盟斡旋下，双方停火。但是中小规模冲突仍然不断，至 2014 年 12 月，已有 4700 多人死亡，各方公布的数据难以核实。

2. 发展水平

乌克兰是一个新兴自由市场经济体，经济产出能力（GDP）1778.4 亿美元（2013 年指标），人均经济产出能力（GDP）3911 美元（2013 年指标）。对外商品贸易总额为 1510 亿美元（2011 年指标）。主要贸易伙伴国分别是俄罗斯、土耳其、意大利、中国、德国等国家。主要出口产品为黑色金属及其制品、无机化学材料、化肥、木材、纺织品、铝制品、机车等，主要进口产品有天然气、石油、地面交通设备、纸张、塑料制品、药品、粮食和车床等。乌克兰工农业较为发达，其农业产值占 GDP 20%，是世界上第三大粮食出口国，被称为"欧洲粮仓"。乌克兰自然条件良好，国土面积 2/3 为黑土地，占世界黑土总量 1/4。境内有 100 多条流长超过 100 公里的河流，2 万多个湖泊。森林资源较为丰富，森林覆盖率 43%。已探明有 80 多种可供开采的富矿，主要包括煤、铁、锰、镍、钛、汞、石墨、耐火土、石材等，铁矿石的储量 275 亿吨；锰矿石储量超过 21 亿吨，位居世界前列；煤、染料矿石、石墨储量丰富。石油和天然气资源相对匮乏，近 90% 石油依赖进口。

乌克兰交通发达，海陆空及管道运输系统齐备，境内公路总长 24.73 万千米，铁路总长 23.45 万千米[3]。乌克兰是欧洲管道运输中转站，由俄罗斯送到欧洲的石油和天然气管道中转站，航空体系健全。

[1] 资料来源：乌克兰军事力量不可轻视，网易军事，2015 年 3 月 5 日。
[2] 资料来源：克里米亚赛瓦斯托波尔加入俄联邦，人民网，2014 年 3 月 19 日。
[3] 资料来源：乌克兰经济简况，中国驻乌克兰大使馆商务参赞处（官网），2014 年 8 月 12 日。

乌克兰工业基础雄厚，重工业在工业中占据主要地位。以军工为主体的机械制造业比较发达，曾生产先进的 T-80 坦克，数控机床品质优异，材料研制和生产能力很强，具有一批世界知名研究机构，乌克兰科学院材料学研究所、超硬材料研究所、晶体学研究所、强度问题研究所、金属物理研究所，等等。乌克兰造船业（军舰制造业）具有很高水平，有能力建造大型舰艇，曾建造了三艘航空母舰，其中在俄罗斯海军服役的"海军元帅库兹涅佐夫"号，正在中国服役的第一艘航母"辽宁舰"（原来称为"瓦良格"号，在中国改造后命名辽宁舰）。

3. 乌克兰与中国关系

1991 年 12 月 27 日，中国承认乌克兰独立。1992 年 1 月 4 日，中乌两国建立大使级外交关系，两国关系发展稳步。2011 年 6 月，两国元首宣布建立和发展战略伙伴关系，确定两国关系新定位，高层交往频繁，政治关系全面提升，务实合作，经贸合作发展势头良好。2010 年 9 月，时任总统亚努科维奇对中国进行国事访问，两国签署 12 项双边合作文件，签署《全面提升中乌友好合作关系水平的联合声明》。2011 年 4 月，阿扎罗夫总理来中国访问并出席"博鳌亚洲论坛"（2011 年）年会。2011 年 6 月，时任中国国家主席胡锦涛对乌克兰进行国事访问，双方签署《中华人民共和国和乌克兰关于建立和发展战略伙伴关系的联合声明》。2012 年中乌双边贸易额达到 103.6 亿美元。2013 年 12 月 5 日，中国国家主席习近平在北京人民大会堂举行欢迎仪式，欢迎乌克兰总统亚努科维奇访华。双方签署了《中华人民共和国和乌克兰友好合作条约》，中国承诺当乌克兰面临核威胁时向其提供安全保证。

4. 国家发生分裂事件

自 2014 年年初以来，由于乌克兰国家内部发生一系列政治斗争事件，出现了街头游行示威，发生流血事件，并逐步演变成战争，演变成了国家分裂事件，十分令人痛心，需要关注事态发展。

据外电（英国 IBtimes）报道，乌克兰西部重镇利沃夫议会 2014 年 2 月 19 日宣布独立。利沃夫地区有浓厚的亲欧洲倾向，在乌克兰首都基辅进行反政府示威和暴乱的许多反对派都来自这个地区。2014 年 3 月 16 日，辛菲罗波尔第九中学投票站，投票委员会主席分发公投票，就乌克兰克里米亚自治共和国举行全民公投，以决定该共和国留在乌克兰还是加入俄罗斯 [1]。根据 100% 选票的结果表明，96.77% 参加

---

[1] 资料来源：乌克兰危机，凤凰网，2014 年 4 月 17 日。

投票的选民赞成克里米亚加入俄罗斯联邦，投票率为 83.1%。俄罗斯与克里米亚 18 日签署了共和国和塞瓦斯托波尔市入俄条约。俄罗斯总统普京 19 日向国家杜马提交了有关克里米亚加入俄联邦的法案。普京签字后，将完成克里米亚加入俄罗斯联邦的法律程序，条约正式生效。[1]2014 年 4 月 8 日，占领乌克兰顿涅茨克州政府的约 50 名亲俄代表 7 日召开会议，会上表决通过了"顿涅茨克人民共和国"主权宣言。与会者表示，通过的宣言将会成为建立"顿涅茨克人民共和国"的基础。乌克兰东部顿涅茨克州民间武装 2014 年 5 月 11 日深夜宣布，初步计票结果显示，当天关于本州地位问题的公投中，近九成选票支持独立。[2]

至 2015 年 6 月，乌克兰国家还在继续演绎着国家动乱的情况，这种情况是国家内部不同政治观点和思想长时间碰撞，是东方意识形态和西方意识形态博弈，进而演变成流血冲突，演变成国家分裂。这样的情况使国家经济倒退、老百姓生命威胁，社会动乱，地区不稳定状态大增，对地区局势十分不利，对中国进行"丝绸之路经济带"建设也是十分不利的。因为乌克兰的地理位置十分重要。

6.5 海上丝绸之路始发节点地区分析

"21 世纪海上丝绸之路"秉承了中国"古代海上丝绸之路"的路径，同时也扩展了地域。海上丝绸之路顾名思义是指海路，是海上舟船行驶的航行线所覆盖的海区和地域。海上丝绸之路在中国大陆发端是在广东、福建两省的港口地区，随着现代交通网络建设，海路、陆路、空路、管道可以联运，形成了"四位一体"的运输网络。因此，"21 世纪海上丝绸之路"中国始发端点已经不再是海岸港口，已经延伸到了内陆地区，是以内陆中心城市为始发点，在以海边切线向内陆延伸 1000 千米的地带都可以覆盖。按此计算，以北部湾港口区、珠江口港口区、福建台湾海峡两岸港口区为中心，向内陆地区延伸，可以覆盖到广西、云南、贵州、四川、重庆、湖南、江西、湖北、浙江、海南等地，宁波、福州、厦门、深圳、香港、广州、海口、南宁、昆明、贵阳、成都、长沙、武汉、南昌等都市都可以是"海上丝绸之路"始发点。本单元重点分析距离中国西南地区边境线较近的广西、云南、广东、福建 4 个省区情况。

开放型经济 | KAIFANGXING JINGJI

---

[1] 克里米亚半岛公投以及加入俄罗斯并未被国际社会以及乌克兰方面认可。
[2] 资料来源：乌克兰东部两州宣布独立，新闻晨报，2014 年 5 月 3 日。

6.5.1 陆海边境地区始发点广西

"21 世纪海上丝绸之路"沿海边境始发点地区——广西。广西"北部湾"地区是"海上丝绸之路"沿线重要节点地区。广西壮族自治区，简称"桂"，是中国五个少数民族自治区之一，首府南宁市，广西位于中国华南地区西部，南濒北部湾、面向东南亚，西南与越南毗邻，从东至西分别与广东、湖南、贵州、云南四省接壤，与海南隔海相望。广西大陆海岸线长约 1595 千米，是西南地区最便捷的出海通道。

1. 自然区位

广西壮族自治区处于云贵高原的东南边缘，南边朝向北部湾，整个地势为四周多山地与高原，而中部与南部多为平地。陆地区域总面积 23.67 万平方千米，占中国国土总面积比例 2.5%，在全国各省区市国土总面积中排名第 9 位，国境线全长 800 多千米。喀斯特地貌广布，占广西总面积 37.8%，集中连片分布于桂西南、桂西北、桂中、桂东北。人口总量总人口 5475 万人（2014 年指标）[1]。行政区划下辖有 14 个地级市，7 个县级市（地级市代管）、55 个县、12 个自治县、36 个市辖区。广西是多民族集居区，聚居着壮族、汉族、瑶族、苗族、侗族、京族、回族等民族。广西地属亚热带季风气候区，年平均气温在 16.5℃~23.1℃。气候温暖，热量丰富，雨水丰沛，季节变化不明显，河流众多，水力资源丰富。境内河流总长约 3.4 万千米，西江是最大河流，由西向东贯穿广西，进入广东，抵达珠江三角洲。南部诸河流注入北部湾，西南有属于红河水系的河流流入越南。西江支流桂江的上游称为漓江，两岸风光秀丽。

2. 文化积淀

广西历史悠久，在四五万年前旧石器时代晚期，就有"柳江人"和"麒麟山人"在此劳作生息。桂林甑皮岩人遗址距今有 6000 年到 1 万年历史。战国时期，岭南称"百越之地"，广西属百越的一部分。秦始皇侵占吞并岭南后，主要分属于桂林郡、象郡、南海郡，统一纳入中央王朝版图。汉代初期建立南越国。三国时期，217 年（建安 22 年），吴国分交州为广州和交州，唐朝初期地方设州、县。元朝时期广西属湖广行中书省。明朝时期，撤销元朝的行省之名，设司、府（州）、县（土州）三级区域制。1376 年（明太祖洪武九年），设广西承宣布政使司，"广西"名称由此确定下来。清朝时期，复设广西省，省会设在桂林府（今桂林市）。乾隆十一年总督府移驻广州府。1912 年成立中华民国，广西沿袭清朝称省，地域与清朝大致相同，

---

[1] 资料来源: 广西统计局，2014 年广西壮族自治区国民经济和社会发展统计公报，2015 年 4 月 23 日。

省会均在桂林。1949 年新中国诞生，1949 年 12 月 11 日，广西解放，中央政府设广西省，省会在南宁。

3. 资源富集

广西是沿海省区，海洋资源丰富，北部湾海岸线长约 1,500 千米，沿海岛屿有 697 个，500 平方米以上的岛屿 651 个，岛屿岸线总长 600 千米，鱼类、虾类、头足类、蟹类、贝类和其他海产动物、藻类等海洋生物资源种类繁多。广西矿产资源丰富，种类繁多，储量较大，境内已经发现 145 种矿种，现已探明 97 种矿藏储量，锰、铝、锡、铁、砷、膨润土、钒、钨、铟、铅、锌、锑、银等储量丰富，部分矿藏储量位于全国前列，是中国重点有色金属产区之一。北部湾盆地、莺歌海盆地和合浦盆地三个含油沉积盆地蕴藏丰富的海洋石油、天然气资源。其他盐化工资源，海洋能源资源，淡水资源也较为丰富。

4. 交通条件

形成了以海港为龙头，铁路公路为骨干，空运、水运相配合的立体交通运输网络。广西邻海，且与越南相接，境内海航、铁路、公路、航空等交通基础设施建设齐备。航空运输系统民航机场 9 座：南宁吴圩国际机场、桂林两江国际机场、柳州白莲机场、北海福成机场、梧州长洲岛机场、百色巴马机场、河池金城江机场、贺州机场（在建）、玉林机场（在建）。形成以南宁为中心的机场航空体系。水路运输系统海港有北海港、防城港、钦州港，可通往世界各地；内河水港有梧州港、柳州港、南宁港、贵港水港，经梧州可直达香港、澳门等地。港口生产性泊位达到 648 个，其中内河泊位 431 个。海港泊位 217 个，沿海港口万吨级以上泊位 49 个。北部湾港区由防城港、钦州港、北海港组成，成为北部湾地区的对外运输通道。北部湾港区吞吐量 2012 年为 1.7237 亿吨，2013 年为 1.06 亿吨，2014 年全区港口水运能力达到 3 亿吨。铁路系统以柳州为枢纽，形成高铁和普铁结合的铁路运输网络。高铁，衡柳铁路、广西沿海城际铁路、柳南城际铁路（在建的有：南广高铁、贵广客运专线、云贵高铁）。普铁，湘桂铁路、南昆铁路、焦柳铁路、黔桂铁路、洛湛铁路、黎湛铁路、玉铁铁路（在建）、钦黎铁路、南防铁路、钦北铁路。公路系统以南宁为中心，有国道 5 条贯穿区内，地方公路联网各地，高速公路有广昆高速、南友高速、兰海高速、泉南高速、汕昆高速、包茂高速通过区内。

5. 经济实力

国家推进实施西部开发与开放政策以来，广西经济成长迅速，发展很快，以北部湾开发开放为龙头，重点城市为带动，一批重大项目纷纷落地，区内形成了都市经济增长极，柳州、桂林、南宁、玉林、梧州、百色、北海等城市牵动力大幅增长，拉动了全区经济发展，开发与开放成果初步显现。2014年，全年地区生产总值15673亿元[1]，财政收入2162.4亿元。规模以上工业企业利润1000亿元，城镇化率46%，粮食产量1500万吨。集装箱完成112万标箱，全区港口吞吐量突破3亿吨。北部湾经济区、西江经济带、左右江革命老区统筹发展。汇聚了14个重点产业园区，年产出超过500亿元的园区6个，珠江—西江经济带发展规划积极贯彻落实，落地重大项目166项。

6. 增长极点

以南宁为中心，向南延伸至北部湾地区，有两条出海通道，北海和东兴。向西南经崇左到凭祥，到达友谊关，可进入越南，为第二条出境通道。北部湾地区可以形成由雷州半岛向西延伸，涵盖北海、钦州、防城港、东兴一条沿海地区带，具有大力发展沿路经济、临空经济、园区经济的条件。具有3个国际会展平台，"中国—东盟博览会"、"中国—东盟商务与投资峰会"、"中国—东盟自贸区升级版论坛"。具有"泛北部湾经济区"建设、"大湄公河沿岸经济区"建设、"南宁—新加坡经济走廊"建设、"中国—东盟信息港"建设条件与契机，具有发展成面向东盟的中国（北部湾）自由贸易试验区条件与契机。

6.5.2 南部沿海地区始发点广东

"21世纪海上丝绸之路"陆路边境始发点地区——广东。广东省简称"粤"，省会广州。广东省地处中国南方，北依湖南省，东北与江西省接壤，东面是福建省，西面连接广西，西南连接海南省，正南方面对浩瀚的南海，俯视整个南海周边各国，是中国进出南海的重要海上通道，战略位置十分重要。在"海上丝绸之路"沿线，从广东始发，走海路，可以进入东南亚地区、南亚地区，以及环太平洋沿岸，是中国与南海周边国家和地区互联互通的重要战略节点。

1. 自然区位

广东省坐落于中国大陆南端，背依大陆，面向南海，全省陆地总面积约18万平方千米[2]，行政管辖21个地级市、23个县级市、37个县、3个自治县、58个市

---

[1]资料来源:2015年广西壮族自治区政府工作报告,广西壮族自治区第十二届人民代表大会第四次会议,2015年1月27日。

[2]资料来源:中国地图集,中国地图出版社,2014年1月版,第162页。

辖区。常住人口 10724 万人（2014 年年末指标）[1]，是国内华侨最多的省区。地势北高南低，山地和丘陵约占 2/3，南岭、云雾山、青云山、九连山等山脉坐落省内，平原集中在南部沿海地区，是鱼米之乡，珠江、韩江、漠阳江等江河流经省内，其中珠江由北江、西江、东江汇流而成，成为华南最大河流。广东气候属于热带和亚热带湿润季风气候地区，气温温和，雨量丰裕，年平均气温在 19℃以上，年降水量 1400 毫米以上。珠江入海口地区称为"珠江三角洲"地区，是南方经济最为活跃的地区，分布着广州、深圳、香港、珠海、澳门、东莞、中山、顺德、佛山等都市群，工业生产力集中，城市繁华。

2. 文化积淀

广东历史悠久，岭南文化厚重。春秋战国时期称为百越（粤）地，秦朝时期置地南国郡，汉朝时期属于交州，三国时期吴国分交州为广州，唐朝时期属于岭南道，宋朝时期称为广南东路，元朝时期分属于江西和广行中书省，明朝时期分设广东布政使司，清朝时期称为广东省。1925 年，中华民国国民政府在广州成立。1949 年 10 月 14 日，广州解放，10 月 28 日，广州市人民政府成立。

新中国成立以来，广东步入经济建设时期，社会经济快速发展，特别是中国共产党第十一届三中会议以后，国家实施改革开放政策，广东开启了经济特区建设历史时期，以深圳、珠海、汕头三个特区建设为标志，开创了中国社会主义市场经济新模式，地区经济建设和社会文明进步大幅度提高，沉淀了举世闻名的特区经验，为全国改革开放事业树立了楷模。

3. 资源富集

广东地区地方资源丰富，已发现各类矿产资源 120 种，珠江口海区含有丰富的油气资源。全省森林覆盖率近 50%，植物物种 8000 多种，水果品种 200 多种，陆栖脊椎动物 800 多种。水产品资源丰富。农业作物一年 2~3 季，粮食作物主要有水稻、小麦、甘薯、花生、黄豆等，是重要的水稻主产区之一。是全国重要的水果产地之一，荔枝、香蕉、柑橘、菠萝闻名，也是香蕉、可可、咖啡主产区。

4. 交通条件

广东交通发达，铁路网络、公路网络、航空网络、水运网络密集，点点对接，构成了立体交通网络。铁路系统，主要有京广和京九两条铁路骨干线，以及广州—九龙、广州—茂名等省内支线铁路，新建高速铁路系统也已投入运营。公路网密集，

---

[1] 资料来源：广东省统计局，2014 年广东国民经济和社会发展统计公报，2015 年 2 月 17 日。

围绕珠江三角洲地区形成了互联互通的高速公路网络。多条线路联通省内外，是中国交通发达省区之一。2014年年末公路通车里程21.21万千米，其中，高速公路里程6280千米[1]，跃居全国首位。航空系统，有广州国际机场和深圳国际机场两大枢纽机场，通往国内外主要城市，航线密集，航班密集，此外还有珠海机场、湛江机场、汕头机场、佛山机场等支线机场，还有香港机场、澳门机场。在珠江三角洲地区机场密集，形成了方圆2小时临空经济圈，年旅客吞吐能力达到约一亿人次。广东是中国南方地区最大的航空枢纽地区。广东海运发达，黄埔港、湛江港、汕头港、蛇口港都是建有万吨级泊位的港口，远洋航线通往世界各地。广州港（黄埔）自古以来就是中国对外贸易的重要港口，是中国最早对外的通商口岸，唐玄宗开元间（约713~741年），广州港就是中国第一个海关，在汉代以及唐代时期，就已经成为中国历史上"海上丝绸之路"始发港，清朝乾隆年间实行"一口通商"政策，广州港成为当时中国唯一对外贸易港口。

5. 经济实力

广东省是全国省级单位经济总量最集中的省区，经济规模名列全国前列，是最发达的地区之一。广东省制造业和服务业发达，2014年广东省经济指标显示：第一产业增加值3166.67亿元，第二产业增加值31345.77亿元，第三产业增加值33279.80亿元，三次产业结构为4.7 ： 46.2 ： 49.1。工业以轻工业为主，家用电器制造、日用化工、电子、食品、纺织、医药等产业部门为主导产业，此外还有机械、电力、建材、造船、钢铁等行业，其中电器、电子、电脑配件、塑胶、服装等行业位居全国前列。根据广东省统计局统计指标显示，2014年，全省实现地区生产总值（GDP）67792.24亿元[2]，全年地方公共财政预算收入8060.06亿元，全年广东常住居民人均可支配收入25685元。全年

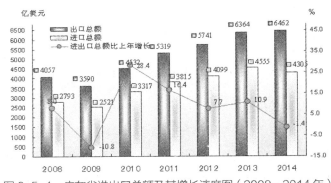

图6-5-1　广东省进出口总额及其增长速度图（2008—2014年）
资料来源：广东省统计局2014年统计公报，2015年2月17日。

[1]资料来源: 2015年广东省政府工作报告,广东省第十二届人民代表大会第三次会议,2015年2月9日。
[2]资料来源: 广东省统计局, 2014年广东国民经济和社会发展统计公报, 2015年2月17日。

粮食产量 1357.34 万吨，糖蔗产量 1307.90 万吨，油料产量 105.48 万吨，蔬菜产量 3274.75 万吨，水果产量 1436.00 万吨，茶叶产量 7.39 万吨。年末全省银行业金融机构本外币各项存款余额 127881.47 亿元。年末县及县级以上国有研究与开发机构、科技情报和文献机构 385 个。规模以上工业企业拥有技术开发机构 2692 个。全省科学研究与试验发展（R&D）人员 51.1 万人（折合全时当量）。全省 R&D 经费支出约 1627 亿元。广东是对外经济贸易大省，对外贸易总额连年增长，2014 年，全年进出口总额 10767.34 亿美元。[见表 6-5-1 2014 年广东省主要商品出口数量、金额及其增长速度表，见图 6-5-1 广东省进出口总额及其增长速度图（2008—2014年）]。

表 6-5-1 2014 年广东省主要商品出口数量、金额及其增长速度表

商品名称	单位	数量	比上年增长（%）	金额亿美元	比上年增长（%）
钢材	万吨	342.27	22.8	42.92	14.6
纺织纱线、织物及制品				120.21	1.9
服装及衣着附件				363.45	9.8
鞋类				153.87	6.4
家具及其零件				196.49	12.6
自动数据处理设备及其部件	万台	103352.32	4.9	466.44	−5.7
手持或车载无线电话	万台	81721.63	10.4	491.91	21.3
集装箱	万个	74.05	28.1	24.29	21.4
集成电路	百万个	23966.27	−8.0	97.07	−74.8
液晶显示板	万个	142737.09	−37.3	121.81	−17.5
汽车（包括整套散件）	万辆	2.92	−3.4	7.53	21.8

资料来源：广东省统计局 2014 年统计公报，2015 年 2 月 17 日。

6. 增长极点

广东位于"珠三角"地区核心区，珠江在广东中部入海处冲积成的三角洲平原，由西江、北江和东江冲积的三个小三角洲组成，面积约 1.13 万平方千米。在这里汇聚了庞大的城市群，是全国改革开放资源最富集的地方，广东是开放型经济历史最悠久的地方，广东是外向型经济地缘条件最具优势的地方。这三大优势汇聚在广东，必然成为广东最宝贵的资源。

在珠江三角洲地区汇聚了 3 个经济特区（深圳、珠海、汕头），1 个新区（广州南沙新区），1 个自有贸易区（广东自由贸易区），2 个特别行政区（香港、澳门）。

汇集了庞大的工业生产力，企业数量众多，生产规模大、市场消费活跃，商圈扩展纵深。广东是全国改革开放资源最为富集的地方。

珠三角地区实施开放型经济历史最悠久，中国近代最早的通商口岸就在广东（广州黄埔港），新中国成立以来，广州每年举行两届春秋交易会，也是最早代表中国大陆开展对外贸易的窗口地区。国家实施改革开放以来，广东又是申办经济特区最早的地区，以深圳为代表的经济特区经验已经深入人心，示范全国。广东又是全国最大的侨乡，广东自古就是中国海上贸易和移民出洋时间最早、人员最多的省区，海外侨胞众多、归侨侨眷众多。广东有 3000 多万海外侨胞[1]，遍及世界 160 多个国家和地区，主要分布在东南亚各国，欧洲、北美地区、南美洲地区、大洋洲地区、非洲等地。省内有 10.17 万归侨、2000 多万侨眷，主要集中在珠江三角洲、潮汕平原和梅州地区。广东是开放型经济历史最悠久的地方。

广东地处珠江口，背靠大陆腹地，面对南海，幅员辽阔，交通发达，海陆空交通网络互联互通。广东向内陆地区链接湖南、江西，向左右延伸到福建、广西，沿着京九和京广两条经济大动脉直接向北纵深，沿海岸基线向东西延伸，出海陆直下南洋，覆盖东南亚各国，联通世界各地。东南亚地区除了新加坡经济水平较高（近300 万左右人口），其他地区经济水平均低于广东，互补性很强。广东是外向型经济地缘条件最具优势的地方。

因此，广东发展开放型经济、发展外向型经济的战略取向应当是："纵深大陆、直下南海。"发展总部经济、发展品牌经济、发展创新经济、发展势力经济，将生产型经济外移，通过对外投资输出产能，释放过剩的生产力，减轻环境压力，提升产业结构层次，发展方式转变。将广东的资本优势、产能优势演变成整个东南亚的优势。从国内配置资源，演变为东南亚地区配置资源，再演变为全球配置资源。践行海上丝绸之路的战略要求，成为中国新一轮开放事业的始发点、桥头堡、出海口、加油站。

6.5.3 东部沿海地区始发点福建

"21 世纪海上丝绸之路"陆路边境始发点地区——福建。福建省简称"闽"，省会福州。福建省地处东南沿海，东北毗邻浙江省，西面是江西省，西南连接广东省，东面是浩瀚的大海，隔台湾海峡与台湾相望，是中国进出太平洋的重要海上通道，

---

[1] 资料来源：广东概况，广东省政府（官网），2015 年 1 月 21 日。

战略位置十分重要。在"海上丝绸之路"沿线，从福建始发，走海路，可以进入东南亚地区、南亚地区、东北亚地区，以及环太平洋沿岸，是中国与周边国家和地区互联互通的重要战略节点。

1. 自然区位

福建地处中国东南部、东海之滨，陆域介于北纬 23°33′ 至 28°20′、东经 115°50′ 至 120°40′ 之间，东隔台湾海峡，全省陆域面积 12.14 万平方千米[1]，海域面积 13.63 万平方公里。北南最长为 530 千米，西东最宽为 480 千米。福建省现辖 9 个地级市（福州、莆田、泉州、厦门、漳州、龙岩、三明、南平、宁德）和 1 个平潭综合实验区。2014 年年末全省常住人口 3806 万人[2]，是多个民族聚集区和主要侨乡。

福建境内峰岭耸峙，丘陵连绵，山地、丘陵占全省总面积的 80% 以上，素有"八山一水一分田"之称。地势总体上西北高东南低，横断面略呈马鞍形。地势西北高，东南低，沿海一带有福州平原、莆田平原、漳州平原，主要河流有闽江、九龙江、晋江、交溪、汀江。闽江为最大河流，长 577 千米，平均径流量为 575.78 亿立方米 / 年，流域面积 60992 平方千米，约占全省面积一半。沿海线形成大小港湾 120 多个，较大的港湾有三都澳、兴化湾、湄洲湾、厦门港、东山澳。沿海岛屿众多，金门岛、东山岛、海坛岛等岛屿较大。

福建属于亚热带湿润季风气候，雨量丰润，冬无严寒、夏无酷暑。全年平均气温在 17℃ ~21℃，平均降雨量 1400 毫米 ~2000 毫米，5~6 月降水最多，夏秋之际多台风暴雨，是中国雨量最丰富的省份之一，气候条件优越，适宜人类聚居以及多种作物生长。

2. 文化积淀

福建历史悠久，文化厚重。春秋时期属闽越地。秦兼并天下，南平百越，置闽中郡，中央政权开始置地福建。三国时属于吴国，设建安郡，下辖 9 个县。秦朝设闽中郡，汉朝后期属于扬州。唐朝时期，属于江南道，改称福州都督府，从福州、建州各取一字，据称这是"福建"名称之始。北宋时期，置福建路，共计 8 个路，故福建号称"八闽"，此时福建全省有 42 个县，成为东南全盛之邦。元朝时期，设福建平海行中书省。明朝洪武元年（1368 年），福建全省 8 个路改为 8 个府（福州、建宁、延平、邵武、兴化、泉州、漳州、汀州）。清朝时期，福建区划继承明朝体制，设福建布政使司。

---

[1] 资料来源：中国地图集，中国地图出版社，2014 年 1 月版，第 124 页。

[2] 资料来源：福建省统计局，2014 年福建省国民经济和社会发展统计公报，2015 年 2 月 15 日。

辛亥革命后，历届中央政权均设置福建省。

3. 资源富集

福建山清水秀，风景秀丽，旅游资源丰富。有武夷山、鼓浪屿—万石山、清源山、太姥山、桃源洞—鳞隐石林、鸳鸯溪、海坛、金湖，等等。武夷山为雅丹地貌。福建土楼为世界之奇，山区民居建筑，造型独特，被列为《世界遗产名录》。鼓浪屿世界闻名，涛声呼啸，奇石林立。福建文物古迹颇多，历史厚重，文化丰富。

福建现有农业耕地 123.47 万公顷，主要集中在沿海平原、沿河流域、山间谷地与低丘陵梯田等地。福建的森林覆盖率为 65.95%，拥有 1.15 亿亩的森林面积，为全国六大林区之首。植物种类 4500 种以上，木本植物共有 1943 种，约占全国木本植物种的 39%。东南部地区以粮食生产为主，农作物一年可耕种 2 季 ~3 季，生产水稻、小麦、甘薯、烤烟、黄红麻等，福建龙眼（桂圆）、柑橘、荔枝、橄榄、枇杷、香蕉六大特产世界闻名，是茶叶、甘蔗、亚热带水果主产区。龙眼产量为全国第一位，荔枝产量为全国第二位。乌龙茶的故乡，安溪铁观音、武夷山的大红袍都是乌龙茶中的上品，世界享有盛誉。

福建矿产资源丰富。已知矿产 116 种，其中金属矿产 53 种、非金属矿产 63 种，发现矿产地 4836 处。已探明储量的矿产有 80 种，列入省矿产储量表中的矿产地 634 处，探明大型矿床 51 处，中型矿床 81 处，其中居全国前 5 名的矿产有 19 种，其中优势矿产资源有钨、钽、叶蜡石、萤石、石英砂、高岭土、花岗石和重晶石等。

福建东南面对台湾海峡，平均宽 180 千米，海岸线直线长度为 535 千米，曲线长度 3324 千米，约占全国海岸线总长度的 18.3%。曲折的海岸线也形成了众多的海湾，重要的海港有福州港、厦门港、泉州港等。沿海的岛屿共 1404 个，总面积为 1200 多平方千米。沿海地区水产品丰盛，盛产带鱼、黄鱼、鳗鱼、贝类、紫菜等。

4. 交通条件

福建已经形成以铁路为骨架，公路、航空、水运并行的现代化交通网络。

福建省铁路运营里程 6000 千米，进出省通道在 10 个以上，将形成 9 个设区市的快速铁路环线，相邻设区市之间一小时交通圈，福建省所有县（市、区）一小时内上快速铁路。铁路主干线有：峰福铁路、鹰厦铁路、赣龙铁路、梅坎铁路、漳泉铁路、温福高速铁路、福厦铁路、龙厦铁路、向莆铁路、厦（厦门）深（深圳）铁路，形成铁路网。2015 年 6 月，首条高速铁路（350 千米 / 小时）合肥—福州高铁开通运营。

以福州为中心，以北京—台湾、沈阳—海口、厦门—福州、福州—银川、泉州—

南京等高速公路为骨架，多条国道深入省内各个市县，沟通省内外，形成公路网，通车里程达到 94660 千米，海西高速公路网 3500 千米。

以福州机场、厦门机场两大国际机场为枢纽机场，空中航线通达国内各个大都市，国际航线通达主要国际大机场。福州港、厦门港、泉州港、马尾港，分别与大连港、上海港、香港港等多个沿海港口通航，与多个国家港口通航。福州港是全国十大集装箱码头之一。

5. 经济实力

福建是以工业经济、农业经济、贸易经济为主体产业的省区。2014 年，福建省实现地区生产总值（GDP）24055 亿元 [1]，人均地区生产总值 63472 元。全年公共财政总收入 3828 亿元，全省居民人均可支配收入 23331 元。其中，农村居民人均可支配收入 12650 元；城镇居民人均可支配收入 30722 元。

在农业经济产业中，以种植业为主，其次为农产品加工工业、海产品加工工业。全省耕地总面积 1854 万亩，植物种类 3000 多种，有丰富的粮食作物、油料作物、工业原料作物、果茶、蔬菜、花卉、食用菌等资源。闽西北山区是产粮区，盛产茶、烟、菇、笋等土特产。

2014 年，农林牧渔业完成总产值 3522 亿元。粮食种植面积 1796 万亩；全年粮食产量 667 万吨；水产品产量 696 万吨。

工业以现代工业体系为主导产业，机械、电子、化工为三大主导产业。2014 年，福建省全部工业增加值 10426 亿元。省内三大主导产业实现增加值 3402 亿元。其中，机械装备产业实现增加值 1478 亿元；电子信息产业实现增加值 693 亿元；石油化工产业实现增加值 1231 亿元。全年规模以上工业企业实现利润 2081 亿元，其中国有及国有控股企业 230 亿元；国有企业 21 亿元，集体企业 6 亿元；股份制企业 1183 亿元；外商及港澳台商投资企业 829 亿元；私营企业 654 亿元。

贸易经济主要是以港口经济和出口加工工业为主。2014 年，福建省完成出口总额 10902 亿元人民币（1775 亿美元）。全年实际利用外商直接投资 71 亿美元，对外直接投资项目 230 个，对外投资额 28 亿美元。

6. 增长极点

区域经济发展极点地区是福州—厦门。以福州和厦门为中心，形成沿海连线地带，构成整个中国沿海大通道经济带上的重要段面，并联动中国台湾地区，共同构

---

[1] 资料来源：福建省统计局，2014 年福建省国民经济和社会发展统计公报，2015 年 2 月 15 日。

成中国东南沿海经济圈，形成"21世纪海上丝绸之路"始发节点地区。从福建省改革开放的历史经验积累来看，海峡两岸存在三大建设题材叠加优势和契机，即"经济特区"建设、"自由贸易区"建设、"海西经济区"建设。

一是"经济特区"建设题材。1980年10月厦门经济特区设立，经过35年的建设，已扩展面积为131平方千米，无论经济产出能力，还是城市建设，都取得了巨大成就。2014年，地区生产总值达到（GDP）3273.54亿元 [1]，人均地区生产总值86831元（14135美元），规模以上工业企业实现销售产值4713.53亿元，汇聚规模以上工业企业1555家，实现工业总产值4905.44亿元，其中产值超亿元的企业546家，实现产值4463.23亿元，占全市规模以上工业总产值的91.0%。厦门经济特区同深圳、珠海、汕头三个特区建设一样，积累了丰富的外向型经济发展经验，取得了巨大成就，奠定了进一步发展的经济基础、人才基础、政策基础、制度基础。"经济特区"是中国改革开放事业的"排头兵"，是对外开放的"窗口"，是改革开放的"试验田"。特区经验还将继续发扬光大，特区精神还将继续发光发热，继续发挥增长极的作用，发挥地区经济发展的引领作用。

二是"自由贸易区"建设题材。建设自由贸易区是中国新时期开放改革事业的重大发展题材，与"一带一路"建设同等重要。作为第一批自贸区样板——中国（上海）自由贸易试验区，经过一年多的建设已经取得重要经验，第二批自贸区新增了福建、广东、天津三个单位，作为自贸区建设地，自然具有区域经济发展新题材。2015年4月8日，国务院批准《中国（福建）自由贸易试验区总体方案》，方案明确了中国（福建）自由贸易试验区的总体发展规划，将自贸区建设的战略定位为 [2]：围绕立足两岸、服务全国、面向世界的战略要求，充分发挥改革先行优势，营造国际化、市场化、法治化营商环境，把自贸试验区建设成改革创新试验田；充分发挥对台优势，率先推进与台湾地区投资贸易自由化进程，把自贸试验区建设成深化两岸经济合作的示范区；充分发挥对外开放前沿优势，建设21世纪海上丝绸之路核心区，打造面向21世纪海上丝绸之路沿线国家和地区开放合作新高地。自贸区建设发展目标是：坚持扩大开放与深化改革相结合、功能培育与制度创新相结合，加快政府职能转变，建立与国际投资贸易规则相适应的新体制。创新两岸合作机制，推动货物、服务、资金、人员等各类要素自由流动，增强闽台经济关联度。

[1] 资料来源：厦门市统计局，2014年厦门市国民经济和社会发展统计公报，2015年3月18日。
[2] 资料来源：中国（福建）自由贸易试验区总体方案，福建省政府（官网），2015年4月8日。

加快形成更高水平的对外开放新格局，拓展与 21 世纪海上丝绸之路沿线国家和地区交流合作的深度和广度。经过三至五年的改革探索，力争建成投资贸易便利、金融创新功能突出、服务体系健全、监管高效便捷、法制环境规范的自由贸易园区。福建自贸试验区实施范围确定为 118.04 平方千米，涵盖三个片区：平潭片区 43 平方千米，厦门片区 43.78 平方千米（含象屿保税区 0.6 平方千米、象屿保税物流园区 0.7 平方千米、厦门海沧保税港区 9.51 平方千米），福州片区 31.26 平方千米（含福州保税区 0.6 平方公里、福州出口加工区 1.14 平方千米、福州保税港区 9.26 平方千米）。每个片区的功能划分是：按区域布局划分，平潭片区重点建设两岸共同家园和国际旅游岛，在投资贸易和资金人员往来方面实施更加自由便利的措施；厦门片区重点建设两岸新兴产业和现代服务业合作示范区、东南国际航运中心、两岸区域性金融服务中心和两岸贸易中心；福州片区重点建设先进制造业基地、21 世纪海上丝绸之路沿线国家和地区交流合作的重要平台、两岸服务贸易与金融创新合作示范区。

三是"海西经济区"建设题材。海峡西岸经济区（简称海西经济区），是福建省政府于 2004 年提出的海峡西岸经济区的战略构想。海峡西岸经济区，是指台湾海峡西岸，以福建为主体包括周边地区，西南面与"珠三角"连接，北面与"长三角"连接，东与台湾岛连接，西面与江西连接，辐射广大内陆腹地，具有对台工作、统一祖国，并进一步带动全国经济走向世界的特点和独特优势的地域经济综合体。2009 年 5 月 14 日，由中华人民共和国国务院批准并正式发布，《国务院关于支持福建省加快建设海峡西岸经济区的若干意见》。2011 年 3 月，国务院正式批准《海峡西岸经济区发展规划》；2011 年 4 月 8 日，国家发展和改革委员会全文发布《海峡西岸经济区发展规划》。规划指出，要将海峡西岸建设成科学发展之区、改革开放之区、文明祥和之区、生态优美之区，成为中国新的经济增长极。海西经济区核心区主要包括福州、泉州、厦门、温州、汕头为海峡西岸经济区的五大中心城市。海峡西岸经济区是一个涵盖经济、政治、文化、社会等各个领域的综合性概念，经济区以福建为主体涵盖浙江、广东、江西 3 省的部分地区，覆盖人口约为 8000 万人，经济区经济产出规模在 1.7 亿亿元以上。

"经济特区"建设、"自由贸易区"建设、"海西经济区"建设，三大题材叠加，足以显示出福建发展的战略地位和战略契机。福建经济不是福建发展命题，而是整个中国东南沿海地区发展命题。由于历史原因，中国大陆与中国台湾之间没有很好的协同融合发展，台湾岛距离大陆 180 千米，面积 3.6 万平方千米，岛屿面积 3.58

万平方千米，人口 2331.6 万人 [1]，据台湾 "行政院总计处" 数据显示，2014 年台湾地区生产总值 160467.75 亿新台币，折合人民币 31703.6 亿元。2013 年台湾 GDP 为 30262.64 亿元人民币，人均生产总值（GDP）20958 美元（2013 年指标）。现代产业较为发达，曾经创造了 "亚洲四小龙" 奇迹，但是，台湾岛内毕竟市场空间有限，台湾的发展命系大陆，别无选择，这是历史的选择，也是海峡两岸区域经济发展的必然。中国大陆制定的发展政策均照顾到了台湾的发展问题。改革开放以来，凡是重大利好政策都赋予了福建，经济特区建设有福建，沿海经济大通道建设有福建，自由贸易区建设有福建，海西经济区建设有福建，"一带一路" 建设有福建，等等。这些政策利好不仅仅是福建受益，推动福建经济发展，更重要的是给台湾岛创造发展题材，海峡两岸共同发展进步，不能让台湾被边缘化，中国崛起也包括台湾在内的整个中华民族的崛起。因此，海峡两岸经济区也是 "一带一路" 重要的始发节点地区。

6.5.4 陆路边境地区始发点云南

"21 世纪海上丝绸之路" 陆路边境始发点地区——云南。云南省，简称 "滇" 或 "云"，省会昆明。云南地处西南边疆，云贵高原西南部，东面是广西壮族自治区和贵州省，北面是四川省，西北面是西藏自治区。云南与多个国家接壤，越南、老挝、缅甸，云南的国境线长 4,060 千米，西面是缅甸（主要口岸是瑞丽），南面是老挝（主要口岸是磨憨），东南方是越南（主要口岸是河口—老街），是中国从陆路进出东南亚地区的重要通道地区，战略位置十分重要。在 "海上丝绸之路" 沿线，从云南始发，走陆路，可以进入东南亚地区、南亚地区，是四国之间互联互通的重要战略节点。

1. 自然区位

云南省总面积约 39 万平方千米 [2]，占全国面积 4.11%，辖 8 个地级市、8 个自治州、12 个县级市、75 个县、29 个自治州县、13 个市辖区。全省常住人口为 4713.9 万人（2014 年指标）[3]，是多民族集居省区。云南省气候属于亚热带、热带高原型湿润季风气候，冬无严寒，夏无酷暑，四季不分明。全年平均气温在 13℃~20℃，降水充沛，全省大部分地区年降水量在 1100 毫米，南部部分地区可达

[1] 资料来源：中国地图集，中国地图出版社，2014 年 1 月版，第 252 页。
[2] 资料来源：中国地图集，中国地图出版社，2014 年 1 月版，第 204 页。
[3] 资料来源：云南省 2014 年国民经济和社会发展统计公报，云南省统计局，2015 年 5 月 25 日。

1600 毫米以上。有 9 大高原湖泊，有较大河流 180 条，多为入海河流的上游。大面积土地高低不齐，相对平缓的山区只占总面积 10%，一定范围又有和缓的高原面，在禄丰县出土了早期侏罗纪地层中大量蜥脚类恐龙化石，盆地和高原台地，西南地区俗称"坝子"，面积在 1 平方千米以上的坝子共有 1445 个，面积在 100 平方千米以上的坝子有 49 个。

2. 文化积淀

云南是人类文明重要发祥地之一，生活在距今 170 万年前的云南元谋人，是截至 2014 年为止发现的中国和亚洲最早人类。距今 5 万年前~10 万年晚期智人——丽江人生活在云南。战国时期，这里是滇族部落的生息之地。公元前 3 世纪，楚国大将庄蹻进入滇池地区，建立滇国。公元前 221 年，秦始皇统一六国，在云南东北部设立郡县，并开五尺道自今曲靖联系内地。公元前 109 年（西汉元封二年），武帝开西地南夷，置县二十四，云南为其一。728 年，唐王便封阁罗凤为"云南王"。1274 年（元朝元年至元十一年），设云南行中书省，"云南"正式作为滇域的名称确定下来。1253 年，忽必烈派蒙古军队取道丽江征服大理国，1276 年正式建立云南行省。

3. 资源富集

云南省素有"动物王国"、"植物王国"和"有色金属王国"的美称。发现有 9 大类矿产 150 多种，黑色金属矿产、能源矿产、有色金属及贵金属矿产、化工非金属矿产、稀有及稀土矿产、特种非金属矿产、冶金辅助原料矿产、建材非金属矿产及彩石矿产。探明储量的矿产 92 种，其中 25 种矿产储量位居全国前三名，54 种矿产储量居前十位，居全国首位的矿种有锌、石墨、锡、镉、铟、铊和青石棉。云南动植物资源十分丰富，已经发现了 274 科，2076 属，1.7 万种。主要特色物种：望天树、跳舞草、丽江云杉、橡胶树、油棕、三七、马尾松、云南松、酸角树等。有脊椎动物 1737 种，其中鸟类 793 种，兽类有 300 种，爬行类 143 种，两栖类 102 种，昆虫 1 万多种。

4. 交通条件

云南地处内陆，形成水路、公路、铁路、航空四网联运体系。

航空运输系统有民用机场 16 个，年旅客吞吐能力 5500 万人次。昆明长水国际机场成为面向南亚、东南亚和连接欧亚非的中国西南门户国际枢纽机场，已开通前往曼谷、新加坡、吉隆坡、河内、胡志明市、仰光、清迈、万象、首尔、大阪、迪拜等地的国际航线，通往国内各大中城市的 100 余条航线，以及通往省内航线 11 条。

有 15 个支线机场，昭通机场、景洪西双版纳机场、丽江三义国际机场、大理机场、迪庆机场、芒市机场、保山机场、思茅机场、文山机场、临沧机场、腾冲驼峰机场、白沙机场、红河机场、怒江机场、泸沽湖机场、沧源机场，形成航空网络。

铁路运输系统已形成以昆明为中心，连通省内外各地的铁路网络。主要线路有准轨铁路和高速铁路，准轨铁路成昆线（昆明—成都）、贵昆线（昆明—贵阳）、南昆线（昆明—南宁）、内昆线（昆明—内江）、昆玉线（昆明—玉溪）、广大线（广通—大理）、大丽线（大理—丽江）、玉蒙线（玉溪—蒙自）。高速铁路线，沪昆高速铁路（昆明—曲靖—贵阳—上海）、云桂高速铁路（昆明—文山—百色—南宁）。

公路系统以昆明、大理为中心，经过云南国道共有 7 条，连通全省，以昆明为中心、辐射全国及周边诸国的"七出省"、"四出境"高速公路网络。"七出省"即昆明至攀枝花（四川通道）、昆明至水富（四川、重庆通道）、昆明至宣威普立（贵州通道）、昆明至富源胜境关（贵州通道）、昆明至罗平（贵州广西通道）、昆明至罗村口（广西、广东通道）、昆明至德钦隔界河（西藏通道）。"四出境"即中国—越南（昆明至河内）、中国—老挝—泰国（昆明至曼谷）、中国—缅甸（昆明至瑞丽至皎漂），以及经缅甸至南亚（昆明至密支那至雷多），四条公路通道。经云南的高速公路有京昆高速路段 G5、杭瑞高速路段 G56、沪昆高速路段 G60、汕昆高速路段 G78、广昆高速路段 G80、昆河高速路段 G8011、昆曼高速路段 G8511。全省高速公路营运里程 3200 千米（2014 年指标）。[1]

内河水运系统主要有金沙江、澜沧江、红河、南盘江、怒江等 5 条干流及其支流 63 条，长 14200 千米，可利用航道 8000 多千米，分属于长江、澜沧江、珠江、红河、怒江、伊洛瓦底江等六大水系。可以构建"北进长江，东入珠江，连接长三角、珠三角；南下湄公河、红河，西进伊洛瓦底江，沟通太平洋、印度洋"的水路交通运输体系。内河航运通航里程 4000 千米，四级航道 960 千米，五级航道 240 千米，生产性泊位 220 个。主要有澜沧江的景洪港、思茅港、金沙江的水富港、绥江港和昆明港、大理港。由中国、老挝、缅甸、泰国 4 国共同开展的"澜沧江—湄公河"国际航线开通到泰国清盛；由省内开通出省水道 2 条，"金沙江—长江"黄金水道和"右江—珠江"水运通道。

---

[1] 资料来源：2015 年云南省人民政府工作报告，云南省人民代表大会十二届三次会议，昆明，2015 年 1 月 26 日。

5. 经济实力

云南传统主导产业是烟草、旅游、橡胶、有色金属，在国内占有重要地位。此外生物医药、电子信息、新材料、汽车、石化等新兴产业不断成长，生产性服务业和生活性服务业快速发展，传统服务业和现代服务业并举。旅游产业正在积极推进服务标准化、产品精细化、服务品质化。随着西部开放战略实施，一批重点项目落地，开放型经济迅速发展，区内生产能力和消费内力大幅提高。

根据省区统计指标显示，2014 年，全省生产总值（GDP）达 12814.59 亿元[1]，三次产业结构比重为 15.5：41.2：43.3，全省人均生产总值（GDP）27264 元（4438 美元），全年财政总收入达 3160 亿元，粮食总产量 1860.7 万吨，工业增加值 3898.97 亿元，社会消费品零售总额 4632.9 亿元，全年外贸进出口总额 296.22 亿美元，全年接待海外入境旅客（包括口岸入境一日游）997.94 万人次，全年国内游客 2.81 亿人次，全年旅游业总收入 2665.74 亿元。城镇常住居民人均可支配收入 24299 元，农村常住居民人均可支配收入 7456 元。

6. 增长极点

云南为中国西南边境地区，具有发展口岸经济的优势条件，可以形成以昆明为中心，经大理、保山到达边境城市瑞丽，发展中缅边境贸易。从昆明出发，经玉溪、普洱、景洪，勐腊，进入老挝境内，发展中老边贸。从昆明出发，经弥勒、开远蒙、南溪，进入越南老街，发展中越边贸。发挥沿边境线优势，建设沿边经济带；发挥高速公路通道优势，建设沿路经济带；发挥机场优势，建设临空经济区和空港经济区；发挥产业园区优势，建设园区经济区。统筹对内对外开放合作。服务于国家总体外交大局，落实好高层互访和会谈达成的相关工作，开拓周边人文科技环保合作新领域。发挥侨务资源优势，提高公共外交和民间外交对全省发展的服务能力。

一方面，践行国家"21 世纪海上丝绸之路"总体战略部署，积极主动面向南亚、东南亚地区，面向印度洋周边经济圈，加快开发开放平台建设。积极参与"孟中印缅经济走廊"建设、"大湄公河次区域"经济合作，完善"滇印滇缅"合作机制，完善云南同越南北部地区合作机制，完善云南与老挝北部地区合作机制，积极参与打造"中国—东盟自贸区升级版"，稳步提升云南与周边国家的多边、双边合作水平。积极参与连接周边国家的综合交通、电力、信息和仓储物流等基础设施建设，加强与周边国家交通基础设施和运输体系的对接与沟通。完善"瑞丽、磨憨重点开发开

[1] 资料来源：云南省 2014 年国民经济和社会发展统计公报，云南省统计局，2015 年 5 月 25 日。

放试验区"和"河口、临沧边（跨）境经济合作区"的功能和作用，完善"红河综合保税区"运行机制，昆明综合保税区，孟连、猴桥升格为国家级边境经济合作区。办好"第三届中国—南亚博览会暨第23届昆交会"，提高中国国际旅游交易会办会水平。

另一方面，充分发挥云南具有的独特资源优势、生态优势、环境优势、边贸优势，联动四川、重庆、贵州、广西，扩充"泛珠三角"区域合作，扩大西南地区整体经济实力，提高整体发展水平。落实长江经济带海关区域通关一体化改革措施，探索内陆沿边口岸和特殊监管区新型监管模式，提高贸易便利化水平。积极建设"中国云南原产地"品牌，大力发展服务贸易，扩大资源性产品进口，扩大工业制成品出口。

6.6 海上丝绸之路辐射节点地区分析

中国古代"海上丝绸之路"其商船团队曾经到达过非洲东海岸，沿途经过了东南亚、南亚、中东以及非洲。今天的"海上丝绸之路"，必将秉承古"海上丝绸之路"的轨迹，还将延伸和创新古"海上丝绸之路"的内容。一方面，交通工具更现代化了，古代限于当时的技术水平，用的是木帆船，今天用的是现代机械化的万吨远洋货轮、长航大飞机，其运量更大，运速更快，时间更短，效率更高；另一方面，运输里程更长，运距更远，走的距离更远了，可以在短时间内到达五大洲的任何有海港的地方；再一方面，"海上丝绸之路"的内容已不限于货物运输通道，而是与沿线国家和地区进行贸易、经济、技术、社会、文化等多方面、宽领域的交流，互利互惠、互通互鉴、共同进步。因此，从中国内陆出发，向南、向西，可以沿着海岸基线直达南洋、东南亚、南亚、中东、非洲、大洋洲，以及欧洲，"21世纪海上丝绸之路"上辐射的地区更加宽泛。主要节点地区在东南亚、南亚以及中东海湾地区，这些地区都是战略要地，海上交通要冲，需要积极合作，需要实时关注这些地区发展动态，需要关注时局变化情况，以便及时把握商机发展动向。

6.6.1 东南亚地区

从中国东部、东南部、南部海岸港口出发，向南航行，一路将经过中国的东沙、西沙、中沙、南沙、曾母暗沙，靠近马来西亚、新加坡、印度尼西亚、泰国，经过马六甲海峡，进入印度洋。因此，在"21世纪海上丝绸之路"上马六甲海峡是战略要冲，新加坡、马来西亚、印度尼西亚、泰国是海上交通战略要地。

1. 新加坡

新加坡共和国（简称新加坡），别称"狮城"，地理位置位于东南亚的一个岛国，国土面积 718.3 平方千米（2014 年指标）[1]，北部隔柔佛海峡与马来西亚为邻，南部隔新加坡海峡与印度尼西亚相望，毗邻马六甲海峡南口，除新加坡岛之外，还包括周围数岛[2]。人口 547 万（2014 年 6 月指标），人口密度 7615 人 / 平方千米（2014 年）。首都新加坡市。新加坡是移民国家，主要民族汉族、印度族、马来族、欧亚族；主要宗教佛教、道教、伊斯兰教、天主教等。官方语言为汉语、英语、马来语、泰米尔语。政治体制实行议会制共和制，政局稳定、政府廉洁高效，经济模式为"国家资本主义"。根据 2014 年的全球金融中心指数（GFCI）排名报告，新加坡是继纽约、伦敦、香港之后的第四大国际金融中心，也是亚洲重要的服务和航运中心之一。新加坡是"东盟"（ASEAN）成员国之一，也是世界贸易组织（WTO）、英联邦（The Commonwealth）以及亚洲太平洋经济合作组织（APEC）成员之一[3]。经济产出能力（GDP）2957 亿美元（2013 年指标），人均经济产出能力（GDP/ 人）54776 美元（2013 年指标），人类发展指数 0.901（很高，2014 年指标）。新加坡是亚洲的发达国家，被誉为"亚洲四小龙"之一。

新加坡有机场 8 个，其中有 2 个国际机场，樟宜国际机场连续多年被评为世界最佳机场，已开通至 60 个国家 188 个城市的航线，各国 81 家航空公司平均每周提供约 4400 班次的定期飞行服务，客运量 4650 万人次（2012 年指标），货运量 181.6 万吨（2012 年指标）。新加坡港口是世界知名港口，是世界最大燃油供应港口，有 200 多条航线连接世界 600 多个港口，集装箱吞吐量预计达 3260 万个标准箱（2013 年指标），名列世界第二位，停靠船只总吨数达 23.3 亿吨，货运吞吐量达 5.575 亿吨，燃油销售量 4250 万吨[4]。

新加坡与 175 个国家建立了外交关系[5]，主张立足东盟，致力维护东盟团结与合作、推动东盟在地区事务中发挥更大作用，注重发展与亚洲国家特别是中、日、韩、印度等重要国家合作，奉行"大国平衡"，主张在亚太建立美国、中国、日本、印度战略平衡格局，积极推进贸易投资自由化，已与新西兰、日本、欧洲自由贸易协

---

[1] 资料来源：世界地图集，中国地图出版社，2014 年版，第 66 页。
[2] 资料来源：世界地图册，地质出版社，2006 年版，第 13 页。
[3] 资料来源：新加坡概况，中国外交部（官网），2015 年 2 月 6 日。
[4] 资料来源：新加坡海事及港务管理局公布统计资料，中国商务部（官网），2015 年 1 月 6 日。
[5] 资料来源：新加坡概况，中国外交部（官网），2015 年 2 月 6 日。

会、澳大利亚、美国、约旦、韩国、印度和巴拿马签署双边自由贸易协定，与新西兰、智利、文莱签署了首个地跨三个大洲的自贸协定，并与巴林、埃及、科威特和阿联酋就商签双边自由贸易协定达成共识。倡议成立了亚欧会议、东亚—拉美论坛等跨洲合作机制。

新加坡同中国的关系良好。1980年6月14日，中国和新加坡两国签署了"关于互设商务代表处协议"，1981年9月，两国商务代表处正式开馆。1990年10月3日两国建立外交关系，各领域互利合作不断扩展。两国先后签署了"经济合作和促进贸易与投资的谅解备忘录"、"促进和保护投资协定"、"避免双重征税和防止漏税协定"、"海运协定"、"邮电和电信合作协议"、"成立中新双方投资促进委员会协议"等多项经济合作协议，双方领导人多次互访，合作范围不断深化。

2. 马来西亚

马来西亚联邦（简称马来西亚），国土面积330257平方千米，海岸线长4192千米 [1]。1957年8月31日马来西亚独立，首都为吉隆坡，联邦政府位于布城。国家版图由东西两大部分构成，位于马来半岛的西马来西亚，北接泰国，南部隔着柔佛海峡，以新柔长堤和第二通道连接新加坡；东马来西亚位于婆罗洲岛北部，南部接印度尼西亚加里曼丹，文莱国夹于沙巴州和砂拉越州之间。马来西亚位于赤道附近，属于热带雨林气候和热带季风气候，平均温度在26℃~30℃。资源丰富，橡胶、棕油和胡椒的产量和出口量居世界前列，盛产热带硬木 [2]。主要矿产资源有铁、金、钨、煤、铝土、锰等，石油储量丰富。人口数量2995万人（2013年指标），人口密度90.1人/平方千米（2013年指标），主要民族为马来族，主要宗教伊斯兰教、佛教、基督教、印度教、道教。主要城市吉隆坡、怡保、马六甲、新山、槟城。海岸港口19个，主要港口有巴生、槟城、关丹、新山、古晋和纳闽等。有机场118座，其中有5个国际机场，分别是吉隆坡国际机场、槟城、浮罗交怡、哥打基那巴鲁和古晋，已开辟国际航线80多条 [3]。

马来西亚是新兴的多元化经济国家，积极发展出口导向型经济，经济活力被称为"亚洲四小虎"国家之一。经济产出能力（GDP）3400亿美元（2013年指标） [4]，人均经济产出能力（GDP/人）11122美元（2013年指标）。农产品以经济作物为主，

[1] 资料来源：马来西亚概况，中国驻马来西亚大使馆（官网），2014年12月9日。
[2] 资料来源：马来西亚概况，新华网，2015年1月25日。
[3] 资料来源：马来西亚概况，中国驻马来西亚大使馆（官网），2014年12月9日。
[4] 资料来源：马来西亚经济，中国驻马来西亚大使馆经济商务参赞处（官网），2015年8月9日。

主要有油棕、橡胶、水稻、蔬菜、可可、椰子、胡椒等，其产量和出口量居世界前列。钢铁、胶乳、橡胶工业为国家传统主导产业，旅游业是主要外汇收入来源。2000 年以来，电子业、制造业、建筑业和服务业发展迅速，已经成为马国民经济发展的主要动力。

马来西亚外交政策奉行独立自主、中立、不结盟外交政策，外交方针主张推动南南合作，谴责西方国家贸易保护主义，反对西方强权政治，反对利用"民主"、"人权"等问题干涉别国内政，主张维护联合国作为国际核心组织地位，支持国际反恐合作。已经有 131 个国家建立了外交关系。主张优先发展同东盟国家关系，重视发展同大国关系。马来西亚是英联邦成员国，联合国成员国，环印度洋区域合作联盟成员国，亚洲太平洋经济合作组织成员国，大英国协成员国，是不结盟运动成员国，是伊斯兰会议组织成员国，是东南亚国家联盟（东盟，ASEAN）创立国之一。

马来西亚同中国的关系发展良好，两国之间往来历史悠久，公元前 2 世纪中国商人就驾船漂洋过海，到马来半岛从事商业活动。1974 年 5 月 31 日，马来西亚与中国建立外交关系，成为东盟国家中第一个与中国建交的国家。中马建交以来，两国不断拓展和深化双边关系，经贸往来频繁，促进了两国之间的繁荣与进步。2013 年 10 月 3 日，中国国家主席习近平访问马来西亚，并出席在马来西亚主办的亚太经合组织会议。

3. 印度尼西亚

印度尼西亚共和国（简称印度尼西亚或印尼），印度尼西亚位于亚洲东南部，地跨赤道，由约 17508 个岛屿组成，是全世界最大的群岛国家，疆域横跨亚洲及大洋洲，别称"千岛之国"，也是多火山多地震的国家，周边与巴布亚新几内亚、东帝汶、马来西亚接壤，与泰国、新加坡、菲律宾、澳大利亚等国隔海相望。国家陆地面积约 190.4 万平方千米，海洋面积约 316.6 万平方千米（不包括专属经济区）[1]。印尼是世界第四大人口国，人口总量超过 2.48 亿（2013 年）。首都为雅加达。

印尼是东盟国家中最大的经济体，其农业、工业、服务业均在国民经济中发挥重要作用，2004 年至 2015 年间，经济增长一直保持在 5% 以上。2013 年，国内生产总值约 7570 亿美元，人均国内生产总值 3154 美元，进出口总额 3692 亿美元，外汇储备 994 亿美元。主要资源有石油、天然气以及煤、锡、铝矾土、镍、铜、金、银等矿产资源，矿业在印尼经济中占有重要地位，产值占 GDP 的 10% 左右，石油储量 97 亿桶（13.1 亿吨），天然气储量 4.8 万亿~5.1 万亿立方米，煤炭已探明储

[1] 资料来源: 印度尼西亚概况，中国驻印度尼西亚大使馆（官网），2015 年 8 月 9 日。

量 193 亿吨，潜在储量可达 900 亿吨以上。全国耕地面积约 8000 万公顷，主要农作物有稻谷、玉米、大豆，经济作物以棕榈油、橡胶、咖啡、可可产量为主。渔业资源丰富，年捕捞量超过 800 万吨，森林覆盖率超过 60%。旅游业发达，2013 年到印尼的外国游客人数达到 1005 万人次。

印尼是"东盟"创始国之一，是东南亚最大经济体。奉行独立自主、不结盟的国家外交政策。在国际关系中主张大国平衡，重视与美国、中国、日本、澳大利亚以及欧盟的关系，积极参与国际事务，重视不结盟运动和南南合作，2013 年 10 月在巴厘岛举行亚太经合组织第 21 次领导人非正式会议。印尼与中国的关系经历过曲折，中国与印尼于 1950 年 4 月 13 日建交。1965 年印尼发生"9·30 排华事件"后，两国于 1967 年 10 月 30 日中断外交关系。1990 年 8 月 8 日，再次恢复两国外交关系，此后中印尼关系快速发展。1999 年年底，两国就建立和发展长期稳定的睦邻互信全面合作关系达成共识，2000 年 5 月两国签署《关于未来双边合作方向的联合声明》，成立由双方外交部部长牵头的政府间双边合作联委会，2005 年 4 月两国元首签署中印尼战略伙伴关系联合宣言，2006 年两国启动副总理级对话机制，2010年两国签署中印尼战略伙伴关系联合宣言行动计划，双方高层互访频繁，经贸往来不断扩展。

4. 泰国

泰王国（通称泰国），位于中南半岛中部，西部与北部和缅甸、安达曼海接壤，东北面与老挝接壤，东南是柬埔寨，南边狭长的半岛与马来西亚相连，国土面积513120 平方千米，经济总量（GDP）3872.16 亿美元（2013 年）。泰国总人口 6709万（2014 年指标）[1]，人均 GDP 为 5771 美元。全国共有 30 多个民族，泰族为主要民族，占人口总数的 40%，泰语为国语，民众 90% 以上信仰佛教。国家宪法规定，泰国是以国王为国家元首的民主体制国家。首都曼谷，人口 800 万[2]。

泰国是新兴市场经济体国家之一，产业中制造业、农业和旅游业是主导产业，是世界五大农产品出口国之一。主要矿产资源有钾盐、锡、褐煤、油页岩、天然气，还有锌、铅、钨、铁、锑、铬、重晶石、宝石和石油等。其中钾盐储量 4367 万吨，居世界第一，锡储量约 120 万吨，占世界总储量的 12%，油页岩储量约 187 万吨，褐煤储量约 20 亿吨，石油储量 1500 万吨。森林总面积 1440 万公顷，森林覆盖率

---

[1] 资料来源：泰国概览，中国驻泰王国大使馆（官网），2014 年 4 月 24 日。
[2] 资料来源：泰国概览，中国驻泰王国大使馆（官网），2014 年 4 月 24 日。

25%。全国可耕地面积约2.2亿平方千米，占国土面积的41%，主要作物有稻米、玉米、木薯、橡胶、甘蔗、绿豆、麻、烟草、咖啡豆、棉花、棕油、椰子等，农业从业人口约1530万人，占总人口比重22.8%。水产品丰富，海岸线长2705千米，从事渔业人口约50万人，泰国湾和安达曼湾是天然海洋渔场，淡水养殖场1100多平方千米。曼谷、宋卡、普吉等地是重要的渔业中心和渔产品集散地。国家实行出口导向型产业政策，主要工业部门有采矿、纺织、电子、塑料、食品加工、玩具、汽车装配、建材、石油化工、软件、轮胎、家具等。工业在国内生产总值中的比重不断上升，旅游业是外汇收入重要来源之一，2012年接待外国游客2235万人次。对外贸易活跃，2012年对外贸易额为4440亿美元，主要贸易伙伴为中国、日本、东盟、美国、欧盟等经济体。

泰国奉行独立自主的外交政策，主张发展睦邻友好关系，维持大国平衡。重视区域合作，积极推进东盟一体化，积极推进和中国与东盟的自由贸易建设，支持东盟与中日韩合作，主张贸易自由化，积极参与大湄公河流域区经济合作。积极倡导发挥多边合作对话机制，积极参加亚太经济合作组织（APEC）、亚欧会议（ASEM）、世界贸易组织（WTO）、东盟地区论坛（ARF）和博鳌亚洲论坛（BFA）等国际组织活动。1975年7月1日，中国与泰国建立外交关系[1]，两国关系保持健康稳定发展势头。2001年8月，两国政府发表《联合公报》，达成推进中泰战略性合作共识，2011年12月22日，中国人民银行与泰国银行在曼谷签署了中泰双边本币互换协议，2012年8月，中国成为泰国最大的旅游客源国，中国赴泰游客达到112.4万，占泰国入境游客总数的10%左右。2012年4月两国建立全面战略合作伙伴关系，2013年10月，两国政府发表《中泰关系发展远景规划》。中泰是友好近邻，两国关系保持长期健康稳定发展。2013年10月，李克强总理正式访问泰国，进行演讲，倡导《让中泰友好之花结出新硕果》，对进一步深化中泰全面战略合作伙伴关系具有里程碑意义。两国贸易数量不断递增，2013年中泰双边贸易额达到712.6亿美元，中国成为泰国第一大出口目的地、第二大进口来源国和最大旅游客源国，泰国是中国在东盟国家中第二大贸易伙伴。

6.6.2 南亚地区

南亚地区主要国家有印度、巴基斯坦、斯里兰卡、孟加拉、尼泊尔、马尔代夫

---

[1] 资料来源：中国与泰国的关系，中国驻泰王国大使馆（官网），2014年4月30日。

等国家，地理位置位于亚洲大陆南端，北依中国大陆喜马拉雅山脉，南面对印度洋，东面有孟加拉湾，西面有阿拉伯海。是中国古海上丝绸之路必经之地，也是"21世纪海上丝绸之路"的必经之地。其中印度和巴基斯坦两个国家国土面积较大，地理位置重要。

1. 印度

印度共和国（简称印度），位于亚洲南部，东邻孟加拉湾，西邻阿拉伯海，南面印度洋，北依喜马拉雅山和喀喇昆仑山，东北和不丹、尼泊尔、中国交界，陆地东面与缅甸和孟加拉为邻，陆地西北面与巴基斯坦接壤；东南隔马纳尔湾和保克海峡与斯里兰卡相望。境内两大河流印度河和恒河均发源于喜马拉雅山，而分别向南流入阿拉伯海和孟加拉湾，流经地区呈肥沃大平原。印度是南亚次大陆最大的国家，国土面积298万平方千米（不包括中印边境印占区和克什米尔印度实际控制区等）[1]，列世界第七位，海岸线长约8000千米。截至2014年6月底人口12.67亿，居世界第二位，信仰印度教、伊斯兰教、基督教。气候多为热带性气候，3~5月为夏季，平均温度为40℃，6~9月为雨季。首都为新德里（New Delhi），人口838万（含新德里），面积1485平方千米（其中城区面积446.3平方千米），是全印度的政治、经济、文化中心和铁路、航空枢纽。官方语言为英语和北印度语。

印度的主要城市有[2]：加尔各答，面积568.8平方千米，人口1086万，是印度东部地区最大的港口和铁路、航空枢纽，在工商业、金融、文化等方面占有重要地位。孟买，面积603平方千米，人口1256万，重要港口、海军基地，在政治、经济、金融、军事、文化各方面都占有重要地位。马德拉斯，面积128平方千米，人口536万，东邻孟加拉湾，最大的人工港，海、空、铁路和公路枢纽。海德拉巴，面积298.5平方千米，人口427万，位于德干高原，是印度南北交通要道，由海德拉巴和塞康拉巴德两个城市组成。艾哈迈达巴德，面积93平方千米，人口328万，第二大纺织中心。班加罗尔，面积93平方千米，人口410万，是南部地区的工业城市和商业中心、科技中心。

印度是世界上发展最快的国家之一，是新兴经济体国家，是金砖国家，2013年印度经济总量（GDP）为18559亿美元[3]，世界排名第10位。矿产资源丰富，主要矿种有煤、铁矿石、铝土、铬铁矿、锰矿石、锌、铜、铅、石灰石、磷酸盐、黄金、

---

[1]资料来源：中国驻印度共和国大使馆经济商务参赞处（官网），2015年8月11日。
[2]资料来源：中国驻印度共和国大使馆经济商务参赞处（官网），2015年8月11日。
[3]资料来源：联合国统计司，2014年8月。

石油、天然气、云母、石膏、钻石、钛、钍、铀等矿藏，其中铝土矿、煤炭产量居世界前五位，云母出口量占世界 60%。森林覆盖率为 21.9%。

印度经济以种植业、现代农业、手工业、现代工业以及其相关产业为主要产业，进入 21 世纪后，印度的电脑软件业发展很快，培养出一大批软件工程师，旅游业和服务业也比较发达。工业结构门类较为齐全，主要有纺织业、采矿业、钢铁、机械、电力、化学工业、食品加工业、精密仪器、汽车、软件制造、航空与空间工业等。印度是农业大国，农村人口比重为 72%，耕地面积约 1.6 亿公顷，约占世界耕地面积 10%，是世界上最大的粮食生产国之一。主要贸易伙伴有美国、中国、德国、阿联酋、沙特、新加坡、英国、瑞士、法国、伊朗、日本、中国香港等。

2. 巴基斯坦

巴基斯坦伊斯兰共和国（简称巴基斯坦），位于南亚次大陆西北部，南面邻阿拉伯海，海岸线长 840 千米，北靠喀喇昆仑山和喜马拉雅山。东接印度，东北与中国交界，西北与阿富汗交界，西面与伊朗交界。国土面积为 79.6 万平方千米（不含巴控克什米尔的 1.3 万平方千米）[1]。全境 3/5 为山区和丘陵地形，源自中国的印度河从北流入巴基斯坦境内，向南蜿蜒 2300 千米，流入阿拉伯海，成为巴基斯坦境内最大的河流。巴基斯坦人口约 1.97 亿（2014 年指标），是世界第六人口大国，农村人口占 63% 左右。南部气候特点属热带气候，其余地区属亚热带气候。首都城市伊斯兰堡，位于巴基斯坦北部，人口约 150 万（2014 年指标）。国家最大城市卡拉奇（前首都城市），也是最大的海港城市，城区面积 1821 平方千米，人口 2000 多万（2014 年指标），是巴基斯坦的经济中心城市。

巴基斯坦是经济快速增长的发展中国家，巴政府在《2030 远景规划》中确立了"使铁路成为国家主要运输形式、运输系统逐渐盈利、有力促进国家经济发展"的目标。根据国际货币基金（IMF）组织数据，2014 年，巴基斯坦经济总量（GDP）2,501.36 亿美元，世界经济排名第 43 位，当年经济增长速度 4.1%，人均 GDP 为 1343 美元，世界排名第 153 位。贸易总额 698.65 亿美元。主要矿藏资源有天然气 4920 亿立方米、石油 1.84 亿桶、煤 1850 亿吨、铁 4.3 亿吨、铝土 7400 万吨，铬矿、大理石和宝石也很丰富，森林覆盖率 4.8%，煤炭资源量在 1850 亿吨左右。

巴基斯坦奉行独立和不结盟外交政策，致力于维护南亚地区和平稳定，同发展中国家团结合作，支持中东和平进程，主张销毁大规模杀伤性武器，呼吁建立公正

---

[1] 资料来源：中国驻巴基斯坦大使馆经济商务参赞处（官网），巴基斯坦概况，2014 年 6 月 12 日。

合理的国际政治经济新秩序，已同世界上 120 多个国家建立了外交和领事关系。巴基斯坦是世界贸易组织成员国、伊斯兰会议组织成员国、77 国集团成员国、不结盟运动成员国、英联邦成员国、上合组织成员国（2015 年 7 月 7 日加入）。

1951 年 5 月 21 日，中巴两国正式建立外交关系，两国关系进展顺利。2009 年 2 月，中巴两国签署《中巴自贸区服务贸易协定》，当年中国成为巴第二大贸易伙伴国。2015 年 4 月 20 日，巴基斯坦总统马姆努恩·侯赛因和总理穆罕默德·纳瓦兹·谢里夫与中华人民共和国主席习近平，在伊斯兰堡共同发表《中华人民共和国和巴基斯坦伊斯兰共和国关于建立全天候战略合作伙伴关系的联合声明》，中巴两国发展进入新时期。

6.6.3 西亚地区

西亚地区位于亚洲西部，东起阿拉伯海，经亚丁湾进入红海，再经过埃及的苏伊士运河，进入地中海，这条路线是中国古海上丝绸之路的必经之地，也是今天联通亚洲和欧洲的海上传统航线，战略地位十分重要。沿线覆盖的国家有伊朗、阿曼、也门、沙特阿拉伯、约旦、黎巴嫩、塞浦路斯、土耳其、伊拉克、科威特等国家。其中伊朗、沙特阿拉伯、土耳其三个国家国土面积较大，地理位置重要。

1. 伊朗

伊朗伊斯兰共和国（以下简称伊朗），地理位置位于亚洲中部，属中东国家。伊朗中北部紧靠里海、南靠波斯湾和阿拉伯海。伊朗东邻巴基斯坦和阿富汗，东北部与土库曼斯坦接壤，西北与阿塞拜疆和亚美尼亚为邻，西界土耳其和伊拉克。国土面积约 1648,195 平方千米，平均海拔 1220 米，全年平均温度在 5℃~30℃。伊朗人口 7760 万（2014 年指标），[1] 其中波斯人占 66%，阿塞拜疆人占 25%。首都德黑兰，人口 1100 万。[2] 人口比较集中的省份有德黑兰、伊斯法罕、法尔斯、呼罗珊拉扎维和东阿塞拜疆。官方语言为波斯语。伊斯兰教为国教，98.8% 的居民信奉伊斯兰教，其中 91% 为什叶派，7.8% 为逊尼派。

伊朗发展水平产出能力（GDP）4946.87 亿美元（2013 年指标），人均经济产出能力（GDP）6433 美元（2013 年指标），外汇储备超过 1100 亿美元。伊朗是亚洲主要经济体之一，经济实力位居亚洲第七位（次于中、日、印、韩、印尼、沙特）。

---

[1] 资料来源：伊朗国家统计数据库，2014 年 7 月 18 日。

[2] 资料来源：伊朗国家概况，中华人民共和国外交部网站，2015 年 2 月 26 日。

伊朗主要出口商品为油气、金属矿石、皮革、地毯、水果、干果及鱼子酱等，主要进口产品有粮油食品、药品、运输工具、机械设备、牲畜、化工原料、饮料及烟草等，2012年进出口总额约1787亿美元。

伊朗经济以石油开采业为主，为世界石油天然气大国，石油生产能力为世界第四位，石油出口量为世界第二位。主要产业石油化工、钢铁、汽车制造业、电子工业、核工业、计算机软硬件业。已探明石油储量1545.8亿桶（2012年指标）占世界总储量的11%，列世界第三位，天然气储量33.69万亿立方米，占世界总储量的17%，列世界第二位。已探明矿山3800处，矿藏储量270亿吨；铁矿储量47亿吨；铜矿储量30亿吨（矿石平均品位0.8%），约占世界总储量的5%，居世界第三位；锌矿储量2.3亿吨（平均品位20%），居世界第一位。[1] 耕地面积超过5200万公顷，占其国土面积的30%以上，农业人口占总人口的43%。伊朗公路总长15.8万千米，其中高速公路4100千米，铁路总长9508千米，其中干线7265千米。主要港口有波斯湾地区的霍拉姆沙赫尔、布什尔、阿巴斯、霍梅尼、恰巴哈尔港和里海地区的安萨里和诺沙尔港。共有机场83个，使用率为34%；其中14个军用机场、61个综合性机场（只有22个可降落飞机）和8个客运机场，其中德黑兰、伊斯法汗、设拉子、大不里士、阿巴丹和阿巴斯为六大国际航空港。

外交关系。奉行独立和不结盟外交政策，反对霸权主义、强权政治和单极世界。倡导不同文明进行对话及建立公正、合理的国际政治、经济新秩序。认为国家的主权和领土完整应得到尊重，各国有权根据自己的历史、文化和宗教传统选择社会发展道路，反对西方国家以民主、自由、人权、裁军等为借口干涉别国内政或把自己的价值观强加给他国。认为以色列是中东地区局势紧张的主要根源，支持巴勒斯坦人民为解放被占领土而进行的正义斗争。主张波斯湾地区的和平与安全应由沿岸各国通过谅解与合作来实现，反对外来干涉，反对外国驻军，愿成为波斯湾地区的一个稳定因素。2014年6月，鲁哈尼在当选伊朗总统后表示，愿同国际社会进行"建设性互动"，改善伊朗同国际社会的关系。[2]

伊朗与中国关系。中国和伊朗同为文明古国，中伊交往历史悠久。伊朗是古陆路丝绸之路和海上丝绸之路上的重要节点。据中国"史书"记载，纪元前2世纪汉武帝时，张骞派其副使访问安息（即波斯），安息王令两万骑兵迎候，礼仪极为隆重。

---

[1] 资料来源：伊朗国家概况，中华人民共和国外交部网站，2015年2月26日。
[2] 资料来源：伊朗国家概况，中华人民共和国外交部（官网），2015年2月26日。

在中国南北朝时代，波斯派使节到中国北魏王朝友好聘问达十多次。汉文化传至西域，西域文化传来中国，中国、伊朗等国的"丝绸之路"也全面畅通。中国的丝绸、瓷器以及打井、炼铁、制漆、缫丝等工艺不断传入伊朗等西亚诸国，伊朗的物产如蚕豆、苜蓿、葡萄、胡桃、石榴等也不断传入中国。1971年8月16日，中伊两国正式建交。1979年伊朗伊斯兰共和国建立后，两国高层互访增多，中伊经贸合作不断深化。2000年6月，伊朗总统哈塔米对中国进行国事访问。2012年6月，艾哈迈迪—内贾德总统出席在北京举行的上海合作组织成员国元首理事会第十二次会议并访问中国。伊中两国在经贸合作上，中国是伊朗在亚洲的第一大贸易伙伴，也是世界第三大贸易伙伴。

2. 沙特阿拉伯

沙特阿拉伯王国（简称沙特），位于亚洲西南部的阿拉伯半岛，东面濒临波斯湾，西面濒临红海，周边国家有阿曼、也门、约旦、科威特、伊拉克、阿拉伯联合酋长国。领土面积225万平方千米，海岸线长2448千米，人口3077万（2014年指标），其中沙特公民约占67%，伊斯兰教为国教。官方语言阿拉伯语，通用英语。主要城市首都利雅得，人口650万；吉大，人口390万；麦加，人口180万；麦地那，人口160万；达曼，人口130万。

经济发展水平，2014年国家经济总量（GDP）7525亿美元，国内生产总值增长率3.59%（2014年），人均国内生产总值（GDP）24953美元（2013年指标）。石油储量和产量均居世界首位，成为世界上最富裕的国家之一。石油开采和石油化工是国家经济命脉，原油探明储量362亿吨，约占全球储量的16%，居世界第二位，天然气储量291万亿立方英尺，居世界第五位。有油田数量112个，其中包括世界最大的陆上油田加瓦尔油田和海上最大油田撒法尼亚。沙特是世界上最大的原油出口国，2013年原油产量960万桶/日（全年4.8亿吨），均居世界第二。原油产能1250万桶/日（6.25亿吨/年），2013年出口量670万桶/日（全年3.35亿吨），均居世界第一。其他矿产资源有金、银、铜、铁、铝土、磷等矿藏。石油收入占国家财政收入的70%以上，占国内生产总值的42%。耕地3200万公顷，从业人员约为39万，农业收入占国民生产总值的4.7%，主要农产品有小麦、椰枣、玉米、水稻、柑橘、葡萄、石榴等，粮食自给率为98%，畜牧业主要有绵羊、山羊、骆驼等。

沙特阿拉伯实行自由贸易和低关税政策，国际贸易总额逐年增长，出口以石油和石油产品为主，约占出口总额的93%，石化及部分工业产品的出口量也在逐渐增加。进口主要是机械设备、食品、纺织等消费品和化工产品。主要贸易伙伴是美国、中国、日本、英国、德国、意大利、法国、韩国等。2014 年，沙特国际贸易总额达到 5100 亿美元，其中出口总额 3596 亿美元，主要出口产品为石油产品，总额达到 3041 亿美元，占总出口量的 84.6%。

沙特阿拉伯已经与 130 多个国家建立了外交关系，奉行独立自主、不结盟的外交政策，主张国与国之间交往中相互尊重、和平共处、互不干涉内政。在外交事务中将发展与美国的关系放在首位。同时重视发展与阿拉伯、伊斯兰国家的外交关系，主张阿拉伯国家团结，开展多元化外交，加强与中国、欧盟、俄罗斯和日本等大国的关系。

沙特阿拉伯与中国于 1990 年建立了外交关系。双方领导人互访，不断拓宽合作领域。2006 年 1 月，沙特国王阿卜杜拉对中国进行国事访问，两国签署能源等领域合作文件。同年，时任国家主席胡锦涛对沙特阿拉伯进行国事访问。2008 年，时任国家副主席习近平对沙特阿拉伯进行正式访问，双方建立了战略性友好关系。两国经贸往来频繁，在能源、石油化工、工程建设、轻工纺织等方面不断深入合作。到 2013 年，中沙贸易额已达到 722.04 亿美元，沙特成为中国在西亚非洲地区第一大贸易合作伙伴，成为中国第一大原油进口来源国。

3. 土耳其

土耳其共和国（以下简称土耳其），国土横跨欧亚两洲，国土面积 97% 位于亚洲的小亚细亚半岛，3% 位于欧洲的巴尔干半岛，是亚洲欧洲非洲三大洲重要的中转地和交通枢纽，地理位置和地缘政治战略意义极为重要。土耳其北邻黑海，南邻地中海，东南与叙利亚、伊拉克接壤，西邻爱琴海，国土与希腊以及保加利亚接壤，东部与格鲁吉亚、亚美尼亚、阿塞拜疆和伊朗接壤。国土面积 78.36 万平方千米，人口 7256 万（土耳其国家统计署 2009 年年底数据），土耳其族占 80% 以上，城市人口为 4970 多万，占总人口的 70.5%。土耳其语为国语。99% 的居民信奉伊斯兰教。海岸线长 7200 千米，陆地边境线长 2648 千米。

土耳其地形复杂，有平原、山区、草场、森林，是世界植物资源最丰富的地区之一。气候四季变化很大，夏季气温高热，冬季寒冷。自然资源丰富，有铁、铜、铝、镁、铬、金、银、铅、汞、硼、石墨、煤、硫、金刚砂、天然碱、大理石、海泡石等，其中硼储量占全球 65%，天然石和大理石储量占世界 40%，品种数量均居世界第一，铬矿储量 1 亿吨，居世界前列。石油、天然气资源匮乏，水资源短缺。国土 60% 适于耕种，已开垦耕地约有 20%。

主要城市有伊斯坦布尔,人口950万(不含流动人口),位于博斯普鲁斯海峡两岸,扼黑海出入门户,地跨欧亚两大洲,战略地位重要,是工业运输、贸易和文化中心。安卡拉,人口约369万,位于安纳托利亚高原中部,以政治中心和商业城市闻名。伊兹密尔,紧靠爱琴海,有优良的港口和铁路网,工业和贸易都十分发达。

土耳其为新兴经济体国家,2000年以来土耳其经济快速地发展,2014年世界经济排名第18位,经济总量(GDP)8061.08亿美元,人均GDP10482美元(国际国币资金组织指标)。工业基础好,主要有食品加工、纺织、汽车、采矿、钢铁、石油、建筑、木材和造纸等产业。农产品主要有小麦、大麦、土豆、棉花、烟草、橄榄油、葡萄和无花果。土耳其是世界上重要的旅游国家,每年游客超过4000万,在2011年旅游业收入达230亿美元。

土耳其主要贸易伙伴有欧盟、美国、俄罗斯及日本。土耳其在政治、经济、文化等领域均实行欧洲模式,外交重心在西方国家,土耳其与美国为传统战略伙伴关系,它是北约成员国,土耳其为经济合作与发展组织创始会员国,也是二十国集团(G20)的成员国。

土耳其与中国的关系:进入21世纪以来,土耳其与中国两国之间高层互访频繁,奠定了良好的合作基础。中土两国在贸易、工程承包、相互投资等领域的合作规模不断扩大,双边经贸合作呈现出快速发展势头。在2000年时,中土双边贸易额为10亿美元,据中国海关统计,2008年中土双边贸易额已达125.68亿美元,中国已成为土耳其重要的贸易伙伴。至2010年年初,中国对土耳其非金融类直接投资达3.18亿美元,涉及交通、航运、能源、通讯、矿资源开采、摩托车组装、贸易、旅游、餐饮等领域。至2010年年初,中国公司累计在土耳其承揽承包工程合同额达到53.97亿美元。

6.6.4 东非北非地区

在"一带一路"沿线,经海路西行可到达非洲东部沿岸国家和地区,包括埃及、苏丹、厄立特里亚、吉布提、索马里、肯尼亚、坦桑尼亚、莫桑比克、南非、利比亚、阿尔及利亚、突尼斯、摩洛哥、马达加斯加、塞舌尔、毛里求斯等国家和地区,通过这些国家还可以继续深入非洲大陆内部,抵达中非各个国家。在"一带一路"路线上,途经非洲大陆中最重要的地区是埃及和吉布提。

非洲全称阿非利加洲(以下简称非洲),是世界第二大洲,南北纵跨地区赤道,位于欧洲以南,亚洲之西,东濒印度洋,西邻大西洋,面积30221532平方千米,占全球总陆地面积的20.4%,人口约10.325亿(2013年指标)。在非洲大陆东北地带，埃及位于红海和地中海交界之处，由苏伊士运河联通，是从印度洋经亚丁湾进入红海，再经苏伊士运河进入地中海，抵达欧洲的必经之处，其地理位置十分重要，是"一带一路"上重要的节点地区。吉布提位于亚丁湾西端，是进出红海和印度洋的咽喉之处，也是"一带一路"上重要的节点地区。

1. 埃及

阿拉伯埃及共和国（以下简称埃及）位于非洲东北部，全境 95% 为沙漠，苏伊士运河南北流经埃及，成为亚洲、非洲、欧洲三大洲之间交通要冲，沟通大西洋和印度洋重要捷径，埃及地理面积 100.2 万平方千米，战略位置十分重要。埃及是中东地区人口最多的国家，也是非洲大陆内人口第二大国，经济水平处于非洲领先位次。人口 8556 万人（2015 年指标），官方语言是阿拉伯语，通用英语和法语。世界第一长河尼罗河纵贯南北，境内长 1350 千米，两岸谷地 3 千米 ~16 千米和三角洲面积达 4 万多平方千米，构成肥沃绿洲带。首都开罗为尼罗河入海口，人口约 800 万。

埃及主要资源是石油、天然气、磷酸盐、铁等，已探明的储量为石油 44.5 亿桶（2013 年 1 月），天然气 2.186 万亿立方米（2012 年 1 月），磷酸盐约 70 亿吨，铁矿 6000 万吨。此外还有锰、煤、金、锌、铬、银、钼、铜和滑石等。

埃及是非洲第三大经济体，属开放型市场经济，拥有相对完整的工业、农业和服务业体系。2014 年经济总量（GDP）为 2864.35 亿美元，位居世界第 39 位，人均 GDP 3304 美元。服务业约占国内生产总值 50%。农村人口占比 55%，农业占国内生产总值 14%，农业主产长绒棉和稻米，产量均居非洲首位，玉米、小麦居非洲前列。外汇收入集中于石油天然气、旅游、侨汇和苏伊士运河通航收入，外汇储备约 160 亿美元（2013 年 5 月底）。工业以纺织、食品加工等轻工业为主，工业收入约占国内生产总值的 16%，工业产品出口约占商品出口总额的 60%。埃及是世界上知名的旅游胜地，2013 年旅游收入约 100 亿美元。

埃及同 120 多个国家和地区有贸易关系，主要贸易伙伴是美国、法国、德国、意大利、英国、日本、沙特、阿联酋等，主要出口产品销往阿拉伯国家。埃及已同 165 个国家建立了外交关系（2014 年 3 月底指标），奉行独立自主、不结盟外交政策，主张在相互尊重和不干涉内政的基础上建立国际政治和经济新秩序，加强南北对话和南南合作。积极开展和平外交，致力于加强阿拉伯国家团结合作，推动中东和平进程，反对国际恐怖主义，倡议在中东和非洲地区建立无核武器和大规模杀伤性武器区，重视大国外交，巩固同美国关系，加强同欧盟、俄罗斯等大国关系，积极发展同新兴国家关系，在阿盟、非盟、伊斯兰合作组织等国际组织中较为活跃。

中国与埃及关系。中埃自 1956 年 5 月 30 日建交以来，两国关系发展顺利。1999 年 4 月，两国建立战略合作关系。2006 年 5 月，两国外交部建立战略对话机制。2006 年 6 月，两国签署关于深化战略合作关系的实施纲要。2007 年 5 月，中国全国人大和埃及人民议会建立定期交流机制。2006 年 11 月，埃及宣布承认中国完全市场经济地位。2008 年以来，两国政府积极推动双方企业扩大经贸合作，双边贸易额持续保持增长态势。2012 年，双边贸易额 95.4 亿美元，2014 年 12 月 22 日至 25 日阿拉伯埃及共和国总统阿卜杜勒·法塔赫·塞西阁下对中华人民共和国进行了国事访问。

2. 吉布提

吉布提共和国（以下简称吉布提），地处非洲东北部亚丁湾西岸，扼红海进入印度洋的要冲曼德海峡，东南与索马里接壤，北连厄立特里亚，西部、西南部和南部同埃塞俄比亚毗邻，面积 2.32 万平方千米，陆地边界线长 516 千米，海岸线长 370 千米。吉布提人口约为 90 万（2012 年指标），主要民族有伊萨族，约占全国人口 50%，多信仰伊斯兰教；阿法尔族，约占全国总人口 40%。官方语言为法语和阿拉伯语。首都吉布提市是全国最大的城市，全国政治、经济、文化和交通中心，位于亚丁湾西岸，地处欧、亚、非三大洲的交通要冲，扼红海进入印度洋的咽喉。

吉布提是非盟、阿盟、伊斯兰会议组织，东非政府间发展组织（伊加特）总部基地、东南非共同市场、萨赫勒—撒哈拉共同体等地区组织成员国。奉行中立、不结盟和睦邻友好的外交政策。重视发展同阿拉伯国家和邻国关系，积极参与地区合作，致力于调解索马里内部冲突，支持国际社会共同打击索马里海盗。注重保持与法国的传统关系，吉布提是早年法国的殖民地。积极配合美国的反恐行动，打击非洲的恐怖组织，美在吉布提设立了在非洲的唯一永久性军事基地，吉布提允许美使用其港口和机场运送物资。2009 年 3 月，日本和吉布提双方签署换文确定吉布提港为日本海上自卫队后勤补给基地。

中国与吉布提双边关系 [1]。中国和吉布提于 1979 年 1 月 8 日建立外交关系，两国政治关系密切，在各领域的合作发展顺利。前总统古莱德在 1979 年至 1999 年之

---

[1] 资料来源：中吉关系，中国驻吉布提大使馆官方网站，2014 年 10 月 12 日。

间曾 6 次访问中国，现任总统盖莱曾 7 次访问中国。据中国海关统计，2013 年中吉双边贸易额为 10.22 亿美元，主要为转口贸易。中国对吉布提提供多项经济援助，涉及宏观经济规划、基础设施建设、能源矿产开发、通信业、新闻、医疗卫生、工业、农牧渔业等各个领域，两国经济合作主要项目有铁路、港口、天然气管道、电网改造、水利工程项目等。自 1981 年起中国向吉布提派遣医疗队，至 2014 年年底已派出 17 批，共计 126 人。于 2014 年 10 月派遣眼科专家组赴吉布提实施"光明行"项目，进行 500 例左右白内障复明手术。在军事合作领域，从 2008 年起，中国海军护航编队响应联合国决议，前往亚丁湾护航，自 2010 年年初以来，中国护航编队将吉布提作为主要停靠补给点之一。

❼ 开放性金融建设

开放型经济涉及了产业开放、区域开放、文化开放、信息开放等方面，开放型经济本质上是一个国家的经济活动对外开放，融入世界经济大势中，构成世界经济大市场中的组成部分，开放性金融是开放型经济中的重要组成部分。中国推进金融领域国际化，需要认识金融国际化的特点，需要判断机遇与挑战、优势与弱势，需要明确方向与目标、内容与进程，需要设计战略与战术、行动与方式。

国际经济活动有一条灵魂主线就是货币体系，表现为用货币来标度价格体系、用货币来标度财富总量和变化状态、用货币标度交易状况、用货币标度支付情况等方面。因此，一国开放型经济的最高形态是开放性金融，是一国货币金融体系的国际化，其货币金融活动超越本国国界，在全球范围展开经营、寻求融合、求得发展的过程，这个过程集中体现了金融市场国际化、金融交易国际化、金融组织机构国际化和金融监管国际化，金融国际化已经成为区域经济一体化和世界经济全球化的重要表现形式。中国在践行开放型经济过程中，已经走过了贸易开放、产业开放、区域开放、投资开放、文化开放、信息开放的阶段，随着开放不断深入，也必然步入经济国际化进程，必然步入以人民币国际化为标志的金融国际化进程。

人民币成长为国际货币，这是一个自然历

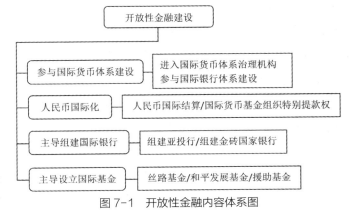

图 7-1 开放性金融内容体系图

史过程，也是中国经济发展的历史过程，顺应历史，也要续写历史，秉承前贤，更要开创未来，这是中国改革开放历史中的创举。中国人民币国际化进程是中国开放型经济逐步发展的渐进过程，初始时期表现为边境小额贸易使用人民币，逐步扩展为境外消费使用人民币，再发展为对外投资使用人民币，再发展为国际结算使用人民币，再发展为国际并购使用人民币，最终人民币变成世界通用货币。整个过程中体现了国际货币金融体系的变革，中国将积极参与这场变革。（见图7-1　开放性金融内容体系图）。

7.1 参与国际货币体系建设

中国实施开放型经济，实施开放性金融，实施金融业的国际化，第一个方面的行动就是本国货币国际化，人民币成长为国际货币，深度参与国际金融体系建设。

7.1.1 进入国际货币体系治理机构

国际货币体系是国际货币金融一揽子制度安排，包括国际货币制度、国际货币金融组织机构、国际货币管理体系等秩序的总和。货币是特殊商品，在国际社会经济生活中担负着价值尺度、支付手段、流通手段、储藏手段等项职能，国际货币体系最为重要的功能表现为国际货币基准，构成价值度量的基本体系，制定这个体系就是制定财富度量标准。

1. 深刻认识参与国际货币体系的重要价值

首先，货币的第一项职能就是价值标准，以什么样的媒介物作为价值判断和度量的标准，既是一个自然历史发展演进过程，也需要由世界各国讨论决定。世界经济发展早期阶段是以金本位制作为国际货币标准，金本位制是国际货币体系的基础，黄金具有贵重、保值、储藏方便等特点，国家间可以自由出入，可以自由兑换，可以自由铸造。但是，黄金是自然界的贵金属，受到矿产分布不均衡影响，受到储量不均衡影响，受到产量不均衡影响，跟不上经济发展实际生活需要。第二次世界大战后，世界建立起来了以美元为中心的国际货币体系，又称为"布雷顿森林体系"（Bretton Woods System）。这个系统因为是在美国新罕布什尔州的布雷顿森林城，于1944年7月召开的联合与联盟国家国际货币金融会议签署的《布雷顿森林协定》而得名。"布雷顿森林体系"规定实行黄金美元本位制，35美元等于1盎司黄金，保持固定比价，各国可以根据自己的需要按照比价兑换黄金。这个货币制度实际上将美元等同于黄金，国际货币储备和国际贸易清算主要来源于美元，美元由一国货币变成了国际货币。同一时期，世界上还诞生了两大国际金融机构——世界银行和国际货币基金组织，这两个组织总部都设立在美国，联合国总部也设立在美国，世界上最具有影响力的政治组织和金融组织都在美国，使美国在世界政治、世界经济、世界军事三大重要领域均处于霸主地位，这一体系下形成的世界经济格局及其国际货币体系长时间没有本质变化。

第二，当一国货币成为国际货币的时候，对本国而言是本币，对他国而言是外汇。外汇是国际结算的基本计价单位，也是清偿手段，没有外汇就无法进行国际贸易，无法进行国际结算，这一特点无形中形成了对国际货币本币国家的优势，对国际货币外币国家的劣势。国际货币发行国的货币政策，就演变成了国际货币政策，具有绝对宽裕的货币政策手段篮子，一旦发生世界金融动荡，可选择的政策手段很多，出于对本国经济的保护，动用汇率手段，很容易释放本国危机，殃及世界经济。2008年以来，由美国"次贷危机"引发的美国金融危机，随后扩散演变成世界经济危机，严重拖累了世界经济发展，此后7~8年的时间里世界经济也未能爬出低迷状态，足以证明美元货币体系的影响力及其弊端。如果继续维持这样的国际货币体系，世界经济迟早还会发生类似情况，寻求更安全的办法已成使然，世界各国已经认识到了这一问题。欧洲国家在政治上形成欧盟，在经济领域创立自己的货币单位形成欧元，成长为世界上的新生力量，就是打破国际货币美元制的重要行动。

第三，国际货币发行国与非发行国利益不对称。虽然国际货币发行国对流出本国区域外的货币难以监控，存在一定风险。但是，发行国可以获得铸币税，这也是非发行国无法得到的好处，铸币税是国际货币发行国获得的国际货币发行收入，是国际货币名义价值扣除发行费用和管理费用后的余额。铸币税是在一国货币成为国际货币后的一种隐含收入，是一种不缴税收的收入，并不直接表现在商品交易交割过程中，而是看不见、摸不着，"埋在饭碗里的肉"，这一收入的大小受到利率影响、受到汇率影响。国际货币发行国与非发行国使用国际货币的长期利率或短期利率不同，通货膨胀率不同，汇率不同，这些因素之和，再与实际流通中的国际货币数量之积，构成了铸币税的计量关系。

从上述分析中可以看到：为了维护国际金融安全，保障世界经济平稳运行，创建一种合适的货币金融体系是必要的。一方面，以一国货币作为国际货币的做法，具有统一计量标准的好处，也同时存在监控难的问题，存在系统性风险问题；另一方面，没有一定规模的、币值坚挺的、权威认可的货币作为国际货币也是不行的。

改革现行的国际货币体系，特别是监督和规制国际货币发行国的行为已经成为国际社会共识。将国际货币集中在有限的几个币种上的做法逐渐成为发展趋势。

2. 进入国际货币体系是大国责任

中国是世界第二大经济体，无论经济总量还是发展速度，还是结构调整，都是最具有活力的经济体，地位举足轻重。但是，中国在国际货币金融体系中的地位与中国在世界经济中的实力地位极不相称，这是因为现有的国际货币金融体系是70年前以美国为代表的西方阵营主导建立的，半个多世纪以来世界政治经济格局和力量对比已经发生了很大变化，各国经济实力和经济地位发生了很大变化，但是原来的国际货币金融体系并没有变化，由西方阵营制定国际游戏规则的做法并没有变化，这种局面对发展中国家十分不利，已经制约了世界经济发展，因此，新兴力量要求得到应有的国际地位也是历史必然。中国作为大国，进入国际货币体系治理结构舞台中央是应有的权利，也是应得的地位。实施开放型经济，建设开放性金融体系，是中国走上国际金融舞台的具体行动，是深化改革开放的重要标志。

7.1.2 人民币国际结算

纵观世界经济发展历史，国际货币的形成往往与世界经济大国、经济强国的地位紧密相关，这是因为，经济发展客观上需要国际货币币值相对稳定，但是在全球建立起一种通用货币的条件难以形成，人们能够想到的办法是用贵金属代表货币，可是在货币信用化的时代，以贵金属为货币的体系不足以满足经济需要，这才出现了以美元为代表的一国货币成为国际货币的情况。然而这一货币体系的弊端又严重地暴露出来，金融危机的爆发令人深恶痛绝，痛定思痛，人们开始想办法，极力探索构建新的国际货币金融秩序。其中，以有限种类的货币作为国际结算通用货币是比较可行的方式。中国是经济大国，正在变成经济强国，人民币逐步演变成国际货币的条件正在快速积累，人民币走上国际市场的趋势日益强劲。

1. 人民币跨境使用持续增长

截至2015年6月，根据中国银行发布的当月跨境人民币指数（CRI）显示[1]，2011年10月至2015年6月，跨境人民币指数（CRI）由100点上升到293点，上升了193点，增长了近两倍（见图7-1-1 2011年10月至2015年6月跨境人民币指数CRI曲线图）。

---

[1] 资料来源：中国银行（官网），中国银行发布跨境人民币指数，2015年8月19日。

2010年以来，跨境人民币指数（CRI）变化呈现新特点：

第一，人民币跨境使用活跃度连续攀升，连续创新高。人民币在各类跨境收

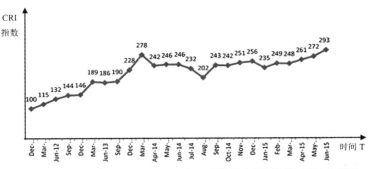

图7-1-1　2011年10月至2015年6月跨境人民币指数CRI曲线图

资料来源：中国银行（官网），2015年8月18日

支中使用水平加快上升，2015年6月全国共办理经常项下和直接投资项下跨境人民币结算量超过8000亿元，同比增长20.6%，环比增长27.5%，同比和环比增幅均较上月扩大，当月CRI指数为293点，较上月上涨21点。

第二，人民币跨境收支继续保持净流入。当月货物出口中使用人民币结算的比例提升近4个百分点，是货物出口中使用人民币结算比例最高的单月，由此带动本月人民币在经常项下回流金额大幅上升。为平衡人民币资金在经常账户下的净回流，资本账户输出人民币资金的能力亟待提升，以满足人民币境外循环规模不断扩大的要求。

第三，人民币跨境使用水平与主要国际货币的差距继续缩小。当月美元、欧元、英镑、日元的跨境使用活跃度指数分别为1470、939、605、424，分别较2014年12月变动 –0.4%、–1.1%、–3.2%、0.8%，本月跨境人民币指数较2014年12月上升14.5%，人民币在跨境交易中的使用活跃度与主要国际货币的差距进一步缩小。

2.开展边境贸易使用人民币

中国边境贸易使用人民币结算，这是人民币走出国门的第一种情况。中国大陆与周边14个国家和地区接壤，陆路口岸很多，边民进出口岸买卖商品为了交易方便，开始使用两国本国货币。例如：在中国与越南边境市场中，边民买卖商品使用人民币和越南盾；在中国与缅甸边境市场中，边民买卖商品使用人民币和缅甸缅元；在中国与老挝边境市场中，边民买卖商品使用人民币和老挝吉普；在中国与俄罗斯边境市场中，边民买卖商品使用人民币和俄罗斯卢布；在朝鲜"罗津—先锋自由经济贸易区"的集市贸易市场上，买卖双方交易无论是销售中国的商品还是朝鲜的地方产品，几乎都习惯于用人民币计价结算，等等。中国周边国家大多与旅游有关的行业、部门以及商品零售业均受理人民币，并且每日公布人民币与本国货币的比价。人民币逐步发展成为双边结算货币和支付货币，且交易量逐步增多，并能够同这些国家的货币自由兑

换，人民币已经成为一种事实上的中国周边国家的区域性货币。人民币的流通随着边境贸易、边民市场交易、边境旅游逐步发展起来。人民币国际区域化使用范围必将进一步扩大，区域性货币地位日益巩固提升，客观上推进了人民币走向国际化。

3. 出国消费使用人民币

中国公民海外消费使用人民币，这是人民币走出国门的第二种情况。随着中国公民个人收入增长，生活水平提高，出国旅游观光休闲购物逐步活跃起来，大批游客涌出海外，客观上刺激了国内外旅游观光业和商品零售业发展。在新加坡、马来西亚、泰国、韩国、法国、意大利、德国、瑞士等国家，每年都有大批中国旅游者到这些国家观光旅游，为了方便中国游客，在这些国家可以用人民币购买商品的购物店也越来越多，可以用人民币兑换本国货币的兑换店和银行也开始出现。人民币同本地货币和美元一样，可以用于支付和结算。在韩国几乎所有的商业银行都办理人民币与韩元、人民币与美元的兑换业务，也可以随时用人民币兑换欧元、日元、英镑等所有的硬通货。中国银联从 2005 年 1 月 10 日起正式开通"银联卡"在韩国、泰国、新加坡的受理业务。使持卡人在韩国、泰国和新加坡可以使用"银联卡"进行购物消费。从 2005 年 12 月开始又在德国、法国、西班牙、比利时和卢森堡五国率先开通了中国银联卡 ATM 受理业务。在中国香港和澳门地区，人民币兑换和使用普遍，多家银行开办人民币兑换业务，日常消费可以使用人民币，很多宾馆、购物商场、购物点都报出人民币与港币的汇率并直接受理人民币，人民币随时可以通过港币兑换成美元。人民币海外使用和流通伴随中国游客海外游而得到发展。

4. 对外投资使用人民币

中国企业海外投资使用人民币，这是人民币走出国门的第三种情况。自 2005 年以来，中国企业海外投资大幅增长，海外投资的领地遍布世界各地，投资领域更加宽泛，投资动量更加强劲，海外投资带动了人民币走向国际市场。

根据中国国家商务部于 2015 年 9 月 18 日发布的《2014 年度中国对外直接投资统计公报》指标显示：中国对外直接投资继续高速增长，2014 年度，总量达到 1231.2 亿美元，连续 12 年实现增长，2014 年流量是 2002 年的 45.6 倍，2002~2014 年的年均增长速度高达 37.5%。对外投资的存量规模不断扩大，中国已经进入对外投资全球前 10 位行列，对外直接投资存量达到 8826.4 亿美元，占全球外国直接投资流出存量的份额由 2002 年的 0.4% 提升至 2014 年的 3.4%。投资遍布全球近八成的国家和地区，中国 1.85 万家境内投资者设立对外直接投资企业近 3 万家，分布在全球 186 个国家（地区），对外直接投资存量前 20 位的国家地区存量占总量的近 90%。投资门类齐全，涵盖了 18 个行业，第一产业投资占比 1.3%，第二产业投资占比 25.3%，第三产业投资占比 73.4%，三次产业存量占比分别为 1%、24% 和75%。投资存量规模超过 1000 亿美元的行业有租赁和商务服务业、金融业、采矿业、批发和零售业，4 个行业累计投资存量达 6867.5 亿美元，占存量投资总额的77.8%。国际并购项目亮点突出，中国企业并购项目 595 起，实际交易总额 569 亿美元，其中直接投资 324.8 亿美元，占并购交易总额的 57.1%。股权和收益再投资占 80%，股权和收益再投资共计 1001.3 亿美元，占到流量总额的 81.3%，企业通过境外融资再进行对外投资的活动日益增多。地方企业投资占比超过 50%，非金融类对外直接投资流量达 547.26 亿美元，占全国的 51.1%。境外企业对东道国提供税收和就业，对外投资双赢效果显著，缴纳各种税金总额达 191.5 亿美元，雇用外方员工 83.3 万人，来自发达国家的雇员 13.5 万人，较 2013 年年末增加 3.3 万人。

随着中国企业走出去投资兴业，也必然带出去中国的产品、中国的设备、中国的技术、中国的品牌、中国的标准，以及日后保养维修中国设备所使用的中国制造的零部件，这一系列活动都需要国际货币结算，使用人民币结算的国际机会大大增多，有力推进了人民币走向国际市场。此外，中国企业参与国际工程项目投资、参与国际并购业务也增加了使用人民币的机会。（表 7-1-1　中国对外直接投资数量统计表）。

表 7-1-1　中国对外直接投资数量统计表（单位：亿美元）

年度	当年净流量	增长率（%）	总存量
2014	1231.2	14.2	8826.4
2013	1078.4	22.8	6604.8
2012	878.0	17.6	5319.0
2011	746.5	8.5	4247.8
2010	688.1	21.7	3172.1
2009	565.3	1.1	2457.5
2008	559.1	111	1839.7
2007	265.1	25.3	1179.1
2006	211.6	−8.9	906.3
2005	122.6	123.0	572.0
2004	55.3	93.0	449.0
2003	29.0	5.3	334.0

资料来源：根据中国商务部、中国国家统计局联合发布
《中国对外直接投资统计公报》（2003~2014 年度）资料绘制。

7.1.3 人民币与国际货币基金组织特别提款权

1969 年，国际货币基金组织（IMF）创设了一种账面资产，称为特别提款权，英文名称 Special Drawing Rights，简称 SDR。特别提款权是一种货币定值单位，作为一种较为稳定的国际储备资产，又称为"纸黄金"，特别提款权充当了基金组织内部的"信用货币"。

1. 国际货币基金组织特别提款权为应对金融危机而诞生

在 20 世纪 60 年代初爆发的美元第一次危机，严重暴露出以美元为中心的"布雷顿森林体系"的缺陷，国际社会普遍认识到以一国货币为支柱的国际货币体系是不可能保持长期稳定的。1964 年 4 月，多国向国际货币基金组织提出各类议案，要求改变布雷顿森林体系，比利时提出的议案是：增加各国向国际货币基金组织的自动提款权，来解决可能出现的国际流通手段不足的问题，基金组织在 1967 年 9 月年会上通过这一提案。特别提款权由此诞生。

2. 特别提款权充当国际信用货币

在国际货币基金组织内，成员国之间可以用特别提款权来履行原先必须用黄金才能履行的义务，可以用特别提款权充当国际储备资产，还可以取代美元来清算国际收支差额。创始初期成员国可以自愿参加特别提款权的分配，成为账户参与国，分配到特别提款权就相当于不付出任何代价就可以获得国际购买力，因此各国都希望获得较多的特别提款权。其游戏规则是特别提款权的分配量，与成员国在基金组织内所分摊的资金份额成正比，即贡献与收益成正比。结果发达国家分的多，发展中国家分的少；钱多的人分的多，钱少的人分的少；出钱的人分的多，用钱的人分的少；早期加入的成员国分的多，新加入的成员国分的少。再一次造成国际货币金融秩序不公。

截至 2014 年年底，国际货币基金组织历史上分配过三次特别提款权，一次是 1970~1972 年，分配了 93 亿个单位；另一次是 1979~1982 年，分配了 124 亿个单位；第三次是 2009 年，分配了 1827 亿个单位（按普遍原则分配了 1612 亿，按平衡原则分配了 215 亿）。三次共分配了 2040.7 亿特别提款权，按 2010 年的汇率计算，约合 3143 亿美元。

对于特别提款权（SDR），国际货币基金组织规定了国际储备货币篮子中的币种有美元、欧元、英镑、日元、瑞士法郎五种货币币种。以 2010 年的指标为例，美元占 61.82%，欧元占 25.89%，英镑占 3.96%，日元占 3.76%，瑞士法郎占 0.11%。

后经调整将权重小于 1 的币种转化为其他币种，经计算特别提款权权重数，美元占比 41.9%，欧元占比 37.4%，英镑占比 11.3%，日元占比 9.4%。

3. 中国特别提款权份额比重较小

根据国际货币基金组织数据显示，中国在前两次特别提款权分配中仅仅获得了 2.37 亿（SDR），总占比为 1.11%，美国分得了 48.99 亿（SDR），总占比为 22.86%，占第一位。在 2009 年第二次分配中获得了 67.53 亿（SDR），占比 3.70%，美国分得了 304.16 亿（SDR），占比 16.70%，占第一位。中国获得分配总额度 69.9 亿（SDR），占比 3.43%，美国获得分配总额度 353.15 亿（SDR），占比 17.31%。因此，中国的额度看起来太小，不足以影响国际货币基金组织。（见表 7-1-2　国际货币基金组织特别提款权中国和美国额度分配情况表）。

从中可以看出：国际货币基金组织是由西方发达国家控制，国际货币金融游戏规则是由西方发达国家制定；在现行的世界货币金融体系中，美国和欧洲是绝对控制方；在现行的世界货币币种体系中，美元与欧元是绝对强势货币；在现有世界货币金融制度下，改变发展中国家的地位几乎不可能。

表 7-1-2　国际货币基金组织特别提款权中国和美国额度分配情况表
（单位：亿 SDR）

经济体	前两次分配额度 / 占比 %	第三次分配额度 / 占比 %	总分配额度 / 占比 %
总额	214.33/100	1826.36/100	2040.7/100
美国	48.99/22.86	304.16/16.70	353.15/17.31
中国	2.37/1.11	67.53/3.70	69.9/3.43

4. 人民币进入特别提款权篮子是国际货币的重要标志

根据新华网华盛顿 2015 年 7 月 23 日报道，国际货币基金组织（IMF）新闻发言人格里·赖斯在 7 月 23 日说，关于人民币是否会被纳入特别提款权（SDR）货币篮子的评估进展顺利，国际货币基金组织执行董事会预计在 2015 年年底进行正式讨论。可见国际货币基金组织关注到中国经济的实际国际地位，也关注到人民币国际化的成长态势，认识到缺少世界经济大国货币人民币作为国际货币体系 SDR 篮子中的对应储备货币是不公平的，也是不完整的。在不彻底改变世界货币体系游戏规则的前提下，人民币进入特别提款权篮子是人民币国际化的重要标志。

在人民币国际化进程中，无论如何评价，无论如何审视，都有利有弊，无论遇到阻力还是施加动力，都将成为一个自然历史过程。因此，顺其自然，顺水推舟，是符合潮流的做法。中国是经济大国，还将发展成为经济强国，有理由证明，中国货币走上国际市场是中国自身力量发展的必然结果。国际货币基金组织于美国华盛顿时间2015年11月30日宣布：正式将人民币纳入IMF特别提款权（SDR）货币篮子，决议将于2016年10月1日生效，人民币所占比重为10.92%，美元41.73%，欧元30.93%，日元8.33%，英镑8.09%，自此人民币成为SDR篮子中的重要一员。

7.2 中国主导国际银行建设

中国实施开放型经济，实施开放性金融，实施金融业的国际化，第二个方面的行动就是设立国际银行，深度参与国际金融组织结构的建设。从中国参与国际金融机构事业起步，发展到中国银行业走出国门，再发展到中国主导兴办国际银行，逐步扩大金融业开放程度，逐步深度参与国际金融活动。

7.2.1 参与国际银行体系建设

银行是经营货币的企业，货币是特殊商品，具有一般等价物的性质，掌握了货币发行权实际上就拥有了货币政策制定权，国家如果没有自己的货币体系，实际上就没有了自己的货币政策体系。第二次世界大战后，世界诞生了两大国际金融组织——世界银行和国际货币基金组织，形成了以美元为主导的国际货币体系。参与世界银行活动和国际货币基金组织活动，实际上就是参与世界货币金融政策制定活动。

1. 参与世界银行事业

世界银行（World Bank）是世界银行集团的简称，初期称为国际复兴开发银行（International Bank for Reconstruction and Development，IBRD），现在世界银行由国际复兴开发银行、国际开发协会、国际金融公司、多边投资担保机构和国际投资争端解决中心5个成员机构组成，成立于1944年，1946年6月开始营业，至2014年年底共有188个成员，凡是参加世界银行的国家必须首先是国际货币基金组织的会员国。世界银行总部设在美国首都华盛顿，有员工1万多人，分布在全世界120多个办事处。世界银行的主要任务是为发展中国家提供援助，向发展中国家提供中长期贷款与投资，促进发展中国家经济和社会发展，提供贷款的期限较长，往往针对特定部门、针对特定项目提供。

中国是世界银行的创始成员国之一，中国在世界银行有投票权。1980年5月15日，中国在世界银行和所属国际开发协会及国际金融公司的合法席位得到恢复。

1980 年 9 月 3 日，该行理事会通过投票，同意将中国在该行的股份增加到 1.2 万股，在世界银行的执行董事会中，中国单独派有一名董事。中国从 1981 年起开始向该行借款开展合作，世界银行通过提供期限较长的项目贷款，推动了中国交通运输、行业改造、能源、农业、金融、文卫环保等事业的发展，中国在参与世界银行活动中，培训了大批了解世界银行业务、熟悉专业知识的管理人才。

2. 参与国际货币基金组织事业

国际货币基金组织（International Monetary Fund，IMF）是根据 1944 年 7 月在布雷顿森林会议签订的《国际货币基金协定》，于 1945 年 12 月 27 日在华盛顿成立的。其职责是监察货币汇率和各国贸易情况，提供技术和资金协助，确保全球金融制度运作正常。其总部设在华盛顿。国际货币基金组织主要工作是解决成员的国际收支问题，包括国际收支行为准则的制定和监督，为国际收支不平衡提供融资，贷款期限往往较短，要求受贷进行国际收支调节。中国是国际货币基金组织创始成员国之一，1980 年 4 月 17 日，国际货币基金组织正式恢复中国的代表权，参与该组织的活动。

3. 参与亚洲开发银行事业

亚洲开发银行（简称亚行，Asian Development Bank，ADB），是一个致力于促进亚洲及太平洋地区发展中成员经济和社会发展的区域性政府间金融开发机构。自 1999 年以来，亚行特别强调扶贫为其首要战略目标。亚行创建于 1966 年 11 月 24 日，总部设在菲律宾首都马尼拉。截至 2014 年 12 月底，亚行有 67 个成员，其中 48 个来自亚太地区，19 个来自其他地区，认缴资本 1530.5 亿美元，2014 年资助金额 229.3 亿美元（亚行官网资料）。亚行业务按资金来源可分为三部分，一是硬贷款业务，即普通资金来源业务（Ordinary Capital Resources，OCR）；二是软贷款业务，即亚洲发展基金业务（Asian Development Fund，ADF）；三是技术援助业务。此外，亚行还利用双边贷、赠款等其他资金渠道为项目安排联合融资。亚行年会每年举行一次，由亚行成员国轮流承办，时间一般在 5 月，中国曾先后于 1989 年和 2002 年在北京和上海承办过两次亚行年会（中国财政部官方网站报导）。2015 年 5 月 4~5 日亚行第 48 届年会在阿塞拜疆巴库举行。

中国于 1986 年 3 月 10 日加入亚行。按各国认股份额，中国居第三位（占 6.44%），日本和美国并列第一（占 15.60%），按各国投票权，中国也是第三位（占 5.45%），日本和美国并列第一（占 12.78%）。中国自加入亚洲开发银行以来，双方在发展经济、消除贫困、保护环境等方面开展了广泛的合作，截至 2013 年年末，合作项目达到

90 多个，中国已是亚行世界范围内第二大借款国、技术援赠款的第一大使用国以及第三大股东。中国还积极参与亚行战略政策制定，在业务运作以及区域经济合作等方面发挥着重要作用。在亚行框架下，中国通过东盟"10+1"和东盟"10+3"机制，对推动本地区经济发展已作出积极贡献。

但是，亚行的问题也暴露出来，亚洲开发银行是由美国和日本共同主导的银行，具有明显的西方管理色彩，要获得贷款，都要在政府透明度、意识形态等方面通过考核，还有环保、雇佣、招投标等方面条件苛刻，考核时间需要一两年，耗费大量人力、物力、财力，拖延商机，机构运行低效，难以满足实际需要。

4. 中国的银行业到海外兴办银行业务

实施改革开放以来，中国银行业取得了长足发展，无论是经营规模还是业务门类都获得了大幅度增长，经营质量不断提高，国际竞争力不断提高。2015 年，《财富》杂志世界 500 强企业中，在银行业队伍里前 20 位大银行，中国的银行占有 6 席，占比 30%。其中，中国工商银行位居第 1 位，中国建设银行位居第 3 位，中国农业银行位居第 4 位，中国银行位居第 6 位，国家开发银行位居第 14 位，中国交通银行位居第 18 位，中国的银行已经在世界银行队伍中显赫亮相（见表 7-2-1　2015年世界 500 强企业中银行业前 20 位银行排行表）。

表 7-2-1　2015 年世界 500 强企业中银行业前 20 位银行排行表

银行序号	500强序号	银行名称	国别	银行序号	500强序号	银行名称	国别
1 ☆	25	中国工商银行	中国	11	83	法国农业信贷银行	法国
2	33	法国兴业银行	法国	12	89	美国富国银行	美国
3 ☆	38	中国建设银行	中国	13	94	劳埃德银行集团	英国
4 ☆	44	中国农业银行	中国	14 ☆	122	中国国家开发银行	中国
5	57	摩根大通	美国	15	125	巴西银行	巴西
6 ☆	59	中国银行	中国	16	136	BPCE 银行集团	法国
7	66	美国银行	美国	17	216	澳大利亚国民银行	澳国
8	73	西班牙银行	西班牙	18 ☆	217	中国交通银行	中国
9	77	英国汇丰银行	英国	19	225	日本三井住友	日本
10	10	美国花旗银行	美国	20	226	澳大利亚联邦银行	澳国

资料来源：根据《财富》杂志世界 500 强排行榜资料整理绘制，2015 年 7 月 22 日。

中国工商银行已经迈入世界领先大银行行列，拥有多元的业务结构、强劲的创新能力和市场竞争力。截至 2014 年年底，总资产达到 206099.53 亿元人民币，境内国际贸易融资累计发放 1486 亿美元；国际结算量 2.7 万亿美元，增长 16.7%。其中境外机构办理 9567 亿美元，增长 29.9%。银行业务境外网络扩展至 41 个国家和地区，通过 17122 个境内机构、338 个境外机构和 2007 个代理行以及网上银行、电话银行和自助银行等分销渠道，向 509 万公司客户和 4.65 亿个人客户提供广泛的金融产品和服务，形成了以商业银行为主体，信息化、国际化、综合化的经营体系。2014 年，获得英国《银行家》"全球最佳银行"称谓，蝉联《银行家》全球 1000 家大银行排名第一。

根据中国银行发布的信息显示，改革开放以来，中国银行海外分行布点持续增加，已经遍布世界各地，中国银行是全球跨境人民币业务规模最大、专业能力最强的银行，已经建成以香港和上海为枢纽的全球一体化人民币清算网络。到 2000 年年末，海外机构由 1978 年的 20 家发展到 559 家，分布在港、澳地区和世界 22 个国家，资产总额达到 1551 亿美元，占中国银行资产总额的 42%。至 2007 年年底，海外机构进一步发展到 689 家，分布在全球 28 个国家与地区，资产总额合人民币 13955 亿元，占中国银行资产总额的 23%，实现利润合人民币 262 亿元，占中国银行当年利润的 42%。2015 年 1~6 月半年时间里，中国银行集团共办理跨境人民币清算业务 148 万亿元，同比增长 31.6%，位居该领域经营规模市场第一。中国银行已获准担任中国香港、中国澳门、中国台湾、法兰克福、巴黎、悉尼、吉隆坡、匈牙利、南非、赞比亚人民币清算行，清算行数量同业第一。2015 年 6 月 27 日，中国人民银行与匈牙利央行签署在匈牙利建立人民币清算安排的合作备忘录，授权中国银行担任匈牙利人民币清算行，2015 年 10 月 2 日，中国银行在布达佩斯举行匈牙利人民币清算行启动仪式，中东欧地区首个人民币清算行启动。

5. 中国主导新国际银行体系建设

倡导并参与组建"上海合作组织开发银行"。中国总理温家宝 2010 年 11 月 25 日在杜尚别出席上海合作组织成员国第九次总理会议。他建议上合组织深化财金合作，研究成立"上海合作组织开发银行"，探讨共同出资、共同受益的新方式；扩大本币结算合作，促进区域经贸往来。

倡导并参与组建"金砖国家银行"。2013 年 3 月 29 日，金砖国家银行合作机制成员共同签署《金砖国家银行合作机制多边本币授信总协议》和《多边信用证保兑服务协议》。根据协议，中国国家开发银行、巴西开发银行、俄罗斯开发与对外经济活动银行、印度进出口银行、南非南部非洲开发银行 5 家成员行，将稳步扩大本币结算和贷款业务规模，服务于金砖国家间贸易和投资便利化。

倡导并参与组建"亚洲基础设施投资银行"（简称亚投行）。2013年10月2日，中国国家主席习近平提出筹建亚洲基础设施投资银行倡议，促进本地区互联互通建设和经济一体化进程，向包括东盟国家在内的亚洲地区发展中国家基础设施建设提供资金支持，秉承开放办银行的思想，"亚投行"将同域外现有多边开发银行合作，相互补充，共同促进亚洲经济持续稳定发展。

7.2.2 亚投行建设

伴随"一带一路"建设，资金问题也必须要有来源、有出口，单纯依靠一个国家的财力显然不足，依靠世界上现有的国际金融机构出资也不现实，必须要找到新办法解决资金问题。中国率先想出了办法——成立专业银行和建立专项基金，组建"亚洲基础设施投资银行"，设立"丝路基金"。这样就形成了与"一带一路"建设相配套的战略措施安排，即"一带一路"战略部署，加上"一个银行"，加上"一个基金"，共同组合成链条，让"一带一路"建设项目着实落地。

亚洲基础设施投资银行（Asian Infrastructure Investment Bank，AIIB），是中国主导成立的、规模最大的、多边参与的国际银行，是21世纪世界金融体系中一项重大创新行动，将对世界金融体系改革产生巨大影响。

1. 亚投行成立背景

进入21世纪以来，亚洲地区经济发展活跃，已经成为世界经济最具有成长性的地区。亚洲地区幅员辽阔、人口众多、发展不平衡，除了日本、韩国、新加坡等少数国家步入发达经济体以外，其他国家均为发展中国家，大量基础设施需要建设，铁路、机场、公路、医院、学校等，需要大量建设资金，需要大量中长期建设资金投入，这些国家本身没有足够的财力支持，现有的国际金融机构也不足于支持该项巨大需要，如何解决庞大资金来源的确成为难题。现实资金需要是存在的，资金巨大缺口也是存在的。

中国是世界大国，2014年，中国人均经济总量（GDP）已经达到7575美元，外汇储备已经达到38430亿美元[1]。全年对外承包工程业务完成营业额8748亿元（1424亿美元），对外劳务合作派出各类劳务人员56.3万人。中国具有世界上一流的基础设施建设施工能力，具有良好的成套装备制造能力，具有完整的施工产业

---

[1] 资料来源：中国国家统计局，《2014年中国国民经济和社会发展统计公报》，2015年2月26日。

链和装备制造产业链，在公路建设、桥梁建设、隧道建设、铁路建设、电站建设、大型建筑物建设等方面具有丰富的工程建造能力和经验，具有成套的、成熟的施工标准和施工队伍。中国施工企业具备走向世界发展的能力，具备对外投资的资本能力，具备承担国际上重大项目的施工能力。

通过上述分析，从国际市场供需关系来看完全具备契合点，有市场需要，有供给能力，只要市场条件具备完全可以孵化成现实的市场，完全可以实现供需满足。但是，亚洲经济体之间缺乏有效的多边合作机制，缺乏把资本转化为基础设施建设的投资机制，难以利用各自所具备的资本存量去满足建设需要，建立有效的合作机制这一需要日益突出出来。资源、条件、困难、障碍都找到了，如何来解决，需要大智慧、大战略。

2013年10月2日，中国国家主席习近平提出筹建亚洲基础设施投资银行倡议，促进本地区互联互通建设和经济一体化进程，向包括东盟国家在内的亚洲地区发展中国家基础设施建设提供资金支持，秉承开放办银行的思想，"亚投行"将同域外现有多边开发银行合作，相互补充，共同促进亚洲经济持续稳定发展。这一倡议提出后，获得了国际社会积极响应，特别是得到亚洲地区国家的积极回应。中国国务院总理李克强出访东南亚时，紧接着再向东南亚国家提出筹建"亚投行"的倡议，推动"亚投行"筹建进程。

2. 亚投行确认启动

2014年10月24日，"亚投行"21个首批意向创始成员国的财长和授权代表在北京正式签署《筹建亚投行备忘录》，共同决定成立"亚洲基础设施投资银行"（AIIB），这一历史事件标志着中国倡议设立的亚洲区域新多边金融开发机构正式启动。

根据《筹建亚投行备忘录》内容安排，银行首期法定资本金为1000亿美元，超过了亚洲开发银行在2009年的资本金550亿美元的额度 [1]，成为亚洲地区最大的专业性银行。中国初始认缴资本目标为500亿美元左右，中国出资比重占50%，为最大股东。各意向创始成员国同意将以国内生产总值（GDP）衡量的经济权重作为各国股份分配的基础。2015年试运营的一期实缴资本金为初始认缴目标的10%，即50亿美元，其中中国出资25亿美元。

亚洲基础设施投资银行启动筹建程序以来，截至2015年4月15日，意向创始

---

[1] 资料来源：上海证券报，2009年1月15日。

成员国已确定为 57 个（其中亚洲区域内国家 37 个、区域外国家 20 个），成员遍及五大洲，涵盖了亚洲、欧洲区域的大部分国家（见表 7-2-2 亚洲基础设施投资银行意向创始成员国名录表）。

表 7-2-2 亚洲基础设施投资银行意向创始成员国名录表（至 2015 年 4 月 15 日）

地区／数量	国家	比重(%)
亚洲 34 个	孟加拉国、文莱、柬埔寨、中国、印度、印度尼西亚、约旦、哈萨克斯坦、科威特、老挝、马来西亚、马尔代夫、蒙古国、缅甸、尼泊尔、阿曼、巴基斯坦、菲律宾、卡塔尔、沙特阿拉伯、新加坡、韩国、斯里兰卡、塔吉克斯坦、泰国、土耳其、乌兹别克斯坦、越南、吉尔吉斯斯坦、以色列、格鲁吉亚、阿联酋、阿塞拜疆、伊朗	59.65
欧洲 18 个	奥地利、丹麦、法国、德国、意大利、卢森堡、荷兰、西班牙、瑞士、英国、瑞典、芬兰、挪威、冰岛、俄罗斯、葡萄牙、波兰、马耳他	31.57
大洋洲 2 个	新西兰、澳大利亚	3.50
南美洲 1 个	巴西	1.78
非洲 2 个	埃及、南非	3.50
合计	5 大洲 57 国家	100

资料来源：根据中国财政部有关亚投行相关报道资料绘制。

在亚洲基础设施投资银行创始成员国中有：

联合国安理会 5 大常任理事国 4 席，占比 80%，分别是中国、英国、法国、俄罗斯。

世界 G20 国家中 14 席，占比 70%，分别是中国、印度、印度尼西亚、沙特阿拉伯、法国、德国、意大利、英国、澳大利亚、土耳其、韩国、巴西、俄罗斯、南非。

西方 7 国集团中 4 席，占比 57%，分别是英国、法国、德国、意大利。

金砖国家 5 位中全部加入，占比 100%，分别是中国、俄罗斯、印度、巴西、南非。

"亚投行"创始成员国于 2015 年 6 月 29 日在北京签署《亚洲基础设施投资银行协定》，"亚投行" 57 个意向创始成员国财长或授权代表出席签署仪式，成员国各方商定于 2015 年年底之前，经合法数量的国家批准后，《亚洲基础设施投资银行协定》即告生效，宣布亚洲基础设施投资银行正式成立。2016 年 1 月 16 日上午 10 时 30 分，"亚投行"正式开业，中国国家主席习近平出席开业式并致辞，中国财政部部长楼继伟已被选举为首届理事会主席，金立群当选"亚投行"首任行长。根据规定，"亚投行"秉承开放姿态，今后时期其他国家和地区仍可以作为普通成员加入。

3. 亚投行成立具有重大战略意义

《亚洲基础设施投资银行协定》明确规定该银行成立的宗旨是："通过在基础

设施及其他生产性领域的投资，促进亚洲经济可持续发展、创造财富并改善基础设施互联互通；与其他多边和双边开发机构紧密合作，推进区域合作和伙伴关系，应对发展挑战。"[1] 可见"亚投行"的成立对亚洲地区基础设施建设提供了新的融资平台，也为世界金融体系改革探路，无论对亚洲地区经济发展，还是对世界经济发展都具有重要战略意义。

第一，创立了新的国际融资平台和国际投资平台。亚洲地区基础设施建设潜力巨大，需求旺盛，资金缺口也巨大，在现有的世界金融体系中无法得到解决，创立专业银行恰逢其时，应运而生，"亚投行"资金使用重点支持基础设施建设，促进亚洲区域的基础设施建设互联互通，促进区域经济一体化进程。对用钱的一方是利好，因为有了新的有效融资渠道；对投资的一方也是利好，因为有了新的有效投资渠道。好事情大家都愿意做，自然形成合力，当中国主张创立"亚投行"的倡议一经提出，立即获得了周边国家和地区的广泛积极响应，获得了国际社会的积极回应，在短时间内就形成了 57 个国家积极申请加入的态势。

第二，开辟了人民币国际化新窗口。人民币走上国际市场，走出国门、走向周边、走上市场、走进投资，"亚投行"主营业务和投资领域是基础设施项目建设投资，这一领域中国施工企业具有竞争优势，中国又是银行的大股东，自然在国际项目结算中使用人民币的机会大增，人民币的国际影响力也自然上升。同时，中国大量外汇储备也有了新的释放出口。

第三，探路世界金融体系改革。二战结束以来，以美国为代表的西方主导的国际金融体系在新一轮金融危机中大打折扣，其弊端均暴露出来，未来时期规避金融风险，要求改革现行制度呼声增高，国际社会都在思考如何保护自己切身利益，解决体制矛盾，此时"亚投行"创立无疑是新生力量，是世界金融体系改革勇敢的探路者。从没有成为创始成员国的世界第一大经济体美国、第三大经济体日本的初始态度，以及态度的演变过程就足以表现出来，对"亚投行"成立的关注和担忧，无疑是对新挑战的恐慌。

第四，团结亚洲的黏合剂。亚洲现有 48 个国家和地区，人口总量约 38 亿，占世界人口 61% 以上，但是，国情多样发展极不平衡，如何团结起来搞建设需要题材，"亚投行"的创建无疑为亚洲地区国家联合起来搞建设、抱团求发展提供了黏合剂，"亚投行"中亚洲地区创始成员国达到 34 个，占 48 个国家和地区比重的 70.83%，

[1] 资料来源：财政部新闻办公室，《亚洲基础设施投资银行协定》，财政部（官网），2015 年 6 月 29 日。

即使尚未成为创始成员国的国家也都有回应态度，足以表明"亚投行"的魅力和影响力，发挥了黏合国际社会的作用，团结的力量还将继续显现。

第五，中国彰显负责任大国形象。中国发起的创建"亚投行"动议，是根据"一带一路"建设需要配套设立的，是根据当前国际金融体系的状况发起的，也是根据国际经济时局提出的，同时是根据中国自身发展的实力兴办的，主旨是加强中国及其他亚洲国家和地区的合作，凝聚合力搞建设，"亚投行"定义为一个政府间性质的亚洲区域多边金融开发机构，主张开放式合作，自然会获得国际社会认可和欢迎，这是中国承担国际责任的大国体现。

7.2.3 金砖国家新开发银行建设

金砖国家（BRICS）是指巴西（Brazil）、俄罗斯（Russia）、印度（India）、中国（China）四个国家，由于其每个国家英文名字字头合在一起形成了英文字"BRIC"，与英文"Brick"相似，含义为砖的意思，故此将上述四个国家的组合统称为"金砖国家"，又称为"金砖四国"。2008年以来，相关国家举行系列会谈，并建立了峰会机制，逐步拓展为国际经济体。2010年南非（South Africa）加入，金砖国家的英文单词即变为"BRICS"，形成了"金砖五国"。

"金砖国家"概念是美国高盛公司首席经济师吉姆·奥尼尔（Jim O'Neill）于2001年提出，特指新兴市场国家投资代表。随着金砖国家内部机制不断完善，发展经济的主旋律越唱越响，金砖国家的集体活动也备受世界瞩目。其中，成立金砖国家银行成为重大事件，率先在金融领域深入开展合作。

金砖国家新开发银行（又称为新开发银行，中文简称金砖银行，New Development Bank，NDB），是中国主导的、参与组建的、第一个多边国际银行。

1. 金砖银行成立背景

2008年，世界金融危机发生后，以巴西、俄罗斯、印度、中国、南非为组合的金砖国家，为了应对世界金融危机，规避现有国际金融体系的弊端，经商议共同提议组建具有国际银行性质的、由金砖国家主导的金砖银行。

2. 金砖银行确认启动

金砖银行于2014年7月15日在南非德班宣告成立，初始成员国有巴西、俄罗斯、印度、中国、南非5个国家。金砖银行总部设立在中国上海，正式开业时间为2015年7月21日，首任行长为印度人瓦曼·卡马特（K.V.Kamath），初始储备基金设计为1000亿美元，初始股本结构：中国410亿美元，比重为41%；巴西180亿美元，

开放型经济 | KAIFANGXING JING.JI

比重为 18%；俄罗斯 180 亿美元，比重为 18%；印度 180 亿美元，比重为 18%；南非 50 亿美元，比重为 5%。（见表 7-2-3　金砖国际组织历届峰会成果表）。

表 7-2-3　金砖国际组织历届峰会成果表

届数	年月	地点	参与国	主要成果
1	2009.6	俄罗斯叶卡捷琳堡	4 国	巴西、俄罗斯、印度及中国领导人首次举行正式会晤，承诺推动国际金融机构改革，正式启动金砖国家之间合作机制。
2	2010.4	巴西巴西利亚	4 国	发表《联合声明》；推动"金砖四国"合作与协调的具体措施；"金砖国家"合作机制初步形成。
3	2011.4	中国三亚	5 国	南非首次参加，金砖四国为金砖五国；通过《三亚宣言》；对金砖国家的未来合作进行详细规划。
4	2012.3	印度新德里	5 国	发表《新德里宣言》；会议探讨了成立金砖国家开发银行的可能性，希望该银行能与世界银行并驾齐驱。
5	2013.3	南非德班	5 国	发表《德班宣言》和行动计划；决定设立金砖国家开发银行、外汇储备库，成立金砖国家工商理事会和智库理事会。
6	2014.7	巴西福塔莱萨	5 国	发表《福塔莱萨宣言》；正式设立金砖国家银行和应急储备机制。
7	2015.7	俄罗斯乌法	5 国	发表《乌法宣言》；主题为金砖国家伙伴关系—全球发展的强有力因素。

资料来源：根据金砖国家组织历届峰会成果资料绘制。

3. 金砖银行成立具有重大战略意义

金砖银行组建的意义体现在五个方面：

第一，提升本币国际价值。金砖国家之间可以使用本币直接互换，进行国际结算，缓解对美元和欧元等外币的依赖，减少外币对本币的冲击。

第二，形成国际金融风险缓冲机制。金砖银行内具有庞大的外汇储备，当外部金融市场剧烈动荡时发挥缓冲作用，具有长远的战略利益。

第三，资助金砖国家以及其他发展中国家的基础设施建设。金砖国家都需要建设，特别是巴西、南非、俄罗斯、印度四个国家基础设施建设资金缺口很大，在重大项目建设中，当单一国家财力不足时，可以动用合作资金，组建联合银行是个好办法。

第四，发挥中国大国主导作用。中国是世界第二大经济体，发挥大国引领作用势在必行，释放积极信号，推动世界经济向良性发展，贡献实实在在的力量，承担大国责任，彰显大国形象，推动其他国家的基础设施建设，分享中国经验，输出中国产品，输出中国技术，输出中国标准，输出中国品牌。

第五，搭建国际金融合作平台。金砖银行成为一个开放式金融国际合作平台，一方面，金砖国家之间可以在金砖银行体系下开展金融合作，相互给力，抱团取暖；另一方面，日后可以吸收其他国家加入，扩展规模，扩大队伍，扩充领域，发挥国际金融稳定器的功效。

"金砖国家"是世界经济进入新时期以来，最具有成长活力的国家群体，这些国家的共同特点主要表现为经济发展速度快，经济运行质量好，每个国家几乎都长时间以中高速度增长，经济结构不断优化。其中，中国连续35年经济发展速度超过7%以上。一个具有13亿多人口的大国，人均国内生产总值（GDP）从不足100美元，迅速成长为7575美元（2014年指标），成长为世界第二大经济体，创造了发展奇迹，引起世界瞩目。印度是世界上国家人口第二大国，印度经济在2014年以前的20多年间，每年平均增长速度达到5.6%。俄罗斯资源丰富，是全球最大的天然气出口国、第二大石油出口国，经济发展后劲十足。巴西是南美洲最大的经济体。南非是南部非洲最大的经济体。"金砖国家"发展过程中具有相同的特点，遇到的发展问题具有相似性，这种无形的力量将这些国家聚拢在一起，共同探讨发展问题，形成了世界经济中快速成长群体（此处简称为"快速经济体"）。国家力量也与日俱增。金砖银行的出现无疑是世界经济中的重大事件，必将对现行的世界金融体系产生影响，这种影响一方面表现为"快速经济体"内部的金融体系建立，虽然还很弱小，但是成长潜力很大；另一方面表现为对"快速经济体"外部货币的依赖减弱。可以预期，随着"快速经济体"自身规模不断快速扩大，金融规模也会不断扩大，金砖银行的国际地位也会不断上升，体外货币的影响度将进一步下降，世界上新的货币金融体系成长力量将酝酿生成。

7.3 中国设立国际基金

中国实施开放型经济，实施开放性金融，实施金融业的国际化，第三个方面的行动就是设立国际基金，有针对性地支持特殊领域或专业项目，运用资金杠杆，深度参与国际事务。

7.3.1 发挥国际基金对口支援作用

国际基金是为了鼓励或者支持某项国际事业，特意准备一笔特殊款项用于使用，这笔款项称为"基金"。基金实际上是为了某一使用目的而特意设立的资金款项。

1. 国际基金具有四项基本特点

国际基金是用以支付国际专项事业的特殊款项，国际基金的使用有特殊要求或规定，规定了资金的使用目的、资金的使用领域、资金的使用时间、资金的使用效果，规定了资金管理的条款。国际基金特点主要表现：

第一，专业性，资金仅仅使用于特定的专业领域，不能用于其他用途。

第二，时间性，资金使用必须在特定的时间期限内使用，提前设定期限。

第三，监管性，资金由专门监管部门负责管理，从资金的来源到资金的使用全过程实行监管。

第四，政府性，资金来源与资金使用都与所在国政府密切相关，大多都是政府行为，大多都有政府战略动议，都有外交关系动议。

2. 国际基金分类对口使用

根据基金的使用性质，可以将基金分为三种类型：一种是商业性基金，基金使用有一定的利息，使用期满需要还款付息；第二种是无息使用资金，使用期满只需还款，不需付息；第三种是无偿援助，属于赠款性质。无论何种类型的基金都具有援助性，有"对口支援"的特点，并不简单等同于商业借款，基金设立与基金使用项目紧紧挂钩，既因项目而生成基金，也因基金而促进项目。

3. 国际基金由专业部门管理

为了用好国际基金，往往要成立基金管理专门机构，负责对基金的管理、使用、分配、监督、核算。根据基金性质，基金管理机构可以是商业性基金管理公司，也可以是政府官方特设机构，还可以是非政府专业管理组织。

4. 中国具备设立国际基金条件

截至 2014 年 12 月末，中国国家外汇储备余额为 3.84 万亿美元，具有了对外援助的资金能力，可以有所作为，有计划有针对性地设立国际基金项目，开展对外援助，可以以我为主，对口支援外国项目，也可以吸收其他国际资金参与到中国主导的基金项目中来，扩大资金来源范围，增加资金总量，集中财力办大事。新时期，中国出资设立的国际基金项目有"丝路基金"、"中国—联合国和平与发展基金"、"南南合作援助基金"，等等。

7.3.2 丝路基金

2014 年 11 月 8 日，中国国家主席习近平在北京宣布，中国将出资 400 亿美元成立"丝路基金"，丝路基金功能已经确立为中长期开发性投资基金，为"一带一路"

沿线国家基础设施建设、资源开发、产业合作和金融合作等与互联互通有关的项目提供投融资支持。这一事件引起世界关注。

1. 丝路基金为一带一路建设相配套

中国宣布成立"丝路基金"以后，国内有关部门抓紧推进"丝路基金"的组建工作，2014 年 12 月 29 日，"丝路基金有限责任公司"在北京注册成立，并正式开始运行。丝路基金是由外汇储备、中国投资有限责任公司、中国进出口银行、国家开发银行等机构共同出资，依照《中华人民共和国公司法》，按照市场化、国际化、专业化原则设立的中长期开发投资基金，重点是在"一带一路"发展进程中寻找投资机会并提供相应的投融资服务[1]。丝路基金的设立集中体现了两大功能：一是为"一带一路"战略实施配套，形成财力支持的"蓄水池"；二是为基础设施建设项目服务，由于基础设施建设项目投资回收周期长，甚至有些项目不能完全依赖自身的功效收回投资，需要大量中长期资金支持，一般性商业贷款不足以满足需要，设立基金是较为有效的办法。

2. 丝路基金与亚投行相互呼应

世界上有国际货币基金组织和世界银行，这两个机构是相互呼应的，功能互补、任务各异、彼此配合、形成合力。这样一种模式也为中国办好"一带一路"事业提供了示范和借鉴，成立一个银行：亚投行；设立一个基金：丝路基金，也是秉承世界银行与国际货币基金这样的模式，将两个组织功能互补、任务各异、彼此配合、形成合力，有效支持"一带一路"建设事业。

3. 丝路基金秉承开放办基金

设立丝路基金，采用商业化运作模式，秉承互利共赢理念，采用开放包容做法，尊重国际经济金融规则，运用以股权为主的多种市场化方式，集中投资于"一带一路"沿线国家和地区的基础设施、资源开发、产业合作、金融合作等领域，促进区域共同发展、共同繁荣，实现投资主体和合理财务收益，实现利益攸关方的中长期可持续发展。

丝路基金由中方主导，计划中国出资 400 亿美元，首期资本金为 100 亿美元，所使用的外汇储备通过投资平台出资 65 亿美元，中国投资有限责任公司出资 15 亿美元、中国进出口银行出资 15 亿美元、国家开发银行出资 5 亿美元，共同组成基

---

[1] 资料来源：人民银行，丝路基金起步运行，中国人民银行（官方）网站，2015 年 2 月 16 日。

金盘子。

丝路基金来源和使用都采用开放方式，坚持合作与开放原则，互利与共赢原则，包容与合作原则，同国内外企业和金融机构开展多元化投融资合作，为中长期可实现稳定合理回报的项目提供支持。丝路基金与其他国际金融机构优势互补、合作共进，互动共赢。国内外投资者愿意参与丝路基金建设的，都可以在日后的项目运作中，分期分批加入。

丝路基金通过股权、债权、贷款、基金等多元化投融资方式，为"一带一路"建设和双边、多边互联互通提供投融资支持，项目具体运作过程中将遵循国际对接、效率保障、合作共赢、开放包容四项原则。实现市场化操作、标准化规制、专业化管理，严格遵守投资所在国法律、国际标准、商业规则，投资有效益的项目，实现中长期合理的投资回报。

7.3.3 中国—联合国和平与发展基金

2015年9月28日，中国国家主席习近平在联合国宣布，中国决定设立为期10年、总额10亿美元的"中国—联合国和平与发展基金"，支持联合国工作，促进多边合作事业，为世界和平与发展作出新的贡献[1]。

1. 中国支持联合国和平发展事业

联合国（United Nations，UN），总部设立在美国纽约，截至2014年年底，联合国共有193个成员国。联合国是世界上由主权国家组成的、最具有广泛性和权威性的国际组织，第二次世界大战后，于1945年10月24日，会员国在美国旧金山签订《联合国宪章》，宣告联合国成立。联合国的组织功能和工作目标是：致力于促进各国在国际法、国际安全、经济发展、社会进步、人权及实现世界和平方面的合作。联合国在维护世界和平，缓解国际紧张局势，实施人道主义援助，解决地区冲突方面发挥积极作用，在协调国际经济关系，促进世界经济发展，促进科学技术交流合作，促进文化教育交流与合作等方面，都发挥积极的作用。联合国还是一个会员国阐述重大国际问题观点的舞台，是国际社会决定共同行动的决策机构。

第二次世界大战后，世界并不太平，地区冲突和局部战争不断，相继爆发了多起局部战争，包括朝鲜半岛战争、越南战争、第一次中东战争、科索沃战争、第二

---

[1] 资料来源：习近平，在第七十届联合国大会一般性辩论时的讲话《携手构建合作共赢新伙伴　同心打造人类命运共同体》，美国纽约，2015年9月28日。

次中东战争、阿富汗战争、利比亚战争、叙利亚战争、非洲战争、乌克兰战争等，国家秩序破坏，社会动乱，生灵涂炭，经济凋敝，枪炮之声时常在耳边回响，恐怖事件时有发生，民族宗教冲突，国家之间领土争端，难民流离，饥寒交迫。严重破坏了地区和平稳定，严重破坏了经济建设和国家发展，维护世界和平任务依然十分艰巨。

中国是联合国创始成员国之一，是联合国安理会5个常任理事国之一（中国、美国、俄罗斯、英国、法国），自联合国成立以来，中国坚定维护第二次世界大战后的国际秩序，维护世界和平，促进世界经济发展，发挥了重要的大国作用。中国支持联合国在国际事务中发挥积极作用，促进联合国有效合作，中国在道义、国家政策、战略方针、联合国经费等方面长期支持联合国事业。中国高举和平大旗，维护发展中国家利益，言行有力，成为世界楷模。设立"中国—联合国和平与发展基金"再次证明，中国是国际社会强有力的积极力量。

2. 中国维护世界和平大业

"中国—联合国和平与发展基金"是一项特殊的基金项目，是中国对国际社会的又一大重要贡献。基金设立表明中国一如既往坚持和平发展道路，将继续在国际舞台上伸张正义、维护世界和平、促进经济发展。"中国—联合国和平与发展基金"的设立，坚定支持联合国发挥应有的积极作用，向世界发出积极信号，增添正能量，引领世界向和平进步的方向前进。

中国国家主席习近平在2015年9月28日联合国大会上发言时还宣布：为帮助发展中国家发展经济、改善民生，从2015年起，未来5年中国将向发展中国家提供"6个100"项目支持，包括100个减贫项目，100个农业合作项目，100个促贸援助项目，100个生态保护和应对气候变化项目，100家医院和诊所，100所学校和职业培训中心。未来5年，中国将向发展中国家提供12万个来华培训名额和15万个奖学金名额，为发展中国家培养50万名职业技术人员。中国将设立南南合作与发展学院，并向世界卫生组织提供200万美元的现汇援助。这一系列行动都表明中国是世界和平与发展的坚定维护者，施加正能量的重要贡献者，也是中国向世界开放，融入世界体系中的重要行动。

7.3.4 援助基金

国际援助基金是针对特定国家或特定项目给予的专项资金支持，这笔资金可以是无偿有条件赠予性质，也可以是无息借款性质，还可以是低息借款性质，用于特定项目或特定领域使用，主要用于改善公共事业或公共部门的不利状况。

1. 政府有形援助和无形资助

国际援助基金往往是由国家政府部门主导实施的，以国家政府之间操作为主要方式，通过援助基金改善不利境况，发挥资金杠杆作用，撬动相关项目落地实施，并引领或推动其他相关领域。

中国国家主席习近平 2015 年 9 月 28 日在纽约联合国总部出席第七十届联合国大会一般性辩论并发表题为《携手构建合作共赢新伙伴　同心打造人类命运共同体》的重要讲话。

习近平主席宣布：中国将加入新的联合国维和能力待命机制，决定为此率先组建常备成建制维和警队，并建设 8000 人规模的维和待命部队。

习近平主席宣布：中国决定在未来 5 年内，向非盟提供总额为 1 亿美元的无偿军事援助，以支持非洲常备军和危机应对快速反应部队建设[1]。

习近平主席宣布：中国设立"南南合作援助基金"，首期提供 20 亿美元支持发展中国家落实 2015 年后发展议程，中国将增加对最不发达国家投资，力争 2030 年达到 120 亿美元[2]。

习近平主席宣布：中国将免除对有关最不发达国家、内陆发展中国家、小岛屿发展中国家截至 2015 年年底到期未还的政府间无息贷款债务[3]。

2. 政府专项援助资金

习近平主席 2015 年 9 月 27 日在美国纽约联合国总部出席联合国气候变化问题领导人工作午餐会时指出：将于 2015 年年底举行的气候变化巴黎大会将为国际社会应对气候变化制订新的规划。必须遵循气候变化框架公约的原则和规定，特别是共同但有区别的责任原则、公平原则、各自能力原则。发达国家要履行在资金和技术方面的义务，落实到 2020 年每年提供 1000 亿美元的承诺，并向发展中国家转让气候友好型技术。中国还将推动"中国气候变化南南合作基金"尽早投入运营，支持其他发展中国家应对气候变化。

"南南合作"是指发展中国家的经济技术合作，由于发展中国家的地理位置大

---

[1] 资料来源：习近平，在第七十届联合国大会一般性辩论时的讲话《携手构建合作共赢新伙伴　同心打造人类命运共同体》，美国纽约，2015 年 9 月 28 日。
[2] 资料来源：习近平，在第七十届联合国大会联合国可持续发展峰会上发言，美国纽约，2015 年 9 月 26 日。
[3] 资料来源：习近平，在第七十届联合国大会联合国可持续发展峰会上发言，美国纽约，2015 年 9 月 26 日。

多位于地球上主要发达国家的南方，位于赤道南部地区为多，所以将发展中国家之间的经济技术合作简称为"南南合作"。"南南合作"意指促进发展中国家自力更生、谋求进步，有效融入和参与世界经济中来。主要内容包括推动发展中国家间的技术合作和经济合作，传播人类活动所有领域内的知识或经验，并致力于加强基础设施建设、能源与环境、中小企业发展、人才资源开发、健康教育等产业领域的交流合作。

　　"南南合作援助基金"的设立，再次充分表明中国是世界上负责任的大国，积极参与国际援助事业，帮助发展中国家。中国是最大的发展中国家，中国自身的发展问题依然艰巨，但是仍然伸出援助之手，积极帮助发展中国家。虽然发达国家也对发展中国家实施援助，但是改变国家发展命运的根本力量还是要依靠自己。一方面，开展发展中国家与发达国家之间的合作，获得外力支持；另一方面，必须自立自强，发展中国家之间也需要深入合作，彼此相互支持，也是重要力量。中国设立"南南合作援助基金"的目的就是帮助发展中国家。习近平主席倡议：国际社会加强合作，共同落实 2015 年后发展议程，努力实现合作共赢。第一增强各国发展能力；第二改善国家发展环境；第三优化发展伙伴关系；第四健全发展协调机制。这些要求和举措都是发展中国家实实在在的经验和做法，坚持落实必定取得成效。

❽ 跨国公司建设

建设中国的跨国公司是中国开放型经济中的重要内容，企业是承载开放型经济的主体力量。建设跨国公司是企业自身发展的需要，也是国家发展的需要。

一方面，在市场供求关系中，过去时期是供给不足，需求旺盛，要求供给侧增加供给，要求企业扩大产量，增加品种，提高品质，这是市场结构矛盾中的主要方面。经过30多年的高速发展，供给侧供给不足的矛盾大大缓解，不仅完全满足国内需要，而且在一些方面产能相对过剩，企业需要扩展市场领域，释放国内市场中供给侧的多余产能，需要企业走出国门发展。

另一方面，国家经济发展整体水平提高，具有行业引领性的产业竞争力大幅提高，质优价廉的产品组合不断增多，需要深度参与国际产业链分工，需要中国的企业走出去发展，发挥引领行业发展的龙头作用，带领国内行业整体上水平、上质量，开展国际化经营势在必然。

因此，企业开展国际化经营，是企业自身发展的自然历史过程，当下中国企业已经具备了走出国门的基本条件，具备了建设国际企业的条件。本章重点讨论中国跨国公司建设。（见图8-1中国跨国公司建设内容体系图）。

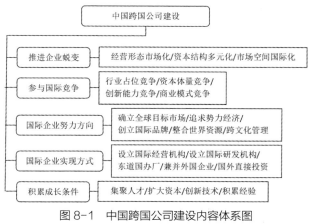

图8-1　中国跨国公司建设内容体系图

8.1 中国企业开放历程三次形态蜕变

中国企业形态的变化展示出中国改革开放的历程和特点。自1949年新中国成立以来，实行计划经济体制，企业的形态是工厂，企业的劳动成果是产品，国家通过计划调配的方式分配社会产品，企业执行国家计划，无须面对消费者。随着中国改革开放企业形态也随之发生了变化，出现了三次蜕变，即市场化蜕变、多元化蜕变和国际化蜕变，经营领域开始走上国际市场。（见图8-1-1　企业三次形态蜕变演进路线图）。

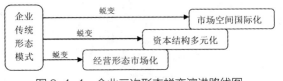

图 8-1-1　企业三次形态蜕变演进路线图

8.1.1 经营形态市场化

中国企业第一次形态蜕变发生在1979年以后，随着国家实施改革开放政策，宏观经济管理体制由计划经济向市场经济转变，逐步取消了统配统销的计划经济模式。在微观经济管理领域，赋予企业经营自主权，企业才开始直接面对消费者，增添经营职能，开始转变经营管理体制和机制，由工厂形态向公司形态转变，逐步转变成具有独立经营自主权的企业组织，企业发生了第一次形态蜕变——企业经营形态市场化。

在第一次企业蜕变中，将企业原有的一个职能，生产职能，演变成具有独立法人的多种职能，包括生产要素的人财物管理，包括运行环节的供产销管理，包括管理过程的计划、组织、指挥、协调和控制的五项职能管理，赋予企业全部管理职能，真正的独立法人企业诞生了。

8.1.2 资本结构多元化

中国企业第二次形态蜕变发生在20世纪80年代，随着改革开放的深入，建设中国特色社会主义市场经济体制，招商引资，个体工商户和民营企业出现，一些产业领域允许非国有企业进入，允许外商合资企业和独资企业进入，企业资本结构出现多元成分，有些企业成长为上市公司，企业发生了第二次形态蜕变——产业资本结构多元化。

在第二次企业蜕变中，将单一的公有制所有制结构转变为混合所有制结构，企业的资本构成多元化了，多种经济力量在一个企业中积聚，提高了企业面对市场竞争的决策效率、管理效率和运营效率，有些规模较大、经营效果较好的企业成长为上市公司，资本结构进一步社会化，管理方式进一步法制化，中外合资企业开始在国内市场出现，"引进来"成为经济开放的重要标志，资本结构多元化成为企业开放的重要标志。

8.1.3 市场空间国际化

中国企业第三次形态蜕变发生在 20 世纪末及 21 世纪初期，随着企业生产经营规模不断扩大，国内市场需要不断得到满足，不断丰富商品内容，并开始进入国际市场。起初时期是中国产品走出去，中国制造的商品卖到国外去，为西方发达国家的国际企业做代工（OEM），后来中国自主品牌的产品也陆续走上国际市场，规模不断扩大，质量不断提高，品种不断增多，后续时期企业开始到海外投资办厂，开始在海外设立分支机构，开始在海外投资兴业，事业领域由国内扩展到国际，企业发生了第三次形态蜕变——市场空间领域国际化。

在第三次企业蜕变中，将企业活动的空间领域由国内扩展到了国外，既有产品销售市场的扩展，也有中国资本的对外输出，还有中国技术的对外输出、中国人才的对外输出。"走出去"成为经济开放的重要标志，员工队伍结构发生变化，有外国人与中国人在一个企业组织中工作，开放程度进一步加深，国际化趋势十分鲜明。即市场的国际化、资本的国际化、人才的国际化以及管理的国际化。

建设跨国公司已经成为中国企业发展的必然趋势，已经成为中国新开放事业的重要领域。在建设跨国公司的进程中，企业将发生形态蜕变、模式再造、脱胎换骨、浴火重生。确立全球市场目标，追求势力经济，创立国际品牌，整合世界资源，实施跨文化管理。

以世界《财富》500 强企业为例，1995 年，中国只有 3 家企业入围（包括香港、澳门、台湾地区），分别是中国银行、中国化工和中粮集团。到 2000 年，中国增加到 14 家企业入围（包含台湾地区 1

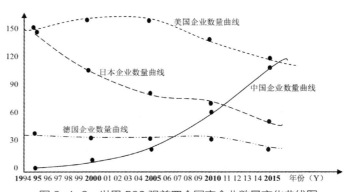

图 8-1-2　世界 500 强前四个国家企业数量变化曲线图
资料来源：根据世界《财富》500 强企业历史资料绘制

家）。到2005年，中国企业又增加到20家企业入围（包含台湾地区2家，香港地区1家）。到2010年，中国有66家企业入围（包含台湾地区8家，香港地区4家）。到2015年，中国已经增加到118家企业入围（包含台湾地区7家，香港地区5家），20年时间里，中国企业进入世界500强增加了115家，经历了从无到有，从少到多的发展过程，证实了中国企业成长动力强劲，发展势头迅猛。（见图8-1-2 世界500强前四个国家企业数量变化曲线图）。

同期比较，美国企业数量，1995年入围151家，2000年入围179家，2005年入围175家，2010年入围140家，2015年入围128家，峰值年份2002年，入围197家，此后呈下降趋势，到2015年与2002年峰值年份比较，减少了69家。

同期比较，日本企业数量，1995年入围149家，2000年入围107家，2005年入围81家，2010年入围71家，2015年入围54家，峰值年份1995年，入围149家，此后呈下降趋势，一路下跌，到2015年已经减少到54家，比峰值年份减少了95家。

同期比较，法国、英国、德国的企业数量变化不大，基本维持在30~40家左右。其中德国企业数量，1995年入围44家，2000年入围37家，2005年入围37家，2010年入围37家，2015年入围28家，峰值年份1995年，入围44家，2010年以后呈下降趋势，一路下跌，到2015年已经减少到28家，比峰值年份1995年减少了16家。法国企业数量也是稳中有降，1995年入围44家，长期维持在40家左右，但是到了2010年以后开始下降，一路下滑，到2015年已经减少到31家，比峰值年份1995年减少了13家。

从上述情况可以看出，传统意义上的西方发达国家过去长时间稳居世界经济引领地位，可是进入21世纪以后却被中国赶超，在世界500强企业中，发达国家企业数量的减少，恰好是被中国企业数量的增加所填充，中国企业的成长势头开始发力。

8.2 当代国际企业竞争态势

当代国际跨国公司竞争主要特点突出表现在：行业占位竞争、资本体量竞争、创新能力竞争和商业模式竞争四个方面。行业的体量决定企业的命运，企业的占位决定企业的发展。

8.2.1 行业占位竞争

当代是指进入21世纪以来的时期，在这一时期出现最先进的全球通信系统，出现最先进的全球交通系统，"时间无距离"，"空间无距离"，时空被大大压缩，国际分工更加细化，以产业链联动的行业竞争上升为主要竞争形态，企业之间的竞争演变成行业之间的竞争。

以世界500强企业为例。1995年度，企业数量行业前后排名前10位的分别是商业银行以及储蓄机构、保险、批发零售、电子和电器设备、通信邮政、石油提炼、汽车及零件、贸易、化学制造及化妆品、航空铁路海运业。其中，前5个行业企业数量集中度达到47%以上，由此可见行业集中度相当明显。行业的性质决定了企业的命运，企业的占位决定企业的发展。如果行业的规模属性不够，行业中的企业也不可能具有技术上的规模属性。

到2015年度，企业数量行业前后排名前10位的分别是银行及储蓄、石油及石油制品、保险、电子电器、汽车及零部件、贸易零售、通信邮政、电力、工业制造、化工及制品。其他行业企业数量有限，这个现象证明：行业的资本有机构成决定行业的属性，有些行业要求具有生产技术上的规模经济，以获得成本优势；有些行业要求具有庞大的资本体量，以获得资本对资源的动员能力。

从1995年到2015年，金融业始终是500强企业数量最多的行业，充分证明了金融业已经成为世界上最具有产业规模的行业，是世界产业链分工中最高端的产业领域。

8.2.2 资本体量竞争

世界500强企业中绝大部分都是具有强大资本体量和资本动员能力的企业，有多大的资本就做多大的事业。当经济上行时，企业可以凭借大举投资扩大规模，占有先机，增强直接竞争能力，将资本体量过小的企业挤出直接对手行列之外。当经济下行时，企业可以凭借庞大资本体量补充亏损份额，将亏不起的企业挤出行业之外，除清竞争对手，清理市场空间。

资本是可以动员其他生产性资源的最强手段，大钱干大事，小钱干小事，没钱干不了事。

在世界500强企业中，2015年度排在最后一位的是中国武汉钢铁公司，当年营业收入达到23720.9百万美元，利润54.5百万美元，如此庞大的经营管理能力和资本动员能力绝不是一般性企业所具有的。因此，自身资本拥有能力和资本动员能力，以及资本的经营管理能力都是跨国公司面对复杂的国际市场竞争所必须具备的。

8.2.3 创新能力竞争

创新能力是企业之间直接竞争的领域，谁的创新能力强，能够引领行业发展，谁就会在竞争中处于优势地位。

在世界 500 强企业中，2015 年度，工业制造业企业有 49 席，电子电器行业有 35 席，这些企业几乎都是具有自己独立创新能力的企业，有些企业资本拥有数量并没有其他企业多，在比拼资本体量方面并不占优势。但是，在行业中的独立自主创新能力却是佼佼者，例如：微软公司（排名第 95 位），拜尔公司（排名第 178 位），英特尔公司（排名第 182 位），杜邦公司（排名第 324 位），等等。可见，企业独立创新能力已经成为创造行业标准的"领头羊"，一旦形成行业标准，就必然成为行业中的"前三甲"地位，由此形成行业中的相对垄断地位，即市场占有率在 40% 以上，进入世界 500 强的概率大大提高。

还有些企业并没有进入世界 500 强，这是限于企业的经营额不够（500 强企业是按照总经营额来计算并以此排名的），但是，却是同行业中的引领者，这样的企业同样是依靠独立的创新能力获得行业引领地位。比拼创新能力是当代国际企业之间竞争的重要领域。

8.2.4 商业模式竞争

商业模式的概念是在 20 世纪 80 年代，随着网络公司这种业态出现以后才风靡开来的一个概念。究竟什么叫做商业模式，在经典的管理学教科书中，以及在经典的经济学教科书中很难找到。网络公司出现以后，其企业组织形态、运营形态、获利方法与传统企业完全不同，出现了虚拟状态的企业形态，新闻记者们不断在媒体上报道这类企业，讲出来一个词叫"商业模式"，虽然不同的报道有不同的说法，媒体上出现的频率多了，社会各界用的多了，习惯了，也就被接纳了。但是，至今商业模式这个概念并没有经典权威定义。

当代企业之间的竞争也聚焦在商业模式竞争。还是以世界 500 强企业为例，有些企业并没有独到的专有技术，也没有庞大的资本体量，为什么也能够取得成功？对比起来看是独到的经营管理做法。例如：沃尔玛（排名第 1 位），家乐福（排名第 64 位），谷歌公司（排名第 124 位），百事公司（排名第 141 位），华特迪士尼公司（排名第 214 位），可口可乐公司（排名第 232 位），耐克公司（排名第 425 位），麦当劳（排名第 434 位），等等。这些企业虽然分布在传统行业中，但是商业模式独特。例如：零售业中的沃尔玛、家乐福，采用的是"连锁超市"的商业模式，超越了传统的百货商场模式取得成功；麦当劳在传统的餐饮行业中采用的是"连锁经营"和"特许经营"的模式取得成功；百事公司和可口可乐公司在食品业采用的是"构筑垄断壁垒"的模式取得成功；耐克公司在服装鞋帽业采用"虚拟经营"模式取得成功，有些企业创造了独到的经营模式取得成功。例如：华特迪士尼公司采用的是"体验式消费"模式取得成功；谷歌公司采用"网络公司"模式取得成功，等等。

当代企业商业模式的创建，是紧紧依赖于现代通信系统和现代交通系统之上的，中国的阿里巴巴公司创造了"网络平台"模式，由此开启了"互联网+"时代的来临。

即，互联网＋物联网＋信联网＝全息网＋……

互联网是信息平台，物联网是物流平台，信联网是支付平台，合成一个物理平台之上，创造出与传统行业完全不同的新行业，即平台产业，形成了全新的商业模式。

新的商业模式可以支撑中小型企业做强做大，即使不能进入世界500强，但是足以成为行业中的佼佼者，极大提升企业的竞争力。

8.3 中国跨国公司建设努力方向

进入21世纪以后，中国企业国际化速度加快、领域扩展、水平提高，建设中国的跨国公司已经成为共识。在世界500强企业中，在1995年仅有3席，此后逐步增多，进入2010年后增速加快，到2015年已经达到118席，说明中国企业规模不断扩大，行业领域不断增多，无论是资本集聚度，还是产量集聚度，都与世界上其他国家的跨国公司成长情况相吻合，跨国公司成长的基本规律是共性的。但是，中国企业海外营收比重明显不如西方发达国家的跨国公司，说明中国的企业国际化程度有待提高。

中国企业国际化，建设中国跨国公司，今后时期的努力方向应当是：确立全球市场目标，追求势力经济，创立国际品牌，整合世界资源，实施跨文化管理。

8.3.1 确立全球市场目标

企业目标市场为全球市场，企业的竞争对手是世界企业。

目标市场是企业经营战略指向的核心内容，只有明确了方向，才能设计路径、方法，才能配置资源，并努力实现。中国企业国际化过程就是将目标市场从国内市场为主拓展到国外市场，并逐步增加比重，拓展空间领域，拓展行业领域，拓展技术领域，拓展产品领域。这个过程是企业活动空间外移的过程，边界延伸的过程，也是企业势力扩大的过程。

由于国家之间外交关系、政治经济体制、消费习惯、本土产业优势都不同，就会形成各种各样的壁垒（门槛、困难），企业只有突破壁垒才能够扩展市场空间。因此，国家和企业都要共同努力，国家通过外交谈判达成相互之间的制度安排（外交关系、经贸关系等）；企业之间通过合同契约建立交易关系，实现交易行为。

确立全球市场目标有什么好处？有什么风险？分析起来大致有以下几个方面：

第一，企业的市场领域扩大了。企业过去仅仅限于国内市场，熟悉消费者的情况，无论是消费偏好，还是消费水平，企业都非常清楚，对应于市场设计出来的竞争策略都很里手，目标市场扩展到国外以后，增加了企业获利机会，同时竞争也激烈了，产品、技术、管理、服务标准要求高了，对于企业来说是挑战，需要重新增强企业国际化经营的能力。

第二，企业的管理水平要求高了。无论是产品，还是技术、品牌、服务，都需要从国际化的角度来部署和安排，需要企业开拓创新，客观环境的变化将逼迫企业提高国际市场适应能力，提高驾驭复杂局面的能力，提高应对突发事件的能力，这个过程是引入外力逼迫企业实施管理创新的过程，既是一个机会也是一个挑战，往往机会与挑战都是并存的，国家在政策上长时间促进企业管理创新，但是不如市场逼迫创新，国内市场熟悉，国际市场从不熟悉到熟悉就是企业管理创新的过程。

第三，企业的成长机会增多了。与狼共舞才能练就狼的精神和能力，中国企业与世界上的跨国公司共舞就能练就跨国公司的精神和能力，对国有企业来说，是促进企业建立现代企业制度的机会和动力，按照跨国公司的要求，在产权制度、组织制度、薪酬制度、管理制度方面规范国有企业，这个过程本身就是对国有企业的再造。对民营企业来说，促进资本集中、人才集聚、资源集合、管理集成的机会和动力，按照跨国公司的要求，民营企业在资本体量、人才数量、资源能力和管理水平上都需要有大幅度提升，这个过程本身就是对民营企业的再造。

第四，企业的长久发展方向明确了。确立全球目标市场不是企业的权宜之计，不是一时的战略安排，而是中国企业发展最终方向，是为之奋斗的永久战略，中国境内市场虽然是世界上最大的单一国家市场，也是世界市场的重要组成部分，但是满足全球市场需要也是世界各国跨国公司的战略，也是配置全球资源的重要组成部分，形成"你中有我"、"我中有你"的格局，彼此互动，中国企业若不参与，就等于将中国市场让给国际跨国公司，世界利益得不到，中国利益也将丧失。因此，中国企业确立全球市场目标是中国整体外交、经济实力、军事实力等综合国力发展的必然结果。

8.3.2 追求势力经济

工厂追求规模经济，公司追求势力经济。将规模经济转换为势力经济是中国企业国际化发展的方向。

在短缺经济时代，"供给侧"不足是主要矛盾，为了扩大供给，人们想尽办法，发明技术手段，提高生产效率。一种做法是增加工厂数量，在生产工艺不变的情况下，提高产出总量；另一种做法是，提高单位时间内生产产品的数量，改进生产工艺，或者改进生产方式；第三种做法是采用自动化生产线，既可以提高生产数量，同时可以降低人工成本，还可以减轻劳动强度。这三种做法都是将生产规模扩大，将供给数量增加，是一个量增的过程，是工厂化过程，是规模化过程。这一过程将会在供需均衡时停滞，此时的市场状态为饱和，再增加数量没有意义，多余的生产能力称为产能过剩。

随着现代社会的发展，特别是现代通信和现代交通的使用，供给侧内部之间分工细化，内部专业化与外部联合化并存，企业供产销三个环节中，获得市场控制权成为决定企业命运的核心问题，企业公司化成为企业成长的主流趋势，工厂性的企业可以用规模经济来标度，公司性的企业可以用势力经济来标度。因此，追求势力经济成为企业国际化发展的方向。

工厂型企业"做大做强"，是将生产规模做大，将企业组织做强，强调执行力，追求规模经济；公司型企业"做大做强"，是将经营规模做大，将企业品牌做强，强调控制力，追求势力经济。只有公司型才会动员外部资源，实施全球市场，全球资本的企业布局。只有公司型企业才会将生产为重心，转变为资本管理为重心，市场管理为重心。

8.3.3 创立国际品牌

塑造中国产品、塑造中国技术、塑造中国标准、塑造中国品牌是中国企业国际化发展的方向。为什么要创建中国品牌？品牌是企业市场权利的标度，没有品牌就没有市场，没有品牌就没有公司在消费者心中的形象，没有品牌也就没有企业的遗传基因。追求势力经济就必须塑造企业自己的品牌，要么是商品品牌，要么是企业组织品牌，名其正则言其顺，若企业连名分都没有，又何谈言顺呢？

怎样创建中国品牌？

第一，以产品、技术、商业模式为品牌载体。

企业品牌是通过承载品牌的具体内容来承担的，企业品牌可以是实物产品，例如：电视机、洗衣机、汽车、手机、毛巾、服装、机器设备等，实物型产品品牌具有直观、具体，易于认识，容易记忆，社会面宽，影响范围大等特点。企业品牌可以是技术品牌，例如：生产技术、产品技术、工程技术、管理技术等，技术型品牌往往以行业性标准形式出现，或者以专有技术（Know How）、专利技术、通用先进技术等形式出现。企业品牌可以是商业模式品牌，属于企业组织形式的品牌，例如：连锁经营商业模式、网络经营商业模式、虚拟经营商业模式，等等。

第二，防止品牌政治化。

品牌是商品的称呼，商品是要服务广大消费者的，在全球市场范围就包括了人类共同的价值标准，就应该体现人类共同的价值诉求，例如：和平、友好、环保、生态、友爱、进步、绿色、蓝色、科技、创新、发展等，就不应该在商品身上标度某些局部领域诉求符号，或者某些独特领域的诉求符号，更不能含有政治观点，除非是限定特定的消费群体。如果品牌称呼中含有政治斗争领域倾向，或者意识形态领域倾向，或者民族形态领域倾向，或者宗教信仰领域倾向，这样的品牌只能销售给特定的消费群体，很难超越这种范围来实现国际化。"只有民族的才是国际的"，但是，只有国际的才有民族的，只有被广大国际社会所接受的、爱戴的、敬仰的，民族的内容才能茁壮生长、繁荣丰茂、生生不息、世代繁衍。商品是这样，品牌也是这样，国际品牌更是这样。

第三，品牌称呼与商品实物形态相吻合，企业称呼与企业行业属性相吻合。

国际品牌的称呼具有穿透性，国际品牌的称呼具有跨越多种语言的能力，让具有各自语言的各个民族的人都能接受，并能容易理解、便于记忆、一见喜爱，为了增强这种能力，需要将品牌的称呼与实物形态相对应，尽可能将实物的特点汇聚在品牌称呼上，这个概念越贴近，在翻译成不同语种时表述就准确，反之，如果品牌称呼所表达的意图距离品牌的实物属性太远，或者张冠李戴，南辕北辙，甚至讳莫高深、不着边际，"拉大旗做虎皮"，那么，在翻译成其他语言时就很难，很不容易表述清楚品牌的含义，消费者也就很难记忆，就很难走出国门步入其他国家市场。当今世界上的知名商品品牌，无一不是具有清晰品牌内涵表述的，无一不是具有跨越语言障碍能力的。

第四，忌讳小商品大称呼。

小商品也可以成就大品牌，例如：我国浙江温州虎牌打火机，是世界知名品牌。浙江大虎打火机有限公司创办于1992年，从下岗工人安置费5000元起步，艰苦奋斗，不断创新，经十几年发展，成为中国金属外壳打火机生产的龙头企业。公司始终坚持抓质量、创品牌的道路，不断采用新技术、新工艺、新材料，积极引进日本、美国先进制造设备和工艺技术，形成了直冲式、防风式、明火式、花样式四大类，几十个系列、几百种款式的高、中档产品。多项技术填补了国内空白，并获得国家专利。公司创造的适用于海拔2500~3000米高原地区使用的打火机进入墨西哥、哥伦比亚市场。公司产品远销加拿大、日本、美国、墨西哥、西欧等70多个国家和地区，在50多个国家注册了"虎"牌商标，并在欧美等发达国家开设了专卖店。我国虎牌打火机品牌国际化成功的案例说明，小商品同样可以成就大品牌。小商品突出的是特点、技术、工艺、标准，而不是大称呼，如果名称很大，商品很小，在视觉和称呼上反差过大，在翻译成其他语种时，很容易使消费者产生错觉——"头小帽大"，从而对商品产生怀疑，对商品的制造商产生质疑，有华而不实的嫌疑，动摇对商品的信赖，这是在国际品牌建设中需要注意的问题。

第五，做好品牌组合策略设计。

在一个企业内部可能是单一产品（或服务型产品），也可能会有多种产品（或服务型产品），甚至可能还有多种行业的产品门类（或服务型产品），这就需要设计一个品牌组合，进行策略部署。例如：海尔公司是生产家用电器的企业，具有多个门类和多个生产线，但是统称为"海尔"品牌，即企业名称、商品名称、商标名称、品牌名称全都称为"海尔"，这种布局是"单一同名品牌"的策略组合，具有形象统一、称呼统一、宣传口径统一的好处，易于记忆和理解，突出企业组织形象。但是，也存在风险，市场末梢敏感，任何负面消息都会波及企业形象。再如：通用汽车公司，公司的名字称呼为"通用"，而产品名字的称呼与公司名称的称呼不同，称为雪佛兰、别克、欧宝、凯迪拉克、宝骏、霍顿、沃克斯豪尔、五菱等，这种策略组合的做法称为"异名品牌"，这种做法有个好处，即当哪个品牌市场表现不好，可以丢弃不要了，从整体上不会影响企业的形象，因为商品的名称与企业的名称不同，不会使消费者直接联想到企业，起到了保护企业安全的作用。又如：宝洁公司是一家生产日用化工品的公司，成立于1887年，2015年世界500强排名第100位，当年营业收入84537百万美元，利润11643百万美元，有着178年进步历史，公司旗下具有300多个产品品牌系列，如海飞丝、飘柔、沙宣、威娜、伊卡璐、塞巴斯汀等，采用的是多品牌策略，突出产品形象，弱化企业组织形象，对于市场变现不好的品牌，可以随机淘汰，但是不会影响企业。

第六，保护品牌安全。

品牌是企业的名誉，企业因品牌荣而荣，因品牌败而败，因此要倍加珍惜品牌建设，维护品牌安全，就是珍惜企业建设，维护企业安全。

保护品牌安全，要运用法律手段维护企业自身品牌利益。依法维权，依法护企，监督侵害自身品牌利益的事件，屏蔽非法侵害，无论是商标、名称、图案、色彩、标识，还是企业名称，都要依法注册，依法宣传，依法使用。

保护品牌安全，不允许非法侵害。拒绝盗版、复制、拷贝、随意使用企业信息资源，未经同意不允许非法使用其他企业名声，企业之间不允许盗用彼此信息，不允许使用别人的商标或品牌。

保护品牌安全，要维护品牌的唯一性。品牌是独一无二的市场称呼，在一个市场环境中不允许出现完全一样的两个品牌，如果出现，就是管理监督失误，既是不道德行为，也是违法行为，这种情况在国际市场上是非常忌讳的。

保护品牌安全，要崇尚品牌创造和品牌传承。品牌建设只有两种状态：品牌创造或者品牌传承。例如：中国阿里巴巴公司，创造了一个平台企业，阿里巴巴的出现就是创造出一个新企业、新品牌、新商业模式、新商标。再如：欧米茄，品牌诞生和企业诞生后，始终都用这一个称谓，至今未变，中国的同仁堂也是这样，企业诞生和品牌诞生一直用这个称呼，300多年没有变化，产品不断创新、技术不断创新、管理不断创新，但是品牌始终不变。不主张轻易更换品牌，更不能将老祖宗留下来的牌子砸了，品牌历史越悠久，企业文化越厚重。

8.3.4 整合世界资源

树立全球资源观，运用全球资源，整合全球资源，深入世界产业分工的链条中，发挥长处、弥补短处，增强竞争力量，这将成为中国企业国际化发展的方向。

全球资源分布严重非均衡，无论是矿产资源、森林资源、水资源、动植物资源、生态资源，还是气候资源、人口资源、人才资源、文化资源、经济资源等，都是严重非均衡。需要资源的地方与拥有资源的地方往往不在同一个地方，需要资源多的地方与拥有资源多的地方也往往不在同一个地方，这就必然面临资源分配全球化的问题。人类文明进步到今天，只有通过自身发展，采取交换各自劳动的办法来分配世界资源。首先满足本国自身需要，在有多余的情况下才可能通过贸易形式交换到其他地方，以满足人们需要。因此整合世界资源，提高整合世界资源的能力，是企业国际化的必然选择。

第一，树立整合世界资源的意识。在思想上建立起资源的世界观，企业设计工作内容时就将全球资源的指导思想灌输到企业中来，无论是发展战略，还是项目规划、工作计划，都应当明确资源的范围是全球性的。

第二，建立全球资源网络系统。建设资源基地，培养资源市场，能做到整合得来，能做到保量保质，避免出现"平时不准备，急时乱撞墙"的现象。

第三，采取合作共赢的方式分享资源红利。有节律地开发自有资源，多用国际资源。

第四，增强动员能力。用好资本手段，扩展外交手段，发挥文化手段。

8.3.5 实施跨文化管理

企业国际化发展，必然带来人才国际化，必然促进企业管理国际化，实施跨文化管理必然成为中国企业国际化发展的方向。

人，是企业最宝贵的财富，员工队伍建设是形成企业竞争力的基础。在一个国家内，企业员工队伍由单一国籍、单一民族的人群构成，民族习俗相同，价值理念一致，员工管理是单一文化背景，不存在文化冲突。但是，企业实施国际化发展，组织边界跃出国门，员工队伍中吸收了外籍员工，甚至多种国籍、多种民族、多种宗教信仰、多种价值观的员工，企业就需要有一套适应这种情况的管理方法，简单地用单一国籍员工管理方式或者用单一民族员工管理方式是不合适的。

文化的概念很复杂，形成文化的时间很悠久，文化的表述方式多种多样，归根结底都要落在人的行为方式上，落在人的价值理念上。因此，跨文化管理的本质就是在包容多种文明，尊重多种民族行为方式的基础上，在一个组织团队内部大家有一个统一的行为方式，保证组织目标按计划实现。

企业实施跨文化管理要在以下几个方面着力建设：

第一，充分尊重人权。尊重人的生存权，尊重人的成长权，尊重人的劳动权，尊重人的学习权，这些人的基本权利要得到充分尊重，每个人在组织内很有尊严、很体面，不出现人为造成的心理压力。

第二，建立适应多元文化管理的规章制度。要将文化的包容性与组织制度的严谨性相结合，用制度约束行为，统一规范；用文化包容思想，激励创新。规章制度就是建立在充分尊重人权的基础上，规范所有人的行为，形成政令畅通的机制，形成上下反馈的机制，维持组织行为高效。

第三，尊重东道国法律和民族习俗。企业作为外来者，进入东道国开展业务，就必须在东道国法律框架下活动，雇用当地员工是很好的办法，培养当地企业领导者是很好的办法，一般情况下，企业内部的两个重要职位由当地员工担任，一个是律师（法律顾问），一个是财务经理，这两个职位经常与当地部门打交道，采用本地人去处理，天然没有文化上的隔阂，具有很好的交流界面。

第四，按照国际惯例处理矛盾。无论是组织内部的矛盾，还是组织外部的矛盾，遇到矛盾就要处理矛盾，在多元文化背景下处理矛盾，实质上就是利益关系的平衡问题，局部利益与大局利益，个人利益与企业组织利益，企业利益与国家利益，国家之间利益，等等。采取事先约定、事中监管、事后核查的办法处理，即事情出现之前要有合同约定，事情进行之中要有责任把关，事情结束以后要有总结意见。把可能发生的问题解决在发生之前，控制在发生之中，程序化处理在发生之后。

第五，培养具有跨文化管理能力的职业经理人。国际企业中的职业经理人通常具有以下素质：开放包容的心态和灵活的思维能力，能够在不同的情境下生活和工作，能够与不同类型的人和睦相处，随机组成团队，乐意倾听他人意见和建议。不傲慢、不刚愎自用，对差异性文化感兴趣，觉得很有意思，尊重不同观点，喜欢社交，喜欢与不同的人群打交道，并发挥引领作用。善于思考，部署工作仔细周密，对逆境有忍耐力，能够抓住事物的规律，敢于承担风险，主动处理复杂局面。乐观向上，积极活泼，充沛活力，像一团火，又像一块磁石，激励自己的同时，也激励着周边的人群，对时局总是看到积极的方面。诚实正直，容易获得周边人群的信赖，生活习惯稳定，没有情绪上的大起大落。懂得专业技术，熟悉行业特点，营商经验丰富。国际企业职业经理人绝大部分需要企业自己来培养，企业要制定有效的职业经理人成长计划，将个人学历与阅历融合起来，在多种岗位上历练，不断增强能力。

8.4 中国跨国公司建设实现方式

国际企业成长大多经历了四种发展进程，一是产品出口，二是许可证贸易（OEM），三是国际联盟，四是对外直接投资。这四种进程可以是逐一递进的，也可以是跨越发展的，还可以是综合推进的。中国企业国际化建设进程中，企业业务的国际化扩展，企业市场范围的国际化扩展，实现方式也会多种多样，设立国际机构实现国际化，到东道国办厂实现国际化，国外直接投资实现国际化，兼并外国企业实现国际化等。不拘泥于一种或几种方式，还可以创造新方式。例如：国际网络平台方式，创建联合体方式，创建命运共同体方式等。

8.4.1 设立国际经营机构实现国际化

建立国际机构是企业将某些业务部门放到国外去，开辟国际窗口，从而实现国际化经营。

将企业经营机构放到国外，通过设立国际经营组织机构拓展国际业务。一般情况下，企业建立海外经营中心是最常见的国际化做法，企业要开展国际业务，就需要将产品或者服务的展示窗口放到国外去，既作为一个展示平台，也作为一个服务平台；既提供产品展示和销售的柜台，也提供一个售后服务的平台，同时也是收集当地市场信息，分析客户情况的平台，也是探索海外领地的触角。

作为生产经营型企业都有三大功能，研发—生产—经营，限于企业生产技术条件限制，一般情况下，企业国际化进程都是先做经营国际化，即先将产品卖到国际市场上去，先做点，再扩展面，先解决有无问题，再解决多少问题。因此，企业国际化进程的第一步是产品或服务国际化，可以是直接出口，不通过中间环节，直接与客户对接，也可以是间接出口，通过母国企业扩展市场，再转售到终端客户。

对于陌生的市场，由于风险较大，一般采用间接出口的方式，通过东道国企业转售的办法扩展市场，以降低风险，逐步熟悉以后再采用直接出口的方式。

企业开拓国际市场，需要提前进行市场调查，分析不同区域市场特点。例如：亚洲市场、欧洲市场、非洲市场、北美洲市场、南美洲市场、加勒比地区市场、中东地区市场等。即使是同一个地区的市场，国家之间的情况也有不同特点，也需要详细了解市场细分情况，有针对性地设计市场分工，采取相应的市场营销策略，一般策略选择都是先易后难、先小后大、先少后多、先低后高。不熟悉的不做，不了解的不干，没有把握的不做，即使市场很有诱惑，也不能盲目操作。

8.4.2 设立国际研发机构实现国际化

当企业经营国际化发展有了经验以后，可以安排研发国际化，将研发机构放到国外。

有重点有目的地选择一些国家或地区，设立研发机构或者研究院（所），这种机构可以与东道国的企业合作创立，也可以独立创立，还可以与大学、研究院合作创立。例如：海外孔子学院，大多设立在当地大学内，或者当地文化教育交流机构中，充分利用当地的硬件资源和服务资源，取得很好效果。截至 2009 年年底，全球已经有 554 所分支机构，分布在 88 个国家和地区，开创了集学习中国语言、文字、文化、习俗于一体的综合性机构，成为深受海外各国欢迎的文化教育机构[1]。

建立海外研发机构，重要基础性资源是人才，重要条件是信息和情报，重要保障是装备现代化。因此，一般情况下，海外研发机构都是建立在科研人才相对集中的地方，科技信息相对密集的地方，科研装备现代化相对集中的地方。例如：世界 500 强企业中有 260 多家企业在北京海淀区建立研发中心，因为这个地方汇集了中国最知名的大学，汇集了最优秀的人才、信息和装备，国际跨国公司正是看重这一点，才将亚太地区的研发中心首选放在北京海淀区，特别是中关村地区。

中国企业走出去发展，建立海外研发中心，可以首选在德国、法国、英国、美国、俄罗斯、以色列、日本、韩国、印度等地，因为这些地方汇聚了当地最优秀的人才，具有良好的科研条件，有效利用国际科技资源是建立海外研发中心的战略意图和中心思想。

科技型企业在海外建立研发中心有利于利用国际人才资源，有利于汇集国际创新资源。例如：中国华为公司就是一个在信息技术领域的创新型企业，据印度《经济时报》2015 年 2 月 5 日报道，华为技术有限公司将在印度的科技之城班加罗尔投资 1.7 亿美元建立一个研发中心，从事软件开发事业，班加罗尔是印度的科技之城、人才之城，也是世界知名的软件研发人员汇聚之地，这是中国公司在印度的第一笔着重软件开发建立的专项投资，也是华为公司在海外最大的研发中心，该研发中心建成后可容纳近 5000 名软件工程师，将成为华为公司在海外重要的创新平台。华为公司建立海外研发机构的做法有力地促进了华为公司国际化进程。

中国吉利汽车集团公司是从事汽车行业发展的企业，形成了完备的整车、发动机、变速器和汽车电子电器的开发能力，公司除了在中国上海建有研发中心外，在海外也建立了研发事业部，分别在瑞典哥德堡、西班牙巴塞罗那、美国加州设立了造型设计中心，构建了全球造型设计体系。在瑞典哥德堡设立了吉利汽车欧洲研发中心（CEVT），设计具有全球竞争力的中级车模块化基础架构，创建海外研发中

---

[1] 资料来源：张玉杰著，《公司战略谋划与执行》，企业管理出版社，2012 年版，第 40 页。

心对提高企业创新能力发挥了积极作用。

8.4.3 东道国办厂实现国际化

对于生产型企业，当本企业产品在海外市场销售量足够大的时候，就要考虑到运输成本和售后服务对企业发展的影响，可以将工厂外移到销售地，实施全球布局，通过到东道国办厂的方式实现企业国际化。

例如：中国青岛海尔公司，早在 1999 年 4 月 30 日，就在美国南卡罗来纳州创办了生产工厂，生产海尔品牌的白色家电产品，销售到美国本土市场，满足在美国市场的销售需要，促进了企业国际化。海尔公司先后在欧洲、南亚、美洲、东南亚等地区创办工厂，积极拓展海外业务，不仅满足了当地市场产品销售需要，满足了售后服务需要，而且部分使用当地原材料，吸收当地人为员工，减少运输费用，降低了产品成本，也为企业不断积累了国际化管理经验，特别是跨文化管理的经验。

采用东道国办厂的方式，主要考虑以下几个问题：

第一，市场容量。当地销售本企业产品的数量必须足够大，可以满足在一定商圈半径内建厂的基本数量要求，即最低规模经济的技术要求。

第二，运输距离。工厂所在地距离消费者最远距离足以满足运输的技术要求，运输半径必须满足运输成本的最优化要求，过远或者过近都不合适。

第三，技术支持。当地能够提供工厂运行的基本条件，例如：土地、电力、水源、道路、交通、气候、生态、能源供给、市政设施，等等。

第四，社会保障。国家政权稳定性、外交关系、外资政策、人口素质、外国企业政策、劳动力、税收、产业政策、劳工政策、国家相关法律，等等。

8.4.4 兼并外国企业实现国际化

走出国门可以采用不同的方式，可以是产品销售到海外市场，可以是技术销售到海外市场，可以是品牌销售到海外市场（OEM），可以是资本输出到海外市场，其中，输出本国资本也是企业国际化的重要方式，使用资本的力量，在国际市场上进行横向或者纵向购并，放大本企业规模，拓展海外业务，拓展国际市场份额，增强企业实力。

中国浙江吉利集团公司国际化的成长历程就是一部采用国际购并的方式成长的历程，作为非汽车行业的民营企业，采用购并的办法进入汽车制造领域，解决了汽车领域进入壁垒问题，同样也是采用购并办法进入汽车国际大品牌领域，解决了国际市场的进入壁垒问题，吉利公司的成长经历堪称一部成功并购历史、辉煌的国际化成长历史。对于中国企业国际化发展具有示范意义。

2006 年 10 月 24 日，吉利公司正式签署协议，会同上海华普与英国锰铜控股公司（MBH）合资生产名牌出租车，打破了以往中外合资的惯常做法，开启了中外合资造车新的一页。

2009 年 3 月，吉利成功收购全球第二大自动变速器公司——澳大利亚 DSI 公司。

2010 年 3 月 28 日，吉利公司与美国福特公司签署协议，以 18 亿美元收购沃尔沃轿车公司 100% 股权，并于当年 8 月 2 日正式完成交割手续，并购完成后吉利公司成为中国第一家汽车行业领域中的跨国企业，吉利公司的汽车生产规模可以达到年产 60 万辆，进入世界大汽车生产企业行列。进入世界 500 强企业阵容。

2013 年 2 月 1 日，吉利控股集团通过下属子公司——吉利英国集团有限公司按零现金、零债务模式以 1104 万英镑收购英国锰铜控股的业务与核心资产，包括英国锰铜的厂房、设备、不动产、全部无形资产（包括知识产权、商标、商誉等），以及锰铜与吉利在中国设立的合资工厂中 48% 的股份和库存车辆。

吉利公司国际化主要采用的是国际并购的办法，这种办法速度快、规模大，国际影响也大，是一个十分成功的经典案例。汽车行业是投入大、技术要求高、品牌影响力大、竞争激烈的行业，没有长时间行业积累是不行的，作为新生企业能够快速进入汽车行业，这本身就很不容易，能够快速进入国际市场就更不容易，如果采用常规手段，通过产品国际化来实现企业国际化，对于行业新兵吉利公司来说可能要走很长的路，需要很长时间来积累和培育，吉利公司打破常规做法，直接采用国际购并的办法，特别是购并国际知名品牌沃尔沃，直接进入汽车行业国际先进企业行列，属于跨越式发展的典范，是经典的成功案例，对于中国其他企业的国际化实践具有非常经典的示范意义。

海尔公司也是采用国际购并的方式加速企业国际化的。2001 年 6 月 19 日，海尔集团并购意大利迈尼盖蒂公司所属一家冰箱厂，这是中国白色家电企业首次实现跨国并购，这是海尔公司建立美国海尔之后，在欧洲实现设计、制造、营销"三位一体"的本土化经营的标志性事件，海尔公司通过"海外办厂"和"海外购并"两种手段加速企业国际化。

8.4.5 国外直接投资实现国际化

海外直接投资（FDI）是企业国际化的高级形态，通过资本输出的方式，直接到目的地国开发市场，投资办企业、投资办产业园区、投资并购企业或购并品牌、投资开发资源、投资建设基础设施、投资修路架桥，投资建设公共物产，等等。

国际上跨国公司发展到今天，大部分海外业务扩展都是采用直接投资的方式，以资本输出的方式带动产品输出、技术输出、管理输出、标准输出、品牌输出，将资本输出与其他输出方式相结合，以庞大的资本体量强力推进国际化，特别是对于东道国同类企业中发展好的企业，构成潜在竞争对手的企业，就采用合资合作、兼并重组的方式吃掉。对于具有潜在成长性的企业，就采用风险投资的方式进行培养，再择机脱手。国际资本流动的背后都是跨国公司在运作，都是跨国公司这样的大鱼在商海中游来逛去，窥视商机，伺机吃掉目标，壮大自己。

中国企业国际化进程中，过去也有对外直接投资的成功案例，但是，相对于国际跨国公司游刃有余的行为，还有很大距离，这需要在企业对目标市场相当熟悉，资本体量绝对够大，国际资源动员能力足够强大的基础上才能发挥出来。其中，国际化经验和敏捷的决策能力是不可或缺的，在这两个方面，中国国有企业和民营企业都有短板，都需要在今后时期弥补。

8.5 中国跨国公司成长条件创建

中国企业国际化需要创造条件，积聚人才，扩大资本，创新技术，积累经验，增强动力，提高能力，适机出手，抓铁有痕，马到成功。因此，人才、资本、技术、经验是不可或缺的基本条件，需要在实践中逐步积累，需要在观察中认真学习。

8.5.1 积聚人才

人才是企业国际化发展的第一要素。要搞清楚需要什么样的人才，如何获得人才、如何发挥人才、怎样汇聚人才。

1. 人才能力要求

企业国际化需要的是能够从事国际业务工作的人才。一是具有适应不同自然环境的身体能力，人要具有良好的身体素质，国际化就必然要有员工到海外工作，能够经常出差，及时适应异地工作，适应不同环境工作，在异国他乡，气候不同，水土不同，风俗不同，语言不同，在一个陌生的环境中能够很快适应，很快熟悉，上手工作，没有一个好身体是不行的。二是国际语言工作能力，具有外语交流能力，除了具有良好的中文交流能力之外，还需要有第二种语言，以及第三种语言的交流能力，通常需要英语、法语、西班牙语、阿拉伯语等语言交流能力。三是专业工作能力，熟悉本工作岗位专业业务，通常是本专业中的行家里手，无论是代表公司商谈业务，还是处理日常工作任务，都需要对本企业从事的行业非常熟悉。四是具有团队合作能力，能够与不同国籍、不同民族、不同工作语言的人在一起工作，发挥桥梁或纽带作用，很好的内外沟通能力，团结周边人群共同实现工作目标。这四个方面的能力是企业国际化过程中所必需的人才群体。

2. 人才获得方式

如何获得人才，从国内人才供给情况来看，中国是人口大国，13亿人口总量，足以形成人才济济的局面。一方面，每年高校毕业生有800多万，中等职业教育毕业生600多万，足以补充企业所需要的人才储备。另一方面，每年约有30万出国留学人员，学成后大多回国发展，也提供了人才储备，这些人才要用好用足。从国际人才供给情况来看，中国改革开放以来，经济迅猛发展，社会不断进步，一些外国人也看到中国机会，愿意到中国公司工作。进入21世纪以来，外国人进入中国公司工作的数量大幅增加，为中国企业国际化提供了人才储备。国内人才储备和国际人才储备两个领域都是畅通的。

企业国际化人才必须建立储备机制，需要企业在岗位上培养，培养的时间可能或长或短，但是不能拿来就用，对于一个陌生的工作岗位，任何人都需要时间来熟悉，需要有经验的人来传帮带，许多国际企业的经验证明，采用空降直接使用人才的办法，效果大多都不理想，这也是国际企业人才管理的一条基本经验。

3. 人才有效管理

国际企业人才管理需要按照国际惯例方式来管理，不能完全使用国内管理的方式。首先是要尊重人，尊重不同文化背景的人，不能使用过于政治化的方式，不能使用与国家意识形态有关的方式。第二是尊重人的能力，尊重人的岗位工作能力，让员工在岗位上充分发挥自己的才能。例如：在德国西门子公司，企业内部的工程技术人员称为"科学家"（Scientist），而不是"工程师"（Engineer），充分体现了对工程技术人员的岗位能力尊重。在中国国内，"科学家"往往被认为是在科研院所工作的科研人员的社会尊称，高不可攀，神不可及，即使在岗位上评定的技术职称也称为"工程师系列"（Engineer System），没有"科学家系列"（Scientist System），而在西门子公司内部采用的就是"科学家系列"，而不是"工程师系列"，虽然称呼不同，但是却体现出对科研工作岗位的尊重，把"科学家"统称为一种岗位、一种职业、一种操守，这一做法无疑是对从事科研工作的人的莫大尊重，这种做法就是企业国际化行为。

第三是尊重人的自由度，允许员工有个人生活空间，不干预个人的生活方式，允许发挥自己的创意与创新动议，营造充分发挥个人聪明才智的氛围。第四是尊重人的劳动，企业能够提供具有竞争力的薪资待遇，能够满足人才日常体面生活。

8.5.2 扩大资本

足够的资本体量是企业国际化发展的必要条件。庞大的资本动员能力是企业解决所有发展问题最好的润滑剂，也是企业国际交往中最好的媒介。因此，具有庞大的资本体量或者庞大的资本动员能力是企业国际化的条件。

世界 500 强企业堪称是企业国际化成功的典范，在这些企业中成长路径和成功方式大致可以分为三种类型：第一种类型是凭借庞大的资本动员能力；第二种类型是凭借顽强持续的创新能力；第三种是凭借良好的商业模式。

世界 500 强企业入围排序是按照营业收入总量来排名的，附带着利润指标，这两项指标实际上代表了企业拥有的资本数量和资本动员能力。营业收入指标是企业作为独立的商业组织整体的营收总量，而不是企业内部单一产品的收入，理解这一特点很重要，因为这一指标的背后代表着企业拥有资本数量的大小，代表着可以动员资本的数量大小。

以 2015 年世界 500 强的数据分析：排在第一名的是美国商业巨头沃尔玛公司，当年营业收入是 485651 百万美元，排在最后一位的是中国武汉钢铁（集团）公司，当年营业收入是 23720.9 百万美元，都是具有庞大营收能力的企业。在营收总量中，国际跨国公司在非母国市场收入占绝大比重，这个指标比重越高其国际化程度也越高，这个指标越高企业开拓海外市场的能力也越强。另一个指标是单位要素动员资本的能力，例如：平均每一位员工支配资本的数量，平均每一位员工盈利数量等，这些指标表达出单位要素支配资源的数量，表达出单位要素生产经营能力，这些指标越高则企业的效率就越高，动员资本的能力就越强，获利能力也越强。

从企业拥有资本体量情况分析：到 2015 年，在世界 500 强企业中，美国入围企业 128 家，占比 25.6%，处于第一位；中国已有 118 家企业入围（包含台湾地区 7 家，香港地区 5 家），占比 23.6%，处于第二位，中美之间只差 10 家企业。在前 10 位企业中，中国企业入围 3 家，比重占第一位。从营收水平这一指标的比较来看，中国企业与美国企业之间差异不大。证明中国企业在拥有资本总量方面具备了国际化的基本条件。

从国家财富拥有数量情况分析：中国国内生产总值（GDP）2014 年已经达

到 636463 亿元人民币，其中第一产业增加值 58332 亿元人民币，第二产业增加值 271392 亿元人民币，第三产业增加值 306739 亿元人民币，三次产业结构比重，第一产业为 9.2%，第二产业为 42.6%，第三产业为 48.2%。稳居世界第二大经济体的位置。2014 年一般公共财政收入 140350 亿元，其中税收收入 119158 亿元。（见图 8-5-1　2010—2014 年中国国内生产总值及增长速度图，见图 8-5-2　2010—2014 年中国一般公共财政收入总量图）。

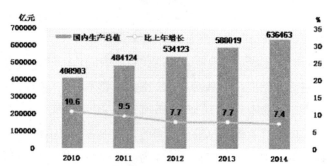

图 8-5-1　2010—2014 年中国国内生产总值及增长速度图
资料来源：国家统计局 2014 年国民经济和社会发展统计公报。

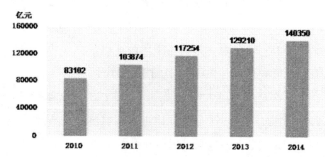

图 8-5-2　2010—2014 年中国一般公共财政收入总量图
资料来源：国家统计局 2014 年国民经济和社会发展统计公报。

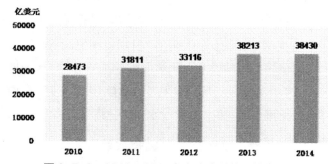

图 8-5-3　2010—2014 年年末中国外汇储备数量图
资料来源：国家统计局 2014 年国民经济和社会发展统计公报。

从国家外汇供给情况分析。2014 年年底国家外汇储备 38430 亿美元，全年人民币平均汇率为 1 美元兑换 6.1428 元人民币，汇率基本稳定，国家外汇储备连年增长，中国已经成为世界上外汇储备最多的国家，外汇供给充裕。（见图 8-5-3　2010—2014 年年末中国外汇储备数量图）。

从社会资金储备和供给情况来看：2014 年年末广义货币供应量（M2）余额为 122.8 万亿元；狭义货币供应量（M1）余额为 34.8 万亿元；流通中货币（M0）余额为 6.0 万亿元，三项指标连年持续增长。全年社会融资规模为 16.5 万亿元。年末全部金融机构本外币各项存款余额 117.4 万亿元，其中，人民币各项存款余额 113.9

万亿元。全部金融机构本外币各项贷款余额 86.8 万亿元，其中人民币各项贷款余额 81.7 万亿元。（见表 8-5-1　2014 年年末全部金融机构本外币存贷款余额及其增长速度表）。

表 8-5-1　2014 年年末全部金融机构本外币存贷款余额及其增长速度表

指　　标	年末数（亿元）	比上年末增长（%）
各项存款余额	1173735	9.6
其中：住户存款	506890	8.9
其中：人民币	502504	8.9
非金融企业存款	400420	5.4
各项贷款余额	867868	13.3
其中：境内短期贷款	336371	7.9
境内中期贷款	471818	15.0

全部金融机构人民币消费贷款余额 153660 亿元，其中，个人短期消费贷款余额 32491 亿元，个人中长期消费贷款余额 121169 亿元。全年上市公司通过境内市场累计筹资 8397 亿元，其中，首次公开发行 A 股 125 只，筹资 669 亿元；A 股再筹资（包括配股、公开增发、非公开增发、认股权证）4165 亿元；上市公司通过发行可转债、可分离债、公司债、中小企业私募债筹资 3563 亿元，全年公开发行创业板股票 51 只，筹资 159 亿元。全年发行公司信用类债券 5.15 万亿元。

从国际资本流动强度和投资动量来看：2014 年中国实际使用外商直接投资金额 7364 亿元人民币（1196 亿美元），非金融领域对外直接投资 6321 亿元人民币（1029 亿美元），多年持续增长。对外承包工程项目完成营业额 8748 亿元人民币（1424 亿美元），对外派出各类劳务人员 56.2 万人。（见表 8-5-2　2014 年中国非金融领域对外直接投资额及其增长速度表）。

表 8-5-2　2014 年中国非金融领域对外直接投资额及其增长速度表

行　　业	对外直接投资金额（亿美元）	比上年增长（%）
总　计	1028.9	14.1
其中：农、林、牧、渔业	17.4	19.2
采矿业	193.3	-4.1
制造业	69.6	-19.8
电力、热力、燃气及水生产和供应业	18.4	36.3
建筑业	70.2	7.5
批发和零售业	172.7	26.3
交通运输、仓储和邮政业	29.3	17.2
交通运输、软件和信息技术服务业	17.0	100.0
房地产业	30.9	45.8
租赁和商务服务业	372.5	26.5

从国际贸易强度和增长动量情况来看：2014 年货物进出口总额 26433 亿元，其中，出口 143912 亿元，进口 120423 亿元，总量连续保持增长。服务贸易进出口总额 6043 亿美元，其中，出口 2222 亿美元，进口 3821 亿美元，总量持续保持增长。

图 8-5-4　2010—2014 年货物进出口总额增长图

资料来源：国家统计局 2014 年国民经济和社会发展统计公报。

（见图 8-5-4　2010—2014 年货物进出口总额增长图）。

从上述指标分析情况来看，中国从整体上已经具备了企业国际化发展所需要的资金供给条件和资金动员条件。

并随着人民币国际化发展，以及开放型金融建设，将进一步扩充国际资金融通的渠道和领域，为中国实体企业走出去发展提供金融保障。

企业在国际化过程中，一方面要用好国内资金池子里的钱，发挥资本输出的作用；另一方面还要用好国外资金池子里的钱。例如：企业到境外股票市场上市，发行国际债券，购买国际债券，建立境外合资企业，组建合资公司等，利用国际资金杠杆原理，以国内资金撬动国外资金，以本币撬动外币，开展国际金融合作，将国际产能合作与国际金融合作结合起来，互利互惠，共同开拓国际市场，获取共同利益。

8.5.3 创新技术

技术是企业核心竞争力的重要组成部分。技术来源于企业具有创新能力，创新包括战略创新、技术创新、管理创新、体制机制创新、商业模式创新、文化创新。创新就是调整内部行为提高企业运营效率，就是调整战略部署适应市场变化，创新能力是企业国际化发展的条件。企业既在创新中推进国际化，又在国际化中促进创新，将创新与国际化联动起来。

世界上处于行业领先的国际企业都是具有创新能力的企业，通过企业自主创新创造出世界领先的产品或技术，并将技术以法律形式形成标准，引领行业发展，创新型企业绝大多数都是行业发展的引领者。

中国已经建立了完整的国民经济体系，建立了完整的国家产业体系，建立了完整的国家重大工程项目研发创新体系，建立了以高等院校、科研院所、企业技术创新中心"三位一体"的社会科研创新体系，为提高原始创新、集成创新、引进消化吸收再创新能力提供了支持系统。

截至 2014 年年底，中国全年研究与实验发展（R&D）经费支出 13312 亿元，占当年国内生产总值（GDP）之比为 2.09%，其中，基础研究经费 626 亿元。累计建设国家工程研究中心 132 个，国家工程实验室 154 个，国家认定的企业技术中心 1098 家。受理境内外专利申请 236.1 万件，授予专利权 130.3 万件，有效专利已达到 464.3 万件。全年共签订技术合同 29.7 万项，技术合同成交额达到 8577 亿元[1]。

但是，还应当看到，中国作为世界第二大经济体，不久的将来还将成为世界第一大经济体，其经济地位与自主创新、原始创新能力还不匹配，研发整体水平和质量与发达国家相比还有差距，特别是能够形成中国标准、引领世界科技发展前沿的领域、引领产业发展前沿的领域，还急需努力。因此，提高原始创新能力，提高企业自主创新能力。

提高企业自主创新能力要在以下几个方面着手：

第一，依据产品生命周期规律自觉创新。任何产品在市场上销售都有生命周期规律，即投入期、成长期、成熟期、衰退期，当一种产品在市场上处于成长期的时候，就应当启动后续产品的研发，当产品处于成熟期的时候，就应当推出后续产品的跟进，当产品处于衰退期的时候，后续产品就应当替代前面的产品，秉承生产一代、储备一代、研制一代、构思一代的原则，连续推进产品和技术创新。

第二，创业与创新并举。创新是创立一种新的生产函数，创新是创立一种新的商业模式，创新是创立一种新的生产手段，创新是创立一种新的产品和新的技术。创新包含了创造和创业，改变了过去的行为方式，开拓了新领域，实际上就是企业创造了新的活法、创造了新的存在方式。创业本身就是创新，是企业的系统性变革，把创新理解为创业，实际上就是对过去的扬弃，对未来的开拓。

第三，产业创新与企业创新互动。企业创新大多集中在微观领域，集中在解决生产技术问题领域，集中在产品创新、技术创新、管理方法创新等方面。但是，一旦企业创造出新的产品，就可能形成一个新的产业。例如：互联网的出现，作为一种技术手段互联网仅仅局限于企业内部的信息交流，形成的是局域网，可是当互联网与其他产业结合，就派生出一种新产业——平台产业，生成了全息网，即互联网 + 物联网 + 信联网 = 全息网，在全息网（平台）基础上可以继续加其他行业，就生成了"无限网络产业"，即"互联网 +"行业。这就是企业创新与产业创新互动产生的结果。

第四，技术创新与管理创新共进。技术创新是指人与自然的关系建设，利用自然规律能动地创造出具有使用功能的产品或方法。自然规律是不能发明创造的，只

[1] 资料来源：中国国家统计局，《2014 年国民经济和社会发展统计公报》，2015 年 2 月 26 日。

能去发现，去遵守，去利用，科学发现属于基础性创新，人们运用自然规律创造出来的器物或者方法，属于工程技术层面的创新，企业创新绝大部分属于这一领域的创新。管理创新是人与人的关系建设，利用社会规律创造出有效的管理方法，提高人的主观能动性，发挥人的创造力，提高人的工作效率。技术创新是企业的"硬件"建设，管理创新是企业的"软件"建设，二者互为促进，互为依存，同等重要。

第五，培养创新文化。创新是一项困难重重的事业，需要克服很多困难，需要在社会中、在企业中形成一种主动创新、愿意创新，以创新为乐、以创新为荣、以创新为欲的文化。例如：英国著名发明家詹姆斯·瓦特发明了蒸汽机，在儿童年代就注意观察烧开了的水壶壶盖会动，联想到了蒸汽动力，后来发明出蒸汽机，可见兴趣是人类发明创造的基因，也是最根本的动力之源。

詹姆斯·瓦特

第六，包容创新失败。创新是一项风险事业，需要大量的实验，甚至需要很多次失败，最终可能会成功，也可能会失败，甚至是彻底失败，再也没有继续研究的价值。无论是国家，还是社会组织或者企业，能不能容忍创新试验失败与能不能允许成功是等价的，试验成功是一种创新活动的结果，试验失败也是一种创新活动的结果。因此，需要社会环境和企业环境更加宽松，容许创新失败，更容许在失败中总结经验，鼓励继续试验。实际上创新失败的失落感和挫折感，让从事创新事业的人最为心痛，此时更需要周边的人群给予理解、给予关怀、给予安抚，他（她）们的心情别人是无法感受的，包容失败就是对失败者最好的鼓励，包容失败也是对促进创新最好的鼓励。

人类科学发展的历史上，从事创新事业有很多可歌可泣的故事，鼓舞着人们，激发人们的创新热情。美国科学家本杰明·富兰克林，提出天空中打雷现象也是自

然界的放电现象，并在家中做了大量试验，甚至妻子都被电击倒，富兰克林却由此而想到了空中的雷电。经过反复思考，断定雷电也是一种放电现象，写了一篇论文《论天空闪电和我们的电气相同》，送给英国皇家学会，竟遭到了许多人的冷嘲热讽，有人甚至嗤笑他是"想把上帝和雷电分家的狂人"。富兰克林决心用事实来证明一切。1752年7月，一场暴风雨就要来临的一天。富兰克林和他的儿子，带着上面装有一个金属杆的风筝拉着跑，雷电从风筝上掠

本杰明·富兰克林

过，富兰克林用手感受到了被雷电击中的麻木感，证明了天上的雷电与人工摩擦产生的电是同样性质的电。创造了风筝实验的经典案例，受到后人的尊重。1753 年，俄国著名电学家利何曼为了验证富兰克林的实验，不幸被雷电击死，为了科学实验付出了生命的代价，使许多人对雷电试验产生恐惧感。富兰克林勇敢前进，经过多次试验，最终研制出避雷针，现在广泛应用于社会生活中，造福人类。

8.5.4 积累经验

当企业步入国际市场，就会发现开展国际经营管理与中国国内市场有很多方面不同，需要重新打造企业，面临的最大困难就是体制机制问题，经验不足可以慢慢积累，可是如果体制机制不适应就需要通过改革来解决。

用开放促进改革，用开放来衡量改革成果。

中国改革开放事业已经过去三十多年，该改的都改了，西方发达国家所使用的经济管理手段基本都用了，下一步改革怎么改，就是用开放来检验改革成效，哪些方面还不适应就改哪些方面，国际化是一块试金石，检验一下各个方面，不适应的方面可能就是需要下一步改进的方面，也就是需要改革之处。现在已经到了用开放促进改革的时代，已经到了用国际化来促进发展的时代。

中国企业在国际化进程中，是随着中国国家国际化而发展的，没有国家的国际化，很难成就企业国际化，没有企业国际化，很难表现国家国际化，二者之间相辅相成。国家不断在调整方针政策，修改法律，不断完善对外开放的制度体系，特别是中国与东盟自由贸易谈判、中国与欧盟自由贸易谈判、中国与东北亚国家、中国与美国自由贸易谈判等，积极推进贸易自由化，深度融合于世界经济体系中，为中国企业国际化发展提供了机遇和平台。企业需要在实践中不断积累经验，丰富国际化的阅历，大胆闯、大胆试，勇敢面对国际市场，积极开展国际竞争，需要重点积累以下四个方面的经验。

第一，要积累打国际官司的经验。企业之间开展国际交往，做生意、搞项目，必然涉及钱财之事，涉及利益之分，或因为突发事件，或因为天灾人祸，可能会出现矛盾，出现合同纠纷，如何解决这些问题，双方可以协商，若协商无果，或者无法协商，只能通过国际仲裁的方式来解决，甚至要打国际官司。例如：倾销和反倾销问题、制裁和反制裁问题，以及国家政权更迭造成合同失效、局部战争造成损失如何补偿等，企业遇到这些问题怎么办？整体经验不足，急需积累处理这些问题的经验，急需积累打国际官司的经验，急需积累运用国际法律维护自己合理利益的经验。

第二，要积累国际并购的经验。世界上的知名跨国公司，无一不是通过国际并购发展起来的，通过"强强合并"、"强弱购并"、"弱弱联合"的办法，逐步扩大规模，开拓国际市场，形成命运共同体。中国国际企业成长，虽然也不乏购并成功案例，但是总体上说数量有限，行动还不够老道，国际运作意想不到的困难较多，甚至受到不公平对待，企业很委屈。因此，积累跨国购并经验十分重要，这里包括发现目标的经验、谈判的经验、出价的经验、国际结算的经验、长期利益与近期利益协调经验、运用法律条款维护利益经验、国际清算经验等。

第三，要积累创立国际品牌的经验。具有国际品牌必然具有国际商品，但是具有国际商品未必具有国际品牌。当今世界无论是高新技术行业领域，还是传统产业领域，知名品牌几乎都是西方发达国家的跨国公司所拥有，个别领域为日本企业和韩国企业拥有，中国企业所拥有的国际品牌太少了。造成这种情况的原因很复杂，其中，企业缺少创立国际知名品牌的经验是重要原因。中国具有历史的知名品牌都是具有本土化风格的产品，一旦走出国门，翻译成外语时就会遇到语言障碍问题，无论是品牌称呼的发音，还是品牌称呼的含义，与国际品牌要求相距甚远。学习国际知名品牌的做法，积累经验，对创立具有中国基因的世界知名品牌十分重要。

第四，要积累建立国际联盟的经验。在中国传统文化中，包含有这样的习俗，主张"万事不求人"，"自扫门前雪，不管他人瓦上霜"，说的是管好自己的事，不要参与无关的事，免得招惹是非。这种文化实际上也渗透到了企业国际化经营管理中来，企业走出去发展往往"独闯江湖"，"跑单帮"，很少是联合性企业。至今为止，中国企业走向国际市场的案例几乎都是企业自己努力奋斗的，"大兵团联合作战"的案例很少，建立国际联盟的企业集团更少。因此，积累组建国际利益联盟的经验十分重要，联盟体可以是国内企业联盟，也可以是行业联盟，跨行业联盟、国际企业联盟等。联盟就是组成利益集团，"抱团取暖"，遇到困难同舟共济，遇到利益共同瓜分。联盟组织是具有共同利益关系的松散型企业集团，联盟本身没有产权关系，却有利益关系，没有领导和被领导关系，却有命运联动关系。中国组建烟具协会，组建打火机联盟体，应对欧洲针对中国打火机行业的倾销事件，充分证明了联盟体的重要性。今后企业国际化进程中，就需要适时构筑联盟体，形成集团力量，共同开拓市场。

❾ 国际合作平台建设

国际合作平台建设是中国国际化的重要标志，也是中国国际化的重要内容。国际开放首先是国家之间的外交关系建立，国家之间若没有外交关系则其他方面难以形成大势。中国对外政策的基本原则是：奉行独立自主的和平外交政策，维护世界和平、促进共同发展是中国对外政策的宗旨，独立自主是中国对外政策的根本原则，和平共处五项原则是中国处理同一切国家关系的基本准则，即互相尊重主权和领土完整，互不侵犯，互不干涉内政，平等互利，和平共处。

进入新时期以来，中国开启全方位大国外交行动，积极参与联合国有关事务，参与二十国集团活动（G20），参与亚太经济与合作组织活动（APEC），参与金砖国家活动（BRICS），参与中国与东盟活动（10+1），参与中日韩与东盟活动（10+3），参与世界经济论坛（WEF），参与东亚峰会（EAS），参与上合组织峰会（SCO）等，形成双边和多边外交平台，形成多领域外交平台。发挥中国负责任大国作用，广交朋友，发挥联合国安理会常任理事国作用，不断夯实和拓宽国际合作领域，构建以中国为中心的周边国际合作平台。（见图9-1 国际合作平台建设内容体系图）。

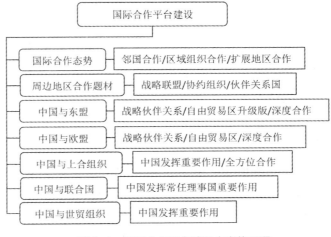

图 9-1　国际合作平台建设内容体系图

9.1 中国周边国家合作状态分析

国际开放实际上是国家之间进行合作平台建设，国际开放平台的形态有国际组织、多边组织、"战略联盟"、"命运共同体"、"国际贸易协定组织"、"经济同盟"等。参与国或者成员方共同享受在组织内的权利和义务，开展双边合作或多边合作，成员方在约定的相关领域开展深度合作，彼此互惠互利，共同发展。

9.1.1 中国是亚洲地区发展极

经济开放与国家外交关系紧密相关。纵观世界自然环境和地缘政治，能够形成增长极的地域分布在北纬 30 度到 60 度之间的纬度线，在这个纬度带内具有大国特征的只有中国、美国和俄罗斯，虽然欧洲也是一个经济繁荣的地区，但欧洲是多个独立小国组成的，欧盟是一个联合体，不是一个统一的大国，不能称为主权国家，所以也不构成独立的发展极。由于俄罗斯的纬度较高，大部分领土处于北纬 50 度以上的高纬度线，延伸到北极圈内，冬季寒冷漫长，其自然环境不如中国和美国。美国具有东西两个沿海线，是完全开放的地缘条件，南边毗邻墨西哥，北边接壤加拿大，地缘环境和安全环境最好。中国只有东部一面沿海线，西靠青藏高原、昆仑山脉，是半开放和半封闭的地缘条件。

亚洲地区不是一个紧密的合作板块，与中国相邻的国家之间国情参差不齐，非常复杂。地缘条件、生态环境、气候、资源禀赋、语言种类、民族、宗教信仰、文化、习俗、政治、体制、法律、经济、发展历史、发展理念、教育、文明程度等方面，都差异很大。第二次世界大战后，历史上遗留下来的领土争端问题、岛屿争端问题至今尚未解决。局部战争频发，"二战"后三次局部战争都发生在亚洲，即"两伊"战争、第一次中东战争、第二次中东战争。世界区域热点几乎都在亚洲，朝鲜半岛问题、台湾问题、伊朗核问题、印（印度）巴（巴基斯坦）领土问题、中日钓鱼岛问题、中菲岛礁问题、中印边界问题、中越岛礁问题，等等。美国实施亚洲再平衡战略，插手亚洲事务，与中国周边一些国家建立准军事同盟，将隐形战线推进到中国边境线，这些情况无一不对开展国际合作造成负面影响。

中国是本地区大国，在周边复杂环境中求发展，必须采取系统性战略布局，首先要解决好自身发展问题，并通过中国发展的示范稳定周边，包容周边，牵动周边，中国是这一地区中的发展极，只有通过中国的极化效应才能稳定亚洲局势，促进亚洲和平发展。因此，中国的外交战略和对外开放战略总体上应当搭建对外开放国际

开放型经济 KAIFANGXING JINGJI

合作平台，形成"东西南北""四处出击"的对外开放战略格局，全面开放格局，多元化建设国际合作平台，以适应中国的世界大国地位。

9.1.2 周边邻国合作区

与周边国家建立合作区，实施睦邻、安邻、惠邻、富邻政策。对于中国西部地区而言主要是面向周边国家和地区开放，开展国际交流、商贸往来、经济合作。中国陆地周边共有14个邻国，东北与朝鲜接壤；东北、西北与俄罗斯、哈萨克斯坦、吉尔吉斯斯坦、塔吉克斯坦为邻；正北方是蒙古国；西部毗邻阿富汗、巴基斯坦；西南与印度、尼泊尔、不丹相接；南面有缅甸、老挝和越南。根据中国国家商务部对国际区域分类的方式，亚洲地区邻国有蒙古、朝鲜、越南、老挝、缅甸、印度、不丹、尼泊尔、巴基斯坦、阿富汗；欧洲地区邻国有：俄罗斯、哈萨克斯坦、吉尔吉斯斯坦、塔吉克斯坦；此外相近国家和隔海相望国家有韩国、日本、泰国、新加坡、柬埔寨、孟加拉国、印度尼西亚。中国与这些国家可以形成合作区。

9.1.3 周边区域组织合作区

除了国家之外，在中国周边地区还存在四个国际区域合作组织和联盟组织，分别为：

第一，亚太经合组织。包括国家和地区有澳大利亚、文莱、加拿大、智利、中国、中国香港、印度尼西亚、日本、韩国、马来西亚、墨西哥、新西兰、巴布亚新几内亚、菲律宾、越南、秘鲁、俄罗斯、新加坡、中国台湾、泰国、美国。

第二，东盟组织。包括国家有文莱、柬埔寨、印度尼西亚、老挝、马来西亚、缅甸、菲律宾、新加坡、泰国、越南。

第三，上海合作组织，简称上合组织（SCO）。成员国有中国、俄罗斯、哈萨克斯坦、吉尔吉斯斯坦、塔吉克斯坦和乌兹别克斯坦；观察员国伊朗、巴基斯坦、阿富汗、蒙古和印度；对话伙伴国斯里兰卡、白俄罗斯和土耳其；参会客人土库曼斯坦、独联体和东盟。

第四，南亚区域合作联盟组织。包括国家有孟加拉国、不丹、印度、马尔代夫、尼泊尔、巴基斯坦、斯里兰卡（除阿富汗）。

这四个区域联盟组织，对区域内政治经济格局具有影响，对国家之间外交关系具有影响，对国家防务及军事关系具有影响，对地区安全具有影响，对区域组织之间关系具有影响。中国在这一地区中发挥大国作用，发挥区域和平稳定发展的"坐舱石"作用，中国的和平稳定发展，无疑对本地区经济发展产生巨大推动作用。但是，也应当看到，随着中国对世界影响力量的增强，大国之间的博弈无处不在，特别是中国与美国之间的力量博弈更显得突出。

9.1.4 扩展潜力合作区

中国周边存在经济互补性和巨大扩展潜力目标区。中国周边邻国单个国家的幅员均没有中国大，无论是人口数量、国土面积，还是经济体量、资源富集程度中国均为最大。除了新加坡、日本、韩国等国家外，其他国家的经济发展总体水平均比中国要低，存在深度开展国际经济合作的潜力。事实上，中国经济发展的势力影响早已超出周边国家的范围，已经是全球性的，中国大陆地区十大贸易伙伴国（地区）是欧盟、美国、东盟、中国香港地区、日本、韩国、中国台湾地区、澳大利亚、俄罗斯、巴西。中国大陆地区十大出口市场国（地区）是美国、欧盟、中国香港地区、东盟、日本、韩国、印度、俄罗斯、澳大利亚、中国台湾地区。中国大陆地区十大进口来源国（地区）是欧盟、东盟、日本、韩国、美国、中国台湾地区、澳大利亚、沙特、巴西、南非。（见表 9-1-1 中国与周边国家和地区双边贸易情况表）。

中国周边经济成长性好的国家有文莱、柬埔寨、印度尼西亚、老挝、马来西亚、缅甸、菲律宾、新加坡、泰国和越南，这些国家具有准新兴工业化国家的成长趋势，这里讲的新兴工业化国家概念是指经济发展程度介于发达国家与发展中国家之间，又称"新兴工业化国家"、"半工业化国家"。这一命名是在 20 世纪 70 年代末期的《经济合作发展组织报告书》中提出的，是指具有一定资本主义基础的发展中国家，在较短的历史时期内克服了社会经济的落后性，并在工业化进程中一定程度上接近于发达国家水平的国家和地区。例如：亚洲地区的韩国、中国台湾、中国香港和新加坡；拉丁美洲的巴西和墨西哥；欧洲的葡萄牙、西班牙、希腊等。

中国周边可辐射到中东地区的国家有巴林、伊朗、伊拉克、以色列、约旦、科威特、黎巴嫩、阿曼、卡塔尔、也门、沙特阿拉伯、叙利亚、土耳其、阿联酋、巴勒斯坦。

中国周边可辐射到中亚地区的国家有哈萨克斯坦、乌兹别克斯坦、塔吉克斯坦、吉尔吉斯斯坦和土库曼斯坦。其中，哈萨克斯坦为特例，其领土辽阔，国土面积272.49 万平方千米，是其他四个国家总面积的两倍，领土面积横跨亚欧两洲，属于欧亚两洲国家。而乌兹别克斯坦领土虽然仅为哈萨克斯坦的六分之一，但人口却比它多出近四成。1991 年苏联解体后，中亚五国分别独立，成立主权国家。但是仍与俄罗斯保持着密切联系，截至 2013 年，除了土库曼斯坦之外四个国家均为"独联体"

表9-1-1　中国与周边国家和地区双边贸易情况表

2012年双边经贸概况（亿美元）

国家	双边贸易		出口		进口		相互投资				承包工程（中在外承包）			
	总额	增幅%	出口	增幅%	进口	增幅%	对华累计	2012年度	对外累计	2012年度	累计合同	累计完成	2012合同	2012完成
东北亚	5984.10	-0.4	2455.10	3.5	3529.00	-2.9								
韩国	2563.29	4.4	876.8	5.7	1686.48	3.7	528.9	30.3	9.9	1.1	23.9	22.1	1.9	1
日本	3294.51	-3.9	1516.43	2.3	1778.09	-8.6								
蒙古	65.96	2.5	26.53	-2.9	39.42	6.5	0.3		22.1	3.2	86	39.2	34	8.4
朝鲜	60.34	7	35.33	11.6	25.01	1.0	10.31							
东盟	4000.93	10.3	2042.72	20.1	1958.21	1.6								
越南	504.4	25.4	342.1	17.6	162.3	46	1.2		3.3		267.1	168.2	38.5	30
老挝	17.3	32.8	9.4	96.8	7.9	-4.1	4549*	200*		6.5	93.8	55.1	19.2	19.1
缅甸	69.7	7.2	56.7	17.7	13	22.7	1		23.7	1.9				
泰国	697.5	7.7	312	21.4	385.5	-1.3	34.7	7772*		4.3	96.5	61.7	7.9	10.8
马来西亚	948	5.3	365	31	583	-6.2	63.3	3.2		7237*	170	109	36	23.7
印度尼西亚	662	9.4	343	17.4	319	1.9	21.7			6	3113	186.5	48	35
新加坡	692.8	8.7	407.5	14.6	285.2	1.4	592.6	63.1		13.5	206.2	182.7	20.6	28.8
文莱	16.1	22.6	12.5	68.2	3.6	37.3	24.2	1.5		352*	4.9	2.8	765*	6257*
柬埔寨	29.23	17	27.08	17	2.15	16.8	1.5	1660*		7.2	81.7	40.5	29.6	11.7
菲律宾	363.7	12.8	167.32	17.4	196.38	9.2								
南亚	930.67	-4.5	704.51	-1.2	226.16	-13.4								

印度	664.7	-10.1	476.7	-5.7	188	-19.6	4.86	7.25	1.54	601.31	335.18	45.22	66.93
不丹	1561.4★	-10.5	1560.3★	-10.2	1.3★	-83.3				1106★	102★		
尼泊尔	19.98	67.2	19.68	66.6	0.3	112.9	216★	2637★		19.2	14.9		
巴基斯坦	124.17	17.6	92.77	9.9	31.4	48.2	6892★	2.11		252.6	199.7		
阿富汗	4.69	100.2	4.64	101.8	0.05	17.8	6637★	4.94		7.78	5.51		
孟加拉国	84.51	2.3	79.71	2.1	4.8	6.9							
斯里兰卡	31.68	0.9	30.07	0.6	1.62	5.9							
马尔代夫	7667★	-21.2	7649★	-21.2	19★	36.9							
西亚	2510.54	7.4	1023.49	6.1	1487.05	8.3							
伊朗	364.67	-19.1	116.03	-21.4	248.64	-18.1							
土耳其	190.95	1.9	155.86	-0.2	35.09	12.3							
塞浦路斯	12.12	5.4	10.93	-2.7	1.19	351.6							
西亚其他	1942.8	15.1	740.67	14.0	1202.13	15.8							
欧洲邻国													
俄罗斯	750.9	3.8	510.4	12.3	240.5	-10.5							
哈萨克斯坦	239.8	14.9	75	49.7	164.8	3.9							
吉尔吉斯斯坦													
塔吉克斯坦													

（数据来源：根据中国国家商务部相关资料整理绘制，★表示单位为万美元）

十大贸易伙伴：欧盟、美国、东盟、日本、香港、韩国、中国台湾、澳大利亚、俄罗斯、巴西

十大出口市场：美国、欧盟、中国香港、东盟、日本、韩国、印度、澳大利亚、俄罗斯、巴西

十大进口来源：欧盟、东盟、韩国、美国、中国台湾、日本、澳大利亚、沙特、巴西、南非

（CLS）成员。

中国周边可以辐射到西亚地区，包括伊朗高原、阿拉伯半岛、美索不达米亚平原、小亚细亚半岛，以及位于亚、非、欧三洲交界地带，可以辐射到阿拉伯海、红海、地中海、黑海和里海（内陆湖泊）。

从中国本土向西可以联系欧洲、亚洲、非洲，联系印度洋和大西洋，包括的国家有伊朗、伊拉克、格鲁吉亚在亚洲的地区、亚美尼亚、阿塞拜疆在亚洲的地区、土耳其在亚洲的地区、叙利亚、约旦、以色列、埃及在亚洲的地区、沙特阿拉伯、巴林、卡塔尔、也门、阿曼、阿拉伯联合酋长国，科威特、阿富汗、黎巴嫩、塞浦路斯等国家和地区。

通过上述对中国周边邻国的开放发展状态分析可以看出两大特点：第一，中国与周边国家和地区的经济合作具有很强的互补性，存在巨大发展潜力，发展周边外交，发展对外开放事业具有巨大潜在商机。第二，开展国际合作的主要方式是以利益集团组织出现，主要形态有两种：一种是区域战略联盟组织形态，这是以"地域命运共同体"的形式出现的；另一种是自由贸易协定组织形态，这是以"利益命运共同体"的形式出现的，这两种形态已经成为国家间对外开放的基本平台。

根据上述分析，中国在实施开放型经济过程中，要充分利用好商机，充分利用好国际合作平台。

9.2 区域合作平台形态取向

区域合作平台是建立在多边合作基础之上的，由双边关系发展到多边关系，逐步扩大范围，演变成多边机制，最终形成国际合作平台。中国主张发展命运共同体、经济共同体、自由贸易区等形态。同时还要关注西方国家主张的经济同盟、贸易协约组织等形态，找到衔接的契合点，扩大国际合作平台范围。

9.2.1 创建与发展区域战略联盟

1. 战略联盟的概念和意义

战略联盟是"两个或两个以上的国家为了共同行动而签订盟约所结成的集团"[1]。建立联盟的目的就是增强抵抗力，分享利益。建立联盟可以形成合力，联盟中的成

---

[1] 资料来源：《现代汉语词典》，商务印书馆，1983 年版，第 785 页。

员共同承担责任，共同分享联盟所带来的利益，共同抵御外来风险。

形成联盟的原因，是由于特定的事务由单一参与者来做，或者少数参与者来做，不足以完成或者完成不圆满，通过联合利益攸关方共同来做，这种做法称为联盟。

国家之间进行战略联盟的方式有多种。按照时间长短划分有"临时性联盟"和"长久性联盟"。"临时性联盟"是根据事项时间短的特点安排的联盟，事项开始联盟就开始，事项结束联盟就结束。"长久性联盟"是事项执行时间长的联盟，可以执行多项任务，不因某一项工作完成而解散。按照合作内容划分有军事联盟、政治联盟、经济联盟。按照合作内容划分为单一领域联盟、多领域联盟、综合联盟。按照参与者数量划分为双边联盟和多边联盟等。

2. 联盟状态与战略选择

中国参与建立联盟组织或参与联盟组织有四种情况：

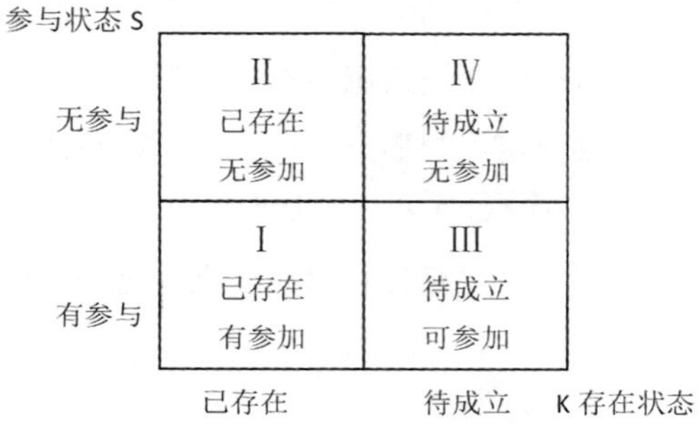

图 9-2-1　战略联盟的四种状态图

一是已经存在的联盟组织有中国参加的；二是已经存在的联盟组织，但是没有中国参加的；三是新建立的联盟或有待建立的联盟组织，可能有中国参加的；四是新建立的联盟或有待建立的联盟组织，可能没有中国参加的。对于这四种情况要分类分析，明晰是非曲折，理性判断局势好坏，坚守国家利益，当参与的一定要参与，当不能参与的也要审慎观察，不能忽视，因为，随着事态的发展可能对中国产生影响。（见图 9-2-1 战略联盟四种状态图）。

3. 建立经济联盟组织

在是否建立联盟组织这个问题上始终存在争议，这个争议源于"二战"后世界上出现了两大军事集团组织——"北约"和"华约"，一方以美国为代表，另一方以苏联为代表。后来人们看到军事对抗没有给人类带来好处，所以就出现了不结盟运动（Non-Aligned Movement），出现了不结盟运动组织（是一个松散组织）。不结盟运动组织成立于 1961 年 9 月，由埃及、南斯拉夫、印度、印度尼西亚、阿富汗 5 国发起，在开罗举行了第一次不结盟国家和政府首脑会议的筹备会议，有 20 个国家参加，至 2015 年年末已有 120 个成员国、17 个观察员国和 10 个观察员组织。这个组织包括了近 2/3 的联合国会员国，绝大部分是非洲、亚洲、拉丁美洲的发展中国家，人口总和占世界人口 55% 左右。中国于 1992 年 9 月成为其观察员国。这个组织明确规定了参加不结盟运动的 5 个条件：奉行以和平共处和不结盟为基础的独立的外交政策；支持民族独立运动；不参加大国军事同盟；不与大国缔结双边军事协定；不向外国提供军事基地。

实际上，建立联盟还是不建立联盟都是一个"盟"的概念或范畴，主张建立联盟的一方是一个"盟"；同时，主张不建立联盟的一方也是一个"盟"，即不建立联盟的"盟"。

现代国际社会"和平与发展"是主流，"区域经济一体化"和"世界经济全球化"的趋势非常明显，任何一个国度都无法不与世界来往，开放是潮流，经济合作是潮流。在"抛弃"军事同盟这个观念的同时（实际上没有抛弃，还有北约存在），新的联盟组织又出现了，即经济联盟。出现了欧盟、东盟、非盟、阿盟等联盟组织。与此同时，企业之间为了获得竞争优势也建立起战略联盟组织。"许多企业，尤其是大型跨国竞争者之间，都建立了不同形式的战略联盟"[1]。通过合资、产权、非产权、合作、分配市场等方式构成联盟，借助合作伙伴的资源和产能让企业对自身资源进行调整，并形成新的竞争优势的基础，从而获得在设计、制造、产品或服务上的共同利益。当今世界上的跨国公司无一不是通过战略联盟的方式实现规模扩张的。

国家之间经济深度合作，彼此投资、互惠共赢，这本身就已经构成了"命运共同体"，实际上就是不结盟的"盟"，建立经济联盟是客观存在。建立以我为主的经济联盟是联盟组织的高级形态。

4. 发展已存在的联盟组织的关系

应当看到，在中国周边国家所包围的是各种各样的战略联盟组织，是一圈扣一圈的联盟组织，由近及远，由紧密到松散，环环相扣，彼此互补，大有联动包抄之势。这种情况有各种原因，背景很复杂，其中一个非常重要的原因是这些国家的幅员较小，资源有限，抗拒自然灾害风险、国际金融风险、国际经济与贸易风险，以及政治风险、外交风险的能力较弱，希望通过联盟的方式获得外部资源、"抱团取暖"，增强自己的能力，"借力抗风险"，"平衡搞外交"。因此，中国应当正视这种"小国外交"的心态和方式，采取相应的大国外交策略，由"被动接招"转变为"主动出招"，"造势谋发展"，"主动搞外交"，创造某些区域发展题材，引领国际区域经济发展。

---

[1] 迈克尔·A. 希特著：《战略管理 竞争与全球化》，机械工业出版社，2009 年版，第 221 页。

对于现在已经存在的经济联盟组织就要与其建立经济关系。例如：东盟、欧盟、阿盟、非盟等经济组织，发展中国与东盟的深度合作，发展中国与欧盟的深度合作，发展中国与非盟深度合作，发展中国与阿盟深度合作，发展与南亚区域合作联盟深度合作。

5. 发挥已入盟的联盟组织中的推动作用

中国已经参加了亚太经合组织活动，中国于 2001 年 10 月在上海承办第 9 次峰会，会议通过并发表了《领导人宣言：迎接新世纪的新挑战》、《上海共识》和《数字亚太经合组织战略》等文件。中国于 2014 年 11 月在北京雁栖湖承办第 22 次峰会，会议主题是"共建面向未来的亚太伙伴关系"。中国参加了上海合作组织活动，参加了金砖国家的活动，并已经成为重要的成员国。参加亚洲相互协作与信任措施会议（简称亚信会议，Conference on Interaction and Confidence-Building Measures in Asia，CICA），这是一个有关安全问题的多边论坛，其宗旨是在部分亚洲国家之间讨论加强合作、增强信任的措施。"亚信峰会"是哈萨克斯坦总统纳扎尔巴耶夫于 1992 年 10 月在第 47 届联合国大会上提出的，主要目的是要在亚洲大陆上建立起有效的、综合性的安全保障机制。倡议一经提出得到了包括中国在内的亚洲不少国家的赞同和积极参与。1993 年 3 月起，"亚信会议"开始活动。中国担任 2014 年至 2016 年亚信轮值主席国，举办 2014"亚信峰会"。中国作为创始成员国之一参加了 20 国集团（G20）组织活动，20 国集团由中国、美国、俄罗斯、英国、日本、法国、德国、加拿大、意大利、澳大利亚、巴西、阿根廷、墨西哥、韩国、印度尼西亚、印度、沙特阿拉伯、南非、土耳其共 19 个国家以及欧盟一个独立组织组成，经济总量（GDP）约占全世界的 85%，人口则接近世界总人口的 2/3，20 国集团（G20）峰会已经成为全球经济合作的主要论坛，中国将于 2016 年 9 月在杭州承办第 11 次峰会。

中国应当积极参与双边和多边国际经贸活动，应当发挥推动性作用和建设性作用，引导这样的组织向积极的方向发展，向有利于世界经济发展、有利于地区经济发展和有利于中国经济发展的方向前进。

9.2.2 创建与发展贸易协约组织

1. 协约组织的概念与意义

协约是"指双方或多方协商签订的条约"。协约国就是通过签订协约而采取一致性行动的国家。最早有关协约国的概念，是第一次世界大战时，英国、法国、俄国等国家结成的战争集团，后来延伸到经济贸易领域，泛指签订协约的国家都称为协约国。

协约组织，泛指缔结协约的组织。协约组织可以是地区内的国家之间缔结协约，这样的国际组织又称为地区战略联盟组织，当代协约组织的概念已经被放大了，也更宽泛了，只要承认协约约定，执行协约内容条款，履行职责，就可以是协约组织成员，不局限于一个地区，也可以跨地区，具有更宽的领域。

建立协约组织的目的也是集合力量，形成壁垒，分享协约组织中带来的利益，承担协约责任，抵御协约外的风险。

二战后世界上最大的、最有影响力的经济协约组织就是"世界贸易组织"（World Trade Organization，WTO）。世界贸易组织已经成为世界性跨区域协约组织。另一个协约组织是《世界版权公约》（Universal Copyright Convention，UCC），1947年由联合国教科文组织主持准备，1952年在日内瓦缔结，根据联合国教科文组织倡导，于1952年9月6日在瑞士日内瓦召开的各国政府代表会议上通过，1955年生效，1971年7月在巴黎曾作补充修订，截至1984年1月，已有78个国家参加该公约。这个组织旨在协调伯尔尼联盟与泛美版权联盟之间在著作权保护方面的关系，建立各成员国均能接受的国际著作权保护制度。中国于1992年7月30日递交了加入《世界版权公约》的官方文件，同年10月30日对中国生效。第三个协约组织是《不扩散核武器条约》，又称"防止核扩散条约"或"核不扩散条约"，条约于1968年7月1日分别在华盛顿、莫斯科、伦敦签字，当时有59个国家签约加入，该条约宗旨是防止核扩散，推动核裁军和促进和平利用核能，条约于1970年3月正式生效，截至2003年1月，缔约国共有186个，中国于1991年12月28日决定加入该公约，1992年3月9日递交加入书，同时对中国生效。除了上述三个国际条约之外，还有很多有关技术、行业、标准等方面的条约。

2. 缔结协约状态分析与可能性战略选择

至今世界上的各种协约组织几乎都是由发达国家倡导建立的，发展中国家往往跟随协约缔约国采取行动。因此，率先主张缔结协约的国家，或者率先倡导缔约的国家往往都是处于主动地位，优先考虑本国利益。根据这种情况中国采取的外交策略应该是三种选择：

第一种策略选择，用好已经进入的协约组织。例如：世界贸易组织、行业发展协约、各类标准协约等，享受应有的权利，承担应有的责任，发挥应有的作用，积极推动协约组织向合理的方向发展。

第二种策略选择，审慎对待世界上已经存在的各类协约组织。研究其性质，观察其动向，判断其优劣，适时采取措施，或者加入，或者拒绝。

第三种策略选择，主动提出动议建立条约。或者积极主张某些协约的创建和缔结，建立双边和多边协定组织，营造对中国有利的协约组织，以创造世界游戏规则，这一策略属于高级选项。

3. 关注跨太平洋战略经济伙伴关系协定（TPP）发展趋势

"跨太平洋战略经济伙伴关系协定"（Trans-Pacific Partnership Agreement，TPP）前身是跨太平洋战略经济伙伴关系协定（Trans-Pacific Strategic Economic Partnership Agreement），该协定是由亚太经济合作组织成员中的新西兰、新加坡、智利和文莱四国发起的，从2002年开始酝酿的一组多边关系的自由贸易协定，原名"亚太自由贸易区"，旨在促进亚太地区的贸易自由化。2011年11月10日，日本正式决定加入TPP谈判，而中国没有被邀请参与TPP谈判。2013年9月10日，韩国宣布加入TPP谈判。跨太平洋伙伴关系协议将突破传统的自由贸易协定（FTA）模式，达成包括所有商品和服务在内的综合性自由贸易协议。跨太平洋伙伴关系协议将对亚太经济一体化进程产生重要影响，可能将整合亚太的两大经济区域合作组织，亦即"亚洲太平洋经济合作组织"和"东南亚国家联盟"重叠的主要成员国，将发展成为涵盖亚洲太平洋经济合作组织大多数成员在内的亚太自由贸易区，成为亚太区域内的小型世界贸易组织。

对这样一种组织发展情况要保持高度警惕。第一，这是发生在中国周边的事情，却没有邀请亚洲最大的国家中国参加，不合情理。第二，世界上已经有了世界贸易组织（WTO），而且中国入世时间不长，执行WTO规则刚刚取得积极进展，势头向好，此时在亚洲为何又冒出来一个所谓潜在的"小贸易组织"？第三，世界上主宰缔约国往往是大国，美国参与进谈判中来，其战略意图是要借助这样的组织方式建立经济联盟，搭建"软约束利益集团"。鉴于这三种情况，有理由要关注事态发展，秉持开放姿态。

4. 参与建立中国东盟区域全面经济伙伴关系（RCEP）

"区域全面经济伙伴关系"（Regional Comprehensive Economic Partnership，RCEP），即由东盟十国发起，邀请韩国、中国、印度、日本、澳大利亚、新西兰共同参加（10+6），通过削减关税及非关税壁垒，建立16国统一市场自由贸易协定。若RCEP谈成，将涵盖约35亿人口，国内生产总值（GDP）总和将达23万亿美元，占全球总量的1/3，所涵盖区域也将成为除世界贸易组织（WTO）以外世界最大的自贸区。2012 年东盟年度峰会 11 月 18 日在柬埔寨首都金边开幕，柬埔寨首相洪森在本次峰会最后一天（20 日）宣布，在金边启动展开"区域全面经济伙伴关系"会谈，希望能在 2015 年年底完成谈判，之后进入实施阶段。

中国加入 RCEP 主要基于三个方面原因：

第一，RCEP 组建有中国参加。中国是亚洲最大的经济体，也是世界第二大经济体，只有中国参加的事务才具有世界性和普遍性，在亚洲没有中国参加的事务可以说就没有亚洲的代表性，符合中国实施的"睦邻、安邻、富邻"的外交政策，符合中国主张的在地区合作中东盟发挥主导作用。

第二，RCEP 有利于提高本区域的经济一体化程度。这种一体化的发展有利于本地区稳定和繁荣，东盟国家本身就是一个单个体量小的经济聚合体，没有经济核心国，难以构成具有全球影响力的经济体，中国是亚洲最大的经济体，有中国参与就可以形成经济核心。

第三，RCEP 组建具有可行性。已有 5 个"10+1"自贸区协定的基础，在准入方面没有像 TPP 那样设置了过高的标准，可以兼顾各个国家的发展差异性，并循序渐进推进亚太区域经济一体化进程。

通过上述分析可以认为：中国对外开放大策略应该包括建立与周边国家和地区的战略联盟，建立跨区域战略联盟，构筑命运共同体，形成"你中有我，我中有你"的利益关系。只有联盟，相互之间才能具有安全感；只有联盟，才能增加信赖感，只有联盟，才能产生抱团取暖、同舟共济的行动；只有联盟，国家之间才能深度合作，取得共同发展的效果。中国可以发展的国际联盟组织有东盟、上合组织、非盟、阿盟，可以发展的潜在联盟组织有金砖国家、欧盟。从理论上而言，由双边自由贸易协定（BTA）发展至多边自由贸易协定（PTA）可以有多种实现方式：一种是利益整合方式，将多个"双边协定"合并为一个自贸区或贸易集团，积少为多，由个案整合为群案，由双边利益约束扩大为多边利益约束。另一种是多边化方式，国家与大部分贸易伙伴都已达成双边自由贸易，则调整政策，主动给予非伙伴国同等的最惠国待遇。第三种是协同一体化方式，国家之间关税减让，彼此达到最惠国关税待遇要求，减让关税彼此协同。第四种是淡化方式。促进贸易自由化，弱化原产地规则，逐步溶解原来的贸易壁垒。

9.2.3 建立伙伴关系国

截至 2015 年 7 月 28 日，在全世界 200 来个国家和组织中，中国已经与 172 个国家建立了外交关系（外交部官方网站公布，2015 年 8 月），建立了 1770 对友好城市关系。

1. 伙伴关系国家

在已经建立外交关系的国家中，有些国家已经成为"伙伴关系国"、"战略伙伴关系国"，从战略高度审视和维护国家之间的关系，从全局、从长远统筹规划与全面指导，开拓了一种新的外交形式，密切了国家之间的往来，形成更加紧密的利益体系。

至 2014 年 11 月，已经与中国建立"伙伴关系"国家和国际组织有 42 个（根据媒体报道有关资料整理），基本结构是：

全面战略协作伙伴关系（1 个）——俄罗斯。

全面战略合作伙伴关系（5 个）——越南、巴基斯坦、法国、巴西、欧盟。

全面战略伙伴关系（15 个）——意大利、秘鲁、马来西亚、西班牙、丹麦、非盟、葡萄牙、印度 尼西亚、墨西哥、英国、阿根廷、委内瑞拉、蒙古国、澳大利亚。

全方位战略伙伴关系（1 个）——德国

战略合作伙伴关系（4 个）——韩国、埃及、印度、土耳其。

战略伙伴关系（12 个）——哈萨克斯坦、印度尼西亚、东盟、南非、尼日利亚、加拿大、乌兹别克斯坦、克罗地亚、斯里兰卡、孟加拉国、智利、罗马尼亚。

全面合作伙伴关系（1 个）——埃塞俄比亚

可信赖的合作伙伴关系（2 个）——匈牙利、波兰

合作伙伴关系（1 个）——阿尔巴尼亚

2014 年，中国与蒙古国、中国与澳大利亚提升为全面战略伙伴关系。2014 年 8 月 22 日，中国国家主席习近平抵达蒙古国首都乌兰巴托开始对蒙古国进行访问。当天，中蒙两国元首会谈中一致决定，将两国关系提升为全面战略伙伴关系。2014 年 11 月 17 日，中国国家主席习近平访问澳大利亚，出席 G20 峰会，并与澳大利亚总理阿博特在堪培拉举行会谈，双方决定把双边关系定位提升为全面战略伙伴关系。

2. 友好城市

中国于 1973 年启动与世界各个建交国家的主要城市建立友好城市活动，推动民间外交，密切友好往来。至 2011 年 6 月 7 日，中国有 30 个省、自治区、直辖市（不包括台湾省及香港特别行政区和澳门特别行政区）和 374 个城市与五大洲 129 个国家的 405 个省（州、县、大区、道等）和 1247 个城市建立了 1770 对友好城市（省州）

开放型经济 KAIFANGXING JINGJI

关系（中国国际友好城市联合会资料）。其中，辽宁85对、青海13对、安徽79对、西藏7对、上海71对、山东168对、河北64对、四川67对、山西39对、湖南66对、北京61对、贵州9对、吉林54对、宁夏43对、海南46对、陕西66对、天津27对、河南94对、江苏273对、重庆33对、福建75对、广东146对、云南54对、黑龙江78对、新疆27对、江西71对、广西86对、甘肃44对、湖北80对、内蒙古33对、浙江95对。

3. 尚未建交的国家

至2014年11月，世界上尚有23个国家（地区）因与中国台湾有"外交关系"而未同中华人民共和国建立外交关系，其中拉美地区12个，大洋洲6个，非洲4个，欧洲1个。这些国家分别是：

拉丁美洲12国：危地马拉、巴拉圭、圣文森及格林纳丁斯、伯利兹、萨尔瓦多共和国、海地共和国、尼加拉瓜共和国、多米尼加共和国、洪都拉斯共和国、巴拿马共和国、圣基茨和尼维斯、圣卢西亚。

大洋洲6国：帕劳共和国、图瓦卢、马绍尔群岛、所罗门群岛、基里巴斯共和国、瑙鲁。

非洲4国：圣多美及普林西比民主共和国、斯威士兰王国、冈比亚共和国、布基纳法索。

欧洲1国：梵蒂冈。

9.3 中国与东盟命运共同体

中国和东盟山水相连、文化交融、血脉相亲。在漫长的历史进程中，双方人民创造了丰富多彩、享誉世界的灿烂文明，形成了具有区域特色的多元文化，成为各国生生不息、持续发展的精神支撑和丰厚滋养。中国和东盟于2003年确立了战略伙伴关系，经过多年发展已经奠定了深化合作的基础，构建出稳定的经济、文化、政治、安全、社会等各领域的合作平台，将"共同建设更加紧密的中国—东盟命运共同体"[1]，成为对外开放的窗口和平台，为亚洲及世界和平与发展作出更大贡献。

---

[1] 李克强总理："2014中国—东盟文化交流年开幕式贺信"，《中国和东盟文化交融 血脉相亲》，新华社北京2014年4月8日电。

9.3.1 东南亚国家联盟分析

1. 东盟的性质（ASEAN）

东南亚国家联盟（以下简称东盟）的前身是由马来西亚、菲律宾和泰国3国于1981年7月31日在曼谷成立的东南亚联盟。1967年8月8日，印度尼西亚、泰国、新加坡、菲律宾4国外长和马来西亚副总理在曼谷举行会议，发表了《东南亚国家联盟成立宣言》，即《曼谷宣言》，正式宣告东盟成立。

东盟的宗旨和目标：本着平等与合作精神，共同努力促进本地区的经济增长、社会进步和文化发展，为建立一个繁荣、和平的东南亚国家共同体奠定基础，以促进本地区的和平与稳定。

东盟成员国：20世纪80年代至90年代，文莱（1984年）、越南（1995年）、老挝（1997年）、缅甸（1997年）和柬埔寨（1999年）5国先后加入该组织，使东盟由最初成立时的5个成员国扩大到10个成员国。巴布亚新几内亚是东盟观察员国。东盟10国总面积444万平方千米，人口5.76亿，国内生产总值（GDP）达15062亿美元，是一个具有相当影响力的区域性组织。

2. 东盟的主要活动

"东盟"成立多年来，不断发展壮大，经济实力和影响力不断加强，在推动一体化和提升整体实力方面稳步前行。2007年1月，第12届东盟首脑会议决定在2015年建成以安全、经济和社会文化共同体为支柱的东盟共同体。2008年12月，《东盟宪章》生效，明确了建设"东盟共同体"的发展方向和目标。

作为一个区域性组织，东盟在国际事务中发挥重要作用。20世纪90年代初，东盟率先发起东亚区域合作进程，逐步形成了以东盟为中心的一系列区域合作机制。其中，东盟与中日韩（10+3）、东盟分别与中日韩（10+1）合作机制已经发展成为东亚合作的主要渠道。东盟还与美国、日本、澳大利亚、新西兰、加拿大、韩国、中国、俄罗斯、印度9国以及欧盟形成对话伙伴关系。为了实现东盟内部经济一体化，"东盟自由贸易区"于2002年1月1日正式启动。自由贸易区的目标是促进东盟成为具有竞争力的基地；消除成员国之间关税与非关税障碍，促进贸易自由化；扩大成员国之间互惠贸易范围，建立内部大市场。2009年1月15日，中国与东盟签署了"中国—东盟自由贸易区"《投资协议》，标志着中国—东盟自贸区的主要谈判已经完成。"中国—东盟自贸区"是中国对外商谈的第一个自贸区，也是东盟作为整体对外商谈的第一个自贸区。2007年11月20日，东盟10国领导人在新加坡举行的第

13 届首脑会议上签署了《东盟宪章》和《东盟经济共同体蓝图宣言》等重要文件。会议重申在 2015 年之前建成东盟经济共同体。这是东盟经济一体化建设的总体规划，也是一份指导性文件。2009 年 5 月 3 日，东盟 10 国和中日韩（10+3）三国财长在巴厘岛会议上就规模为 1200 亿美元的亚洲区域外汇储备库的主要要素达成共识。这一合作行动，对维护亚洲地区经济金融稳定具有重大意义，并将对改革和完善国际金融体系产生积极影响。

9.3.2 中国东盟建立战略伙伴关系

2003 年 10 月 8 日，在印度尼西亚巴厘岛签署《中国—东盟面向和平与繁荣的战略伙伴关系联合宣言》。这一历史事件具有里程碑意义，文件的签署标志着中国与东盟的合作水平上升到全面战略合作的高度，为区域经济一体化奠定了基础。2013 年 10 月 9 日，在文莱斯里巴加湾市，举行第 16 次中国—东盟领导人会议，纪念中国—东盟建立战略伙伴关系 10 周年，签署了《中国—东盟发表建立战略伙伴关系 10 周年联合声明》，确立了双方 31 条行为准则，在政治和安全合作、经济合作、社会文化合作、地区及国际事务合作四个方面部署具体行动，明确了今后发展方向。

1. 经济领域合作行动部署 [1]

打造中国—东盟自贸区"升级版"，包括改善市场条件和双方贸易差额，扩大《中国与东盟全面经济合作框架协议》覆盖面。到 2015 年双方双向贸易额达到 5000 亿美元，到 2020 年达到 1 万亿美元，从 2013 年起今后 8 年双向投资达到 1500 亿美元。推进"全面经济伙伴关系"（RCEP）谈判，促进东亚经济一体化。"中国—东盟博览会"是双方经贸交流与合作的重要平台，积极参加"中国—东盟博览会"。

通过有效落实东盟一体化倡议（IAI）工作计划（2009—2015），包括"大湄公河次区域经济合作"（GMS）、"东盟湄公河流域发展合作"（AMBDC）、"文莱—印度尼西亚—马来西亚—菲律宾东盟东部增长区"（BIMP-EAGA）在内的次区域合作，缩小东盟发展差距。同意实施"澜沧江—湄公河"航道二期整治项目。鼓励地方政府积极参与"中国—东盟"合作，中国愿与东盟国家探讨在边境地区设立跨境经济合作区。

加强金融合作，深化"清迈倡议多边化"合作，不断完善区域金融风险预警机制和流动性支持措施。进一步发挥"中国—东盟银行联合体"作用。

---

[1] 资料来源：《中国—东盟发表建立战略伙伴关系 10 周年联合声明》，文莱斯里巴加湾，2013 年 10 月 11 日。

促进互联互通，公路、铁路、航空和水路更好发挥作用，建设亚洲基础设施投融资平台。将推动泛亚铁路项目建设。加强民用航空合作，促进中国和东盟国家互联互通，支持中国—东盟自贸区的建设。加强港口互联互通、渔业、海洋科技、环境保护、航行安全、海上搜救、海洋文化等领域合作。

加强在环境、农业、信息与通信技术、人力资源开发、相互投资、湄公河流域开发、旅游、运输、能源领域的合作。将制订"中国—东盟环保技术与产业合作框架"，建立"中国—东盟环保技术和产业交流合作示范基地"。加强在技术转移、能力建设和创新等领域合作，也包括中小企业间的合作。（见表 9-3-1 中国东盟自由贸易区部分关税削减时间表）。

表 9-3-1 中国东盟自由贸易区部分关税削减时间表

起始时间	关税税率	覆盖关税条目	参与的国家
2000 年	对所有东盟成员国 0-5%	85% 的 CEPT 条目	原东盟 6 国
2002 年 1 月 1 日	对所有东盟成员国 0-5%	全部 CEPT 条目	原东盟 6 国
2003 年 7 月 1 日	WTO 最惠国关税税率	全部	中国与东盟 10 国
2003 年 10 月 1 日	中国与泰国果蔬关税降至 0	中泰水果蔬菜	中国、泰国
2004 年 1 月 1 日	农产品关税开始下调	农产品	中国与东盟 10 国
2005 年 1 月	对所有成员开始削减关税	全部	中国与东盟 10 国
2006 年	农产品关税降至 0	农产品	中国与东盟 10 国
2010 年	对所有东盟成员国 0	全部减税产品	原东盟 6 国
2010 年	关税降至 0	全部产品（部分敏感产品除外）	中国与原东盟 6 国
2015 年	对所有东盟成员国 0	全部产品（部分敏感产品除外）	东盟新成员国
2015 年	对中国—东盟自由贸易区成员国关税降至 0	全部产品（部分敏感产品除外）	东盟新成员国
2018 年	对东盟自由贸易区和中国—东盟自由贸易区所有成员国 0	剩余的部分敏感产品	东盟新成员国

资料来源：根据 2006 年中国—东盟年鉴资料整理绘制

2. 社会文化领域合作行动部署[1]

促进青年、文化、媒体、教育、旅游、社会发展、公共卫生、灾害管理等社会文化领域合作。发挥基金作用，用好"中国—东盟合作基金"、"中国—东盟投资合作基金"、"中国—东盟公共卫生合作基金"、"亚洲区域合作专项资金"。通过区域全面经济伙伴关系（RCEP）加强区域经济合作，建立亚洲金融稳定体系、亚洲投融资合作体系和亚洲信用体系。

---

[1] 资料来源：《中国—东盟发表建立战略伙伴关系 10 周年联合声明》，文莱斯里巴加湾，2013 年 10 月 11 日。

李克强总理指出："2013年是中国和东盟建立战略伙伴关系10周年。10年来，中国与东盟关系蓬勃发展，合作取得累累硕果。双方政治互信不断深入，在许多重大国际和地区事务上相互支持，保持了睦邻友好、和谐共处。双方务实合作进展迅速，从2002年到2012年，双边贸易额年均增长23.6%，目前已达到4000亿美元；相互投资累计超过1000亿美元，增长3.4倍。中国成为东盟最大贸易伙伴，东盟是中国第三大贸易伙伴，中国和东盟建成了世界上最大的发展中国家自由贸易区。双方人文交往日益密切，民生与社会领域合作不断深化，2012年中国赴东盟国家游客达969万人次。尤其是在应对国际金融危机和抗击重大自然灾害中，双方守望相助、同舟共济，夯实了合作的民意基础。"[1]

9.3.3 打造中国东盟自贸区升级版

"打造中国—东盟自贸区升级版，力争到2020年双边贸易额达到1万亿美元[2]。"这是中国国务院总理李克强在2013年9月召开的第十届中国—东盟博览会发表主旨演讲时提出的倡议。升级版自贸区的提出向东盟释放了进一步深化双边合作的意愿。中国将进一步向东盟开放市场，并与东盟讨论进一步降低关税，减少非关税壁垒，推动投资领域的实质性开放。

1. 升级版自贸区内容丰富

"升级版自贸区"其核心内容就是进一步开放，实现贸易自由化，使中国与东盟双方货物贸易自由化和投资自由化与便利化水平再上一个新台阶。升级版自贸区主要内容涉及三个领域：第一个领域，在货物贸易领域进一步开放，进一步梳理敏感性产品清单；第二个领域，在服务贸易领域，双方均做出高于WTO开放标准的承诺；第三个领域，在投资领域，中方也将加大开放力度，给予东盟更多优惠待遇。

2. 升级版自贸区具有实现条件

"中国东盟自贸区升级版"建设将进一步促进双方对外开放，深度经济合作。

一方面，东盟国家正处于工业化启动和经济上升时期，需要投资，需要基础设施建设，需要物美价廉的工业产品；而中国恰好具备这样的能力，中国正处于经济转型升级时期，一部分工业生产力需要转移出去，包括加工工业。例如：鞋帽、纺织、木材加工、家具、皮革、轻工品生产等，正好具备产业互补的条件，为中国企业走

⑨ 国际合作平台建设

---

[1] 资料来源：李克强在第16次中国东盟领导人会上讲话，斯里巴加湾市，新华社，2013年10月10日。
[2] 资料来源：国务院总理李克强在2013年9月召开的第10届中国—东盟博览会讲话。

出去提供商机。

另一方面，东盟国家大多是农产品富产国，农产品、海产品、水果蔬菜类产品丰富，在出口产品的清单中农产品、海产品和果蔬产品占有重要比重；中国是人口大国，具有庞大的消费潜力，需要与人们日常生活密切相关的产品，东盟国家的粮食、果蔬、海产品等也正是老百姓所需要，具有消费结构的互补性，为东盟企业走进中国来提供了商机。

打造"中国东盟自贸区升级版"是国家实施开放战略的重要组成部分，是新举措，为中国中西部地区，特别是西南地区提供了契机，形成中国与东盟国家之间的重要开放平台。

9.3.4 中国与东盟内部国家开展深度合作

1. 中国与泰国双边贸易长足发展共同制定《中泰关系发展远景规划》

中国是泰国的第二大贸易伙伴，仅次于日本。中国为泰国第一大出口市场和第二大进口来源地。一是贸易总量增长，2012 年泰国与中国的双边货物进出口额达到639.6 亿美元，其中，泰国对中国出口 267.6 亿美元，占泰国出口总额的 11.7%；自中国进口 372 亿美元，占泰国进口总额的 14.9%，泰方贸易逆差 104.4 亿美元。两国贸易结构互补，泰国对中国出口的主要商品是塑料橡胶和机电产品，2012 年对中国出口塑料橡胶 85.5 亿美元，占泰国对中国出口总额的 32%；机电产品出口 74.7亿美元，占泰国对中国出口总额的 27.9%。化工产品出口额为 31.4 亿美元，矿产品出口额 18.5 亿美元；植物产品出口额为 19.2 亿美元，上述三类产品合计占泰国对中国出口总额的 25.8%。泰国从中国进口机电产品 196.2 亿美元，占泰国自中国进口总额的 52.7%。贱金属及制品进口额为 50.5 亿美元，化工产品与纺织品进口额为29.3 亿美元，原料为 16.8 亿美元，合计占泰国自中国进口总额的 26%。

中国与泰国双方同意以 2012 年 4 月 19 日中泰双方发表的《关于建立全面战略合作伙伴关系的联合声明》为指导，落实好《中泰战略性合作共同行动计划（2012—2016）》[1] 和《关于可持续发展合作谅解备忘录》，推进各领域务实合作。

双方承诺加强经贸、投资和金融交流与合作。通过中泰贸易、投资与经济合作联委会等机制，推动双边贸易便利化，促进贸易与投资增长。到 2015 年，实现双边贸易额 1000 亿美元。继续以经贸合作五年发展规划指导两国经贸关系，实现两

---

[1] 资料来源：《中泰关系发展远景规划》，泰国曼谷，新华社，2013 年 10 月 12 日发。

国经济可持续发展。

双方承诺改善双边投资环境。加强投资信息交流创造便利条件，在橡胶产业、生物塑料业和绿色产业领域投资合作；交流环境管理、绿色供应链管理和可持续发展生态城建设经验；加强惠农合作，在合作社发展、农产品加工与贸易、农业企业投资和粮农政策协调方面的合作；深化金融和银行业合作，使用两国本币作为两国贸易和投资结算货币，完善相关合作机制，为贸易、投资和经济合作提供便利；共同探讨提供更便利的人民币清算服务；推进交通和互联互通，通过连接经过老挝和缅甸的铁路网络以及联通公路、港口和机场加强交通基础设施建设，推动本地区贸易和旅游发展。

双方承诺加强文教、旅游、文化艺术交流。加强两国影视艺术交流，合作拍摄电影、电视剧；鼓励在文学和两国语言领域开展合作，鼓励出版机构参加对方国家举办的书展；深化政府部门、教育机构和民间的教育交流合作；扩大留学生交流，人力资源培训，职业教育合作；加强科技创新领域合作，紧密关系，推进知识型社会建设；推动两国科研院所、高校和企业合作，开展高水平联合研究；加强人员交流与人才培养，支持互派青年科学家到对方国家开展短期工作。

双方承诺深化科技领域合作。开展移动通信、高速互联网等领域相关企业的经贸合作，推进航空、航天、卫星技术与应用、生物医药领域合作；拓展空间技术及其应用领域合作，建设遥感卫星数据共享与服务平台；加强能源领域合作。

2.马来西亚成为中国在亚洲第三大贸易伙伴

中国已经成为马来西亚第二大出口贸易伙伴，第一大进口来源地。在马来西亚的十大类进口商品中，中国出口的机电产品、金属制品、运输设备、纺织品和家具处于较明显的优势地位，在化工品、塑料制品、光学仪器和食品等领域面临日本、美国、法国、新加坡和马来西亚周边一些国家的竞争。

2013年中国与马来西亚双边贸易总额已经达到1060亿美元，马来西亚成为中国在亚洲仅次于日本和韩国的第三大贸易伙伴。两国贸易总量持续增长，据马来西亚统计局公布的数据显示，2012年马来西亚与中国双边货物贸易额为585.3亿美元，增长7.0%。占马来西亚进口总额的15.1%。两国贸易结构互补，马来西亚对中国出口最多的商品为机电产品、机械设备、动植物油、橡胶及制品和矿物燃料，上述五大类商品的出口额依次为100.9亿美元、36.5亿美元、35.6亿美元、29.6亿美元和23.2亿美元，共占马来西亚对中国出口总额的78.5%；其次是有机化学品、塑料制品、光学仪器制品、矿砂、锡及制品、铜及制品和木材及制品等。马来西亚自中国进口的主要有机电产品、机械设备、粗钢、钢材和塑料制品。2012 年马来西亚进口的上述五类商品合计 198.3 美元，占马来西亚自中国进口总额的 66.6%。第三位商品是光学仪器设备产品、运输工具、无机化学品、铝及制品、新鲜蔬菜、船舶、鞋类制品和纸制品等。

3. 中国是印度尼西亚第二大出口市场和第一大进口来源地国

中国已经成为印尼第二大出口市场和第一大进口来源地。在印尼十大类进口商品中，中国出口的机电产品、金属制品、纺织品、家具和瓷器处于较明显的优势地位；在化工品、塑料制品、光学仪器和运输设备等领域面临着日本、美国、法国、德国、韩国等国家的竞争。

中印双边贸易总量持续增长，根据印度尼西亚统计局公布的数据显示，2012 年印尼对中国双边货物贸易额达到 510.5 亿美元，增长 3.9%，占印尼进口总额的 15.3%。双边贸易结构互补，印度尼西亚对中国出口最多的商品为矿物燃料、动植物油、矿砂、橡胶及制品、木浆及纸浆；上述五大类商品出口额依次为 81.2 亿美元、36.0 亿美元、24.2 亿美元、17.4 亿美元和 8.5 亿美元，共占印尼对中国出口总额的 77.3%。其他对华出口商品还有有机化学品、木材、机电产品、塑料制品、铜及制品、可可及制品、水产品等。印尼从中国进口的商品品类繁多，主要有机械设备、机电产品、钢材、贱金属及制品、有机化学品。2012 年印度尼西亚从中国进口上述五类商品总计 172.6 亿美元，占印尼自中国进口总额的 58.7%。第二位的商品类别是塑料制品、肥料、干鲜水果、无机化学品、棉花、铝制品和音响器材制品等。

4. 中国与越南经贸合作力争双边贸易额 2017 年达到 1000 亿美元

越南属发展中国家，1986 年开始实行革新开放，1996 年越共八大提出要大力推进国家工业化、现代化，2001 年越共九大确定建立社会主义定向的市场经济体制，确定了三大经济战略重点，即以工业化和现代化为中心，发展多种经济成分、发挥国有经济主导地位，建立市场经济的配套管理体制。实行革新开放的 20 多年来，越南经济保持较快增长速度，经济总量不断扩大，对外开放水平不断提高，形成了"以国有经济为主导、多种经济成分共同发展"的格局。2006 年，越南正式加入 WTO，越南共产党是该国唯一合法政党，历史上受中国文化影响最深，是接受儒家思想的国家。越南人口约为 9000 万（2013 年数据），随着经济持续增长，城市居民的生活水平有所提高，但交通运输仍为越经济发展的薄弱环节。

中国是越南第一大进口国，越南的主要出口商品有纺织品、石油、水产品、鞋类、大米、木材及木制品、咖啡、煤炭、橡胶九大类，主要出口地区市场为欧盟、美国、日本、中国。主要进口商品有机械设备及零件、成品油、钢材、纺织原料、皮革、布匹六大类，主要进口地区市场为中国、台湾地区、新加坡、日本、韩国。中越双边贸易额，2011 年达到 402.1 亿美元，比 2010 年增长 33.6%；2012 年，中越贸易额为 504.4 亿美元，增长 25.4%。估计 2012 年中国企业新增对越南的非金融类直接投资 3.3 亿美元，至 2012 年 12 月底，越南累计对华实际投资 1.2 亿美元。中越双边贸易额 1991 年为 3200 万美元，2011 年已突破 400 亿美元，增长 1000 多倍 [1]。两国还力争到 2015 年将双边贸易额提高到 600 亿美元。中国既是越南最大的贸易伙伴，也是越南最大的贸易逆差国。中国出口越南的商品中 85% 为机电设备，而越南出口到中国的主要是农产品和资源性产品。贸易不平衡、岛屿争端困扰中越发展。

2013 年 10 月 15 日，中国总理李克强访问越南，强调中越双方把合作机遇变成现实成果，开创务实合作新局面 [2]。李克强指出：中越经贸合作发展快速，潜力巨大。以市场为导向，以企业为主体，并发挥好政府的引导作用，加快推进经贸合作，推动贸易便利化。两国三个工作组要在年内运转起来，并用好中越双边合作指导委员会和两国经贸合作委员会机制，稳步落实两国有关合作规划和备忘录以及重大经贸合作项目，力争双边贸易额 2017 年达到 1000 亿美元。同时，扩大两国本币互换、本币结算，为经贸合作提供金融支持。积极扩大相互投资。优先推动互联互通项目，中国政府鼓励本国企业以多种方式同越南开展投资合作，欢迎越南企业赴华投资，深化在东盟框架下的合作。

9.4 中国与欧盟战略合作

在欧洲版图内有 52 个国家和地区，有 2 个地区组织（欧盟和上海合作组织）与中国有经贸关系。欧洲地区总面积 2700 多万平方千米，人口超过 8 亿。欧盟以及非欧盟西欧国家为发达经济体，市场成熟，政策稳定；中欧和东欧国家经济转型也较快，陆续加入欧盟；独联体国家均属经济转型国家。在对欧经贸合作中，西欧国家是中国重要的贸易伙伴以及资金和技术的来源地；独联体、中东欧国家则是中国中西部地区对外开放战略的重要合作区。中国与欧洲国家之间的往来久远。新中国成立之初欧洲一些国家就承认中华人民共和国，建立了外交关系。中国实施改革开放以来，中欧双方之间经贸往来日益加深，贸易额不断增长，几乎年年刷新纪录，

⑨
国际合作平台建设
331

[1] 刘刚：中越贸易额 20 年增长 1000 多倍　亟待更多政策支持，人民日报，2012 年 2 月 29 日。
[2] 资料来源：国务院总理李克强在河内出席中越工商界午餐会讲话，新华社河内 2013 年 10 月 15 日电。

到 2011 年，双方已经发展成为最大的贸易伙伴，双方贸易额已经突破 5000 亿美元，未来时期将达到 1 万亿美元，已经确立为战略伙伴关系。

9.4.1 中国与欧盟建立战略伙伴关系

中国和欧盟自 1975 年建立外交关系以来，双方关系得到长足发展。特别是 2003 年中欧全面战略伙伴关系建立后，双方各领域合作不断扩大和深化，相互依存显著提升。

1. 中国与欧盟双方关系的三次升华

中国与欧盟在 1998 年建立了"合作伙伴关系"，到 2001 年建立了"全面合作伙伴关系"，到 2003 年建立"全面战略伙伴关系"，实现了中欧关系的三次跳跃。双方表现出关系发展的积极势头，在经济、贸易、文化、艺术、教育、环保、文生、政治、国际事务等方面不断深入发展。中欧关系虽然经历过波折，但是总体上保持了健康、稳定、快速的发展态势，在中欧双方共同努力下，双方经贸关系不断提升，战略互信深化，人文交流方兴未艾，各领域合作日益拓展。中欧之间已经形成了政治、经贸、人文"三大发展平台"，扩展为 60 多个领域的对话合作格局业已形成，形成了全方位、多层次、宽领域的合作格局。中欧已成为彼此发展进程中不可或缺的重要合作伙伴。

2. 中国与欧盟双方彼此已经成为最大的贸易伙伴

中国与欧盟之间贸易总量双方都是彼此的最大贸易伙伴（见图 9-4-1 2002 年至 2013 年中国与欧盟国家贸易额走势图）。2008 年以来美国发生"次贷危机"，欧洲发生"欧债危机"，在世界经济不景气情况下，中欧贸易持续上扬，欧盟连续 10 年成为中国第一大贸易伙伴。2011 年，中国和欧盟双边贸易额达 5672.1 亿美元，2012 年双方贸易总额高达 5460 亿美元。2013 年前 11 个月，中国和欧盟双边贸易额达 5060 亿美元，中国与欧盟每天的贸易额都已经超过 10 亿欧元（约合 17 亿美元）。（见表 9-4-1

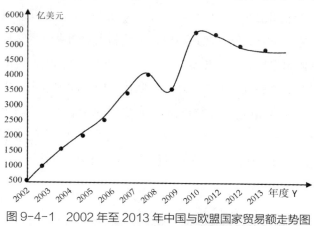

图 9-4-1　2002 年至 2013 年中国与欧盟国家贸易额走势图
（资料来源：根据商务部和外交部网站公布的数据指标整理绘制）

2002—2010 年中国对欧盟贸易额）。

表 9-4-1　2002—2010 年中国对欧盟贸易额

年份	出口（亿美元）	进口（亿美元）	进出口总额（亿美元）	同比增长（%）
2002	362.93	330.57	696.2	—
2003	721.54	530.61	1252.16	44.4
2004	1071.62	701.24	1772.86	33.4
2005	1437.11	735.95	2173.07	22.6
2006	1819.83	903.18	2723.02	25.3
2007	2451.91	1109.59	3561.51	27
2008	2928.78	1326.99	4255.77	19.5
2009（e）	2339.02	1262.3	3601.32	−15.38

（数据来源：中国商务部，www.jctrans.com，2010 年 4 月 9 日）

中国与欧盟之间贸易结构互补，纺织、机电为主要领域，德国、荷兰、英国、法国和意大利为主要伙伴。在中欧贸易国别结构方面，德国、荷兰、英国、法国和意大利是最重要的贸易伙伴，2012 年我国同这五个国家的贸易总额占整个中欧贸易额的比重达到 70.4%。其中，中德贸易比重为 29.5%，中荷贸易比重为 12.4%，中英贸易比重为 11.6%，中法贸易比重为 9.3%，中意贸易比重为 7.6%。中欧贸易商品结构，中国对欧盟出口商品的品种以机电产品、纺织品、杂项制品以及贱金属及制品等为主。2012 年这四类产品在中国对欧盟出口总额中占比为 71.5%，其中机电产品占 43.3%，纺织品及原料占 13.6%，杂项制品占 8.4%，贱金属及制品占 6.2%。欧盟对中国出口商品的品种以机电产品、运输设备、化工产品和贱金属及制品等产品为主，2012 年这四类产品的进口占比为 74.5%。

中国与欧盟双方投资领域宽泛，合作形式多样，合作水平不断加深。欧盟 27 国在华投资设立企业 3.5 万家，中国实际利用欧盟国家直接投资 809.37 亿美元，中国对欧盟国家的投资也取得积极进展，科技、教育、能源和环保等领域合作不断深化。至 2010 年底，中国对欧投资存量为 157.1 亿美元，主要集中在制造业、租赁业和商务服务业，这一领域投资金额占比超过 85%，在其他领域合作不断拓宽。

开展人文领域合作，中国与欧盟及部分成员国建立了高级别人文交流对话机制，2012 年中国公民首站赴欧盟人数超过 150 万 [1]，在欧洲留学人员超过 20 万，每天

❾
国际合作平台建设

333

[1]资料来源：新华国际时评，深化中欧全面战略伙伴关系恰逢其时，综合新闻新华网，2013 年 4 月 3 日。

来往中欧两地的航班超过 70 架次。

开展航空领域合作，中国航空运输企业引进空客飞机，推进中欧双方购机合作。2006 年以来，中国采购了约 600 架空中客车飞机，空客飞机在中国民航运输机队中的份额达到了 43%[1]，中国订购的首架空客 A380 飞机于 2011 年 10 月交付使用，天津空客 A320 总装线项目成为产业投资合作的成功典范。

开展石化领域合作，英国石油、英荷壳牌、巴斯夫等欧洲公司纷纷来华合资建厂，已建成上海赛科乙烯、中海壳牌乙烯、南京扬巴乙烯等合资企业，中国石油、中国化工等企业也与欧洲公司开展了业务合作。

开展铁路领域合作，中国与奥地利、法国、德国、匈牙利、瑞典等国政府和企业开展了包括装备引进、技术合作、人员培训、市场开发等在内的深层次合作，在机车车辆、铁路建设、磁浮交通、客货运输、通信信号、牵引供电系统等方面取得进展。

开展能源领域合作，建立了中欧能源对话机制、中欧清洁能源中心项目"两大合作平台"，在能源工业发展规划、节能减排、清洁能源技术、可再生能源发展等方面达成共识。2005 年中欧建立气候变化双边伙伴关系，中国同欧盟主要成员国英国、德国、意大利等，通过双边磋商机制，在应对与适应全球气候变化、清洁技术等方面开展合作。

开展汽车领域合作，德国大众、奔驰，法国标致等跨国汽车公司在华投资，已建成一汽大众、东风标致等企业。中国汽车企业也进入欧盟投资建立生产基地，上汽集团收购英国罗孚轿车、吉利收购沃尔沃轿车，在汽车零部件生产方面进行合作，还将开展新能源汽车研发合作，投资希腊比雷埃夫斯港集装箱码头项目，收购比利时 APM 码头泽布吕赫公司部分股权。

9.4.2 共同制定中欧合作 2020 战略规划

2013 年 11 月 21 日，中国与欧盟双方共同制定《中欧合作 2020 战略规划》，这一全面战略规划确定了中欧在和平与安全、繁荣、可持续发展、人文交流等领域加强合作的共同目标，将促进中欧全面战略伙伴关系进一步发展。这是中欧双方又一次里程碑意义的事件，这项文件的签署将指导中欧之间今后时期的发展。文件规

[1] 资料来源：国家发展和改革委员会副主任徐宪平谈中俄、中欧经济合作的现状与前景互利促合作，人民日报，2012 年 4 月 25 日。

定了在以下领域今后时期的发展规划（注释：根据《中欧合作 2020 战略规划 [1]》文件内容整理）：

1. 开展和平与安全领域合作

中欧作为多极世界的重要力量，致力于加强在双边、地区和全球层面的对话与协调，携手应对地区和全球性挑战，推动国际秩序和国际体系朝着公正合理的方向发展。

2. 开展经济繁荣领域合作

中欧经贸关系是世界上规模最大、最具活力的经贸关系之一，进一步深化各个领域的合作，决心推高面向 2020 年的贸易与投资关系，促进开放、透明的市场和公平的竞争环境。特别重视为中小企业提供更多机会。开展贸易与投资。加强工业化和信息化建设。深化农业合作，发挥《中欧农业与农村发展合作规划纲要》的作用，在农业可持续生产、有机农业、农村发展和农业科研等领域加强合作；在保障粮食和食品安全、城乡统筹发展、建立环境友好型农业模式、保障农产品质量安全等领域设计具体合作项目。为在互利共赢的基础上深化食品、农业和生物技术领域的科研创新合作。开展交通和基础设施领域合作，加强在智能、高端和互联互通的基础设施网络方面的合作。扩大在亚欧供应链物流网络兼容、海上运输市场和航线、铁路服务、物流、交通安全、能源效率方面的合作。积极探讨中欧开展基础设施建设合作的方式，如项目债券、项目持股、联合承包和联合融资等，进一步统筹中国与欧盟及其成员国在上述领域的合作。

3. 开展可持续发展领域合作

开展科技创新领域合作。落实《中欧科技合作协定》，加强在科技和创新领域的产学研合作，在人力资源、技术技能、研究设施、创新融资、科研成果转化、创业精神和创新框架条件等方面实现优势互补、互利共赢。加强在可持续增长和城镇化等战略领域协作。在食品、农业和生物技术、城镇化可持续发展、航空、水资源、医疗和信息通信技术领域合作。加强中欧在核安保、核燃料循环、核事故应急、核废物管理和核安全领域的交流与合作。

开展空间与航天合作。在中欧空间科技合作对话和地球观测组织框架下，加强在地球观测、地球科学、空间科学与探测等方面的合作。加强在空间科学、空间应用等领域的合作，探讨卫星数据交换和应用方面的合作。加强双方各自全球卫星导

[1] 资料来源：中华人民共和国外交部网站，《中欧合作 2020 战略规划》，2013 年 11 月 21 日。

❾ 国际合作平台建设

335

航系统间的民用合作。不断深化中欧载人航天领域交流与合作。支持双方开展航天产业和商业领域的合作。

开展能源合作。开展低碳能源技术上的合作，以支持经济可持续发展，通过与欧洲原子能共同体商签总体协议、加强科研合作等方式，解决安全高效发展核能的相关问题，加强能源监管合作。

开展城镇化领域合作。就城市可持续发展规划、城镇基础设施建设和管理、城乡一体化合作，在城市规划设计、城市的社会经济事务、城市科学管理、自然与文化遗产保护、绿色低碳发展、灾害防控和城市交通建设、生态建筑、建筑标准等领域交流经验。区域政策，促进区域政策领域的相互理解和合作。就区域发展的基础性和前瞻性问题开展联合研究。

开展社会进步领域合作。气候变化与环境保护领域合作。海洋领域合作，加强在海洋综合管理、海洋空间规划、海洋知识、海洋观测与监测、海洋科技研发、海洋经济、海洋能源利用方面合作。公共政策领域合作，全球发展合作，就重大国际发展问题和各自发展政策的对话与合作，包括推动制定和落实 2015 年后发展议程和可持续发展目标。

4. 开展人文交流领域合作

文教和青年交流合作，鼓励汉语在欧盟和欧盟国家语言在华教学，加强中欧学生学者交流，支持青年互访交流，推动中欧在新闻、出版、广播、影视等领域的交流与合作，便利人员往来领域合作。

9.4.3 四大伙伴关系规定未来走向

2014 年 3 月 22 日至 4 月 1 日，中国国家主席习近平出席在荷兰海牙举行的第三届核安全峰会，对荷兰、法国、德国、比利时进行国事访问，并访问联合国教科文组织总部、欧盟总部，中国和欧洲四国签署了 120 多项合作协议，价值 700 多亿美元，中国和欧盟首次发表联合声明，宣示共同打造"四大伙伴关系"，中国发表了第二份对欧盟政策文件，规划未来 5 年到 10 年的合作蓝图。中国国家主席对欧盟的首次访问是中欧关系史上的里程碑，习近平主席访问欧盟总部期间，中欧双方发表了《关于深化互利共赢的中欧全面战略伙伴关系的联合声明》。"双方欢迎中欧关系近 40 年取得长足发展，认为这有利于中欧双方以及整个世界。双方强调决心加强全球层面合作。双方愿加深对彼此发展选择的理解。欧盟支持中国全面深化改革、认同中国实现全面建成小康社会的目标。中国支持欧盟一体化建设，认同欧盟加强经济与货币联盟建设"[1]。习近平指出，中欧战略合作前景广阔，新形势下，我们要全面落实中欧合作2020战略规划，开展在中欧、亚欧、全球三个层面的合作，共同打造"和平伙伴关系"、"增长伙伴关系"、"改革的伙伴关系"、"文明伙伴关系"。

1. 中欧双方共同建设四大伙伴关系

第一，中国和欧盟要做和平伙伴。带头走和平发展道路，中欧对构建多极世界格局具有重要战略共识。双方要尊重彼此自主选择的社会制度，照顾彼此核心利益，支持彼此走和平发展道路。双方要加强在国际和地区事务中的沟通与协调，共同推动政治解决地区热点问题，共同参与有关国际规制建设。

第二，中国和欧盟要做增长伙伴。相互提供发展机遇，要尽快谈成谈好投资协定，启动自由贸易协定可行性研究，共同提高中欧贸易质量和水平。希望欧方扩大对华高技术贸易。要把中欧合作和丝绸之路经济带等重大洲际合作倡议结合起来，以构建亚欧大市场为目标，加强基础设施互联互通。要坚持市场开放，携手维护多边贸易体制，共同致力于发展开放型世界经济。

第三，中国和欧盟要做改革的伙伴。分享改革经验，相互借鉴、相互支持。

第四，中国和欧盟要做文明伙伴。为彼此进步提供更多营养。

2. 中欧双方肩负各自发展的历史责任

欧盟大力支持中国尽快参加《服务贸易协定》谈判。

双方认为中国参加谈判是《服务贸易协定》未来实现多边化的重要一步。中欧认识到负责任地解决贸易争端至关重要。

中欧双方应该把互通有无的简单买卖型贸易合作提升为各领域联动的复合型经贸合作，利用互补优势，力争早日实现双方年贸易额1万亿美元的目标。彼此改革进程中相互学习借鉴，致力于在城镇化、环保合作、区域发展、城乡一体化、治理体系和治理能力建设等重点领域交流经验。双方重申城镇化伙伴关系是促进可持续发展的关键，期待着将这一伙伴关系转化成具体合作项目。

加强气候变化合作，以准备《联合国气候变化框架公约》之下适用于所有缔约方的一项议定书、另一法律文书或具有法律效力的议定成果，在2015年巴黎举行的《公约》第21次缔约方会议通过。双方强调致力于通过可信、可核查的国内行动实施重大温室气体减排。双方认同各国在巴黎会议前尽早提交其贡献的重要性。中欧将合作采取国内行动避免或减少氢氟碳化物的消费并合作推动全球逐步削减这些物质。

---

[1]资料来源 外交部网站，《关于深化互利共赢的中欧全面战略伙伴关系的联合声明》，2014年3月31日。

认识到加强中欧文化、教育和青年交流的特殊重要性。加强人员往来与移民事务合作，支持中欧可持续旅游领域合作进一步发展。中欧加强交通运输关系潜力巨大，双方决定共同挖掘中国丝绸之路经济带倡议与欧盟政策的契合点，探讨在丝绸之路经济带沿线开展合作的共同倡议。双方重申致力于为促进互利的贸易投资交流创造条件，从长远看，在条件成熟时签订全面深入的自贸协定。

3. 中欧双方肩负维护世界和平和经济发展的历史责任

中欧双方重申致力于推动中欧关系在未来十年取得进一步发展，造福中欧人民，并促进世界的和平与繁荣，就全球治理开展更紧密合作。加强应对地区和全球性挑战，扩大在维护世界和平与稳定方面的共同利益，强调多边主义和联合国在国际事务中的核心作用，以及和平解决国际和地区争端的重要性。加强政策协调，确保世界经济实现强劲、可持续、平衡增长，维护金融稳定，履行在20国集团峰会上所做的承诺，并在20国集团、国际货币基金组织、世界银行和世界贸易组织内，就全球经济治理加强合作。加强外交政策和安全问题上的合作，决定在多双边层面就推动防扩散和裁军继续开展对话，强调跨区域和区域对话机制对于促进地区和平繁荣日益重要。中欧都肩负着继续拉动世界经济增长，实现共同繁荣的重要责任，共同维护开放型世界经济以及公平、透明、基于规则的贸易投资环境，反对保护主义。

9.4.4 中国与欧盟深化合作潜在问题分析

中欧关系发展对中国西部地区向西开放至关重要，这关系到"亚欧大陆桥经济带"的发展，关系到"新丝绸之路经济带"的建设。在中欧关系之间，中国是持积极的、开放的、向上的态度，欧洲方面也认识到了中国的重要力量。欧洲本身就是一个开放的大陆，具有悠久的开放历史，驾驭开放型经济的经验相比中国而言要丰富得多，由于自身发展的局限，向东看的意愿也在提升，中欧之间不存在根本性的矛盾和冲突，这是合作的基础。但是也必须看到，双方之间的经济合作也时常受到干扰，这些干扰来自于以下方面：

1. 贸易壁垒不断升级

随着中国制造业的升级发展，产品质量不断提高，物美价廉的商品受到世界普遍欢迎，中国产品国际竞争力不断上扬，使得一些国家的本国产业受到影响，因此保护主义势力抬头，限制中国某些产品对欧盟出口。

一种表现是欧盟对我国频频实施贸易救济措施。包括反倾销措施、反补贴措施、保障措施和特殊保障措施，这是世界贸易组织允许各成员国针对不公平贸易所使用的措施。贸易救济措施已经成为很多国家实施贸易保护主义的重要手段。随着中国产品竞争力的不断提升，欧盟对中国频繁实施贸易救济措施，以达到限制进口的目的。2009 年至 2012 年期间，欧盟对华发起的反倾销案件数量占当年所有案件数量的比重 2009 年为 46.7%、2010 年为 53.3%、2011 年为 47.1%、2012 年为 30.8% [1]。

另一种表现是增设技术贸易壁垒。技术贸易壁垒是国家为维护国家安全、保护环境以及保护人类生命及健康，通过设立技术法规、技术标准和认证体系等技术贸易措施限制外国商品进口的措施。欧盟频繁使用技术贸易壁垒，利用认证要求、有毒有害物质限量要求、标签和标志要求等手段大量限制我国商品进口欧洲。

2. 政治因素影响行影而随

在欧洲具有"四位一体"的结构，松散的国家之间构建了"欧盟"，形成政治共同体；货币统一为"欧元"，形成经济共同体；国家联合组成"北约"，形成军事共同体；具有"欧罗巴文明"，形成文化共同体，这是二战后的欧洲制度安排。这种制度安排对具有东方古老文化的中国、对于实行社会主义市场经济制度的中国、对于实行一党执政的中国、对于实行独立自主外交政策的中国（无军事联盟）无疑是挑战。政治利益高于一切，中欧两大利益集团之间，路途遥远，文化不同、制度不同、价值观不同、做事的理念不同、价值判断的标准不同、行为目的取向不同，必然会在相互交往中出现这样那样的矛盾，甚至是冲突。

3. 中国—欧盟—美国利益关系博弈

美国是"北约"成员国，美国与欧洲形成军事上的同盟关系，冷战时期所形成密切联系仍在，利益影响仍在。欧洲人群在美国是社会主流群体，是治理国家的主要决策人群，美国与欧洲国家具有天然的民族文化认同感和价值认同感，这两个方面就足以使美国与欧洲之间形成利益联盟，其相互影响是深刻的、密切的，在这些方面中国不具备优势。虽然欧洲在成长，但是作为一个独立的国家实体而言欧盟并不具备，联盟的运行机制与完全独立国家的运行机制毕竟有所不同，美国势力对欧盟的影响仍然很大。因此，中美之间的关系在某些方面影响中欧关系。

中欧关系发展的主旋律是在经贸领域，没有深度的军事领域合作，而军事领域合作又恰恰是政治领域合作中最为重要的方面，恰好在这一方面中国是短板。欧罗

国际合作平台建设

---

[1] 郝洁: 欧债危机下的中欧贸易摩擦新动向、趋势及应对,《国际贸易》, 2012年11月, 第27-31页。

巴文化的价值观具有悠久的历史，是人种、地域、生态、习俗、信仰、宗教决定的，这与东方文明具有相似的一面，更有不同的一面，而不同的一面也正是相互交往中容易产生矛盾的一面，恰好在这一方面中国又是短板。可以预料，中欧关系的发展不是坦途，是在充满荆棘的原野上开路。

因此，建立中国与欧盟战略伙伴关系，并不断深化中国与欧盟战略伙伴关系是至关重要的，通过多层面、宽领域、全方位开展中欧合作是至关重要的，形成我中有你、你中有我的利益格局是至关重要的，最终形成相互认同的命运共同体。

9.5 中国与上海合作组织

"上海合作组织"是中国实施中西部对外开放战略的重要国际平台，中国是发起国和缔约国之一，在组织内具有重要地位，组织内部的各个国家涵盖了跨越亚洲和欧洲版图，建设好这个组织，利用好这个组织，无论是对新丝绸之路经济带建设、亚欧大陆桥经济带建设、西部开发建设，还是地区经济发展、打击"三股势力"、倡导和平发展、共同进步，稳定周边环境，都具有重要战略意义。

在"上合组织"当中，与中国为邻国的较大经济体有俄罗斯和哈萨克斯坦。在观察员国中与中国为邻国的较大经济体有印度、巴基斯坦和蒙古国。因此，俄罗斯、哈萨克斯坦、印度、巴基斯坦和蒙古国5个国家的国情，以及与中国之间的经贸关系就成为中国实施西进战略的重要方面，也是影响中国中西部地区实施对外开放战略的重要方面。实际上，这些国家近些年来经济稳定发展，与中国外交关系不断深化，经贸关系不断深化，都已经成为双边最大的贸易伙伴，奠定了进一步发展的基础。

9.5.1 上海合作组织的性质

上海合作组织，简称"上合组织"，其前身是1996年4月26日，由中国、俄罗斯、哈萨克斯坦、吉尔吉斯斯坦和塔吉克斯坦组成的"上海五国"会晤机制。2001年6月14日，"上海五国"元首在上海举行第六次会晤，乌兹别克斯坦以完全平等的身份加入"上海五国"，6国元首举行了首次会晤，并签署了《上海合作组织成立宣言》，宣告上海合作组织正式成立。成员国：中国、俄罗斯、哈萨克斯坦、吉尔吉斯斯坦、塔吉克斯坦和乌兹别克斯坦；观察员：伊朗、巴基斯坦、阿富汗、蒙古和印度；对话伙伴：斯里兰卡、白俄罗斯和土耳其；参会客人：土库曼斯坦、独联体和东盟。当地时间2012年8月30日，乌兹别克斯坦议会批准上海合作组织条约。

上海合作组织成员国总面积近3018.9万平方千米[1]，约占欧亚大陆面积的3/5，成员国总人口约15亿，约占世界人口的1/4，工作语言为汉语和俄语。上海合作组织是第一个在中国境内宣布成立、第一个以中国城市命名的国际组织。

9.5.2 上海合作组织主要活动

上海合作组织的宗旨是：加强成员国之间的相互信任与睦邻友好；发展成员国在政治、经济、科技、文化、教育、能源、交通、环保及其他领域的有效合作；维护和保障地区的和平、安全与稳定；推动建立民主、公正、合理的国际政治、经济新秩序。上海合作组织对内遵循"互信、互利、平等、协商、尊重多样文明、谋求共同发展"的"上海精神"，对外奉行不结盟、不针对其他国家和地区及开放原则。恪守《联合国宪章》的宗旨和原则；相互尊重独立、主权和领土完整，互不干涉内政，互不使用或威胁使用武力；所有成员国一律平等；通过协商解决所有问题；不结盟、不针对其他国家和组织；对外开放，愿意与其他国家及有关国际和地区组织开展各种形式的对话、交流与合作。

上海合作组织会徽呈圆形，主体是中国、俄罗斯、哈萨克斯坦、吉尔吉斯斯坦、塔吉克斯坦和乌兹别克斯坦六个成员国的版图、左右环抱的橄榄枝和两条飘带，象征成员国为地区和世界和平与发展所起的积极推动作用，并寓意上海合作组织广阔的合作领域和巨大的发展前景。会徽上部和下部分别用中文、俄文标注"上海合作组织"字样。会徽选用绿色和蓝色，象征该组织和平、友谊、进步、发展的宗旨。

上海合作组织机构设置，上海合作组织有两个常设机构，分别是设在北京的秘书处和设在乌兹别克斯坦首都塔什干的地区反恐机构。非常设机构包括元首理事会、政府首脑（总理）理事会、外长理事会、国家协调员理事会及总检察长、国防、经贸、交通、文化、救灾等部门领导人会议。其中，成员国元首理事会是上海合作组织的最高决策机构，每年举行一次会议，就组织内所有重大问题作出决定和指示。成员国政府首脑理事会每年举行一次例会，重点研究组织框架内多边合作战略方向，解决经济合作原则和迫切问题，批准组织年度预算。秘书长由各成员国按国名俄文字母顺序轮流担任，人选要求有15年以上外交工作经历，精通俄文，由外长会议商讨推荐，由元首理事会讨论批准任命，任期三年，不得连任。上海

[1] 资料来源：中华人民共和国商务部（官方）网站，2009年3月22日报道。

合作组织每年举行一次成员国元首正式会晤，定期举行政府首脑会晤，轮流在各成员国举行。

从 2004 年开始，上海合作组织启动观察员机制。当年 6 月在第四次峰会上，蒙古国获得观察员地位。2005 年 7 月第五次峰会决定给予巴基斯坦、伊朗、印度观察员地位。2009 年 6 月第九次峰会决定给予斯里兰卡和白俄罗斯对话伙伴地位，正式启动对话伙伴机制。上海合作组织与联合国、东盟、独联体等国际或地区组织建立了密切联系。

上海合作组织自成立之日起，成员国在安全、经贸、文化、军事、司法等各领域各层次合作便相继展开。2001 年成立时签署了《打击恐怖主义、分裂主义和极端主义上海公约》。"9·11"事件后，加强了以打击本地区恐怖主义、极端主义和分裂主义"三股势力"为中心的反恐合作。2004 年 6 月反恐机构在塔什干挂牌运作。2007 年 6 月在吉尔吉斯斯坦首都比什凯克签署《上海合作组织成员国关于举行联合军事演习的协定》。在经贸合作方面，签署了《上海合作组织成员国多边经贸合作纲要》。

9.5.3 中国在上合组织中发挥重要作用

2013 年 9 月 13 日，上海合作组织成员国元首理事会第十三次会议在吉尔吉斯斯坦首都比什凯克举行，会上国家主席习近平发表《弘扬"上海精神" 促进共同发展》的讲话，阐述了中国对上海合作组织发展的看法，构架了未来战略发展蓝图。

习近平指出："我们需要树立同舟共济、互利共赢的意识，加强合作，联合自强，把上海合作组织打造成成员国命运共同体和利益共同体，使其成为成员国共谋稳定、共同发展的可靠保障和战略依托。"习近平提出四点主张[1]：

第一，弘扬互信、互利、平等、协商、尊重多样文明、谋求共同发展的"上海精神"。切实落实《上海合作组织成员国长期睦邻友好合作条约》，在涉及主权、安全、领土完整、政治制度、社会稳定、发展道路和模式等重大问题上相互支持，共同应对威胁和挑战，维护成员国安全利益和发展利益。在平等、协商、互谅互让的基础上开展互利合作，使成员国成为和睦相处的好邻居、同舟共济的好朋友、休戚与共的好伙伴。

---

[1] 习近平主席：在上海合作组织成员国元首理事会第十三次会议上讲话，《弘扬"上海精神"促进共同发展》，吉尔吉斯斯坦，比什凯克，2013 年 9 月 13 日，新华社，2014 年 4 月 8 日发。

第二，共同维护地区安全稳定。落实《打击恐怖主义、分裂主义和极端主义上海公约》及合作纲要，完善执法安全合作体系，建立应对安全威胁和挑战综合中心，合力打击"三股势力"。支持阿富汗民族和解进程，帮助阿富汗早日实现和平稳定，共同维护地区安全。

第三，着力发展务实合作。把丝绸之路精神传承下去，发扬光大。尽快签署《国际道路运输便利化协定》，开辟从波罗的海到太平洋、从中亚到印度洋和波斯湾的交通运输走廊；商谈贸易和投资便利化协定；推动区域经济合作；加强金融领域合作，成立上海合作组织开发银行和上海合作组织专门账户；成立能源俱乐部，建立稳定供求关系，确保能源安全；建立粮食安全合作机制，在农业生产、农产品贸易、食品安全等领域加强合作。

第四，加强人文交流和民间交往，为上海合作组织发展打牢民意基础和社会基础。

⑩ 开放型经济管理

    国家实施开放过程中需要规制开放行为，履行主权国家社会经济管理的责任，使用国家机器，行使权力，规范经济活动，规范企业市场行为，维护秩序，维护社会各种利益群体的合法权益，保障社会经济平稳运行。

    国家和地区从不开放到开放，从局部开放到大局开放，从单一领域开放到多领

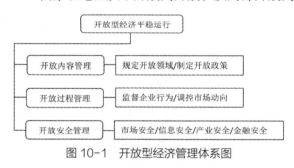

图 10-1　开放型经济管理体系图

域开放，这个过程是国家整个管理体系的变革，需要重新规定社会经济主体的行为方式，需要保护本国弱势领域，需要防范经济危机，需要规避国际恶势力破坏等方面，都需要实施科学管理，需要维护安全，需要保障切身利益，实施科学化的开放型经济管理是十分必要的。

    开放型经济管理领域主要包括三个方面：开放内容管理、开放过程管理和开放安全管理。开放型经济管理手段主要运用法律手段、经济手段和必要的行政手段，综合使用各种工具，开放型经济管理的目标是调控经济行为向良性方面发展。

    开放内容管理主要规定开放领域，制定开放政策，解决开放还是不开放的问题。

    开放过程管理主要维护运行机制，规制企业行为，监控市场动向。

    开放安全管理主要控制系统失灵，监督和防范外力破坏，规制系统内非正常行为。

10.1 开放内容管理

    开放内容管理主要集中在两个方面：一是确定开放领域，二是制定开放政策。

开放什么？怎样开放？需要作出规定，规范开放领域；由此延伸出来的就是开放政策，包括行业准入政策、工商企业注册政策、土地使用政策等。有些方面涉及国家法律，还需要修改法律，国家就是使用法律和政策手段来规制经济行为。

10.1.1 规定开放领域

国民经济物资内容主要由三个方面构成，一是产业，二是空间，三是项目。产业是内容，空间是位置，项目是题材。国家实施开放型经济过程中，实施开放经济管理主要集中在这三个方面，做好相互之间的协调，规范经济行为。

1. 规定产业开放领域

产业是同类经济组织的集合。具有同类投入和同类产出的经济组织，其生产技术性质是相同或相似的，对于这样的经济部门称之为产业。通常情况下产业中的经济组织数量多少，决定了产业的市场性质。如果同类经济组织数量众多，称之为完全竞争产业；仅有一个经济组织的产业，称之为完全垄断产业；只有少数几个经济组织的产业，称之为寡头垄断产业；具有有限多的经济组织的产业，称之为垄断竞争产业。

"产业"与"行业"有什么联系与区别呢？产业与行业紧密相关，甚至密不可分。实际经济活动中，有时称为"产业"，有时称为"行业"，很容易搞混淆，实际上二者之间很难分开。根据所描述的范围来看，行业的范围更加广泛，行业包容产业。例如：教育是一个行业，也是一个产业，但是，在中国国民教育就不是一个产业，从小学一直到大学，这一阶段的教育是基础教育，特别是小学和中学阶段，教育经费是由国家承担的，学生是不收学费的，或者收很少一点学费，绝大部分经费是由国家承担的，是不以营利为目的的，称之为教育行业。反之，学前教育和后学历教育就要收费了，属于社会力量办学，不属于基础教育，以此可以称之为教育产业。产业与行业的本质区别在于是否为市场化的、营利性的。如果是属于市场化的、营利性的，就是产业；如果不是属于为市场化的、营利性的，就是行业。根据国家对经济组织管理的政策性质来看，从政府宏观管理领域视角来看，更多地称之为行业，从市场微观管理领域视角来看，更多地称之为产业。也就是说，从市场管理视角多称之为产业，从政策管理视角多称之为行业。

产业的门类很多，按照对资源加工深度的情况来看，产业分为初加工产业和深加工产业，初加工产业即对自然资源开采和简单加工的产业；深加工产业即对自然资源经过初加工后再加工，最终产出形态经过多次加工后才生产出来。一般情况下，将对土地资源进行劳动加工的行业称之为第一次产业，即广义的农业；进行二次加工的产业称之为第二次产业，即广义的工业；其他产业称之为第三次产业，即广义的服务业。

按照产品的最终经济用途来情况来看，分为农业、轻工业和重工业。按照资源要素的密度不同，分为劳动密集型产业、资金密集型产业、技术密集型产业。按照物质生产部门前后供应链关系，分为上游产业、中游产业、下游产业。按照产业生长的所处周期阶段，分为新兴产业、成熟产业、衰退产业。按照在国民经济中的地位和功能，分为主导产业、基础产业、先行产业，等等。

产业，实际上是市场供需两个方面当中（供需两种力量）供给方面的力量，即供给侧。在一个空间限定的范围中，供给力量与需求力量达到均衡（供给侧与需求侧达到均衡），市场结构才是稳定的，否则就是不稳定的，不安全的。从生产要素空间活动范围来看，市场空间范围有多大，产业的活动范围就有多大；限定范围有多大，活动半径就有多大。经济要素空间范围的限定，既可以是自然界的条件所限制，也可以是人为制定的政策约束所限制，采用人工方法来改善这种限制，或者消除这种限制的过程就是区域开放。原来不允许进入的产业，现在可以进入了，就是产业开放的过程；原来只允许少量进入，现在允许增加进入量，就是扩大开放的过程。

规定产业开放领域，需要从两个方面实施有效管理，即：规定产业进入领域和规定产业输出领域。

规定产业进入领域。首先，是明确哪些领域开放，明确外部力量可以进入的行业，这些产业原来是不允许外来经济力量进入的，现在允许进入，重新规定产业允许进入的范围，解决允许还是不允许的问题。其次，是允许什么样的经济力量进入，在允许外来经济力量进入的情况下，允许什么样的对象进入，即对进入对象的身份给予规定，明确资质或者明确对象标准，提出进入的标准和条件。第三，允许外部经济力量进入到什么程度，规定进入的深度，例如：规定股权比例，规定进入时机，等等。一般情况下，从维护国家产业安全来考虑设计产业开放的领域和程度，从维护国家弱势产业发展来考虑产业开放的领域和程度。对涉及国家经济命脉的行业一般是不允许外资进入的，涉及国家安全的行业一般情况是不允许外资进入的，一些特殊行业国家是不允许进入的。

规定产业输出领域。首先，明确哪些领域可以出口，或者明确哪些领域不能出口，颁布相应的产业出口规定。其次，明确鼓励哪些行业（产品或者技术）出口，或者明确限制哪些领域出口（有条件出口）。第三，明确出口的国别或者地区，规定只允许出口的国家或者地区，即有限出口。一般情况下，不允许出口敏感技术，或者不允许出口敏感产品，尤其是在高新技术、军工生产等领域，考虑到国家安全，总体上是不允许出口的，或者有条件出口。

2. 规定空间开放领域

空间就是区域的概念，是指开放型经济运行的地域。

中国的开放事业起步于 1978 年党的"十一届三中会议"以后，是以深圳、珠海、汕头、厦门四个特区建设开始的，即："改革开放"，开放的地区仅仅限于沿海地区的四个经济特区，后来扩展为 14 个沿海开放城市，再后来扩展成为东部整个沿海地区，再后来扩展到内陆地区。开放的空间分布是逐步扩展、逐步扩大、逐步延伸的，由点到线、由线到带，由带到面。这样的战略部署是考虑空间开放条件的成熟状况，为了谨慎应对不可知情况，防范风险而设计的，也是从开放型经济的驾驭能力来考虑的，是随着管理开放型经济的自信程度逐步深入的。

进入 2010 年以后，中国国内已经实施全面开放，总体上来看，开放空间已经不存在盲区了。但是，在具体的企业选址方面，每个省（区、市）都有自己的规划范围，从经济区、生态区、流域区和功能区的范围，明确区位布局，规定产业园区的性质，明确哪些产业可以在哪些地方落地。特别是城市规划，明确城市建设规模，土地使用的性质，招商引资的领域与产业园区合理匹配，在保护环境的前提下，提高城市土地的综合使用效率。

对于走出去发展的企业，到什么地方（国家）投资兴业，完全属于企业的日常经营行为，按照市场经济规律办事，国家对企业国际化经营是鼓励的。

3. 规定项目开放领域

项目，是工程施工和重大经济活动为内容的事件经济体系。项目可以是一座桥、一条路、一座机场、一座电站、一个大型城市综合体等，也可以是重大国际赛事、重大社会经济活动等。项目开放也是对外开放的重要方面，主要表现为项目投资、项目运作、项目经营、项目管理，目的是获得项目产生的经济利益和社会利益。例如：美国的 NBA 篮球赛，参赛的球队都是来自美国本土的各个州属球队，但是，球员却是来自世界各地的优秀球员，并非都是美国人，整个赛事运作是市场化的，比赛具有竞赛性，同时也具有了娱乐性和商业性，其影响和扩散范围是世界性的，赛事转播是世界性的，赛事中的广告运作是世界性的，赛事的整体运作方式是国际化、商业化的，体现出来国际化的开放型经济形态。

中国在国内项目开放方面，最早起步于路桥工程项目的建设，集中于重大高速公路项目、桥梁建设项目、市政工程项目等方面，引进外资，允许非国有经济进入，同时给予一定时间的收费权益。此后项目开放逐步向其他领域扩展，例如：机场建设、重大城市工程建设、地铁建设、港口建设等方面。限于项目运作过程中的资金回收方式不同，有的投资回收期时间较长，有的利润回报浅薄，项目的运作方式也不尽相同，总体上属于商业化运作。

中国的国外项目开放，主要指国外工程建设，企业到其他国家施工，完成后交由当地管理。国外项目包括国家与国家之间的对外援助项目，也包括企业商业性运作的项目。国家援助项目是由援助国出钱，承担对方国家的某些工程建设，这类项目大多为国家之间外交往来产生的项目。中国对外援助项目很多，新中国成立以来，中国为了帮助发展中国家援助了很多项目，在非洲、亚太、拉美、中东、海湾地区等都发展过援助项目，包括建设医院解决医疗问题；打井解决饮水问题；建设学校解决就学问题；建设道路解决基础设施问题；等等。中国的对外援助，不附加任何条件，完全出于国际人道主义，完全出于国家之间的友好往来，得到了发展中国家的普遍赞誉，得到了世界舆论的普遍好评。国家对外援助项目，大多由中方企业负责施工，建设好后交由当地运营和管理，项目的实施过程，一方面为对方提供了良好的项目设施，另一方面也为对方培养了一大批专业管理人才。企业项目主要是市场化运作的项目，对方国提出项目动议，通过国际市场招标，中方企业获得项目施工资格和权利，完成项目施工和建设。企业项目大多是市场化运作的，是属于商业性项目。

无论是国内项目还是国外项目，大多都是工程类项目，一旦立项就涉及投资、设计、施工、建设、安装、调试、试运行、完成交付等作业环节，涉及国家之间外交，涉及国际资本的流动、国际投资、国际贸易、国际金融、国际结算，同样也涉及双方国家的法律条款和政策规定，允许做还是不允许做，允许做到什么程度，采用什么样的技术、标准、材料，这些内容都必须在国家政策允许的范围内，涉及相关政策制定与调整。

10.1.2 制定开放政策

开放内容管理的第二个方面是制定开放政策，以及修订和完善开放政策体系，对于成熟的政策在适当时机上升到国家法律。

1. 政策的含义

政策是政府制定的为了实现某种目标的行动指南。《现代汉语词典》有关"政策"词条解释为：政策是"国家或政党为实现一定历史时期的路线而制定的行动准则"（《现代汉语词典》，北京，商务印书馆，1998年版，第1608页）。政策是政府运用特权执行的临时性法律，用以规范社会各类主体行为方式，发挥促进作用、维护作用、约束作用。显然，理解政策可以从以下六个方面：一是政策制定的主体是政府；二是政策是有目标的；三是政策实施是有时间限定的；四是政策是对某种行为的规范或者规定；五是政策具有法律约束力；六是违反政策将会受到处罚。

政策力量分为三种，一是鼓励类的政策体系，规定支持的政策体系。二是限制类的政策体系，规定不允许的政策体系。三是规范类的政策体系，规定有条件的允许政策体系。

2. 政策体系

政策体系可以按照对象分为：关于人的政策、关于物的政策、关于钱的政策。

按照市场主体可以分为：企业政策、消费者政策。

按照宏观运行可以分为：财政政策、货币政策。

按照经济增长贡献力量可以分为：投资政策、消费政策、贸易政策。

按照进出产业要求分为：产业准入政策、产业规避政策、产业标准政策。

按照微观企业运行分为：土地政策、税收政策、工商政策、环保政策、资源政策、资本政策、人才政策。

从规范的领域来看，形成了宏观政策、中观政策、微观政策，从而构成政策体系。

3. 政策的相机抉择

政策的作用在于调控时局，规避运行状态中的过度行为，因此，政策力量是逆经济发展方向调整的。如果经济运行态势低迷，就实施刺激增长的政策，鼓励投资，鼓励扩张，使经济态势向增长的方面发展；如果经济运行态势过度膨胀，就实施抑制增长的政策，制约投资，制约扩张，使经济态势向回落的方向发展，这种机制称之为"负反馈"，即采用人工调控方法使经济运行系统始终在一个可控的运行范围。政策实施与效果表现需要时间，这个时间称之为"时差"。时差实际上就是政策实施的力度，政策实施的力度越大，则时差就越小，表现出来的现象就越快；反之，政策实施的力度越小，则时差就越大，表现出来的现象就越慢。由于政策实施是有时间限定的，因此，政策对时局的调控往往反应较快。

4. 政策改革

政策改革，实际上就是对过去已经实施过的政策进行改革，进行修订，甚至进行政策变革，重新制定政策体系。

中国的改革开放事业实际上就是对过去实施的政策体系进行变革。由计划经济转变为市场经济，是一场系统性的政策变革；由封闭的国内经济体系转变为开放的国际经济体系，是一场深刻的政策体系变革；由招商引资发展国内经济转变为对外投资发展国际经济，是一场深刻的政策体系变革；由发展特区经济为亮点转变为发展自由贸易区为亮点，是一场深刻的政策体系变革；由东部沿海地区开放为重点转变为中西部地区开放为重点，是一场深刻的政策体系变革。

生产力发展与生产关系完善，往往是矛盾统一的，如果生产关系适应生产力，则对生产力发展起促进作用，如果生产关系不适应生产力，则对生产关系起阻碍作用。在实际经济生活中，生产力是最活跃的要素，生产力发展总是对生产关系提出新要求。因此，政策安排总是滞后实践要求，适时调整政策体系，修改不适应实际工作需要的方面，是政府改革的重要领域。

2013年11月，中国共产党第十八届三中会议确立了新的改革开放目标，中国进入新一轮开放改革的历史时期，特点主要体现在四大方面：一是重点在内陆地区；二是重点在"走出去"发展；三是自贸区建设；四是"一带一路"建设。因此，一系列政策改革行动，将顺应形势发展必然相继出台，第一种情况是制定或者出台新政策，第二种情况是调整或修订原有的政策；第三种情况是修订某些领域中的法律条款。例如：在上海自贸区建设过程中，上海市就提出了相关法律与自贸区建设相适应的条款调整问题，国务院根据实际情况提出修改意见，报请全国人民代表大会予以修订。

10.2 开放过程管理

开放型经济实质上就是在一个国家内实施国际化经济，多种经济成分在一个国度内共同发展，特别是涉及了非本国公民在本国内从事经济活动。这就需要政府有关执法部门行使权力，对各种经济主体的市场行为进行规范和管理。一方面，按照国际上通行的方式和方法对企业进行规范；另一方面，还要按照本国国情，依据本国法律实施管理。主要工作集中在两个方面，一是监督企业行为，二是调控市场动向。

10.2.1 监督企业行为

监督企业是实施监督工作的微观领域活动。企业是市场经济主体，企业活动是市场活动中最为主要的方面，也是最为活跃的方面。企业为了生存和发展，为了追求最大的市场商机和市场利益，总是千方百计想办法降低成本、增加利润，单一的消费者没有力量左右企业。因此，政府有必要行使国家机器职能，监督和管理企业的市场行为，维护消费者权益。

一是监督和管理企业一般市场行为。包括产品质量是否符合国家规定的标准，市场营销活动是否符合相关法规,企业合法纳税状况。

二是监督和管理企业生产经营活动对生态环境的影响。包括企业生产作业性质是否符合当地的环保要求,企业采用的技术是否对周边环境造成不利影响。

三是监督和管理企业社会活动对社区的影响。企业社会活动是否对周边社区造成负面影响,企业的社会活动是否对国家法律法规造成冲击,企业的组织活动是否对周边地区社区活动产生冲突(宗教、生活习惯、意识形态、民族文化等)。

监督和管理主要由政府专业部门来执行,同时非政府组织(NGO)也是重要的监督机构,老百姓(消费者)也是重要的监督力量。监督和管理有两个功效,一个是预警,发现问题苗头提前对被监督对象提出警告,以防止出现严重问题。另一个是裁定,认定是否是违规,对于违规事件,交由有关执法部门处理。

10.2.2 调控市场动向

调控市场是实施监督工作的宏观领域调控和中观领域调控。

1. 宏观领域调控

在宏观运行领域,主要使用货币政策和财政政策,稳定经济平稳运行。调控内容主要围绕四个领域:经济增长、物价稳定、充分就业和国际收支平衡。

经济增长:包括两层含义,数量增长和水平提高。数量增长表现为国民经济财富数量增多,单位时间内增加了产出量,经济度量指标有增量,一个周期运行下来要比前一个周期在数量上有增长,增多了财富物资总量。"增长"的概念是多与少的度量,例如:国民生产总值(GDP)指标在一个特定的地区内增多了,体现为数量增加。水平提高主要表现为经济运行质量提高、产出成果更加殷实、档次更高、技术进步。例如:产品质量提高、技术水平提高、生产方式进化等方面。有时将经济水平提高又称为"经济发展"。实施开放型经济的目标就是刺激经济增长,经济增长的方式主要来源于三个方面:投资、消费、贸易。通过引入外资可以增加本国投资,通过进口商品可以增加本国消费,通过贸易可以刺激本国生产能力出口。如果是封闭型经济,这些方面都无法实现。

物价稳定:市场中的商品价格与历史同期相比较波动不大,不出现价格大起大落、忽高忽低的情况。商品价格是商品价值的市场化表现,受到供求关系影响时常波动,这是市场机制的自身功能。价格波动受到供求力量变化和信息传递机制的灵敏程度影响,如果供求结构不变,供求数量不变,信息传递机制畅通,通常市场价格是稳定的,不会发生大幅度忽高忽低波动情况。如果供求结构变化,或者供求数量变化,或者信息传递机制出现障碍，通常市场价格就会波动，甚至出现短期内大幅度波动，这种情况不利于经济发展。在开放型经济中，由于有外资进入，在一个市场中会有多种货币流通，国际资金流动量很大，既包括实体经济领域中的资金流动，也包括虚拟经济领域中的资金流动，维护物价稳定至关重要，相对管理难度也增大。

充分就业：就业就是创造社会成员获得收入和增加财富的机会。古典经济学认为：土地是财富之母，劳动是财富之父。著名经济学家马克思用毕生精力写出《资本论》，创立了劳动价值学说，认为只有劳动才能创造财富。劳动是人类特有的有目的的生产活动，人类通过劳动获取食物，通过劳动获得生活资料。在现代社会中，城市规模不断扩大，人口不断集聚，实施开放的市场经济体制，生产过程中自动化程度不断提高，传统产业生产方式不断改进，人们劳动方式也不断改变。从对自然资源获取，发展到对自然资源加工，再发展到对自然资源深加工，再发展到对自然资源精加工。从简单农业为主的就业领域，发展到使用机器的现代农业，再发展到集体组织化的农业；从传统农业，发展到工业，再发展到服务业。无论是就业领域，还是就业方式都在深刻变化。现代社会就业的界定已经演变为有没有收入，"有收入就是就业"，"有保险就是养老"。因此，创造老百姓有收入的机会，提供老百姓增加财富的机会，成为开放型经济调控的重要内容。

国际收支平衡：开放型经济中的国际贸易活动是很活跃的，进出口总量都会增加，如果进口大于出口，称之为"入超"；如果出口大于进口，称之为"出超"。无论是出超还是入超都是国际贸易中不均衡现象，都会对本国经济造成负面影响，调控的目的就是要趋近均衡、平稳发展。

2.中观领域调控

在中观调控领域，主要使用产业政策、投资政策、金融政策、人口政策等手段，稳定市场平稳运行。实际工作中，市场具有自身修复功能，供求机制、价格机制、波动机制、周期机制，这些机制都是市场机制本身天然具有的。市场中商品价格高了，具有抑制消费的功效，就有刺激生产的功效；商品价格低了，具有抑制生产的功效，就有刺激消费的功效，最终趋于均衡。但是，信息不对称也是市场机制自身天然存在的，市场机制本身是看不见的手，这只手有时会失灵，政府不得不用看得见的手——政策，进行人工调节，来弥补市场机制缺陷，政府有关执法部门使用政策杠杆具有调控市场的功效。

中观领域调控主要集中在产业调控，政府发布产业信息，发布市场信息，发布国家投资政策，发布消费政策，引导企业投资行为和经营行为，以防止出现市场失灵所造成的市场过剩或者市场短缺，抑制市场中的过激力量出现。例如：2015年6月至7月之间，中国股市大幅异常波动，国家出于对股票市场的保护，防止崩盘，采取了一系列措施和手段，抑制市场短期内大幅资金进出，及时而有效地制止了大幅度跌停，抑制了"断崖现象"的进一步恶化，发挥了企稳回升的功效，恢复了投资者信心。这一调控过程实际上就是国家实施有效调控的具体行动表现。

10.3 开放安全管理

经济运行具有惯性，有些重大经济活动所产生的效应会延长很长时间，波及领域很广；有些重大经济活动产生的效应爆发式喷涌，影响范围很大。因此，开放型经济需要维护安全。

开放是在国家经济运行安全的前提下开放，开放的目的是引入市场积极力量，促进市场活力，繁荣市场供给与需求，而不是破坏市场秩序。因此，国家经济安全就成为开放型经济管理的重点内容和主要任务，包括市场安全、信息安全、产业安全、金融安全。政府需要采取相应的有效措施维护安全，维护秩序，维护权益，担当"守护神"或"裁判员"的责任。

开放，打开国门，一个是"开"，一个是"放"；一个是"引进来"，一个是"走出去"。开放本身是把"双刃剑"，既有"蜜蜂"，也会有"苍蝇"，在维护正常经济运行的同时，也要防范经济风险、经济危机，防范不利因素冲击和恶势力破坏，开放型经济必须保证国家经济安全。既要保证日常经济运行的正常秩序，还要注重防范不法分子的破坏，需要关注国内和国外两个领域的安全，需要保证国内和国际两个领域的安全。开放型经济有多大的开放领域，就有多大的安全管理范围。

国家实施开放，必然有外国资本进入，必然有外国企业进入，必然冲击原有封闭状态下的社会经济体制，这种外生力量的进入是一种激励因素，既具有积极作用，也具有消极作用，是两种力量共同作用。负面作用的消极力量表现多样，有价格冲击、技术冲击、关税冲击、贸易惯例冲击、跨国公司冲击、倾销与反倾销冲击，汇率冲击、利率冲击、外国资本冲击、产业政策冲击、热钱流动、恶意竞争，等等。因此，安全管理领域，涉及了市场安全、产业安全、信息安全、金融安全甚至文化安全、社会安全。

10.3.1 维护市场安全

1. 维护国内市场安全

维护市场公平竞争，维护企业合法经营。随着外国企业进入以及外国资本进入，原来封闭的市场（或者准封闭的市场）其原有运行秩序被打破，原来的市场力量均衡被打破，市场利益格局被撕裂。一方面，新企业作为原有市场中的新生力量，会极力打破市场壁垒，极力参与瓜分市场份额，必然运用新产品、新技术、新服务、新的商业模式冲击市场，极力增强自己的市场竞争力，通过价格手段、市场营销手段等一系列方式方法，对原有市场中的其他同类企业产生冲击；另一方面，原有市场中的一些弱势企业必然受到新进入力量的挤压，一些无招架能力的企业会被市场淘汰，直接威胁或者间接威胁本国弱势产业中的企业安全。应当看到国际化开放的市场中，公平竞争是基本游戏规则，优胜劣汰是竞争必然出现的现象，竞争有利于促进企业发展。同时，由于本国弱势产业需要保护，不能在开放中被外国力量全部击溃，否则不利于本国公民创业和创新，不利于保护本国工商资本。因此，需要维护市场公平，也需要维护本国利益，需要采取必要的措施加以保护。当然，保护不是保护落后，而是给成长中的企业机会在竞争中求生存求发展，给有成长性的后进企业时间加快进步。维护本国市场安全重点在开放初期，随着本国企业竞争能力的提高，完全可以与国外企业同台竞技。

2. 维护国际市场安全

随着中国本土企业走出国门，进入外国市场，也将打破外国市场原有的运行秩序，破坏东道国市场力量均衡，撕裂市场利益格局。原有市场中的企业也必将极力制约新力量的进入，通过市场营销手段和营销方式抗衡外来力量，地方政府也必将采取严苛的政策手段、法律手段、技术手段来规范市场行为，甚至设置种种障碍，采取各种措施极力保护本土企业利益，威胁新进入企业的安全。

一是投资所在国政治局势动荡。世界上有些国家政局不稳，政权更迭、时局突变威胁投资安全、企业安全和公民安全。政权斗争、宗教派系之争、外部势力侵入和政策突变都易造成政局不稳，恐怖事件甚至酿成局部战争，这些因素都是不可控因素，一旦出现将影响整个投资环境，波及外资企业，这些问题都必须在投资前精心研判，在项目运作中要时时监控，发现不良预兆要提前准备预案，防范出现突发性危机。

二是国际标准变化。科学技术不断进步，行业标准也会随着技术的发展而不断修订，对外投资往往伴随技术输出或者产品输出，这些都有相应的技术标准，或者产品标准，任何项目的运作，从项目动议提出到谈判、签约、建设、调试、运行、交付，都有一个时间过程，如果这个过程中出现了标准变化，将威胁原来的方案，造成企业危机。例如：汽车的排放标准提高，对汽车生产和汽车进出口会产生影响。

三是国际贸易规则变化。世界贸易组织（WTO）已经成为国际贸易游戏规则制定的平台，发挥着维系贸易关系的作用，多年来非世贸组织成员国不断申请加入，世贸组织也不断扩大，影响力也最大，自身也在不断修订行动规则，不断完善行动规则，一轮一轮的谈判没有间断，其所制定的国际贸易规则对成员国具有约束力，规则变化就会影响相互贸易关系。

四是新贸易联盟组织影响。进入 21 世纪以来，出现了"区域经济集团化"的趋势，例如：东盟、非盟、阿盟、欧盟、南盟等，这些地区联盟对区内国家贸易行动作出约定，对区外国家形成贸易壁垒，形成新的贸易组织力量，对彼此之间的贸易关系产生影响。

出现了以美国主导的"跨太平洋伙伴关系协议"联盟（TPP, Trans –Pacific Partnership Agreement），至 2015 年 8 月已有 12 个国家参与谈判。有迹象表明该协议组织将突破传统的自由贸易协定（FTA）模式，达成综合性自由贸易协议，发展成为涵盖亚洲太平洋经济合作组织（APEC）大多数成员在内的亚太自由贸易区，对亚太经济一体化进程产生重要影响。这个协约联盟最早始于 2002 年，由新西兰、新加坡、智利和文莱四国发起的一组多边关系的自由贸易协定，原名"亚太自由贸易区"，目的是促进亚太地区贸易自由化。2008 年 9 月，美国决定参与 TPP 谈判，并邀请澳大利亚、秘鲁等一同加入谈判。2009 年 11 月，美国提出扩大跨太平洋伙伴关系计划，美国借助 TPP 的已有协议，开始推行自己的贸易议题，全方位主导 TPP 谈判。自此跨太平洋战略经济伙伴关系协议，更名为跨太平洋伙伴关系协议。2010 年 3 月 15 日，跨太平洋伙伴关系协议首轮谈判涉及关税、非关税壁垒、服务领域、知识产权、电子商务等议题，共有 8 个成员国参加：美国、秘鲁、智利、越南、新加坡、新西兰、文莱和澳大利亚。2011 年 11 月 10 日，日本加入谈判，2012 年 10 月 8 日，墨西哥加入谈判，2012 年 10 月 9 日，加拿大加入谈判，2013 年 9 月 10 日，韩国加入谈判。"跨太平洋伙伴关系协议"联盟具有开创并主导 21 世纪贸易协议新标准的迹象，值得关注的是至 2015 年 8 月中国没有被邀请参与谈判。

此外出现了以美国主导的"跨大西洋贸易与投资伙伴协定"联盟（TTIP,

Transatlantic Trade and Investment Partnership），又称为"经济北约"。美国和欧盟双方通过削减关税、消除双方贸易壁垒来应对金融危机的贸易协定，以促进经济发展。协定谈判在 2013 年 6 月启动，如果谈判一旦达成协议，则意味着世界上最大的也是最繁荣的自由贸易区——欧美自贸区将形成，美国与欧盟经济总量占全球经济总量的 45%，贸易额占全球贸易总额的 40%。如果美欧达成全面自贸协议，将诞生世界最大的自贸区，欧美地区也是全球经济发展水平最高的地区，过去时期世界上就存在所谓"G8"，即：西方八国集团，世界最发达国家组织，又被称之为"富人俱乐部"。如果以美国为中心，再与欧洲形成高水平的自由贸易区，世界上最大的经济联盟体就会出现，这不仅仅对欧美经济贸易产生重要影响，而且对全球贸易格局和贸易规则演变也将产生重大影响。

从"跨太平洋伙伴关系协议"联盟（TPP）和"跨大西洋贸易与投资伙伴协定"联盟（TTIP）这两个经济贸易联盟组织的出现，可以看出来美国打算主导世界贸易格局，甚至超越"世界贸易组织"（WTO），形成以美国为核心的世界贸易组织。中国并没有被邀请参加这两个贸易谈判组织之中（至 2015 年 8 月），这是很奇怪的事情，中国是世界上第二大经济体（2014 年全年国内生产总值 635910 亿元人民币），也是世界上成长性最好的国家（连续 30 年经济增长率超过 7%），又是世界上人口最多的大市场（2014 年末中国大陆总人口 136782 万人），2014 年中国人均国内生产总值已经达到 46628 元人民币，无论是"TTIP"还是"TPP"，忽略中国这么大的经济体都是极不正常的事情，也是中国要关注的事情。

3. 市场有效规制

实施开放过程中，为了确保宏观经济运行平稳可靠，不因为某些新力量进入而发生震荡，不因为外部力量进入而破坏市场秩序，政府需要采取必要手段维护市场公平，维护市场安全。

维护市场公平，就是规定游戏规则，维护市场秩序，规制市场行为，保护市场主体的利益。既要保护企业利益，也要保护消费者利益；既要保护外资企业利益，也要保护本土企业利益；既要保护原来企业利益，也要保护新进入企业利益。只有维护市场公平，才能制约市场矛盾；只有维护市场公平，才能鼓励市场积极力量。运用法律手段、市场手段、行政手段规制市场行为，保证市场秩序。

通过制定和颁布国家法律，规制市场行为。包括企业法、工商法、税法、产品质量法、消费者权益法等相关法律，规制市场主体的市场行为，维护市场正常运行，保证市场信息真实，市场信息通畅，保护正当权益，制约和惩罚违法行为，惩恶扬善，鼓励正当竞争，反对非法垄断，欺行霸市。

通过市场机制，规制市场行为。运用市场价格机制、供需机制、进出机制、竞争机制直接或间接调节市场，规制市场行为，保证交易公平，促进均衡利润率，促进各种商品的交易活跃，促进各种商品的市场活跃，打击市场恶意行为，稳定市场运行状态。

通过制定和颁布临时行政政策，规制市场行为。政策手段是政府运用特权行使的对市场规制的手段，例如：价格临时管制政策、产品临时管制政策、投资临时管制政策、贸易临时管制政策，等等，政策是补充性的、辅助性的、临时性的，是为了弥补法律手段和市场手段落地时的临时空缺问题，因此政策总是阶段性的。

10.3.2 维护信息安全

信息是资源，维护信息安全就是维护资源安全，就是维护国家经济安全。信息安全有两个目的，一是维护信息系统正常有效运转，二是防止信息系统遭到攻击或破坏。在开放型经济条件下，信息源和信息传递方式电子化了，信息扩散范围更广、信息传播速度更快、信息生产数量更大、信息载体和媒介更多，掠夺信息资源和维护信息安全的双重博弈同时存在，信息安全的形势更加严峻，维护信息安全的手段要求更高。

1. 理解信息与情报的关系

信息与情报是共生体，实际社会经济生活中很难将信息与情报截然分开。通常认为情报是有价值的信息。信息是基本形态，具有专业性价值的信息可以称为情报，没有专业价值的信息可以称为是消息。可见，判断信息是"消息"还是"情报"的分水岭就是信息的价值程度。显然这是一个以信息判断主体（人）的主观意识来决定的指标，一条信息，对于有些人群来说是消息，是知晓还是不知晓的区别；对于另一些人群来说可能就是情报，是有用还是没有用的区别，这就是信息、消息、情报三者之间的关系。

既然情报具有价值，情报就成为资源，就是拥有情报的人群产生有效行为的必要条件。因此，获得（或者占有）情报的人群就会比没有获得（或者没有占有）情报的人群具有更多资源，具有更为有利的条件使自己的行为更加有效，行为的有效之争就变成了情报获取之争。

情报具有"通理性"。例如：某一医生给某一病人治好了病，说明这位医生的医道高超，这只是个案，这样的情况只是作为消息存在。如果该医生运用自己的这套办法治好了他所接待的所有同类病人，这就是群案，这种方法就变成了科学技术，科学技术就有了通理性、普遍性，就可以复制，就有经济价值和社会价值，就有了传播和扩展的意义，就变成情报了。这个案例说明，信息与情报是可以相互转化的，众多的同类信息就演变成了情报。

情报具有"不对称性"。限于信息传递方式不同，一条信息往往在某一局部传递或者扩散，相对于空间和人群都存在时间差，存在空间传递的时间差，也存在人群传递的时间差，时间差就成为壁垒，我知道、你不知道、他也不知道，这种现象称为"信息不对称"，正是信息不对称，信息中所包含的价值就不容易被另一部分人群所享用，情报的价值量就更加凸显出来，情报具有不对称性的基本特点。

信息或者情报的含义可以通过各种不同的载体表现出来，可以是一组数据、一个消息、一张图表、一个公式、一张照片、一段影像、一段文字、一段声音等，这是情报的载体形式，通过这些载体传递信息或者情报，维护信息安全就是通过管控信息载体来实现。

2. 认识信息安全的含义

如果信息变成情报，就具有了信息主体认为的价值性，就需要保护信息或情报。因此，信息安全就成为保护情报的代名词，认识信息安全就可以从信息的时间性、信息的空间性和信息的价值性来认识。

认识信息的价值性安全。信息有价值这是信息变为情报最为基础的方面，也正是因为信息有价值，信息也才能成为"稀罕之物"，因此才需要对信息进行价值性保护。信息的价值可以从以下几个方面来度量：一是信息生产的成本，成本越高信息的价值含量也就越高，反之，成本越低信息的价值含量也就越低；二是信息内容的影响力，或是积极影响力，或是消极影响力，影响力越大信息价值越大，反之影响力越小信息价值越小；三是信息被采用后产生的收益，包括经济收益和社会收益、短期收益和长期收益，收益越大信息价值越大，反之，收益越小信息价值越小。

认识信息的时间性安全。时过境迁，所有的情报都有时间性，只有新鲜的信息才有价值，或者最新的资讯才有价值，随着时间推移，新闻变成了旧闻，实际情况与信息表达的内容已经不符，就失去了信息的价值，情报就不是情报了，因此才需要对信息进行时间性保护。信息价值与信息产生的时间成正比，信息产生的时间越长，其机会成本越高，信息价值就越高；反之，信息产生的时间越短，其机会成本越低，信息价值就越低。信息价值与信息滞留的时间成反比，信息滞留时间越长，

开放型经济 | KAIFANGXING JINGJI |

信息价值越小；反之信息滞留时间越短，信息价值越大。

认识信息的范围性安全。信息价值与信息传递的距离成正比，与其扩散的范围成正比，因此才需要对信息进行范围性保护。信息扩散领域的定义为：信息圈。从信息源到信息享用范围的最远距离定义为：信息圈半径。根据信息的限定程度，信息扩散越大，信息圈半径越长，信息价值越大；反之，信息扩散越小，信息圈半径越短，信息价值越小。

3. 维护信息安全的领域

信息安全的范围是非常广泛的，涉及公共信息安全、商业信息安全、公民信息安全、国防信息安全等。维护信息安全可以从两方面来部署，一方面是信息扩散领域安全，另一方面是信息传递领域安全。

维护信息扩散领域安全。这是指信息运动范围安全，可以享用的允许范围安全，即保证信息边界的安全。保证信息在一定范围内分享，保证信息运动不能越界，同时还要保证信息边界坚固，当出现外来力量攻击时不被破坏，信息系统具有自身防御功能，需要人为采用技术方法构筑坚强的物理壁垒，构筑"防火墙"。

维护信息传递领域安全。这指的是信息运动过程安全，信息传递方式和传递过程安全，即保证信息传递手段的安全。无论是传统信息载体，还是现代电子信息载体，信息传递是信息存储方式转变和信息空间移动过程，确保在这个过程中不出现信息丢失、信息变异、信息扭曲问题，需要人为采取技术手段创造性能良好的信息载体，在出现外来力量攻击时不被破坏。

4. 维护信息安全的措施

不泄密，能保密，这是维护信息安全的基本原则。

一是法律性保护措施。制定并完善国家信息安全法律，颁布具体的法律条款，建立专业而有效的执法队伍，培养公民自觉的守法习惯，法律禁止的不能做，触犯法律的要惩处，做到有法可依、执法必严、违法必究。依法保护信息所有权，依法保护国家信息，依法保护企业信息，依法保护公民个人信息。

二是政策性保护措施。适时制定政策，规定细则，明确政策惠及的领域，颁布详细的守则，规定行动具体要求，保护信息安全。

三是组织性保护措施。建立严密的组织体系，形成坚固的信息壁垒，在开展国际贸易、人员交流、文化交流、直接投资的国际商务活动中，保守组织秘密，严守信息制度，密切关注周边事态，窥视异常动向，发现痕迹及时报警。

四是技术性保护措施。创新技术手段，构筑网络防火墙，保护计算机网络安全，保护通信网络安全，保护语音、图像、数据、文字等信息载体安全。

10.3.3 维护产业安全

1. 理解产业安全基本含义

产业就是同类企业的集合。生产产品相同，生产工艺相同，管理模式相同，这类企业的集合称之为产业。实际上，产业就是大类企业的统称，企业是产业微观组织形态，同类企业就是同类生产特点的综合。产业安全是指一个国家在外国企业进入的情况下能够保证生存能力的状态，称为产业安全。

在封闭经济状态下，一国的产业发展处于内循环状态，行业之间是产业链连接，不存在外力冲击，产业之间的竞争只是市场分工的竞争，是产业内部企业之间的竞争，不存在外化效应，不存在威胁国家安全的问题。在开放经济状态下，外资企业进入，国外同类企业进入，企业的运行方式、产品特点、技术特点、价格体系等方面都有不同，不仅仅打破了原有的市场稳定状态，而且冲击原有的市场力量组合，外资企业往往凭借产品或服务的质量优势、性能优势、价格优势对市场中原有的同类企业产生冲击，甚至形成市场垄断，控制市场技术、产品、标准，形成市场壁垒，阻止国内其他新生企业的进入，威胁产业运行安全。

2. 认识产业安全威胁领域

一是制约本国幼稚产业。现代企业是由庞大的资本体量、强劲的科技创新实力、有效的商业运作模式混合构成的。在世界 500 强企业中都表现出了这种特征，企业数量云集最多的行业第一个行业是银行产业，第二个行业是石油产业，第三个行业是通信产业，第四个行业是电力产业，等等。现代企业的规模经济，已经演变成为了现代产业的规模经济；现代企业之间的竞争，已经演变成为现代产业之间的竞争，演变成为现代商业模式之间的竞争。对于发展中国家而言，无论是本土产业，还是本土企业，均处于幼稚时期，尚不具备开展大规模国际竞争的能力，国家一旦实施开放，强大的外国产品、强大的外国资本、强大的外国企业、强大的外国技术必然涌入，占据优势市场地位，分割市场份额，侵蚀市场地盘，将本土产品挤出市场，逐步瓦解本土企业，形成外国品牌优势、外国技术优势、外国企业优势，以及外国资本优势，制约本国幼稚产业成长，威胁本土企业生存和发展的安全。

二是威胁中小企业安全。现代化大生产工艺特点，催生了大规模生产线，也催生了大企业，催生了集团公司，甚至国际公司。广大中小型企业生存空间被严重挤压，特别是制造业中的中小型企业，由于生产规模小，产业技术水平低，与具有专业化流水线生产的大企业对比，无成本优势也无效率优势。例如：汽车行业，其规模经济理论值为年产45万辆产能，才具有单位产品成本生产优势，这样的产能绝不是一般小企业所具备的。建设具有现代化流水线的大企业，需要大量资金投入，需要高技术系统支持，需要成套装备引入，需要高素质的人才操控，这些都不是一般小企业所能具有的。

因此，当国家实施开放时，具有庞大综合实力的国际公司进入，凭借庞大资本体量、成套高技术装备、大量高素质人才、有效的全球市场网络资源，将极大地挤压本土中小型同类企业生存和发展的空间，威胁中小企业安全。

三是威胁产业结构安全。产业结构是产业之间比例关系以及相互联系。按照产业在国民经济运行中的功能地位，可以分为第一次产业、第二次产业、第三次产业，第一次产业是广义的农业，第二次产业是广义的工业，第三次产业是广义的服务业。按照产业的要素密集程度可以分为劳动密集产业、资本密集产业、技术密集产业。按照产业的技术水平来分可以分为初级技术产业、中等技术产业、高技术产业。按照产品加工的深度来分，可以分为农业、重工业、轻工业，也可以分为基础产业、加工工业、贸易服务业，等等。产业结构往往是以技术结构形态表现出来，以产品结构形态变现出来。一个国家的产业结构是长时间形成的，在没有外力进入的情况下，具有相对稳定性和发展惯性，但是，一旦具有外力进入，这个外力足够强大的时候，就会破坏原来的产业均衡状态，甚至改变国家优势产业的性质，如果不能有效规制这种行为，就会威胁国家经济安全。

四是冲击传统民族产业安全。威胁本国具有传统特色的产业传承与延续安全。每一个国家几乎都有自己长期积累的具有民族特点或者生态环境特点的产业，这种产业往往经过千百年的积累，不断延续下来，无论是工艺还是技术，都具有历史遗迹、秉承传统的特点，一旦这些产业受到更加先进的技术冲击，则很难再保留或遗留下来。例如纺织业，古代的纺织业以简陋的技术手段、手工作业为主要方式，随着西方国家机器化大工厂纺织技术的出现，彻底改变了纺织业的生产方式，尤其是现代化自动控制大规模生产线的出现，颠覆了传统意义上的生产方式和操作工艺，极大冲击了传统纺织产业的生存和发展。

五是侵蚀产业空间布局安全。破坏原有的产业区域分布，由于外资企业的趋利性，企业市场战略指向必然选择商机集中分布地带，对于经济发展相对落后地区则恰恰需要产业注入，但是由于缺乏相应的基础条件，国际企业往往不会进入，客观上形成"马太效应"，市场化导向布局与行政导向布局往往是方向相反的。外资企业的力量的进入，加剧了产业发展力量的非均衡，从而破坏了原有的市场产业分布格局，对落后地区是不利的。

根据上述情况分析，可以明确产业安全维护内容主要集中在三个方面：维护本国主导产业的优势地位；保护本国幼稚产业；支持本土新兴产业。

3. 增强产业安全保护措施

一是建立产业安全保护体制。规制国际投资行为准则，规范国际跨国并购行为，防止跨国公司在中国垄断。密切监督跨国公司兼并动向，阻止国际企业在中国的垄断行为。规定产业进入标准，明确产业进入负面清单，规定国际资本可以进入的领域。规定国际资本有限领域的国民待遇原则，防范国际资本侵蚀敏感产业。限制本国敏感技术和敏感产品输出（例如：无人机、特种材料、军工技术和产品等）。

二是提高中国整体产业国际竞争力。在开放型经济条件下，无论是在国内市场，还是国外市场，拥有自己产业的国际竞争力均是维护产业安全的根基，开放型经济就是开展国际竞争。"打铁还得自身硬"，只要自己的竞争力强，安全系数就高，自己的竞争力弱，安全系数就低。中国是大国，需要有自己完善的国民经济体系和工业体系，不能寄希望于他人恩赐高新技术和关键产品，历史事实已经证明有钱也买不来高技术，必须依赖自身的创新能力，创造属于自己知识产权的技术体系和标准体系。为了提高产业竞争力，发达国家纷纷提出本国产业结构升级规划和技术创新规划，德国提出了"工业4.0"规划；美国提出了"再工业化"规划；日本提出了"新型工业化"规划等，都在将产业结构升级、产业技术水平升级、产品品种和产品质量升级。作为国家产业发展的重要战略，其目的就是抢占21世纪世界产业分工中的高端站位，以引领全球产业链分工，获得更大的国际竞争优势和比较利益。中国提出了"中国制造2025"规划，全面升级产业结构，全面升级技术结构，全面升级产品结构，全面提升产业竞争力，大力发展战略性新兴产业，集中于节能环保、新一代信息技术、生物、高端装备制造、新材料、新能源，新能源汽车、平台产业等新兴产业发展，引领其他产业成长。由中国制造向中国创造转变，由中国工厂向中国公司转变，由中国产品向中国技术转变，创立中国标准、塑造中国品牌、创造中国模式。

三是参与世界贸易规则制定。全面融入国际贸易体制，深度参与区域经济合作和次区域经济合作，形成"你中有我""我中有你"的经济贸易关系，加强双边和多边合作，形成"命运共同体""发展共同体""利益共同体"，充分发挥中国在世界经济贸易体系中的"四大"独特优势，即：充分发挥中国大市场优势，中国有13亿多人口，是世界上最大的消费市场；充分发挥中国大生产优势，中国是世界上最大的工业生产国，具有庞大的工业生产和制造能力；充分发挥中国大资源优势，中国是世界上自然资源品种最丰富的国家，有些稀缺资源世界产量第一；充分发挥中国大创新优势，中国具有庞大的年轻人群体，"大众创业、万众创新"力量庞大，要充分发挥中国的影响力。

四是建设好自由贸易区。自由贸易区建设分为两个范畴，一个是国家之间的自由贸易区建设，一个是中国国内的自由贸易园区建设。开展自由贸易是当今世界贸易发展的趋势，国家之间的贸易自由化程度越高，彼此经贸融合就越深；反之，国家之间的贸易自由化程度越低，彼此经贸融合就越浅。关于国家之间的自由贸易区建设，是国家之间外交关系与经济关系高度契合的产物，外交与经贸是正相关关系，彼此互进，也彼此互斥，如果国家之间的外交关系不好，很难实现经济关系深入。当多个国家之间实现了贸易自由化，则"自由贸易联盟"组织就会出现，在"自由贸易联盟"组织内国家之间承担共同责任，分享共同利益，而非联盟国家就无法分享这一利益。当今世界各个大洲区域内，各种类型的区域经济与贸易联盟组织活跃，成长趋势十分明显，中国要积极参与其中，确立中国作为世界大国应有的地位。关于中国国内自由贸易园区建设，国家已经确立了上海、天津、广东、福建四个省市建立自由贸易实验园区，中国（上海）自由贸易实验区是第一个，至 2015 年 8 月已经运行 3 年，为中国实施开放型经济树立了新的里程碑，开辟了中国改革开放新的发展时期。"自由贸易园区"建设要与"自由贸易区"建设有机协调起来，相互促进，彼此互动，扩大影响，"园区"是"自由贸易窗口"，是"示范基地"，是"实验田"，集中在国际贸易、国际物流、国际航运、国际结算、国际金融等领域，各领域相互融合，平台化运行，电子化操作，系统化兼容，突出方便、通畅、快捷、高效，极大降低系统化的运营成本，极大增强系统化的产业竞争力和区域竞争力。

五是积极主动应对国际贸易摩擦。随着国际贸易量的增长和国际贸易范围的扩大，国家之间的贸易摩擦不断增多，这是必须直面的事情。中国已经是世界贸易第一大国，2014 年货物进出口总额达到 264335 亿元人民币（约 43032 亿美元），服务贸易进出口总额为 6043.4 亿美元，每年大量的国际贸易量，出现贸易摩擦事件在所难免，关键在于积极主动应对。中国过去已经发生过的贸易摩擦形式多样，主要表现为：倾销与反倾销问题、知识产权保护问题、货物贸易标准问题、购并与反并购问题、投资与产业壁垒问题、技术垄断与国际技术转移问题、国际企业劳资纠纷问题、服务贸易问题、政权更迭与合同执行问题，等等。这些问题出现多半是发达国家发起，中国应对，这

开放型经济管理

种局面是被动的，甚至是被迫的。欧盟、美国、日本是中国最大的三个贸易伙伴，是对外出口集中地，也是技术壁垒发源地，也是贸易摩擦集中发生的地区，近些年来中国与其他发展中国家的贸易摩擦事件也有增多的迹象。例如：2014 年 11 月，中国参与墨西哥高速铁路建设项目招标毁约事件，严重影响了中国企业正常的国际投标行为。因此，针对国际贸易摩擦事件要持积极应对态度，不仅仅是应对，而且还要主动出击，甄别外方的不当行为，提出维护自己权益的行动措施，由被动变主动，由处理问题转为提出问题，转守势为攻势，运用各种贸易手段维护自己的利益。

六是破解敌对势力，制约"软战争"爆发。要特别注意的是，由于某些国家之间外交关系的恶化，动辄经济制裁，强权施加贸易禁运，由贸易摩擦演变成了经济打击，甚至升级成为经济战争，严重影响了国际贸易的均衡发展，也严重影响了其他国家的正常贸易往来。要特别注意这种"软战争"形态的动向，采取多种措施，分化矛盾，制约"软战争"破坏力量的集聚，要以战应战，否则任人宰割，后果严重。随着国家之间经济利益的相互渗透，使用真枪实弹打击对方的"硬战争"形式和机会在逐渐弱化，而使用经济手段制约对方发展、打击对方经济基础、打击对方重要经济部门的"软战争"形式和机会在逐步增加。例如：使用外汇比率调整手段，打击对方的金融系统，使其财富缩水；使用贸易禁运手段，打击对方的主导产业，使其无法正常运转；使用改变技术标准手段，打击对方优势出口产品，使其无法增加出口数量；使用国际投资和国际结算手段，打击对方货币影响力，使其无法成为国际货币，等等。开放型经济最主要的内容就是国际贸易与国际金融，"软战争"形态也主要集中在这两个领域，形成"贸易战"和"货币战"，也是最容易遭受"软战争"打击的领域，如果实施开放型经济，就存在发生"软战争"的可能，就必须准备打赢"软战争"的能力。首先，要分清敌友，谁是我们的敌人，谁是我们的朋友，这个问题是一切战争的首要问题，团结一切可以团结的力量，汇聚最大资源，对敌产生压力；其次，战略上藐视敌人，战术上重视敌人；第三，经济结构多元化，创造更多制约与反制约的发力点。

10.3.4 维护金融安全

1. 认识金融安全的概念

金融安全指货币资金融通的正常进行和整个金融体系的运行稳定。主要表现为汇率稳定、股市稳定、利率稳定以及资金总量进出稳定。

在开放经济状态下，只要存在银行业的资金交易活动、只要存在证券市场的融资和资产价格的变动、只要存在保险业务，或者只要有金融活动，就必然存在金融风险。

投资业务与投机业务共生并存，每一笔交易都存在时间差或利益差，交易双方就必然存在损益关系，存在交易成功还是交易失败的可能，这些都称为金融风险。有风险就有安全问题，规避风险就是维护安全，规避风险的过程就是保证权益安全的过程。

在开放经济状态下，金融风险的大小与国家经济对外依存度呈正相关关系，对外依存度越低，则该国面临的风险就越小；反之，对外依存度越高，则该国面临的风险就越大。这是因为开放型经济中，国家经济运行受到外部因素影响，很难控制，只要有外部因素变化，就会直接或者间接冲击本国经济。金融风险的大小、金融安全程度的高低取决于国家防范和控制风险的能力，防范和控制风险的能力越强，面临的风险就越小、金融安全程度就高；反之，防范和控制风险的能力越弱，则该国面临的风险就越大、金融安全程度就低。当一国的对外依存度提高，从开放中获得利益促进经济发展，同时，防范金融风险、抵御外部冲击、维护金融安全的压力也增大。

2. 防控金融危机

金融安全局势最为严峻的表现是出现金融危机，金融危机是发生在货币与信用领域的危机，是指金融体系和金融制度出现混乱和动荡。主要表现为：强制清理旧债；商业信用剧减；银行资金呆滞，存款者大量提取现钞，部分金融机构倒闭；有价证券行市低落，发行量锐减；货币饥荒严重，借贷资金缺乏，市场利率猛烈提高，金融市场动荡不宁；本币币值下跌。

出现金融危机往往是不良因素长期积累造成的，是金融系统中机制性问题积累，在某一个特殊诱因下激发所形成的，会造成国家金融系统严重混乱和动荡，而且对整个国民经济造成灾难性影响，直接冲击银行体系、货币金融市场、对外贸易、国际收支，往往连带全国性的债务危机、货币危机和金融机构危机等，说明金融危机是金融不安全状况积累的爆发结果，是金融风险的结果。

第二次世界大战结束后，虽然出现过几次局部战争，世界总体潮流是"和平与发展"，世界经济快速稳步增长，经济总量不断刷新历史纪录，

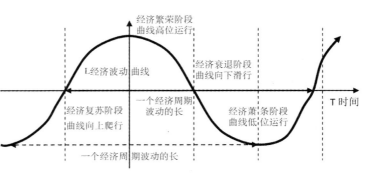

图 10-3-1　经济波动与经济周期曲线图

新兴经济体不断涌现。但是。经济危机并没有远离，经济波动的起落仍然困惑人们。经济学家们把经济活动的波动规律概括为"经济周期"，一个经济周期表现为四个阶段：繁荣阶段、衰退阶段、萧条阶段、复苏阶段。经济发展的周期性分为：长波、中波、短波三种情况。一个长波大约包括 6 个中波。一个中波大约包括 3 个短波。

长周期理论认为：世界经济 50 年左右一个周期。由俄国经济学家尼古拉·D·康德拉捷夫（Nikolai D Kondratieff）1926 年提出，亦称为"康德拉捷夫周期"（Kondratieff Cycle）。第一个周期，从 18 世纪 80 年代到 1842 年，为产业革命时期；第二个周期，从 1842 年到 1897 年，为蒸汽和钢铁时代；第三个周期，从 1897 年到 20 世纪 20 年代末，为电器、化学和汽车时代。

中周期理论认为：10 年左右一个周期。由法国经济学家克莱门·尤格拉（Clement Juglar）1860 年提出，亦称为"尤格拉周期"（Juglar Cycle）。

短周期理论认为：4 年左右一个周期。由美国经济学家约瑟夫·基钦（Joseph Kitchin）1923 年提出，亦称为"基钦周期"（Kitchin Cycle）。

近代世界发生金融危机的情况大致如下：

1637 年郁金香狂热。1637 年早些时候，当郁金香还在地里生长时，价格就已上涨了几百甚至几千倍。一棵郁金香可能是 20 个熟练工人一个月的收入总和，令人难以置信。这种情况被称为世界上最早的"泡沫经济"事件。

1720 年英国南海泡沫。17 世纪，英国经济兴盛，刺激了私人资本集聚，社会储蓄开始膨胀，但是，投资机会却相应不足，当时，个人拥有股票还是一种特权。1720 年，英国南海公司接受投资者分期付款购买新股，股票一时供不应求，价格狂飙到 1000 英镑以上。后来《反金融诈骗和投机法》通过，南海公司股价一落千丈，"南海泡沫"破灭，发生股灾。

1837 年美国经济大恐慌。1837 年，美国经济恐慌引起了银行业收缩，由于缺乏足够的贵金属，银行无力兑付发行的货币，不得不一再推迟。这场恐慌造成美国经济萧条，其后滞影响一直持续了 6 年，到 1843 年才结束。

1907 年美国银行危机。1907 年 10 月，美国银行危机爆发，纽约大约 50% 的银行贷款被信托投资公司作为抵押投在股市和债券上，整个金融市场陷入极度投机状态。

1922—1929 年全球经济大萧条。当时美国经济繁荣，不少美国人卷入到华尔街狂热的投机活动中，股票市场急剧升温，最终导致股灾，引发全球经济大萧条。

1970 后经济滞涨。1973 年，由石油危机造成的供给冲击导致美国出现经济停滞，出现高通货膨胀、失业以及不景气同时存在的经济现象。

开放型经济
KAIFANGXING JINGJI

1987 年"黑色星期一"。1987 年,经济预期不断恶化,中东局势不断紧张,标准普尔指数下跌 20%,造就了华尔街大崩溃。

1994 年墨西哥金融危机。1994 年至 1995 年,墨西哥发生了一场金融危机,比索汇率狂跌,股票价格暴泻,直接冲击世界金融市场,造成拉美股市暴跌,欧洲股市指数暴跌,远东指数及世界股市指数都出现下跌。

1997 年东南亚金融危机。1997 年 7 月 2 日,泰国宣布实行浮动汇率制,当天泰铢兑换美元汇率下跌 17%,引发东南亚金融危机,造成东南亚国家和地区的汇市、股市轮番暴跌,整个金融系统受到严重冲击,整个社会经济损失惨重。

2007 年爆发美国"次贷危机",后演变成近代最为严重的世界金融危机。"次贷危机"源起美国"零首付"的买房政策,2007 年 8 月开始席卷美国,波及欧盟和日本等世界主要金融市场,道琼斯指数自高点回落 40%,全球市值缩水 27 万亿美元;华尔街 5 大独立投资银行破产,数十家金融机构倒闭。美国政府被迫接管房贷企业"房利美公司"和"房地美公司",并直接出资数千亿美元收购多家银行股份,美国次贷风暴掀起的浪潮一波高过一波,美国金融体系摇摇欲坠,世界经济面临巨大压力,至今仍是国际关注热点。美国次贷危机爆发,引发全球金融风暴。

美国自 30 年代以来,共发生七次经济危机,其中第七次金融危机最为严重。

第一次(1929—1933 年)。1929 年 10 月 24 日纽约股市崩盘,至 1932 年最低点,股市下跌约 90%,约 9000 家金融机构倒闭,1933 年的 GDP 仅约为 1929 年的 1/3,失业率上升至 25%,历史上称作"大萧条时期"。

第二次(1948—1949 年)。二战后,战争形成的高速生产惯性同战后重建时国际国内市场暂时缩小的矛盾造成了经济危机,道琼斯指数下跌 15%,失业率达到 7.9%。

第三次(1957—1958 年)。西方国家短期经济增长过快,固定投资过猛,导致生产过剩与有效需求不足,1957 年 3 月经济危机首先在美国爆发,接着主要发达国家相继卷入危机,道琼斯指数近 20%。

第四次(1973—1975 年)。第四次中东战争爆发,国际原油价格大幅上扬,美元大幅贬值,布雷顿森林体系瓦解,触发经济危机,道琼斯指数下跌 45%,美国工业生产下降 14%,失业率 1975 年达到 9.2%。

第五次(1980—1982 年)。第二次石油危机爆发,经济陷入滞胀,美国 1980 年 CPI 达 13.4%,失业率上升到 10.8%,道琼斯指数下跌 24%。

第六次(1987 年)。进入 80 年代,美国赤字不断上升,金融投机旺盛,在 1987 年引发股市动荡,连带全球金融危机,1987 年 10 月 19 日,道琼斯指数下跌

22.6%，历史称为"黑色星期一"。

第七次（2007 年 8 月以后）。这次危机百年不遇，席卷全球，全球股市遭遇大萧条，2008 年 10 月 6—10 日一周时间内，股市蒸发市值 7 万亿美元，金融市场爆发信心危机，外汇市场剧烈波动，银行间市场遭受严重打击，流通性趋于干涸。以油价为代表的国际大宗商品价格全线下挫，危机造成的后滞效应至今还在延续（至 2015 年 8 月）。

表 10-3-1　2007 年以来美国第七次金融危机爆发重大事件序列表

时 间	事 件
2007 年 2 月 7 日	汇丰发布预警美国次级贷款拖欠问题超出预期，并计提 106 亿美元坏账拨备；美国第二大次级抵押贷款机构 New Century Financial 宣布重述 2006 年前三季度盈利以计提次贷损失，美国次级抵押贷款风险开始浮出水面
2007 年 6 月 20 日	贝尔斯登两家投资于次级债的对冲基金因严重亏损，被债权银行美林拍卖作为抵押的次级债券，次级贷款危机爆发
2007 年 8 月 6 日	最大房贷公司 American Home Mortgage 无法发放贷款，8 月 6 日申请破产
2008 年 1 月 10 日	美国银行宣布以 40 亿美元收购美国最大抵押贷款机构 Countrywide
2008 年 1 月 18 日	美国推出包括退税措施在内的，总额为 1450 亿美元的财政刺激方案，以挽救游走在衰退边缘的美国经济
2008 年 2 月 18 日	英国政府将陷入次贷危机，Northern Rock 银行收归国有
2008 年 8 月前后	随着房价持续回落，次贷风暴波及全球金融市场，主要金融机构纷纷陷入流动性危机，账面价值不断缩水。房地美 / 房利美分别报出 8.2 亿美元和 23 亿美元的亏损，股价重挫，标志着全球金融风暴的开始
2008 年 9 月 7 日	美国财长保尔森宣布向房地美和房利美分别注资 1000 亿美元，并正式接管两房
2008 年 9 月 14 日	雷曼兄弟 14 日向法院申请破产保护。雷曼兄弟破产造成的系统性风险对全球金融市场造成巨大冲击，导致本轮金融危机进一步恶化
2008 年 9 月 15 日	美林宣布被美国银行以 500 亿美元对价收购
2008 年 9 月 18 日	联储注资 850 亿美元接管 AIG；雷曼破产导致最大的货币市场基金之一 Reserve Primary 遭投资者挤兑，被迫暂停赎回，货币市场陷入混乱
2008 年 9 月 19 日	美联储联手各国央行再次向市场注入流动性、暂时禁止卖空金融股、财政部宣布拟成立 7000 亿美元实体收购低流动性资产等救市政策，刺激全球股市大幅反弹
2008 年 9 月 29 日	比利时、荷兰和卢森堡向富通集团注资 163 亿美元以避免其破产，英国接管房贷机构 Bradford & Bingley，德国向地产贷款机构 Hypo Real Estate 提供 350 亿欧元的信贷担保

2008 年 10 月 5 日	美国参众两院批准总额达 8500 亿美元的救市方案
2008 年 10 月 6 日	金融风暴席卷欧洲：荷、比、卢政府和巴黎银行联手收购富通集团；英国政府收购抵押贷款银行 Bradford& Bingley；德国政府向地产贷款机构 Hypo Real Estate 提供 500 亿欧元的信贷担保
2008 年 10 月 8 日	包括美联储、欧洲央行和中国人民银行在内的各国央行联手降息以刺激经济；英国政府出台总额 5000 亿英镑的救市计划
2008 年 10 月 9 日	金融风暴继续蔓延导致全球股市暴跌；冰岛政府宣布接管国内三大银行，并暂停交易直至 10 月 13 日
2008 年 10 月 14 日	欧洲央行、英格兰银行和瑞士央行宣布联手向金融机构注资 2540 亿美元；法国和德国分别推出 3600 亿欧元和 4700 亿欧元的救市计划
2008 年 10 月 29-30 日	美联储于 30 日宣布下调基准利率 50 个基点至 1.0%，达到 2004 年 6 月以来最低水平，贴现率也下调 50 个基点至 1.25%；中国、中国香港、中国台湾、日本等分别降息
2008 年 11 月 9 日	中国国务院常务会议中提出，研究部署进一步扩大内需促进经济平稳较快增长措施，会议确定进一步扩大内需、促进经济增长的十项措施，到 2010 年年底约需投资 4 万亿元，约相当于 2007 年中国 GDP 的 1/6
2008 年 11 月 12 日	美国财长保尔森表示，消费信贷领域正面临一系列挑战，财政部正计划动用 7000 亿救助计划中部分资金刺激美国国内的消费信贷
2008 年 11 月 15 日	20 国集团领导人在华盛顿召开峰会，就刺激各国经济、稳定金融市场、防止贸易保护等问题达成一致

注释：此表根据有关历史资料绘制。

2008 年以来出现的这场金融危机，对世界经济影响十分广泛，教训十分深刻，所产生的后滞效应到 2015 年还仍然存在，造成企业大面积破产，一些国家破产（西班牙、意大利、希腊），深陷主权债务危机，失业率增高，经济持续低迷，社会动荡，甚至诱发局部战争，后果影响十分严重，经典经济学理论"失灵"，人们对这些"理论"产生了怀疑，人们对资本主义制度的所谓"优越性"产生了怀疑，对以美国为代表的"西方经济管理模式"产生了怀疑，对以美元为代表的国际货币体系产生了怀疑，由此引发的世界新经济变革开始。

中国在新的国际货币体系和国际金融体系中，如何适应人民币国际化，如何增强人民币的国际地位，如何驾驭人民币国际化以后的国家经济，无论对于中国，还是对于世界都是巨大的挑战。

3. 防范金融不安全

金融体系不安全的表现：汇率大幅度非正常波动，利率大幅度非正常波动，股市大幅度非正常波动，经济运行货币资金吃紧，缺钱或者钱荒。

造成金融不安全情况的因素很多，也很复杂。有的是经济运行中市场自身力量涌动推进，逐步积累的；有的是外生力量有意推动所为的。无论什么样的原因，无论什么动议，只要造成金融体系震荡，影响经济正常运行，就可以认为是不良信号，其影响集中表现在货币资本量与实物资本量脱节，威胁国家经济运行安全，需要防范和规制。

主要有以下表现：

一是主权资金收购。大笔主权资金参与重大并购项目，具有政治目的或者重大战略性商业目的，通过项目并购，直接冲击敏感行业，直接产生链条反应，冲击相关产业和相关部门，造成市场恐慌，诱发动荡或危机，造成威胁。

二是热钱大股涌动。外部货币资本大举涌入或者抽出，兑换本币，或者卖出本币，投机资本，热钱流动，释放不良市场信号，诱发金融市场恐慌，诱发动荡或危机，造成威胁。

三是重大项目并购。大笔商业资本涌动，或忽而聚，或忽而散，或在此地，或在彼地，集中性收购或者卖出同类项目，释放不良市场信号，诱发金融市场恐慌，诱发动荡或危机，造成威胁。

四是国际汇率操控。汇率是可以人为调控的，一国货币对另一国货币的比率称为汇率，汇率可以是市场化调控，也可以通过政府行为操控，汇率信号直接影响经济总量的度量，影响财富总量的多少，或者引起本国货币增值，或者引起本国货币贬值，释放不良市场信号，诱发金融市场恐慌，诱发动荡或危机，造成威胁。

五是银行利率波动。银行利率是直接的市场力量信号，提高利率具有收紧银根的作用，因为货币价格上涨了；降低利率具有扩张作用，因为货币价格降低了。通过银行利率的调整可以释放不同的信号，如果释放的是一个负面信号，将诱发金融市场恐慌，诱发动荡或危机，造成威胁。

六是股市总量冲击。股票市场也是重要的金融行业，股市的总量的多少、股市的股价的高低，都是反映经济状态的信号，如果具有足够大的资本在股市上涌动，无论是进入（买入）还是退出（卖出），都会产生股市波动，直接冲击股票市场，冲击股东信心。如果释放的是一个负面信号，将诱发金融市场恐慌，诱发动荡或危机，造成威胁。

七是行业价格调控。敏感行业的产品或服务的价格大幅度变动，会直接冲击市场秩序，连带冲击相关产业，引起链条反应，如果价格机制释放不良市场信号，将诱发金融市场恐慌，诱发动荡或危机，造成威胁。

八是价值链条崩盘。在市场中各个行业之间都是供需关系，一个行业可以是另一个行业的供应商，也可以是消费者，形成彼此供需关系的产业链，产业链背后就是以货币形态表现出来的价值链，如果在某一个环节脱节，就破坏了整个价值链的运转，造成断链甚至崩盘。因此，如果在产业链中释放的是一个负面信号，将诱发金融市场恐慌，诱发动荡或危机，造成威胁。美国次贷危机中，房利美公司和房地美公司的负面信息，就是一个典型的例证，最终导致房地产崩盘，诱发金融危机。

九是货币供给超发。社会经济活动中，实物量的财富与货币量的财富需要有相应的数量对等，如果货币量过多，则货币对等表现的实物量就会减少，货币贬值，将诱发金融市场恐慌，诱发动荡或危机，造成威胁。

十是生产企业停滞。某些产品供给不足，甚至严重短缺，并引起相关产业连锁反应，诱发市场恐慌，激发盲目抢购，甚至囤积，导致物价飞涨，诱发动荡或危机，造成威胁。

4. 建设金融安全系统性措施

第一，建立并不断完善国家宏观经济运行安全保障体系。建设多层级安全保障网络，包括银行系统安全保障体系、证券系统安全保障体系（股票、债券、期货）、保险系统安全保障体系、信用系统安全保障体系、政府办公系统安全保障体系，形成多层次安全网络，建立报警机制，形成具有自我修复功能的安全保护机制，层层屏蔽局部突发事件造成的负面影响，使其破坏力被逐级瓦解，保证大系统稳定，不影响整体经济运行。

第二，监控本国虚拟经济运行安全。保证自己的金融系统不出问题，有效监控货币市场变化情况，中央银行要采取科学手段研判经济走势，合理安排货币发行量，监控流动性，合理安排银行信贷规模，在利率市场化和汇率市场化基础上，运用经济杠杆适时出台货币政策，有效监控本币对外币比价，防止外来因素冲击本国金融市场，防止出现利率和汇率的大幅波动。有效监控证券市场变化情况，采取必要措施维护市场稳定，证券监督和管理机构采取科学手段研判证券市场动向，有效监控国内股票市场运行情况，股市市值变化情况，进出股市的资金流量，股票指数波动情况；有效监控债券市场变化情况，债券发行量，债券市价变化；有效监控信用市场变化情况，把握房贷、车贷、企业贷款，居民消费贷款等领域的运行状况，及时发现问题，果断处置，防止因资金链断裂而造成系统性连锁反应；有效监控国内证券市场和国外证券市场的联动影响，监控国际游资进出国内市场的动向，防止"热钱"作祟，防止大幅度"热钱"涌动冲击国内金融市场。监控本国虚拟经济平稳运行，已经成为保障现代开放型经济运行安全的最重要手段。

第三，监控本国实体经济运行安全。生产型企业是实体经济主要构成，生产型企业的数量、质量、技术水平、市场成长性等指标，标志着实体经济的发展状况。如果大批实体型企业发展得好，开工活跃，则表明市场供给旺盛，相对应也说明需求旺盛，经济活跃；反之，如果大批实体型企业发展得不好，则表明市场供给消沉，相对应也说明需求萎缩，经济低迷。当企业扩张时，大笔资金进入，投资增长，相应的银行贷款增加，股市中上市公司增加，股票价值上涨，股票交易活跃，企业发行债券增加，债券市场活跃，拉动虚拟经济增长；反之，当企业萎缩时，大笔资金撤出，投资减少，相应的银行出贷减少，还贷比重增加，股市上市公司数量减少，股票下跌，企业债券发行减少，债券市场清淡，拉动虚拟经济下挫。实体经济与虚拟经济紧密相关，维护实体经济安全关键在于消费拉动和投资推动，一方面，消费力拉动企业成长，消费刺激生产；另一方面，投资力推动，有效的资金供给可以保证企业在经营困难时资金链不断裂，维系企业正常的生产经营活动，就不会出现系统性破坏。因此，不断创造商机，不断提供资金供给，是保障实体经济良好运行的有效措施。自 2010 年以来，中国经济逐步进入新常态，在生产结构和消费结构结构不变的情况下，供给与需求基本均衡，产销关系基本稳定，有些领域开始出现产能相对过剩，传统产业增速减缓，商机减少，转变发展方式要求迫切，形成新领域发展商机。一方面，结构性调整带来的商机开始增长，新兴领域开始发力，创新型经济与开放型经济融合，新产品、新技术、新行业、新商业模式不断出现，结构性转变成为发展新动力；另一方面，走出去发展，产品输出、技术输出、资本输出、管理输出，扩展国际市场成为发展新动力。实体经济体系开始从国内市场走上国际市场，监控实体经济安全也从国内延伸到国外，注重跨国公司动向，注重国际购并业务，注重海外市场开拓，注重国际产学研联盟，注重外生变量对中国企业成长的影响。

第四，监控货币电子化的潜在危险。货币的功能是商品的价值尺度、流通手段、支付手段、储藏手段以及国际货币，它是一种特殊商品，也是财富的标度物。古代时期，财富形态的标度物是实物，以土地、房屋、牛羊等实物为财富形态，看得见、摸得着、存得住。到了近代，财富的标度物是黄金，是以贵金属为一般等价物代表，便于携带，显得贵重，市场稀缺。到了现代，财富的标度物是纸币，是在一种特殊的纸张上打印出人们可以识别的符号，更便于携带，方便计算，难以复制。到了今天，财富的标度物是计算机可以识别的特殊数据，以电磁芯片的形式存储，以电子信息的形式传递，更加便于携带，传输更加方便，瞬间的传输通量更大。货币已经被电子化了，财富标度物的存储方式也被电子化了，市场交易方式和支付方式也被电子化了，彻底改变了货币金融体系的性质和运行方式。财富标度物的电子化，极大方便了国际贸易结算，随之而来的金融风险问题也跟着出现了，例如：电子网络的安全问题、企业商业行动的安全问题、个人隐私的安全问题、交易行为的安全问题，等等。这些领域中的大量信息处理，需要绝对稳固的信息系统，事实上建立绝对稳固的信息系统非常困难，各种因素都可以破坏网络安全，存在潜在的危险，电子货币系统一旦遭受到电子炸弹攻击，可以造成整个金融体系崩溃，整个交易系统瘫痪，引发信用系统极大恐慌，甚至整个社会经济系统失灵。因此，必须防范货币电子化的潜在危机，使用强有力的技术手段保障电子货币系统的运行安全，一是硬件系统安全，二是软件系统安全，三是管理系统安全。

第五，监控国际经济发展动向。及时跟踪世界上主要结算货币国家和地区发展动向，特别是美元区和欧元区，这些国家和地区的货币政策和财政政策直接影响货币币值的稳定，这些国家的经济体制是完全国际化的市场经济体制，对国际市场具有重要的影响力。中国是从计划经济体制转变到市场经济体制上来的，采用的是中国共产党领导的社会主义制度，实行一党执政，无论是经济管理体制还是经济运行机制，都有从中央到地方的严格的管理程序，政府这只手还是很硬的，至今，世界上有些国家还不承认中国市场经济地位。而西方发达国家实行的资本主义市场经济，一开始就是开放型经济，对国际市场情况非常熟悉，联系紧密，无论是美元区还是欧元区，对市场动向的反应都很灵敏，参与国际产业分工很深，通过国际货币机制，参与国际投资具有非常丰富的经验。它们的积极行为从某种程度上反映了国际市场情况，所以要跟踪国际货币动向，要跟踪跨国公司购并企业的动向，适时做出国际反应，保护本国利益。

尾　声

　　中国已经进入了国际化发展时代，突出标志是自由贸易区建设、"一带一路"建设、开放性金融建设、跨国公司建设，以及国际合作平台建设，形成了"五位一体"的国际化发展态势，进入到全面开放型经济新领域。

　　在国际化道路上，中国面临的机遇前所未有，面临的困难和风险也前所未有。中国共产党第十八届代表大会颁布了未来发展的战略部署，三中会议、四中会议、五中会议相继出台了具体要求，从创新要动力，从改革要方法，以开放来促进改革与创新。

　　着力推进自由贸易区建设，释放中国产品。深度参与国际贸易规则建设，融入世界贸易体系，形成你中有我、我中有你的利益关联，打造命运共同体、利益共同体、发展共同体，发挥中国优势，参与世界产业链分工，步入中高端，增加智力劳动和资本劳动比重，将制造大国转变为制造强国，将贸易大国转变为贸易强国。

　　着力推进"一带一路"建设，释放中国产能。深度参与周边国家基础设施建设，深度参与世界各国基础设施建设，将中国庞大的生产建设能力和装备制造能力对接到所需要的国家，参与国际产能合作，将中国的产品、技术、装备、资金、管理和人才输出到世界各地，打造从太平洋西岸到大西洋东岸的经济通道，形成亚欧经济一体化发展格局，坚守陆权经济，带动海权经济。

　　着力推进开放性金融建设，释放中国货币。步入开放最高领域——金融开放，逐步发挥经济大国的国际地位，将人民币国际化作为金融开放最重要领域安排，逐步培育成长为国际货币，以获得更大的话语权，维护经济安全，做好国际银行体系建设（例如：亚投行、丝路基金、金砖国家银行等），发挥人民币国际结算作用，积极应对国际货币金融系统性风险。

开放型经济｜KAIFANGXING JINGJI｜

着力推进跨国公司建设，释放中国标准。由招商引资为主旋律，转变为对外投资为主旋律，实施走出去发展，企业走出去是第一步，还要能走进去、走上去、走下去。走出去是企业迈出国门到国外发展，走进去是能够被外国容留，走上去是步入中高端市场，走下去是能长时间在国外发展，不断扩展自己的势力范围，由企业走出去带动中国产品走出去、带动中国装备走出去、带动中国品牌走出去，最终带动中国标准走出去。

着力推进国际合作平台建设，展开大国外交。展示中国负责任大国形象，展开全方位多领域多层次大外交，发挥联合国常任理事国作用，参与全球治理，构建人类命运共同体，维护国家利益安全，维护世界和平，促进经济发展和文明进步，从跟随国际潮流，转变到融入国际潮流，再转变到引领国际潮流，开启中华新时代。

中国新一轮的改革开放事业内容更加丰富、任务更加艰巨、事业更加伟大。开放的内容已经不再是初期阶段招商引资、开展国际贸易的简单内容，已经演变为全面融入国际社会，参与国际规则制定，并逐步发展为引领国际经济发展大势的地位，将改革开放的内涵扩展到了国际化的内涵；将国际资本的输入性开放，转变为国际资本输入与国际资本输出并举的开放态势；将产业开放转变为金融开放；将外汇的积累与应用，转变为人民币的国际货币身份确立。

中国的开放型经济内涵极为丰富，工作十分繁多，亮点十分鲜明。开放型经济既是中国经济建设的伟大进程，也是改革开放事业的伟大进程，也是全面建成小康社会的伟大进程，也是实现中华民族伟大复兴中国梦的伟大进程。

目标已经明确，道路已经开通，让我们一起努力奋斗，奔向未来。

附件1：国务院关于自贸区审批决定

全国人民代表大会常务委员会关于授权国务院在中国（广东）自由贸易试验区、中国（天津）自由贸易试验区、中国（福建）自由贸易试验区以及中国（上海）自由贸易试验区扩展区域暂时调整有关法律规定的行政审批的决定

（2014年12月28日第十二届全国人民代表大会常务委员会第十二次会议通过）

为进一步深化改革、扩大开放，加快政府职能转变，第十二届全国人民代表大会常务委员会第十二次会议决定：授权国务院在中国（广东）自由贸易试验区、中国（天津）自由贸易试验区、中国（福建）自由贸易试验区以及中国（上海）自由贸易试验区扩展区域内（四至范围附后），暂时调整《中华人民共和国外资企业法》、《中华人民共和国中外合资经营企业法》、《中华人民共和国中外合作经营企业法》和《中华人民共和国台湾同胞投资保护法》规定的有关行政审批（目录附后）。但是，国家规定实施准入特别管理措施的除外。上述行政审批的调整在三年内试行，对实践证明可行的，修改完善有关法律；对实践证明不宜调整的，恢复施行有关法律规定。

本决定自2015年3月1日起施行。

中国（广东）自由贸易试验区、中国（天津）自由贸易试验区、中国（福建）自由贸易试验区以及中国（上海）自由贸易试验区扩展区域四至范围

一、中国（广东）自由贸易试验区四至范围

（一）广州南沙新区片区共60平方公里（含广州南沙保税港区7.06平方公里）

四至范围：海港区块15平方公里。海港区块一，龙穴岛作业区13平方公里，东至虎门水道，南至南沙港三期南延线，西至龙穴南水道，北至南沙港一期北延线（其中南沙保税港区港口区和物流区面积5.7平方公里）。海港区块二，沙仔岛作

业区 2 平方公里。明珠湾起步区区块 9 平方公里，东至环市大道，南至下横沥水道，西至灵山岛灵新大道及横沥岛凤凰大道，北至京珠高速，不包括蕉门河水道和上横沥水道水域。南沙枢纽区块 10 平方公里，东至龙穴南水道，南至深茂通道，西至灵新大道，北至三镇大道。庆盛枢纽区块 8 平方公里，东至小虎沥水道，南至广深港客运专线，西至京珠高速，北至沙湾水道。南沙湾区块 5 平方公里，东至虎门水道，南至蕉门水道，西至黄山鲁山界，北至虎门大桥，不包括大角山山体。蕉门河中心区区块 3 平方公里，东至金隆路，南至双山大道，西至凤凰大道，北至私盲滘。万顷沙保税港加工制造业区块 10 平方公里，东至龙穴南水道，南至万顷沙十一涌，西至灵新公路，北至万顷沙八涌（其中南沙保税港区加工区面积 1.36 平方公里）。

（二）深圳前海蛇口片区共 28.2 平方公里

四至范围：前海区块 15 平方公里，东至月亮湾大道，南至妈湾大道，西至海滨岸线，北至双界河、宝安大道（其中深圳前海湾保税港区 3.71 平方公里，东至铲湾路，南以平南铁路、妈湾大道以及妈湾电厂北侧连线为界，西以妈湾港区码头岸线为界，北以妈湾大道、嘉实多南油厂北侧、兴海大道以及临海路连线为界）。蛇口工业区区块 13.2 平方公里，东至后海大道—金海路—爱榕路—招商路—水湾路，南至深圳湾，西至珠江口，北至东滨路、大南山山脚、赤湾六路以及赤湾二路。

（三）珠海横琴新区片区共 28 平方公里

四至范围：临澳区块 6.09 平方公里，东至契辛峡水道，南至大横琴山北麓，西至知音道，北至小横琴山南麓。休闲旅游区块 10.99 平方公里，东至契辛峡水道，南至南海，西至磨刀门水道，北至大横琴山。文创区块 1.47 平方公里，东至天羽道东河，南至横琴大道，西至艺文二道，北至港澳大道。科技研发区块 1.78 平方公里，东至艺文三道，南至大横琴山北麓，西至开新一道，北至港澳大道。高新技术区块 7.67 平方公里，东至开新二道，南至大横琴山北麓，西至磨刀门水道，北至胜洲八道。

二、中国（天津）自由贸易试验区四至范围

（一）天津港片区共 30 平方公里

四至范围：东至渤海湾，南至天津新港主航道，西至反"F"港池、西藏路，北至永定新河入海口。

（二）天津机场片区共 43.1 平方公里

四至范围：东至蓟汕高速，南至津滨快速路、民族路、津北公路，西至外环绿化带东侧，北至津汉快速路、东四道、杨北公路。

（三）滨海新区中心商务片区共 46.8 平方公里

四至范围：东至临海路、东堤路、新港二号路、天津新港主航道、新港船闸、海河、闸南路、规划路、石油新村路、大沽排水河、东环路，南至物流北路、物流北路西延长线，西至大沽排水河、河南路、海门大桥、河北路，北至大连东道、中央大道、新港三号路、海滨大道、天津港保税区北围网。

三、中国（福建）自由贸易试验区四至范围

（一）平潭片区共 43 平方公里

四至范围：港口经贸区块 16 平方公里，东至北厝路、金井三路，南至大山顶，西至海坛海峡，北至金井湾大道。高新技术产业区块 15 平方公里，东至中原六路，南至麒麟路，西至坛西大道，北至瓦瑶南路。旅游休闲区块 12 平方公里，东至坛南湾，南至山岐澳，西至寨山路，北至澳前北路。

（二）厦门片区共 43.78 平方公里

四至范围：两岸贸易中心核心区 19.37 平方公里，含象屿保税区 0.6 平方公里（已全区封关）、象屿保税物流园区 0.7 平方公里（已封关面积 0.26 平方公里）。北侧、西侧、东侧紧邻大海，南侧以疏港路、成功大道、枋钟路为界。东南国际航运中心海沧港区 24.41 平方公里，含厦门海沧保税港区 9.51 平方公里（已封关面积 5.55 平方公里）。东至厦门西海域，南侧紧邻大海，西至厦漳跨海大桥，北侧以角嵩路、南海路、南海三路和兴港路为界。

（三）福州片区共 31.26 平方公里

四至范围：福州经济技术开发区 22 平方公里，含福州保税区 0.6 平方公里（已全区封关）和福州出口加工区 1.14 平方公里（已封关面积 0.436 平方公里）。马江—快安片区东至红山油库，南至闽江沿岸，西至鼓山镇界，北至鼓山麓；长安片区东至闽江边，南至亭江镇东街山，西至罗长高速公路和山体，北至琯头镇界；南台岛区东至三环路，南至林浦路，西至前横南路，北面以闽江岸线为界；琅岐区东至环岛路，南至闽江码头进岛路，西至闽江边，北面以规划道路为界。福州保税港区 9.26 平方公里（已封关面积 2.34 平方公里）。A 区东至西港，南至新江公路，西至经七路，北至纬六路；B 区东至 14 号泊位，南至兴化湾，西至滩涂，北至兴林路。

四、中国（上海）自由贸易试验区扩展区域四至范围

（一）陆家嘴金融片区共 34.26 平方公里

四至范围：东至济阳路、浦东南路、龙阳路、锦绣路、罗山路，南至中环线，西至黄浦江，北至黄浦江。

开放型经济

KAIFANGXING JINGJI

（二）金桥开发片区共 20.48 平方公里

四至范围：东至外环绿带，南至锦绣东路，西至杨高路，北至巨峰路。

（三）张江高科技片区共 37.2 平方公里

四至范围：东至外环线、申江路，南至外环线，西至罗山路，北至龙东大道。

授权国务院在中国（广东）自由贸易试验区、中国（天津）自由贸易试验区、中国（福建）自由贸易试验区以及中国（上海）自由贸易试验区扩展区域暂时调整有关法律规定的行政审批目录

序号：1 名称：外资企业设立审批　　法律规定：《中华人民共和国外资企业法》第六条："设立外资企业的申请，由国务院对外经济贸易主管部门或者国务院授权的机关审查批准。审查批准机关应当在接到申请之日起九十天内决定批准或者不批准。"内容：暂时停止实施该项行政审批，改为备案管理

序号：2 名称：外资企业分立、合并或者其他重要事项变更审批　　法律规定：《中华人民共和国外资企业法》第十条："外资企业分立、合并或者其他重要事项变更，应当报审查批准机关批准，并向工商行政管理机关办理变更登记手续。"内容：暂时停止实施该项行政审批，改为备案管理

序号：3 名称：外资企业经营期限审批　　法律规定：《中华人民共和国外资企业法》第二十条："外资企业的经营期限由外国投资者申报，由审查批准机关批准。期满需要延长的，应当在期满一百八十天以前向审查批准机关提出申请。审查批准机关应当在接到申请之日起三十天内决定批准或者不批准。"内容：暂时停止实施该项行政审批，改为备案管理

序号：4 名称：中外合资经营企业设立审批　　法律规定：《中华人民共和国中外合资经营企业法》第三条："合营各方签订的合营协议、合同、章程，应报国家对外经济贸易主管部门（以下称审查批准机关）审查批准。审查批准机关应在三个月内决定批准或不批准。合营企业经批准后，向国家工商行政管理主管部门登记，领取营业执照，开始营业。"内容：暂时停止实施该项行政审批，改为备案管理

序号：5 名称：中外合资经营企业延长合营期限审批　　法律规定：《中华人民共和国中外合资经营企业法》第十三条："合营企业的合营期限，按不同行业、不同情况，作不同的约定。有的行业的合营企业，应当约定合营期限；有的行业的合营企业，可以约定合营期限，也可以不约定合营期限。约定合营期限的合营企业，合营各方同意延长合营期限的，应在距合营期满六个月前向审查批准机关提出申请。

审查批准机关应自接到申请之日起一个月内决定批准或不批准。"内容：暂时停止实施该项行政审批，改为备案管理

　　序号：6 名称：中外合资经营企业解散审批　　法律规定：《中华人民共和国中外合资经营企业法》第十四条："合营企业如发生严重亏损、一方不履行合同和章程规定的义务、不可抗力等，经合营各方协商同意，报请审查批准机关批准，并向国家工商行政管理主管部门登记，可终止合同。如果因违反合同而造成损失的，应由违反合同的一方承担经济责任。"内容：暂时停止实施该项行政审批，改为备案管理

　　序号：7 名称：中外合作经营企业设立审批　　法律规定：《中华人民共和国中外合作经营企业法》第五条："申请设立合作企业，应当将中外合作者签订的协议、合同、章程等文件报国务院对外经济贸易主管部门或者国务院授权的部门和地方政府（以下简称审查批准机关）审查批准。审查批准机关应当自接到申请之日起四十五天内决定批准或者不批准。"内容：暂时停止实施该项行政审批，改为备案管理

　　序号：8 名称：中外合作经营企业协议、合同、章程重大变更审批　　法律规定：《中华人民共和国中外合作经营企业法》第七条："中外合作者在合作期限内协商同意对合作企业合同作重大变更的，应当报审查批准机关批准；变更内容涉及法定工商登记项目、税务登记项目的，应当向工商行政管理机关、税务机关办理变更登记手续。"内容：暂时停止实施该项行政审批，改为备案管理

　　序号：9 名称：中外合作经营企业转让合作企业合同权利、义务审批　　法律规定：《中华人民共和国中外合作经营企业法》第十条："中外合作者的一方转让其在合作企业合同中的全部或者部分权利、义务的，必须经他方同意，并报审查批准机关批准。"内容：暂时停止实施该项行政审批，改为备案管理

　　序号：10 名称：中外合作经营企业委托他人经营管理审批　　法律规定：《中华人民共和国中外合作经营企业法》第十二条第二款："合作企业成立后改为委托中外合作者以外的他人经营管理的，必须经董事会或者联合管理机构一致同意，报审查批准机关批准，并向工商行政管理机关办理变更登记手续。"内容：暂时停止实施该项行政审批，改为备案管理

　　序号：11 名称：中外合作经营企业延长合作期限审批　　法律规定：《中华人民共和国中外合作经营企业法》第二十四条："合作企业的合作期限由中外合作者协商并在合作企业合同中订明。中外合作者同意延长合作期限的，应当在距合作

期满一百八十天前向审查批准机关提出申请。审查批准机关应当自接到申请之日起三十天内决定批准或者不批准。"内容：暂时停止实施该项行政审批，改为备案管理。

序号：12 名称：台湾同胞投资企业设立审批　　法律规定：《中华人民共和国台湾同胞投资保护法》第八条第一款："设立台湾同胞投资企业，应当向国务院规定的部门或者国务院规定的地方人民政府提出申请，接到申请的审批机关应当自接到全部申请文件之日起四十五日内决定批准或者不批准。"内容：暂时停止实施该项行政审批，改为备案管理。

（新华社，2014 年 12 月 28 日电）

附件2：亚投行协定主要内容

一、宗旨

（一）通过在基础设施及其他生产性领域的投资，促进亚洲经济可持续发展、创造财富并改善基础设施互联互通；（二）与其他多边和双边开发机构紧密合作，推进区域合作和伙伴关系，应对发展挑战。

二、成员资格

亚投行成员资格向国际复兴开发银行和亚洲开发银行成员开放。不享有主权或无法对自身国际关系行为负责的申请方，应由对其国际关系行为负责的银行成员同意或代其向银行提出加入申请。

三、股本

亚投行的法定股本为1000亿美元，分为100万股，每股的票面价值为10万美元。初始法定股本分为实缴股本和待缴股本。实缴股本的票面总价值为200亿美元，待缴股本的票面总价值为800亿美元。

域内外成员出资比例为75:25。经理事会超级多数同意后，亚投行可增加法定股本及下调域内成员出资比例，但域内成员出资比例不得低于70%。域内外成员认缴股本在75:25范围内以GDP（按照60%市场汇率法和40%购买力平价法加权平均计算）为基本依据进行分配。初始认缴股本中实缴股本分5次缴清，每次缴纳20%。

目前总认缴股本为981.514亿美元，原因是个别国家未能足额认缴按照其GDP占比分配的法定股本。中方认缴额为297.804亿美元（占比30.34%），实缴59.561亿美元。

四、投票权

亚投行的总投票权由股份投票权、基本投票权以及创始成员享有的创始成员投票权组成。每个成员的股份投票权等于其持有的亚投行股份数，基本投票权占总投票权的 12%，由全体成员（包括创始成员和今后加入的普通成员）平均分配，每个创始成员同时拥有 600 票创始成员投票权，基本投票权和创始成员投票权占总投票权的比重约为 15%。

按现有各创始成员的认缴股本计算，中国投票权占总投票权的 26.06%。

随着新成员的不断加入，中方和其他创始成员的股份和投票权比例均可能被相应稀释。

五、业务运营

亚投行按照稳健原则开展经营。亚投行的业务分为普通业务和特别业务。其中，普通业务是指由亚投行普通资本（包括法定股本、授权募集的资金、贷款或担保收回的资金等）提供融资的业务；特别业务是指为服务于自身宗旨，以亚投行所接受的特别基金开展的业务。两种业务可以同时为同一个项目或规划的不同部分提供资金支持，但在财务报表中应分别列出。

银行可以向任何成员或其机构、单位或行政部门，或在成员的领土上经营的任何实体或企业，以及参与本区域经济发展的国际或区域性机构或实体提供融资。在符合银行宗旨与职能及银行成员利益的情况下，经理事会超级多数投票同意，也可向非成员提供援助。亚投行开展业务的方式包括直接提供贷款、开展联合融资或参与贷款、进行股权投资、提供担保、提供特别基金的支持以及技术援助等。

六、治理结构

亚投行设立理事会、董事会、管理层三层管理架构。

理事会是亚投行的最高决策机构，拥有亚投行的一切权力。理事会可将其部分或全部权力授予董事会，但以下权力除外：吸收新成员、增减银行法定股本、中止成员资格、裁决董事会对本协定的相关解释或适用提出的申诉、选举银行董事并决定其薪酬或支出、任免行长并决定其薪酬、批准银行总资产负债表和损益表、决定银行储备资金及净收益分配、修订本协定、决定终止银行业务并分配银行资产、行使本协定明确规定属于理事会的其他权力。

董事会负责亚投行的总体运营，为非常驻，除非理事会另有规定。其权力包括理事会的准备工作、制定银行政策、就银行业务做出决定、监督银行管理与运营并建立监督机制、批准银行战略、年度计划和预算、视情成立专门委员会、向理事会提交每个财年的账目等。董事会共有12名董事，其中域内9名，域外3名。

亚投行设立行长1名，从域内成员产生，任期5年，可连选连任一次。同时设立副行长若干名。

七、决策机制

理事会采用简单多数、特别多数和超级多数原则进行决策。简单多数指投票权的半数以上；特别多数指理事人数占理事总人数半数以上且所代表投票权不低于成员总投票权一半的多数通过；超级多数指理事人数占理事总人数三分之二以上且所代表投票权不低于成员总投票权四分之三的多数通过。

除本协定另有明确规定外，理事会讨论的所有事项，均应由所投投票权的简单多数决定。选举行长、增加资本金、修改协定、下调域内出资比例等重大事项均需要以超级多数批准，吸收新成员则采用特别多数原则批准。

除本协定另有明确规定外，董事会讨论的所有问题，均应由所投投票权的简单多数决定。其中，董事会制定主要业务和财务政策、向行长下放政策及项目决定权需不低于总投票权的四分之三多数批准。

八、总部选址

亚投行总部设在中国北京，可在其他地方设立机构或办公室。

九、特豁待遇

银行在各成员境内享有相关豁免权、特权及免税权。

其中，银行的全体理事、副理事、董事、副董事、行长、副行长及高级职员和普通职员，包括为银行履行职能或提供服务的专家和咨询顾问，其以公务身份从事的行为享有法律程序豁免，同时在入境限制、外国人登记要求、国民服役、外汇管制方面也享有豁免和特权。

银行及其根据协定拥有的资产、财产、收益、业务和交易，应免除一切税收和关税，并应免除银行缴纳、代扣代缴或征收任何税收或关税的义务。对银行给付董事、副董事、行长、副行长以及其他高级职员和普通职员，包括为银行履行职能或提供服务的专家和咨询顾问的薪资、报酬和费用不予征税。除非成员在递交批准书、接受书或同意书时，声明该成员及其行政部门对银行向该成员公民或国民支付的薪资和报酬保留征税的权力。

十、生效条件及临时性安排

至少有十个签署方已交存批准书、接受书或同意书，且签署方初始认缴股本的加总数额不少于认缴股本总额的百分之五十，本协定即告生效。

第5次首席谈判代表会议通过了《〈亚洲基础设施投资银行协定〉的报告》(以下简称"报告")。该报告并非协定的一部分或附件,而是亚投行的一份基本文件。其主要作用是记录首席谈判代表会议上各方达成的与协定相关但又不适合放入协定的共同理解,用于今后解释协定时备查。报告正本为英文。

报告规定,在协定生效前(2015年底),各意向创始成员继续以首席谈判代表会议为筹建亚投行的磋商机制;自协定生效之日起至协定规定各成员批准截至之日(2016年12月31日),将通过临时性安排为尚未成为成员的签署方继续参与银行治理提供机会,允许其作为观察员出席理事会会议,并组成名义选区参与董事会会议,但不拥有投票权;同时重大决定将通过所有签署方充分磋商,并在最大程度上达成共识。2016年12月31日之后,上述临时性安排终止。

十一、协定文本

文本分别以英文、中文和法文写成,同等作准。银行的工作语言为英语,银行在做出所有决定和依照协定相关规定进行解释时,应以协定的英文文本为准。

(资料来源:财政部新闻办公室,财政部官方网站,2015年6月29日)

参考文献

[1]《习近平谈治国理政》，外文出版社，2014 年 10 月版。

[2] 中共中央文献研究室：《习近平关于全面深化改革论述摘编》，中央文献出版社，2014 年 5 月版。

[3] 胡锦涛：《坚定不移沿着中国特色社会主义道路前进 为全面建成小康社会而奋斗》，中国中国共产党第十八次全国代表大会的报告，新华社，2012 年 11 月 12 日。

[4] 李克强：《2014 年政府工作报告》，第十二届全国人民代表大会第三次会议，新华社，2015 年 3 月 5 日。

[5] 中国共产党第十八届中央委员会第五次会议公报，新华社，2015 年 10 月 29 日。

[6] 中国共产党关于制定国民经济和社会发展第十三个五年计划的建议，新华社，2015 年 11 月 3 日。

[7] 中共中央关于全面深化改革若干重大问题的决定，新华社，2013 年 11 月 12 日。

[8] 陶文达主编：《发展经济学》，四川人民出版社，1995 年 7 月版。

[9] 尹伯成、方崇桂主编：《经济学说史》，复旦大学出版社，1989 年 11 月。

[10] 郑学檬主编：《简明中国经济通史》，人民出版社，2005 年 3 月版。

[11] 中国社会科学院语言研究所词典编辑室：《现代汉语词典》，商务印书馆，1983 年 1 月。

[12] 于倩主编：《国际贸易》，经济科学出版社，2013 年 6 月版。

[13] 易纲、吴有昌著：《货币银行学》，上海人民出版社，2014 年 1 月版。

[14] 陈雨露主编：《国际金融》，中国人民大学出版社，2011 年 12 月版。

[15] 吴进红著：《开放经济与产业结构升级》，社会科学文献出版社，2007 年 3 月。

[16] 何顺果主编：《全球化的历史考察》，江西人民出版社，2012 年 7 月版。

[17] 曹秋菊著：《开放经济下的中国产业安全》，经济科学出版社，2007 年 12 月版。

[18] 周汉民、王其明、任新建主编：《上海自贸区解读》，复旦大学出版社，2014 年 5 月版。

[19] 石良平、孙浩、黄丙志著：《中国（上海）自由贸易试验区建设与上海国际贸易中心转型升级》，上海人民出版社，2014 年 11 月版。

[20] 上海财经大学自由贸易区研究院、上海发展研究院：《全球 100 个自由贸易区概览》，上海财经大学出版社，2013 年 12 月版。

[21] 秦斌著：《一体化国际经营 关于跨国公司行为的分析》，中国发展出版社，1999 年 6 月版。

[22] 郭铁民、王永龙、俞珊编著：《中国企业跨国经营》，中国发展出版社，2002 年 10 月版。

[23] 陈晓萍著：《跨文化管理》，清华大学出版社，2005 年 9 月版。

[24] 宋鸿兵编著：《货币战争》，中信出版社，2011年10月。

[25] 张玉杰著：《公司战略谋划与执行》，企业管理出版社，2012年6月版。

[26] 张玉杰："一路一带"是中国建设大棋局中的棋眼，《中国党政干部论坛》，2014年12月刊。

[27] 张玉杰：势力经济研究，《中国工业经济》，2002年1月。

[28] 张玉杰：中国面临重要发展机遇期，《理论视野》，2010年8月。

[29] 张玉杰：中西部地区开放发展题材，重庆：《改革》，2009年5月。

[30] 张玉杰：金融危机加速了世界第三次版图瓜分，《中国经济时报》，2010年12月23日，第4版。

[31] 张玉杰：新常态下的经济增长点创造分析，《中共青岛市委党校青岛行政学院学报》，2015年4月（第2期）。

[32] 胡伟、张玉杰：中西部承接产业转移的成效，《当代财经》，2015年2月（第2期）。

[33] 胡伟、张玉杰：中国对外贸易内部空间格局的演变，《国际经贸探索》，2015年3月（第31卷）。

[34] 胡伟、张玉杰：中国工业发展的空间格局演变，《经济地理》，2015年7月（第7期）。

[35] 国家统计局：2014年国民经济和社会发展统计公报，2015年2月26日。

[36] 国家统计局：2013年国民经济和社会发展统计公报，2014年2月24日。

[37] 2015年度世界《财富》500强排行榜，财富中文网，2015年7月22日。

[38] 藤田昌久、保罗·R.克鲁格曼、安东尼·J.维纳布尔斯：《空间经济学：城市、区域与国际贸易》，中国人民大学出版社，2013年1月版。

[39] 罗伯特·夏皮罗：《下一轮全球趋势》，中信出版社，2009年8月版。

[40] 迈克尔·赫德林著：《金融帝国 美国金融霸权的来源和基础》，中央编译出版社，2008年8月。

[41] 尼尔·胡德、斯蒂芬·杨著：《跨国企业经济学》，经济科学出版社，1994年3月版。

[42] 理查德·罗宾逊著：《企业国际化导论》，对外贸易教育出版社，1989年12月版。

[43] 迈克尔·科特、加里哈默等著：《未来的战略》，四川人民出版社，2000年4月版。

[44] 哈维·阿姆斯特朗、吉姆泰勒著：《区域经济学与区域经济政策》，上海人民出版社，2007年4月版。

[45] 克林·里德著：《帝国的兴衰》，东方出版社，2012年9月。

[46] 中华人民共和国外交部网站有关文献。

[47] 新华社有关国家主席习近平和国务院总理李克强出访报道。

[48] 百度网百科有关文献，http://baike.baidu.com。

[49]《中国地理图集》，中国地图出版社，2014年1月版。

[50]《世界地理图集》，中国地图出版社，2014年1月版。

[51]《中国地图册》，地质出版社，2006年1月版。

[52]《世界地图集》，地质出版社，2006年1月版。

后　记

　　写出一部论述开放型经济的著作是我多年的夙愿，由此长期以来致力于区域经济和创新经济的研究，逐步积累素材，沉淀思想。自 2000 年至 2014 年 14 年期间，坚持不懈外出调研，积累开放型经济的认识，积累了案例研究的实践基础。2010 年承担国家社会科学基金项目研究"中西部地区对外开放战略研究"（编号 10BJY001），项目研究过程深入基层做了大量针对性调研，又积累了一部分相关案例，同时理论研究不断深入，深入学习前人对开放型经济研究的理论成果，在前人思想基础上创新了开放经济理论，奠定了进一步研究开放的理论基础。中国共产党第十八次全国代表大会（简称：十八大）于 2012 年 11 月 8 日在北京召开，确立了未来时期中国经济发展的战略走向，"十八届三中会议"于 2013 年 11 月 9 日召开，确立了未来时期改革开放的总路线，奠定了开放型经济研究的政策基础。此时，研究开放型经济的实践基础、理论基础和政策基础逐步具备，才动手写作本书。写作过程中深入思考，不断修改思路，不断丰富内容，反复打磨，本书才得以出炉，以飨读者。

　　本书立意为一部学术性著作，研究成果的努力方向是对中国近 40 年改革开放历程研究，对现实状况研究，对未来发展趋势研究，将零散的史料条理化，从中提炼经济规律，创新理论主张，针对问题提出政策建议和行动设计，为中国国际化贡献智慧和力量。但是，由于时间紧张，写作量很大，有些方面已经远远超出了经济学研究和管理学研究的范畴，限于个人能力，并没有全部展示出来，待日后著作再版时再逐步补充和修订，期待读者在阅读本书时提出宝贵意见，帮助我们不断完善，共同撰写中国开放型经济这部大书。

张玉杰

2016 年 9 月 北京